跨文化视角下的大学英语教学创新研究

李攀攀　郝可欣　著

北京工业大学出版社

图书在版编目（CIP）数据

跨文化视角下的大学英语教学创新研究 / 李攀攀，郝可欣著． — 北京：北京工业大学出版社，2020.4（2021.8 重印）
ISBN 978-7-5639-7401-6

Ⅰ．①跨… Ⅱ．①李… ②郝… Ⅲ．①英语－教学研究－高等学校 Ⅳ．① H319.3

中国版本图书馆 CIP 数据核字（2020）第 076055 号

跨文化视角下的大学英语教学创新研究
KUAWENHUA SHIJIAO XIA DE DAXUE YINGYU JIAOXUE CHUANGXIN YANJIU

著　　者：	李攀攀　郝可欣
责任编辑：	刘卫珍
封面设计：	点墨轩阁
出版发行：	北京工业大学出版社
	（北京市朝阳区平乐园 100 号　邮编：100124）
	010-67391722（传真）　　bgdcbs@sina.com
经销单位：	全国各地新华书店
承印单位：	三河市明华印务有限公司
开　　本：	710 毫米 ×1000 毫米　1/16
印　　张：	21.25
字　　数：	425 千字
版　　次：	2020 年 4 月第 1 版
印　　次：	2021 年 8 月第 2 次印刷
标准书号：	ISBN 978-7-5639-7401-6
定　　价：	58.00 元

版权所有　　翻印必究

（如发现印装质量问题，请寄本社发行部调换 010-67391106）

前 言

语言是文化的产物，同时又是文化的载体。一个人不可能学习使用一门语言，而不学习有关说这种语言的人的文化。

在第一语言习得中，文化的习得是与语言习得平行发展的，语言的交际功能和传承文化的功能很自然地融合在一起。但在学习外语的过程中，语言的这两种功能的差别就显现出来了。语言并不只是一些语言形式或者语言规则的排列组合。学习和使用外语的过程，其实就是一个跨文化交际的过程。因此，有必要在外语教学中进行文化教学。随着全球文化多元化的发展，培养跨文化交际能力，成为21世纪语言文化教学的目标，文化教学在外语教学中有着重要地位。中国大学英语教学目标从语言能力扩展到交际能力，又扩展到跨文化交际能力，对文化教学提出了更高要求。在大学英语教学大纲中，要反映出文化教学与语言教学的并重。在教材方面增补满足文化教学需要的内容，在教学实践中拿出更多的时间进行文化教学，将主要关注语言教学转为更多关注文化教学。

为了让学生对目的语文化有整体性的认识和了解，大学英语教学中需要加强对目的语经典历史文献的阅读。这样做不仅有助于提高大学生的语言修养，而且有利于提高大学生的跨文化交际能力。对于伴随着外语教学必然产生的"文化输入"现象，我们一方面要注意克服因自身文化定式可能导致的对异文化过分简单化的概括乃至偏见，认真汲取目的语文化中人类文化的宝贵遗产；另一方面对价值观念上的"西方中心主义"以及受西方优越论影响产生的不重视中华文化的现象，我们要深化对目的语文化的"非西方视角"探索，推进中西方文化的平等对话，要在中外师生的交往中用目的语介绍、传播中国的文化，增进外国人对中华文化的了解，维护自己的话语权。

世界的现代化进程推动着跨文化交际，而网络使得不同文化的交流、碰撞和融合遍及世界的每一个角落。大学生在学习外语的过程中较早接触多元文化，在外来文化的影响下，他们在某种意义上成了本国国土上的"文化移民"。当前，大学生不仅要学会用英语去理解、表述西方文化，还需要用英语表述自己的母语文化。但在大学英语的教材中缺少用"地道"英语表述母语文化尤其是母语深层文化的内容，使得中国学生在中外师生交往中很难用英语表述自己的母语文化。

  本书基于对教学大纲、教材、教学内容的深度分析，从跨文化的角度对大学英语教学现状进行了梳理。通过对造成大学英语教学问题的原因进行深层次探讨，对大学英语教学的改进做了具有创新意义的探索。

目 录

第一章 英语教学与跨文化交际概述 ... 1
第一节 英语教学的内涵及要素 ... 1
第二节 文化与交际 ... 4
第三节 跨文化交际与能力 ... 18
第四节 跨文化交际研究现状 ... 49

第二章 汉语文化与英语文化的碰撞 ... 55
第一节 汉英文化的冲突与交融 ... 55
第二节 汉英文化的教学表征差异 ... 64

第三章 从文化的角度看大学英语教学 ... 71
第一节 文化与外语教学的关系 ... 71
第二节 国外语言教学中的文化教学 ... 77
第三节 我国大学英语教学中的文化教学 ... 83

第四章 大学英语教学跨文化融合的理论 ... 99
第一节 全球化语境下的跨文化融合 ... 99
第二节 英语教学中的文化教学理论 ... 112

第五章 大学英语跨文化教学的问题及其成因 ... 125
第一节 深层文化与语言教学 ... 125
第二节 文化定式对大学英语教学的影响 ... 141
第三节 大学英语教学的文化障碍 ... 146

第六章 大学英语教学中跨文化交际能力的培养 ... 161
第一节 基础概念 ... 161
第二节 跨文化人的文化身份构建 ... 171
第三节 跨文化交际能力的培养 ... 184

第七章 大学英语文化教学母语文化缺失问题 191
第一节 我国大学英语教学概述 191
第二节 英语文化教学中母语文化缺失问题的解决方法 216
第三节 提升外语教师的文化素养 223

第八章 外语教学法演变历程综述 229
第一节 翻译法 230
第二节 直接法 233
第三节 听说法 237
第四节 认知法 242
第五节 交际法 247

第九章 跨文化视角下大学英语教学策略 257
第一节 完善培养目标 257
第二节 精选大学英语教材 260
第三节 转变教学方式，培养批判性思维 263
第四节 整合大学英语的师资 269
第五节 完善大学英语的测试评价 273

第十章 跨文化视角下大学英语教学手段的革新 279
第一节 多媒体在英语课堂教学中的应用 279
第二节 网络在英语课堂教学中的应用 292

第十一章 现代信息技术与大学英语教学创新 303
第一节 现代信息技术及其应用 303
第二节 基于信息技术的英语教学 312
第三节 基于电子学习理念的英语教学 316
第四节 大数据时代教师的自身发展 327

参考文献 333

第一章　英语教学与跨文化交际概述

第一节　英语教学的内涵及要素

英语教学是一种综合性的语言教学活动，下面对其内涵与要素进行说明，从而为下文的展开打下基础。

一、英语教学的内涵

（一）教学的定义

在了解英语教学的内涵之前，首先需要对教学这一概念进行了解和掌握。由于对教学的关注点不同，不同学者的定义也有所差异。

学者胡春洞认为，"教学"应该包含两个层面的关系：①教与学是一种并列的关系；②教学是一种教授学习的使动关系。从这两个角度出发，能够看出教学的辩证关系和双向关系。教与学是息息相关的，教应该以学为基础，从学的角度出发，并以学为目标。教的规律和学的规律在一定程度上是统一的。

《英汉双解·现代汉语词典》给出的教学的定义是：教师把知识、技能传授给学生的过程。该定义是一种狭义的理解，把"教学"当作一个术语来理解。

《朗文词典》将 teaching 定义为："work, or profession of a teacher"，也就是教书、教学的意思。此外，它还对 teachings 进行了阐述："that which are taught, esp. the moral, political, religious beliefs taught by a person of historical importance"，也就是"教导、学说、教义"的意思。可见，teaching 与 teachings 是两个完全不同的概念。但是，这两个定义都没有全面覆盖"教学"的真正含义。

综合上述关于教学的定义，教学应该包含三层含义，即教学（teaching）；"教"与"学"（teaching and learning）；教如何学习（teaching how to learn）。

（二）英语教学的定义

由于英语是外语，因此在我国缺乏一定的语言使用环境与使用对象，这就给英语教学提出了难题。可以说，英语教学能够直接影响学习者的英语水平和语言运用能力。

英语教学是一种教育活动。对教师而言，教学是引导学生学习的教育活动；而对学生来说，教学则是在教师的引导下进行的学习活动。学生是否得到发展是教学能否实现其目标的关键。教学是一个师生互动的过程，是教师教和学生学，共同完成预定任务的双边统一的活动。具体来说，英语教学的内涵主要体现在以下几个方面。

①英语教学是有目的的活动。英语教学的不同阶段有着不同的目标，而教学目标又具体分为不同的领域与层次。

②英语教学带有系统性和计划性。这种系统性主要体现在其制定者主要为教育行政机构、教研部门和学校的教学管理者等。英语教学的计划性指的是对英语基础知识的计划性教学，如英语语音、词汇、语法、写作、阅读等具体知识和技能的传递。

③英语教学需要采取合理的教学方法和教育技术。英语教学经过深厚的历史积淀，形成了大量有效的教学方法。现代科学技术，尤其是信息技术的发展，为英语教学提供了可以借助的多种教育技术。

综上所述，我们可以将英语教学的内涵概括为：教师依据一定的英语教学目的与教学目标，在有计划的系统性的过程中，借助一定的方法和技术，以传授和掌握英语知识为基础，促进学生整体素质发展的教与学相统一的教育活动。

（三）英语教学的本质

英语教学不仅仅是一种语言教学，同时也是一种文化教学。下面对这两个方面进行分析。

1. 英语教学是一种语言教学

英语是一种重要的交际语言，因此对其的教学便是一种语言教学。语言教学的目的是培养学生使用语言的能力。对于中国人来说，英语作为第二语言，是一门外语，英语教学也就是外语教学。从人类外语教学的发展历史来看，外语教学离不开外语知识教学，以外语知识为基础的外语教学有利于学生运用外语能力的培养。因此，英语教学作为语言教学，其本质应该是培养学生综合运用英语的能力。

需要特别指出的是，一些以学习语言知识而进行专门研究的语言教学并不是以运用语言为目的的，因此对其的教学并不属于语言教学的范畴，如古希腊语的研究、古汉语的研究等。这些语言在当今社会几乎不再使用，因此这种语言的学习需要和语言教学区分开。

2. 英语教学是一种文化教学

文化孕育语言，语言反映文化，二者有着密切的联系。在进行英语教学的过程中，不仅需要学习者了解基本的语言知识，同时也需要培养和提高其英语思维能力，从而便于日后的语言使用。从这个意义上说，英语教学也是一种文化教学。

二、英语教学的要素

教学是一个庞大的系统，由不同的要素组成。对于英语教学的要素，可以从实体与非实体两个角度进行划分。

从实体的角度出发，英语教学的要素主要包括教师、学生、教学媒介。由于我国的英语教学是第二外语教学，因此主要依靠的是教师的课堂教学活动。教师是英语教学的指导者与引导者，对学生英语水平的提高有着直接的影响作用。学生是学习的主体，是教学系统中不可或缺的基本要素。教学媒介是保证教学质量的重要影响因素，主要包括教材、教具和其他设施。

从非实体的角度出发，教学要素主要包括教学目标、教学内容、教学方法、教学评价、学生学习能力、学生的思想道德和情感意志的发展状况、教师的教学水平、学校的校风等。

在教学研究过程中，对教学元素的了解与掌握是研究的前提。我国的英语教学由于受到传统教学模式的影响，注重的是英语基础知识的传授，而忽视了学生能力的长远发展。学生是教学元素中不可替代的重要组成部分，在教学改革中重视学生主体地位的发挥，能够深化教学体制改革，促进人才的长远发展。

第二节　文化与交际

一、文化的基本概念

文化是很多人文学科的研究范畴之一，如语言学、哲学、社会学、人类学等学科。而对人类文化现象进行全面研究的任务则属于文化学。文化学主要研究人类文化现象的产生，人类文化各个层面或子系统之间的相互关系，以及文化现象和自然现象之间的相互关系。从这种综合考察中，揭示人类文化的整体结构、特征及其发展演变规律，以发现这些文化现象背后的共同本质与普遍规律。文化学的研究成果为跨文化交际研究以及语言文化研究提供了理论依据。要理解文化的本质，就必须了解文化的定义、特点、分类等基本内涵。

（一）文化的定义

定义文化是一件非常困难的事情。一直以来，学者们都试图给文化一个完整的定义。然而，来自不同领域的学者们在定义文化时有着不同的视角，因而所给出的定义也侧重不同的方面。也有一些学者认为给文化下定义太难，于是他们在著作中干脆避免给文化下定义。"他们的理由是，文化是一个多义而不定的概念，每个人都有自己的理解，所以最好让每个人来对文化的意义做出取舍。"然而，在对文化和跨文化交际进行论述时，给文化概念的范围划定一定的界限还是有必要的。

从不同的角度出发，人们对文化的理解各不相同。人们对这个词最通常的理解是：形容受教育的程度——有文化或没文化；描述某种现象——流行文化；概括某种思潮——朋克文化。但是，文化的定义是学者们长期以来争论的话题，至今也没达成共识。半个世纪以前，美国学者克鲁伯与克拉克洪在他们的著作《文化，关于概念和定义的评述》中总结学者们从不同学科的角度给文化下的164条定义。到目前为止，文化定义的数量已增至近300种。由于篇幅有限，本书只能列述几种有代表性的说法。

1. 字典释义

《辞海》将"文化"分为广义文化和狭义文化。具体定义是：广义文化指人类社会历史实践过程中所创造的物质财富和精神财富的总和。狭义文化指社会的意识形态，以及与之相适应的制度和组织机构；有时也特指教育、科学、文学、艺术等方面的精神财富。

《现代汉语词典》将文化定义为：文化是指人类社会历史发展过程中所创造的物质财富和精神财富的总和，特指精神财富，如文学、艺术、教育、科学等；指运用文字的能力及一般知识。

《牛津双解词典》中文化的定义是：艺术或其他人类共同的智慧结晶。这一定义主要从智力产物角度阐释文化内涵，即所说的大写C所代表的高层次文化，如文学、艺术、政治等。

《美国传统词典》中文化的定义是：人类文化是通过社会传导的行为方式、艺术、信仰、风俗以及人类工作和思想的所有其他产物的整体。这一定义涵盖的范围较为宽泛，既包括大写C所代表的高层次文化，又涵盖小写c所代表的低层次文化，如风俗、传统、行为、习惯等。

2. 词源释义

英文中的"culture"以及德语中"Kultur"源于拉丁语"Cultus"，而"Cultus"源于词干"Cor"。"Cultus"的词意包括耕种、居住、练习、留心或注意以及敬畏神灵的意思。从"Cultus"的词汇意义来看，文化所指不仅包括物质文化，而且还包括精神文化。在古代，敬神和耕种关系密切，耕种与居住是物质文化的要素，敬神与哲学是精神文化要素。因此，本义是土地开垦，植物栽培的"culture"引申为对人的身体和精神的开发和培养，进而泛指人们的生活方式、思维方式及人们在征服自然和自我发展中创造的物质财富及精神财富。

3. 爱德华·泰勒的定义

英国人类学家爱德华·泰勒在其著作《原始文化》中对文化进行了定义：文化是一个复杂的综合体，包括知识、艺术、宗教、神话、法律、风俗，以及人类在社会里所得一切的能力与习惯。很多学者认为这一定义忽略了文化在物质方面的要素，也有学者认为，泰勒的定义中虽然没有体现物质文化，但他在《原始文化》中使用很多物质文化的例子来解释他的理论。

4. 克鲁伯和克拉克洪的定义

人类学家克鲁伯和克拉克洪在他们的著作《文化，关于概念和定义的评述》中总结了当时角度各异、内容或抽象或具体的文化定义之后，提出了他们自己对文化的看法。他们对文化的定义是：文化由外显和内隐的行为模式构成；这种行为模式通过象征符号而获得和传播；文化代表了人类群体的显著成就，包括它们在人造器物中的体现；文化的核心部分是传统观念，尤其是它们带来的价值观念；文化体系一方面可以看作活动的产物，另一方面则是进一步活动的决定性因素。这一定义几乎涵盖了人类生活的方方面面，文化指导人们对待他物的态度和行为。每个人的生活、行为在绝大部分情况下，都渗透有他人的经验，而这正是文化的形式。克拉克洪甚至认为文化是人们行为的蓝图。

5. 萨姆瓦、波特等人的定义

萨姆瓦、波特等人在其著作《跨文化交际》中将文化定义为：经过若干个世纪以来个人与集团的努力，被大多数人所继承的知识、经验、信念、价值观、态度、意义、阶级、宗教、时间观念、角色分工、空间的运用、世界观、物质财富等的总体。文化表现在居住在特定社会的人们的日常行为中；表现在作为交际形态的行为方式中；还表现在所使用的语言当中。在这个定义中，包括了"时间观念""空间的运用""行为方式"等交际中的重要内容。

6. 关于文化的比喻

有些学者将文化比喻成海上的冰山，显露在海面上的只是一部分肉眼所能看得见的东西，如物质生活、衣食住行、社会活动、言语行为、非言语行为、风俗礼仪等。而隐藏在海平面下的却是用肉眼难以看得到的东西，那就是价值观和世界观。轮船撞上冰山沉入海底，多半是撞到了海平面下的冰山。在跨文化交际中发生问题的时候，仔细观察和分析就会发现，它们往往是在价值观、世界观发生对立的时候。

我们在平时的生活中几乎都没有意识到文化的影响。这是因为我们从小生长在自己国家的文化当中，文化的各种影响自然而然地扎根在我们的头脑里面。如果知道了"文化就是我们的生活方式本身"，就一定会感受到文化的存在。文化的定义和解释从抽象到具体，从物质到精神，可以说是林林总总，难以尽数。文化涵盖的内容应该作为教学内容渗透于语言教学之中，实现以培养语言应用技能为目的、以跨文化交际知识为内容的教学要求。

（二）文化的特点

萨姆瓦等学者认为，无论人们给文化下多少不一样的定义，对于文化的特点，绝大多数人观点是一致的。萨姆瓦等学者列出了七个被认可的特点。

①文化是习得的；
②文化是世代传承的；
③文化是以文字符号为基础的；

④文化是变化的；
⑤文化具有整体性；
⑥文化具有民族中心主义倾向；
⑦文化具有适应性。

文化学研究者还指出了另外一个重要特点，即文化是社会成员所共有的。下面简要介绍文化的八个特点。

1. 文化不是与生俱来的，而是后天习得的

一个人具有什么文化并不取决于他的种族、肤色，而是取决于他生活的文化环境。例如，人有食欲要吃饭是天生的，而对什么样的食物产生食欲、如何烹饪食物、如何吃，却是在自己的社会文化中学习掌握的。人的姿势和动作有许多是和文化相关联的。日本人见面时喜欢鞠躬致意、美国人喜欢拥抱接吻、拉美人常用脱帽致意。中国人的孩子如果在美国长大，行为举止就会和美国人一样；美国人的孩子如果在中国长大，则和中国人的行为举止一样。这样看来，人的大部分行为是后天学习的结果。

2. 文化是传承的，是社会的遗产

文化要存在并延续下去，前提条件是它必须保证其关键信息能传承下去。如果社会的一些核心价值观念存在了多年，那么就应该让它们代代相传。文化和交际是紧密联系着的，交际能使文化延续。文化能将现代人与祖先和后代联系到一起。

3. 文化是以文字符号为基础的

克拉克洪曾经说："如果没有语言，人类的文化是不可想象的。"在没有文字的社会，人们通过口头语言将自己的经验、知识、信仰、观念一代一代地传下去。有了文字以后，则通过文字的形式将文化记录下来传给后代。由于文化的传承性，任何一个社会的文化都包含了历史的积淀。

4. 文化是可以变化的

文化是一个动态系统，它不是存在于真空状态下的，所以会变化。文化不断地遭受外部思想观念的冲击，产生变化在所难免。文化通过三种机制产生变化：文化革新；文化渗透；文化移入。

5. 文化具有整体性

文化是一个系统，是一个整体。正如霍尔所说："你只触碰文化的某一个点，其他所有部分都会受到影响。"例如，人权是文化的一个方面，而美国的人权运动却改变了美国人的态度、价值观和行为方式。

6. 文化具有民族中心主义倾向

民族中心主义是指某一种族以自己的文化标准来判断事物或评价其他文化。每一个民族都具有自我中心倾向。人类学家调查发现，每一种文化中都存在民族中心主义。不少学者认为，人们从自己的文化角度看待世界是很自然的事，如果不极端化，民族中心主义倾向会产生正面效果。不过，当本族文化与外族文化发生冲突时，民族中心主义倾向有极大的负面作用。"我们正确，他们错了"的感觉遍布文化的每一个方面。民族中心主义是人们不知不觉地学会的。

7. 文化具有适应性

所有的文化都有很强的生存能力，这是因为它们具备的自我调节功能足以保证它们适应新的形势。过去几个世纪中发生的一些历史事件使犹太人分散到世界各地，但犹太文化并没有就此消失。相反，它适应了新的环境并完好地保存下来。二战后的日本经济几乎毁灭，但日本文化却存活下来。现在的日本是世界上重要的政治和经济力量。这两个例子说明了文化的适应性。

8. 文化是社会成员所共有的

人的行为方式，只有变成了社会普遍现象才能算得上是文化。即使某个人掌握了特殊的行为方式，如果不为广大的社会成员认可并且共有的话，那就不是文化。在中国社会，绝大部分人都是以大米或面粉为主食的，他们用筷子吃饭，这构成了我们饮食文化的主体，因而说它是文化；如果有一个人，他不吃米饭，光吃鸡，那不是文化，那仅仅是他个人的嗜好。

（三）文化的分类

文化的构成比较复杂，既包括可见实体又包括抽象概念，这导致了文化分类方式的多样性。文化分类的实质是文化成分或构成文化的要素的分类。目前在学术界最主要的分类方式有：狭义文化与广义文化；知识文化与交际文化；东方文化与西方文化等。

1. 狭义文化与广义文化

学术界根据文化的层次和范围划分了狭义文化与广义文化。狭义文化是指人类精神生产能力和精神劳动产品，涵盖一切社会意识形态，主要构成人类精神活动和思维活动所创造的精神财富的总和，包括语言、哲学、文学、美术、音乐、宗教、科技、教育等。广义文化包括物质文化和精神文化两个方面。与哲学不同，文化学不关注精神和物质谁先谁后的问题，而是研究物质和精神方面的文化产品。精确地说，广义文化包括人类物质生产和精神生产能力，以及物质与精神的全部产品。物质文化代表一个民族在一定时期所达到的生产水平，如旧石器文化、新石器文化、青铜器文化、铁器文化、农业文化、工业文化等。

2. 知识文化与交际文化

这种分类主要是基于文化在教学中的功能。赵贤洲、张占一等学者曾经对知识文化和交际文化做过描述。赵贤洲在文章中写道："所谓知识文化，主要指非语言标志的，对两种不同文化背景的人进行交际时不产生严重影响的文化知识。所谓交际文化，主要指两种文化的人进行交际时直接发生影响的言语中所蕴含的文化信息，即词、句、段中有语言轨迹的文化知识。"张占一认为："所谓知识文化，指的是那种两个不同文化背景培养出来的人进行交流时，对某词、某句的理解和使用不产生直接影响的文化背景知识。所谓交际文化，指的是在两种不同文化背景熏陶下的人，在交际时，由于缺乏有关某词、某句文化背景知识而发生误解。这种直接影响交际的文化知识，我们称之为交际文化。"姜守明和洪霞在其著作《西方文化史》中指出，"交际文化与知识文化的概念是立足于跨文化交际理论之上的"。

用这种概念来考察在外语教学中某种文化因素的属性，就比较容易，也比较客观。当然，这个概念并非说，只有交际文化因素参与交际，而知识文化因素不参与交际。事实上，不能参与交际的文化因素是不存在的。只不过是在什么阶段、什么层次、什么场合，又以什么方式参与交际而已。知识文化因素以知识或文化内容的形式参与交际，而交际文化因素是以制约信息模式的形式参与交际的。

3. 东方文化与西方文化

学者们从地理学、历史学和国际政治学的角度，按照地域的分布，将文化划分为东方文化与西方文化。东方文化的概念是：以中国儒家思想为代表的亚洲文化。西方文化的划分较为复杂，其概念包括：欧洲、北美、澳洲等国家的文化；近代天主教和新教势力统治下的欧美国家的文化；工业发达国家的文化。在宏观上，东、西方文化除了地域分布不同外，在文化起源、价值取向等方面也有差别。

东方文化起源于儒、道、释。儒是指以孔子为代表的儒家思想，主张礼治，强调传统的伦常关系。道是指以老子、庄子为代表的道家思想，崇尚自然，主张清静无为，反对斗争，具有辩证法的因素和无神论的倾向。释是指佛教，崇尚"善、忍、宽容"。西方文化起源于古希腊文化、古罗马文化和中世纪基督教文化。古希腊文化主要包括古希腊史诗与神话、悲剧与喜剧、哲学与科学、建筑与雕刻艺术、奥林匹克精神等。古罗马文化主要包括罗马神话、罗马共和体制、拉丁文与罗马文学、罗马的建筑艺术、罗马的法学等。中世纪基督教文化主要包括《圣经》与三位一体教义、教派组织与宗教制度、基督教堂建筑艺术、基督教音乐等。在价值取向方面，东方文化主张天人合一，而西方文化则相反。东方文化孕育了人们的官僚本位观和过去本位观，而西方文化则孕育了人们的民众本位观和未来本位观。

（四）与文化相关的其他概念

1. 国家

在现实生活中，人们常常将国家等同于文化，认为跨文化交际就是国家间的交流。其实这是一种误解。虽然在很多国家有些文化占主导地位，但是现在世界上的大多数国家都是多文化的国家，如美国就是一个多种文化共存和融合的国家。在美国地理疆域范围内有欧洲裔的美国人、非洲裔的美国人、亚洲裔的美国人，还有美国本土的印第安人。所有这些人都是美国的国民，然而，他们很多依然保持着自己的文化。

2. 民族

民族的定义也有一些争议。目前，得到普遍认可的是斯大林对民族的定义，即"民族是人们在历史上形成的一个有共同语言、共同地域、共同经济生活以及表现在共同文化上的共同心理素质的稳定的共同体"。由于"共同的文化心理素质"是民族的一个重要特征，因此，同国家相比，民族的划分与文化的划分有着更多的相似性。一个国家可能由许多不同的民族构成，而这些民族也都有自己的文化。如前南斯拉夫就由斯洛文尼亚、克罗地亚和塞尔维亚等不同民族组成，每个民族都有自己的语言和文化。有时候一个民族的成员也可以属于不同的国家或文化。例如，犹太人有着共同的民族身份，但是他们分散在世界各个文化之中，属于不同的国家。

3. 亚文化

亚文化是指在同一个国家当中不同种族或民族的团体所构成的文化，这些团体有着自己独特的文化，但是也同时具备"大文化"中的一些特点。它是存在于主流文化中的非主流文化，这一文化中的行为模式区别于主流文化中的行为模式，如非洲裔美国人、亚裔美国人等都是美国"大文化"中的亚文化群体。

4. 文化定型

定型（stereotype）是指人们对一个群体的成员的简单化的、约定俗成的看法。基本假设是：一个群体里的成员对事物有着类似的态度和行为方式。如对于教授，人们的心中的典型形象或许是知识渊博、思维缜密。而对于商人则可能是精明、会算计。对于具有某一文化背景的人们的定型看法就是文化定型。许多中国人都具有以下的文化定型，如认为英国人很保守，法国人很浪漫。文化定型对于人们了解其他国家和文化，认识不同文化间的差异有着积极作用。但是如果一味强调文化定型，而忽视了个体间的差异，就容易造成过度泛化，这样不仅不能增强理解，反而会成为交流的障碍。因此，在处理跨文化交际问题的时候，我们要注意文化定型与个体差异之间的关系，既考虑交流者作为群体成员的文化共性，也考虑到其作为个体的个别特征。

二、交际的基本概念

每时每刻人们都在进行交际，只要有人生存的地方，就有交际发生。日常生活中交际的例子举不胜举。人们谈话、打电话、网上聊天属于最典型的交际。婴儿啼哭是交际，它在向母亲传递"我饿了"或"我渴了"的意思。汽车驾驶员看到红灯立即停车，也是一种交际。交际无所不在，它是人类所有活动的基础。

（一）交际的定义

交际（communicate）这个词来源于拉丁语 communls 一词，意为"共同""共享"。从这一词源可以看出，"共同"和"共享"是交际的前提，而且也是交际的目的。因为通过交际，人们可以获得更多"共同"和"共享"的东西。

在同一文化中的人们在很多方面都有共同和共享的东西，因此可以进行有效的交流。而来自不同文化中的人们，由于共同和共享的东西不多，所以交流的时候也会产生障碍。跨文化交际就是要使不同文化中的人们相互了解，获得更多"共同"和"共享"，从而消除交际过程中的障碍。

有学者将交际定义成人们运用符号创造共享意义的过程。这个定义强调的是"共享意义"对交际的重要性。关世杰也采取了类似的定义，他将跨文化交际中的交流定义为"信息发送者与信息接收者共享信息的过程"。贾玉新把交际看成交际符号过程，一个动态多变的编译码过程。当交际者把意义赋予言语或非言语符号时，就产生了交际。他认为，交际受制于文化、心理等多种因素，但交际不一定以主观意识为转移，也可以是无意识的和无意向的活动。有美国传播学家着眼于反应者的反应，将交际定义为：任何人对于其他人的行为或行为遗迹的反应及过程。所谓的行为遗迹，就是包括纸条、书籍、图画等在内的一切由行为所造成的结果。根据这个定义，交际不但可以"共时"，还可以"历时"。书信的往来，书籍的阅读也可以看作交际，这种定义的范围比较宽泛，但对于本研究并不适合。

（二）交际的基本要素

在交际的过程中，有几个因素十分重要，即信息发送者、信息接收者、编码与解码、反馈、交际渠道和语境。

1. 信息发送者

信息发送者指的是发出信息的主体。发送者既可以是个人，也可以是组织或国家。例如，当美国总统在国会发表《国情咨文》时，作为信息发送者的总统是单独的个人；而当美国对某国宣战时，发送信息的主体就不是个人，而是代表美国的美国政府。

2. 信息接收者

信息接收者指的是接收信息的主体。接收者既可以是个人，也可以是组织或国家。例如，当下级接收领导传达的命令时，信息的接收者是个人；而当伊拉克收到联合国要对它进行武器核查的命令时，信息的接收者则是国家。同样，接收者可以是有意识地接收信息，也可以在无意识中收到信息。

3. 编码与解码

在交际的过程中，发送者需要通过一定的符号系统，将要传达的信息转化为符号后才能传递给对方，而接收者在接收到信息后，也必须通过相应的符号系统将信息转化为意义，才能够理解。发送者根据符号系统把信息转化为可被传递的符号的过程就是编码。传达信息的符号既可以是言语，也可以是非言语。例如，两名学生在上课时说话影响周围同学听课，为了让他们安静下来，教师会说："请保持安静。"这就是通过言语的方式传达信息。又如，电影中有这样的镜头，男主人公意味深长地看着他的未婚妻，这"意味深长地看"就是通过非言语的方式传达信息。接收者在接收到信息后，将言语或非言语的符号转化为意义的过程就是解码。例如，学生在听到了教师说"请保持安静"后，立刻安静了下来，这就是对言语符号进行解码，将它转化为可理解的信息；电影中的未婚妻通过对非言语符号"意味深长地看"进行解码，明白了未婚夫要表达的意思。

4. 反馈

反馈是指信息接收者反应的一部分，即信息发送者发出的信息返回到发送者的过程。反馈是评价和判断交际是否有效的一个重要尺度。不同的读者阅读同一本书后会有不同的反应，但是只有读者参与了某项调查，或者给作者写信谈了自己的感受，反馈才发生。反馈对交际有十分重要的意义，交际者可以通过反馈来检验是否有效地传达和分享了信息，以便及时对自己的行为做出调整。面对面的交流往往能取得最好的效果，就是因为信息的发送者能够获得最及时、准确的反馈。

5. 交际渠道

渠道是交际过程中必不可少的因素。渠道指的是将信息源和信息接收者连接起来的物理手段或媒介。渠道可以分为直接渠道和间接渠道两种。直接渠道指的是交流者面对面地将信息传递给对方。由于是面对面交流，交流者可以获得最丰富的信息和最直接、及时的反馈，因此，信息传递的准确率也很高。在各种信息传递手段十分发达的现代社会，各国领导人依然互访，就是为了从直接渠道获得最多的信息以相互了解。但是，直接渠道也有不足之处，即无法超越时空的距离，信息传播的对象较少。直接渠道的不足正是间接渠道的优势所在，通过间接渠道，人们可以跨越时间和空间的距离获得信息。例如，可以通过观看纪录片了解阿波罗号登月的情况，也可以用电话和远方的朋友交谈。然而，间接渠道的不足之处在于信息在传播过程中可能会部分丢失或变形。例如，书信可能会因为邮差的错误投递而无法送到收信人手中，让某人捎的"口信"可能在捎信人的口里变形。在进行跨文化交流时，由于文化间差异较大，更需要通过信息量大、反馈迅速的直接渠道进行交流。

6. 语境

所谓语境，就是交际发生的场所和情景。语境可以是物理的、社会的和人际的。交际发生的语境能够帮助人们更加深入地了解交际的内容和形式。一旦人们知道了交际即将发生的语境，在某种程度上就可以准确地预料所发生的交际。

（三）交际的基本模式

1. 双向交际模式

施拉姆提出的交际模式形象地描述了发送者和接收者在交际时编码和解码的过程。如图 1-1 所示，发送者将信息编码后发送给接收者，接收者在接收到信息后，对信息进行解码，并将反馈的信息在编码后传递给发送者，如此循环，形成了一个相互影响、不断交流和反馈的过程。事实上，在交际的过程中，参与交际的每一方既是信息的发送者又是信息的接收者。这就是双向交际模式。

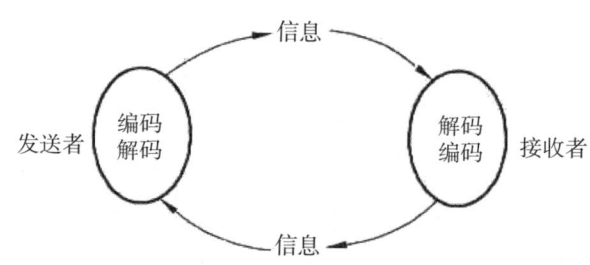

图 1-1　施拉姆的交际模式

2. 单向交际模式

在交际过程中，如果接收者接收到发送者发出的信息，但对接收到的信息没有任何的反馈，这种交际模式就是单向交际模式。单向交际最重要的特征就是信息的发送者单方面发出信息，接收者只是被动地接收，信息的发送者不能及时地获得接收者的反馈。在单向交际的过程中，由于发送者发出的信息不会被打断,所以信息传递的速度快,信息量大,但由于没有及时的反馈,发送者不知道接收者是否收到信息以及对信息的理解如何,因此,单向交际的效果并不十分理想。例如,在"填鸭式"的课堂上,虽然学生认真听讲,但到底有多少知识被掌握,教师就不得而知了。这就出现了教师教得辛苦,学生学得辛苦,但教学效果未必理想的情况,这种情况就是由于单向交际的教学方式所造成的。

(四)交际的基本特征

交际是一个包含诸多因素的复杂过程,了解交际的特点能够帮助人们加深对这一复杂过程的理解。

1. 交际是动态变化的过程

交际是一个连续的不断变化的过程。交际就像是一部动画,而不是一幅图片。交际中人们说出的话语和做出的行为很快就被其他的话语和行为所取代。在交际中,人们不断受到彼此发出的信息的影响,而且在交际过程中交际的各个构成要素之间彼此作用,所以交际处于不断的变化之中。

2. 交际是不可逆转的过程

一旦人们说了话,说出的话被别人听到并且赋予意义,我们就无法收回自己说出的话。交际一旦发生,就是一个完结的活动,就不能被收回,它是一个不可逆转的过程。

3. 交际具有符号性

符号是人们交际过程中传达和分享意义的媒介。交际中符号是人们思想的载体。符号可以是语言的或非语言的,它可以是任何一个代表意义的词语、行为和物体。制造符号是人类特有的能力,动物之间也进行交际,但它们的交际与人类不同,不是以符号为媒介的。符号的使用具有主观性,每一种文化的人们都使用符号,但是他们赋予符号不同的含义。符号与它所代表的含义之间的关系具有任意性。例如,语言符号"猫"与猫这个动物本身没有必然联系,在不同的语言中代表"猫"这个动物的符号并不相同。在英语中代表这个动物的符号是"cat",在法语中它是"chat",在德语中它是"katze"。同一个动物在中、英、法、德四种语言中的表意符号是不相同的。

4. 交际是系统的过程

交际不是孤立地发生的,而是处于一个庞大的系统中。这个系统包括,交际发生的场景、场所、场合、时间和参与交际的人数。任何的交际都是发生在一定的场景中的。交际发生的场景或语境决定了人们可能产出的语言和行为，以及符号代表的意义。场景某种程度上规定了交际的原则。服饰、语言以及话题的选择等因素都要适合场景的要求。例如，即使天气很热，男士在参加重要的会议时，还是要穿西装打领带。交际发生的场所在某种程度上也对人们的交际行为做出规定。在礼堂、饭店或是学校，交际行为会呈现不同的特点。人们的行为，可能是有意识的或是无意识的，但深深根植于所在的文化中。

交际发生的场合也能够控制交际者的行为。人们都知道在礼堂中可能举行毕业典礼、话剧、舞蹈表演或者纪念活动。每一种场合都有其特定的行为模式，每一种文化所规定的行为模式又各不相同。

时间对交际的影响不明显，常常被忽视。任何交际都发生在一定的时间区间，如正式的演讲和一般的谈话持续时间的长度会不同。人们也用时间进行交际。例如，在美国人们就经常使用时间表和备忘录等，因而人们总能感到时间的压力。交际中参与的人数也会影响交际的过程。当你与一个人讲话，或是在一群人面前讲话时，你的感受和行为一定有所不同。

5. 交际是自省的过程

人们不仅用符号来描述和思考发生在人们周围的事情，还用符号来反省自己的交际行为。这种特别的天赋使人们同时扮演着交际的参与者和交际的观察者两种角色。在交际的过程中人们同时观察、评价和调整自己的交际行为。从这个意义上来说，交际是一个参与者自省的过程。例如，有些文化中人们更关注自己，在交际时，人们会花很多时间和精力观察自己，关注自己在交际中的表现。而有些文化中人们更加关注他人，交际中也会进行自省活动，但是他们会更多地关注他人而不是关注自己的表现。

6. 交际是交互式的过程

交际的交互性体现在交际中所有的参与者共同发挥作用，共同创造和保持意义。交际中，每时每刻人们都在同时发送和接收着信息（见图1-2）。交际有过去发生的、现在发生的和将来发生的区别。人们对某一情景的反应受到人们自身经验、情绪和期待的影响。例如，当我们很了解某人时，我们会根据我们过去的认识和经验对将要发生的交际做出预测。将来也会影响现在的交际，例如，我们希望彼此的关系能够继续发展，就会自动地调节自己的言行，为将来能够实现自己的目的而做准备。

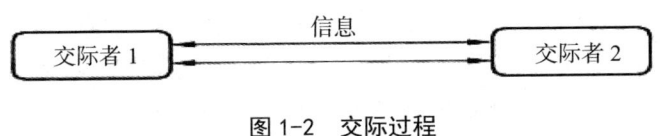

图 1-2 交际过程

7. 交际发生在特定的语境中

所有的交际都发生在一定的语境中。交际发生的语境可以是物理的、社会的和人际关系的。物理语境指交际实际发生的地点，室内的或户外的、拥挤的或安静的、公开的或私人的、寒冷的或炎热的、明亮的或黑暗的地点。社会语境指交际发生的不同社会场合，如婚礼、葬礼、上课、看体育比赛。每一种社会场合都对人们的交际行为有不同的期待和规定。例如，在西方国家，婚礼上新娘穿白色的婚纱，其他的女宾不可以穿白色裙子，否则会被视为不礼貌的行为。上课时学生要注意听讲，不能大声喧哗，而在看体育比赛时，大声呐喊为运动员加油就是得体的交际行为。人际关系语境指交际中交际双方所处的社会关系。人们对处于不同的社会关系的人之间发生的交际行为有不同的期待。例如，即使是发生在课堂以外的师生之间的交际行为也会与发生在好朋友之间的交际行为截然不同。同样，发生在同事之间、家庭成员以及熟人之间的交际活动在话题的选择、说话的语气和态度等方面会各不相同。

（五）语言交际

语言是交际活动的重要组成部分。语言的习得和使用涉及生理、心理、社会等诸多方面。语言研究不仅仅是语言学的任务，它同时还是生理学、心理学、社会学、交际学、哲学、人类学、信息科学等学科研究的范畴，因此语言与交际的研究具有跨学科性质。

人类与动物之间有很多区别，如人类大脑发达，能站立行走，会制作工具，会使用语言。但是，最能够反映人的本质性特征的是人的语言，即由声音和文字符号按一定的语法规则构成的系统。某些动物也可以通过各种声音和动作传递信息，如蜜蜂、海豚、猴等，但是，它们只能表达简单意义，它们的"语言"没有文字和语法规则，也没有语用规则。

人们通过语言来认识和理解外部世界、思考问题、与人交际、构筑文明、传承文化。但是，语言还有相反的一面，那就是破坏人际关系。有人因说一句不合时宜的话而得罪了朋友，就是很好的例子，语言中蕴涵着很强的影响力，它可以改变人们的行为。例如，最近几年来很多学校、学院忙着改名，希望取一个更具吸引力的好名字，以塑造单位的形象。在同文化交际过程中语言的影响力是如此强大，但在跨文化交际中语言的影响力受多方面限制。

有人说，莎士比亚的精髓是翻译不出来的，如果不读原著的话，我们很难理解它的奥妙之处。这句话同样也适用于跨文化交际时语言的局限性。一种文化里有的概念，而另一种文化里没有。另外，有时某个概念移植到其他文化的语言中去的时候，往往用一个词表达不出来，而需要很长的说明或解释。

食物可以反映出饮食文化，食品的名称不好翻译，很多人都有一些体会。宴会上要是翻译菜名，那可就苦了翻译人员。鱼香肉丝、麻婆豆腐、夫妻肺片等菜肴很难译成英语，一是因为英语国家没有这些菜肴，二是因为这些菜肴的名称与内容不一致。

第三节　跨文化交际与能力

一、跨文化交际的基本概念

（一）跨文化交际的定义

《朗文语言教学及应用语言学辞典》对跨文化交际的解释："一个跨学科研究领域，研究各种包括国家、地理、语言、种族、职业、阶级或者与性别相关的跨人群、跨话语系统的人们是如何相互交际和理解的以及研究那些差别是如何影响语言使用的。"

跨文化交际的英语名称有的用 Intercultural Communication，有的用 Cross-cultural Communication，少数用 Transcultural Communication。

Intercultural Communication 被视为具有人与人之间交流的层面，包括来自不同文化的群体之间的交际，涵盖任何意义上的或任何层面上的不同文化或不同文化的人际间交际的研究；Cross-cultural Communication 用于讨论文化群体的差异，强调文化对比研究，目前多用在比较不同文化组织（如跨国公司、媒体、政府等）的差异和相似方面。中国学者将其翻译成汉语时，采用跨文化的交际、跨越文化的交际、文化间的交际、不同文化之间的交际、多文化交际、跨文化传统、跨文化交际学、跨文化交流学、跨文化传播等。

国内外学者都认同跨文化交际学的多学科性、跨学科性、交叉学科性、边缘学科性，与其相关的学科有人类学、社会学、传播学、心理学、语言学、哲学等，但是对跨文化交际存在着理解上的差异。跨文化交际常被定义为"来自不同国家文化背景的人员之间的交际，很多学者将其限定为面对面的交际"。

跨文化交际是一个符号的、解释的、相互影响的、与上下文有关的过程，在过程中来自不同文化背景的人们创造出可分享的含义，当大量的和重大的文化差异导致不同的理解，并产生期望如何去更好地交际时，跨文化交际就出现了。

跨文化交际正如其名所指，是有关不同文化之间的交际。不同文化背景的人员之间对意义归因的互动的、象征性的过程。胡文仲关于跨文化交际的定义为：具有不同文化背景的人员从事交际的过程，是文化认识和符号系统不同的人员之间的交际，这些不同的文化认识和符号系统足以改变交际事件。如果把所有的、不同程度的交际都看成跨文化交际，那么，跨文化交际将囊括跨种族交际、跨民族交际、同一主流文化内不同群体之间的交际，以及国际性的跨文化交际等。目前，国外的研究重点几乎放在各个维度上，美国尤为如此，这显然与美国的国情有关。在国内，认为研究的重点应集中在国际性的跨文化交际维度上。

（二）跨文化交际的界定

文化和交流都依赖于一定的符号系统。交际是人们赖以生存、社会赖以活动、文化赖以传承和储存的重要机制。但交际会受到文化的影响，在相同的文化中，由于人们共用一套规则，文化可以成为交际的润滑剂，而在不同的文化中，特别是在差异很大的文化中，文化就会成为交际的障碍。那么，如何确定交际是同文化的还是跨文化的呢？

跨文化交际首先是一种交际，具有交际的一般特点（如符号的运用、信息的传送与共享），也遵循着一般交际的模式，但是跨文化交际同时又是一种较为特殊的交际，有着自己的特点和模式。

上文中提到在交际过程中信息的发送者和接收者会根据各自所在文化的规则来进行编码、释码和解码。如果交际双方运用的是完全相同的一套规则系统，那么就是典型的同文化交流，如果交际双方运用的是完全不同的一套规则系统，就是典型的跨文化交际。但是，在现实生活中，真正的完全相同与完全不同的交际情况是没有的。也就是说，无论两种文化有多大的差异，它们之间总会有相同之处，这是交际的基础。同样，即使是处在同一种文化的两个交际者，他们运用规则进行编码、释码和解码的过程也不可能完全相同。根据上述描述可以知道，跨文化和同文化交际的过程和本质基本一样，二者的差异只是程度上的。二者之间的差异存在于交际所涉及的变量对其交际活动的影响程度方面，而且它们在交际过程中的相对重要性也有所不同。从理论上讲，不同人的文化和社会背景、生活方式、教育背景、性格、爱好等方面都存在差异。从这个意义上说，一个人就是一个独特的微型文化，任何人与人的交际都是跨文化交际。文化的差别可能大到不同国籍、不同民族和不同的政治制度；也可能小到同一主流文化中的不同性别、不同年龄、不同社会阶层、不同教育背景，甚至是不同兴趣爱好之间的人们。

有学者曾以一个连续体的形式表明不同文化间的差异程度，很直观地表明了不同文化群体间不同程度的文化差异。如果把所有不同文化间的交际都看作跨文化交际，那么跨文化交际将包括：

①跨种族交际（interracial communication）；
②跨民族交际（interethnic communication）；
③同一主流文化内不同群体间的交际（intracultural communication）；
④国际性的跨文化交际（international intercultural communication）。

在我国，跨文化交际的重点主要集中于国际性的跨文化交际维度上。一般说来，跨文化交际都被定义为"来自不同国家文化的人们之间的交流，而且许多学者也把这种交流限定在面对面交流的层面上"。因此，本研究中所涉及的跨文化交际不包括国内同一主流文化内不同群体间的交际，而只包括国际性的跨文化交际。而在交际层面上，本研究只包括跨文化人际交往，而不包括跨文化的组织交际和大众传播。综上所述，本研究所涉及的跨文化交际主要是指人际交往层面的国际跨文化交际。

（三）跨文化交际模式

许多学者针对跨文化交际的过程、性质、效果等提出了不同的模式。关世杰借鉴施拉姆的交流模式描述了跨文化交际的过程（见图1-3）。他将跨文化交际的过程分为编码、通过渠道传递和解码的过程。但是编码和解码是在不同文化中进行的。根据关世杰的跨文化交际过程的模式，甲文化发送者将所要发送的信息依照甲文化码本和程序进行编码，通过信息渠道传送给乙文化接收者。乙文化接收者依照乙文化码本和程序对信息进行解码。由于文化的共性与差异，使得解码得到的信息意义与原信息意义既有重合也有改变。乙文化接收者基于这些信息形成意向或做出反应，并依据乙文化码本和程序将意向或反应编码，反馈给甲文化的发送者。可以看出，跨文化交际的过程是一个循环的过程，信息发送者和接收者的角色在不断互换。

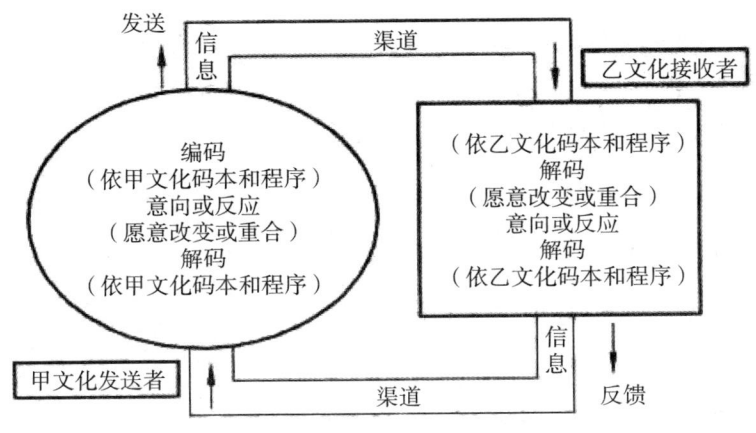

图 1-3　跨文化交际过程

关世杰和施拉姆都是传播学学者，所以他们所描绘的跨文化交际模式是从传播学的角度出发，强调交际过程，并未涉及跨文化交际的要素和结果。多德在他的跨文化交际模式（见图 1-4）中从文化学者的角度分析了跨文化交际的过程。多德引入了"感知文化差异"（Perceived Cultural Difference）的概念，将其作为跨文化研究中的重要因素。他认为有效的跨文化交际是因为交际者所掌握的"感知文化差异"（PCD）使他们对交际中可能会出现的"不确定性"（uncertainty）和"紧张感"（anxiety）有了相应的适应（accommodation）；而固执和文化偏见（negative stereotyping）则会导致文化交际的失败。在自己的跨文化交际模型中，他拓展了"感知文化差异"的概念和假设。他指出文化只是造成交际者差异的来源之一，并描述了 PCD 如何减少交际中的不确定性和紧张感；如何在多元化的环境中实现有效的交际。他在模型中提出了"C 文化"（即第三种文化）的概念，为交际建构了共同基础，提出了跨文化交际所应该达到的效果。多德的跨文化交际模型希望交际参与者不要对对方文化做价值判断，不要有文化偏见，要在共同目标的基础上建立 C 文化。也就是说，要通过双方对文化差异性的了解建立一个交流双方都相对熟悉的第三种文化。

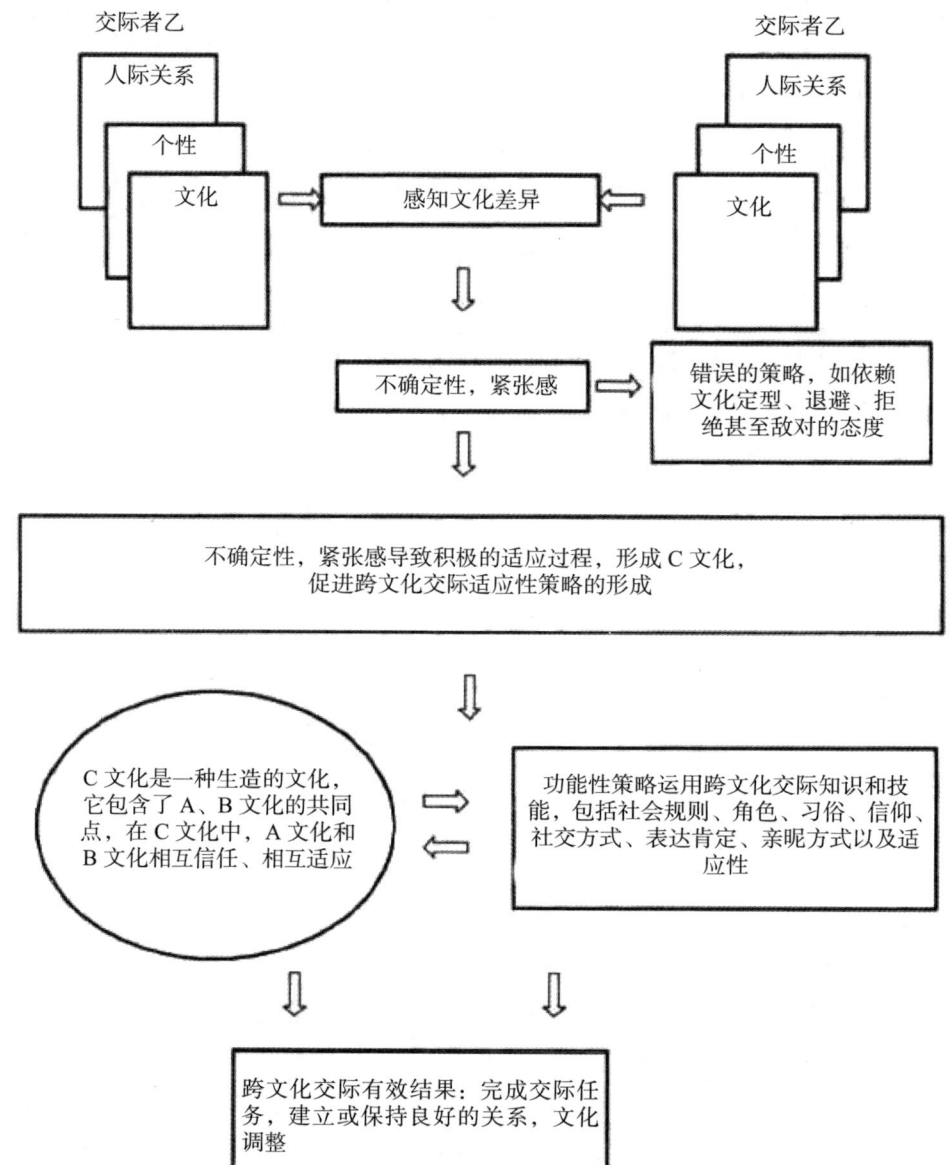

图 1-4 多德的跨文化交际模型

从多德的模式中可以看出,文化并不是交际者差异的唯一来源。人际关系和性格也会影响"感知文化差异"。在跨文化交际中要认识到交际者的文化共性,也不能忽视个别差异。由于存在"感知文化差异",在交际过程中容易产生不确定性和紧张感。如果交际者采用不当的交际策略,如过度依赖文化定型

（stereotype）或者对不同文化的交际者采取退避、拒绝甚至敌对的态度，就容易造成交际的失败。但如果交际者能适当改变交际策略，以一种包容的态度对待不同文化背景的交际者，则有助于建立一种基于交际双方共同性基础上的第三种文化，即 C 文化。C 文化的建立使得交际双方能够在一定的基础上采取有效的交际策略，运用有关的交际知识和技能获得良好的交际效果。同时，良好的交际效果也将有助于拓展 C 文化的范围，使 A、B 文化的交际者在更广阔的领域内获得共识，形成良性互动。

不同的学者对于跨文化交际有着不同的模式，每种模式都可以为我们提供一种认识跨文化交际的视角。图 1-3 所示的模式直观地表现出了跨文化交际的过程及不同文化码本对此过程的影响，使我们看到了跨文化交际与同文化交际的相同点和差异。图 1-4 所示的模式包含了影响跨文化交际的因素，交际的过程，简单的交际策略和交际所应该达到的效果。对跨文化交际能力的界定、交际过程的控制、交际策略的选取以及交际结果的评价都有一定的价值。

（四）跨文化交际的有效性

不同文化背景的人之间常常发生着各种跨文化交际行为，交际双方有时是推心置腹的言语交谈，有时是唇枪舌剑的言语的交锋，有时是表情手势的非言语交流。这些交际行为的效果往往是不一样的。交际是一个交换信息，并赋予其意义的过程。对所交换的信息，双方要各自进行编码和解码，也就是各自对此信息赋予意义、给出解释。信息的发出者和接收者进行的上述潜在过程要做到完全一样，即使是具有相同文化背景的两个人也几乎是不太可能的，而跨文化交际因其跨文化的特点就使得这种完全相同的意义赋予更难以实现。

交际效果取决于交际双方在多大程度上对交换的信息赋予了相同的意义，也就是能在多大程度上排除误解。误解固然是存在的，成功的交际者会设法将其降到最低限度。因此，交际效果不是平常所说的是否理解了对方的意思和表达出了自己的意思，而是多大程度上分享了信息和多大程度上降低了误解。

交际过程中的编码、解码、信息发送者、信息接收者、渠道、噪音等都是影响交际效果的要素。在跨文化语境中，信息的发送者和接收者具有不同的文化背景，他们习惯了各自的认知和思维方式，其编码、解码的过程和方式也常带有各自文化的烙印。比如美国人直来直去的交际风格常常让习惯于含蓄委婉的中国人和日本人觉得不适应甚至难堪。又如，在借助翻译的跨文化交际中，翻译的水平和忠实度都将影响交际的效果。

有效的交际指的是信息接收方在任何语境下能够理解信息发出方的意图并做出合适反馈的交际。当然，这种相互理解也只是相对的，我们可以把理解说成是最小化的误解（minimized misunderstanding）。交际的有效性与类似的意义诠释密切相关，即双方是否对同一信息做出了相当类似的解释。成功的交际就是双方做到相互理解，但相互理解并不是指双方意见达成一致。双方虽然做到了相互理解，但意见达成一致和保持分歧都是有可能的。不论是相互理解还是共同的意义赋予，都反映了交际者的交际能力。

交际中的误解是指双方对同一信息所做出的诠释不一样。这种误解虽然不能完全避免，但交际并非就此无法进行下去了。只要将误解降到最低，信息在传达和被诠释的过程中未被歪曲，交际就可以说是有效的、成功的。要做到有效的交际，一是要有"类似的意义诠释"，交际双方应该掌握对方语言，了解对方文化。若是精通对方的语言，能流利地与之用其本族语对话，比不太懂外语或要借助他人翻译的交际，效果通常会更好。古迪昆斯特曾说："我们侧耳倾听，推测被叙述的事情，然后应用社会背景知识，联想与之相关、可能发生的情况，之后做出对方到底是表达什么意图以及表示何种态度的判断。"在这一过程中，语言、文化知识的作用无疑举足轻重。二是要相互理解，既要力求"己所不欲，勿施于人"——同情（sympathy），也要尽量"人所不欲，勿施于人"——移情（empathy）。后者在跨文化交际中极为重要。与异文化的人打交道，也许你并不了解对方文化的价值观、思维模式、风俗习惯或是简单的好恶，但只要多站在对方的立场和角度，揣摩对方的意思就会容易得多，也能避免民族中心主义的倾向。

总之，有效的交际不是通常意义上"达到目的的交际"或"达成一致的沟通"，即使是一方拒绝了另一方的要求，但双方对对方的意图清楚无误，交际就是有效的。而要做到有效的交际或改善交际效果，最根本的就是要培养跨文化交际能力。

二、跨文化交际能力的基本概念

（一）跨文化交际能力的定义

跨文化交际能力（Intercultural Communicative Competence）是进行成功的跨文化交际所需要的能力，即与不同文化背景的人们进行有效的、适宜的交际的能力。跨文化交际能力是跨文化交际领域中的一个重要研究课题。人们要了解跨文化交际能力的内涵必须注意两个重要概念,一是交际的有效性,二是交际的适宜性。前者是指人们通过交际行为达到预期目的的能力,后者是指人们在特定的社会环境或场合使用最合适的交际行为的能力。

跨文化交际能力一般包括三个基本因素:情感因素、认知因素、行为因素。这里的情感因素是指跨文化交际过程中人们的情绪或态度。例如,具有跨文化交际能力的人们在进行跨文化交际活动之前、进行的过程中和交际活动结束之后都能够表现出积极的情绪。他们承认文化差异的存在,尊重不同文化之间的差异,具有较高的跨文化敏感度。同时,他们对自己具有理性客观的认识,能够克服交际时的紧张情绪,愿意开诚布公地表达自己,愿意做个忠实的听众、聆听对方的意见。认知因素是指跨文化意识,即人们在对本国文化和外国文化的理解的基础上形成的对周围世界认知上的变化。行为因素指的是人们进行有效的、适宜的跨文化交际行为的各种能力和技能,比如获取语言信息和运用语言信息的能力,即如何开始交谈、在交谈中如何进行话题转换以及如何结束交谈的技能、移情的能力,等等。

在过去的 20 年间,学者们逐渐对跨文化交际能力有了较为一致的认识。陈国明将跨文化交际能力定义为"在特定环境中有效、得体地完成交际行为以获得预期回应的能力"。这个定义表明具备跨文化交际能力的交际者不但要得体、有效地进行交际,而且还要通过这些能力获得预期的回应,达到自己的交际目的。布莱恩·斯比茨伯格指出,"ICC 的判定是认定某一行为在给定环境下是否得体、有效"。他也认为交际环境是判定跨文化交际能力的一个重要的因素。怀斯曼将跨文化交际能力定义为"与来自其他文化的成员进行得体、有效交际所需具备的知识、动机与技能"。也有学者认为成功的跨文化交际是在一定的情境之中发生的得体有效的行为,需要具备丰富的知识、合理的动机和有技巧的行动。

布莱恩·斯比茨伯格对交际能力的特点和构成进行了说明:"交际能力体现于个体在特定场合中得体、有效的交际行为中。在跨文化交际语境中,交际双方共同点减少,差异增多,交际难度增加。影响有效交际的变量包括语言差异、文化差异、世界观、价值观等。跨文化交际能力由知识、动机、技巧三个因素构成,三者相互影响、相互依存。跨文化交际能力需要足够的跨文化知识、积极的动机和有效的交际技巧,三个因素应同时具备,任何一个因素都不能单独构成跨文化交际能力。"

克拉姆西认为一个具有跨文化交际能力的人"在一定的社会环境中能够灵

活选用准确、恰当的形式，而不只是根据某一个社会群体的学术规范和社交礼节去说和写"。

具体说来，一个跨文化的人应该能够做到以下四点。

①能够辨别出两个群体关系中的冲突区域；

②能够解释冲突的行为和信念；

③能够解决冲突或对不能解决的冲突进行协商；

④能够评价一个解释系统的质量，并根据一个具有某个具体文化背景的说话人的信息，自己建构一个有效的解释系统。

（二）跨文化交际能力的内涵

语言学习理论研究的任务之一，就是揭示语言能力和语言交际能力的构成因素及形成过程，因为只有对语言能力和语言交际能力的构成因素和形成过程有了全面认识，才能在语言教学中更加自觉、更加有计划地培养学生的语言能力和语言交际能力。从这个意义出发，本节主要探讨的是语言能力、交际能力和跨文化交际能力三者之间的相互关系。

1. 语言能力

语言能力（linguistic competence）的概念是美国著名语言学家乔姆斯基20世纪60年代提出来的。乔姆斯基认为语言能力是一种内化了的语言规则体系，包括语音、词汇、语法等，是人们所具有的语言知识。他把语言分为语言能力和语言行为（linguistic performance），并且把两者对立起来。乔姆斯基认为，语言能力与语言行为有根本的不同，前者是一个内化的（internalized）有限规则系统；而后者是人们实际所说出的话语。他强调语言研究的中心是语言能力。乔姆斯基的语言能力是基于对"理想的说话人"在"完全同类的言语群体"中的言语行为进行的研究，其"语言能力"包括语言知识和规则及语言的基本技能，他所认为的语言能力是人类先天就具有的内在心理机制。

关于语言存在结构系统和规则的观点在我国外语教学领域有着长期的根深蒂固的影响。其所产生的语言结构系统知识、规则以及范式语言为教学的语言输入和学习活动提供了必要的条件，但也存在明显的不足。此种语言理论只涉及语言系统本身或内部的内容，解决的只是语言形式问题，而未能解决语言的本质，即社会交际功能的问题。

2. 交际能力

何谓交际能力呢？《朗文语言教学及应用语言学辞典》对交际能力进行了解释："（交际能力）指不仅能使用语法规则来组成语法正确的句子；而且知道何时何地向何人使用这些句子的能力。"

交际能力包括：

①语言的词汇及语法知识；

②说话规则，如知道如何开始并结束谈话，不同言语活动中谈什么话题，不同场合对不同的人用什么称谓形式；

③掌握如何使用不同的言语行为，如请求、道歉、致谢和邀请，并对其做出反应；

④掌握如何适当地使用语言。如果想与别人进行交际，就必须注意社会场景、他们之间的关系及特定场合中可以使用语言的类型，还必须理解书面的或口头表达出来的句子在上下文中的意思。

交际能力这一概念是由美国社会语言学家戴尔·海姆斯于1972年首先提出的。他把"交际能力"概括为语言知识和对语言知识运用的能力。他曾经很直观地把交际能力说成是"在恰当的时候，在恰当的地方，用恰当的方式对人说恰当的话语"。在他看来，如果没有语言使用规则，语法规则就毫无用处。例如，人们知道情态动词"would"的使用规则，但不知道在社会交际情境中好友之间提出请求时不使用"would"要比使用"would"更加亲切。

戴尔·海姆斯对第二外语教学和研究的另一贡献是他提出的"文化干扰"理论，即个体与其他文化背景的交际对象沟通时，自身的文化背景对交际行为，包括语言使用的干扰。例如，一位刚上哈佛的中国学生李昊吃过午餐后在校园的路上碰见同班的美国同学John。李昊很友好地问John吃了饭没有（Have you had your lunch？），以示打招呼。这使美国同学误以为被邀请共进午餐。李昊在美国文化环境下按中国文化习俗对美国人打招呼，虽然使用的语言并没有语法错误，但是违反了美国文化的社会语用规则。这就是典型的文化干扰现象。戴尔·海姆斯交际能力观的核心是语言的得体性，即语言的运用要适合特定的社会文化环境。他认为交际能力是文化能力的一部分。按照海姆斯的交际能力理论，构成跨文化交际能力的要素是语言知识、社会语用知识以及交际技巧，没有涉及交际者情感方面的因素，如克服文化差异所带来的不良心理感受等，也没有涉及交际者对对方价值观、世界观等深层文化结构的理解。这不能不说是他的局限性。

美国社会语言学家拉波夫提出了一种与交际理论相关的会话风格理论。他从不同角度把社会语言因素引入语言交际的概念。他认为，人们不可能只使用一种谈话风格，在真实的交际情境中，人们会根据语境和话题调整谈话风格。我们可以从谈话者对交谈的注意程度上判断会话者的谈话风格。非正式的谈话风格中，说话人对会话的关注少；正式的谈话风格中，说话人对会话的关注多。拉波夫的这一理论受到了学者的广泛关注，并推动了学术界对交际理论的深入研究。随后语言学家雷德提出了"语域"概念，描述具体语境中的语言变体。他认为人们在不同的语境中调整自己的语言类型，使之符合具体语境中对语言交际得体性的要求。

韩礼德等学者，在讨论语言的功能时提出了另一语言能力因素，认为只有仔细观察语境和情境才能理解具体语法结构的功能。功能是语法结构的运用，是谈话的目的，而不是谈话所运用的语法结构。韩礼德认为语言有三种基本功能，即概念功能、人际功能、文本功能。

①语言可以表达内容，即说话人对真实世界的感受，包括内心感受和意识，称作概念功能。

②语言可以建立和保持社会关系，即语言的人际功能。语言的人际功能使人们相互交往，因此语言也可以用来表达或发展个性。

③语言为其本身和描述对象的特点提供联系，这是语言的文本功能。说话人或写作者使用语言创作文本，或者连接与情境有关的话语，使听话人或读者区分文本和散乱的句子。

语言学家桑德拉·萨维尼在研究了语言特征以后，总结出五种交际能力特征。

①交际能力是动态的而不是静态的概念，内容取决于共享同一符号体系的交际者所认同的意义。

②交际能力适用于书面和口头沟通，同时也适用于其他符号系统。

③交际能力是针对具体语境而言的。发生交际的情境有很多，成功扮演某一交际角色取决于个体对语境的理解和先前的类似经验，要求交际者能够依据情境和交际对象选择得体的语言和风格。

④语言能力和语言运用能力在理论上是有区别的，语言能力是一种隐含能力，语言运用能力是表现语言能力的能力。语言能力是所知，语言运用能力是所做。语言能力只有通过语言运用能力才能表现出来，而且只有通过语言运用，语言能力才能得以发展、保持和评价。

⑤交际能力是相对的，不是绝对的。交际能力取决于所有交际参与者的合

作,这样交际能力的高低才能够显现。

卡内尔和斯魏恩对语言交际的各种因素进行了深入研究,并将交际能力概括为四个方面的知识与技能,即语法能力、社会语言能力、语篇能力和策略能力。

①语法能力反应语码知识本身,包括词汇和构词、发音、拼写和句子构成等知识,语法能力是卡内尔和斯魏恩理论框架中的重要能力,他们认为,正如海姆斯强调不懂得如何使用语言,语法知识就毫无用处一样,反过来不懂语法规则,只懂语用规则也毫无用处。

②社会语言能力指正确组织和理解语句的能力,包括言语行为知识,如指示、道歉等。社会语言能力使说话人能够根据交谈对象选择合适的语言,表现礼貌程度,赢得信任。

③语篇能力使作者能够将语法形式和意义结合起来,构成不同文体的文本,如记叙文、议论文、科学报告等。在口头交际中,语篇能力可以使交际者以合适、得体的问候开始,如"Hi！How are you？",并以合适的停顿填补语(um, er, as I was saying)引导对话继续。

④策略能力是指语言使用者在交际过程中应对各种情况的策略,特别是指达不到交际目的或造成交际失误时所采用的一种补救方略。卡内尔和斯魏恩认为,既然语言能力表现为交际能力,第二语言能力应该表现为跨文化交际能力。按照他们的交际能力理论,第二语言能力也应包括第二语言的语法能力、社会语言能力、语篇能力和策略能力。

凡·艾克提出的交际能力(communicative ability)模式包括六项能力,其前四项能力与卡内尔和斯魏恩的交际能力完全吻合,所不同的是他增加了一个文化能力和一个社会能力。这六项能力分别如下所示。

①语言能力:能够根据所学语言的规范理解和表达意义的能力。

②社会语言能力:能够理解语言使用受社会环境因素影响,并能够根据社会环境调整自己的语言行为的能力。

③篇章能力:在理解和创造篇章时能够使用一些恰当的策略,如语意连贯和语篇粘连的手段。

④交际策略:在交际遇到困难时能够采用一些补救措施去说明自己的思想或弄清对方要表达的意思。

⑤社会文化能力:每种语言都是以其独特的社会文化为语境,外语学习者应该了解目的文化,才能更好地使用所学语言。

⑥社会能力:外语学习者愿意而且能够在与他人交往时,态度积极、大方

自信，善于解决一些社会问题。

虽然交际能力作为外语教学的目标早已深入人心，但是关于交际能力的内容和标准的讨论一直在持续着。凡·艾克在阐述交际能力时将本族语使用者（native speakers）的言语行为作为外语教学的目标。拜伦和克拉姆西对凡·艾克的观点提出了质疑。克拉姆西专门撰文，反对使用本族语使用者的标准来衡量外语学习者的语言水平。她认为外语学习者有权为了自己的目的去使用外语。如果只有本族语使用者的语言和交际行为才是正确的话，那么学习者在跨文化交际中就处于一个弱者的、从属的地位，这是不公平的。很多学者认为凡·艾克的外语教学的目标至少有三大谬误。

第一，本族语使用者的定义模糊，不适合作为教学目标。由于近年来的经济发展和人口流动使得语言状况变得越来越复杂，对本族语使用者的理解分歧越来越大。尤其是对英语作为国际通用语教学而言，对英语本族语使用者进行定义几乎是不可能的。首先，除了美国、英国、澳大利亚、新西兰等英语是唯一的官方语言的国家之外，还有很多国家和地区以英语作为第二语言，如印度、新加坡，再加上全球其他地区将英语作为外语进行学习和使用的人口，英语使用者的数量之大、分布之广令人惊讶。其次，每个语言群体内部由于年龄、职业、教育背景、社会地位、所处地理环境等不同，存在着很多的方言和语体。虽然，外语教学通常瞄准的都是操该语言的主流文化群体，但是对主流文化的定义和描述也是一大难题。最后，鉴于英语在世界政治、经济、教育、外交等活动中所起的重要作用，它已逐渐脱离了传统的地理环境和母语群体的联系，成为来自世界各个国家和地区、持有不同母语的人们相互交流的中介语，即国际通用语。

第二，本族语使用者的语言水平对于外语学习者来说是一个永远不可能实现的目标，而本族语使用者经过个人社会化过程长期积累发展的社会语言能力和文化能力，更是外来人员不可能达到的。本族语使用者和非本族语使用者之间不可逾越的鸿沟主要是由母语和本族文化的根深蒂固性和它们在外语和外国文化学习过程中的迁移而导致的。因此，本族语使用者模式不是一个切实可行的教育目标。

第三，即使本族语使用者的目标可以实现，这种能力也不是当前外语教学所需要的。如果学习者要达到本族语使用者的语言水平，他必须放弃自己的本族文化，而被外国文化所同化。这一被同化的过程对于外语学习者来说是非常痛苦的，而且也是完全没有必要的。其实学习外国语言和文化的目的不是被同化，而是增强语言意识和文化意识，掌握跨文化交际的技能，培养对不同文化的开放、宽容、移情的态度。

语言学家及语言教学专家一直在探索人际交往的奥秘,语言是交际的主要工具,因此成为研究的重点。语言能力研究起初定位在对语言的语法、词汇、语音等构成要素的研究上,但是学者发现交际者仅有语言知识是不够的,同时还应该具有运用语言的知识和能力。运用语言的能力涉及社会文化范畴的知识,因此语言能力研究逐步发展成交际能力研究。外语学习者有两套语言和文化系统,他们应该具有根据交际语境和交际对象选择交际语言和行为的能力,即跨文化交际能力。

如何判断一个人是否具备良好的交际能力呢?有学者将交际能力理解为"自己与他人发生有效联系的能力",这种理解考虑了交际的双方,包括:
①形成与达到目标的能力;
②与他人合作的能力;
③对情况或环境的变化做出适当调整以适应的能力。

帕克斯从目标实现的角度考查了交际能力的概念,认为一个有能力的交际者应该能够在最大程度上实现自己的交际目标,他将交际能力定义为"交际者控制或操纵周围环境以达到个人目标的能力",并进一步指出,如果要在最大程度上实现自己的目标,需要具备以下能力,首先确定目标,然后要获取相关信息,准确预测他人的回应,选取并运用适当的交际策略,最后还要能准确评价交际的结果。上述观点和定义强调了交际的有效性,注重交际结果。

也有一部分学者从交际的过程出发,更加注重交际的得体性。有学者认为在交际中最重要的能力是"认识到环境是如何影响交际的"。也就是说交际者在不同的交际环境下需要遵循不同的交际原则。交际目固然重要,但是交际的过程同样重要。交际过程中不得体的行为,就很有可能会影响到交际的结果。也有学者认为得体是评价交际能力最重要的标准,并提出了交际得体四要素,即交际的数量、质量、相关性和方式。能力是在人际交往中将认知能力、语言能力和社会能力转化成得体策略的动态过程。他将能力定义成"将才干与社会知识相结合以得体的方式行为或选取适当策略的能力"。可见,在考查交际能力时,得体性也是必须要考虑的重要因素。简言之,交际能力就是与他人进行得体有效交际的能力,交际的有效性和得体性缺一不可。

不少应用语言学家从外语教学的角度做了进一步的探讨和研究。英国应用语言学家威多森认为,从交际的角度来看,交际的成功与否往往很大成功度上取决于能否运用合乎语法的句子来实现各种不同的语言行为。他把语言的意义分为两种,一种是语言项目在语言系统中的意义,另一种是语言在运用中的交际意义，卡内尔和斯魏恩对交际能力概念的内容做了比较系统的丰富和发展，认为交际能力由语法能力（grammatical competence）、社会语言能力（sociolinguistic competence）、语篇能力（discourse competence）和策略能力（strategic competence）所组成。卡内尔和斯魏恩这一概念被外语教学研究者和教师广泛接受，成为交际法外语教学的主要理论来源之一。

但是斯特恩等认为这一解释虽然包括了社会与语言使用关系的层面，但忽视了文化要素对语言使用的影响。相比较而言凡·艾克的交际能力（communicative ability）模式更加全面合理一些。凡·艾克在强调外语教学对于学习者综合素质提高的重要作用的基础上，提出了"一个全面的外语教学目标框架"。

以上各位学者对"交际能力"的论述虽侧重点各不相同，但都普遍认为交际能力是一个总括性的概念，可以将其分解为不同的能力方面。交际语言观认为语言是结构成分组成的系统，学习这些成分或由这些成分构成的系统是为了用语言去做事情（话语与行为，speech act）或达到某个目的（语言的功能，function），是与语言运用适当性有关的能力。成功的交际者能够根据语言使用目的，在特定的情境下选择某一种最恰当的语言形式，这就是语言的得体性（appropriacy）。中国大多数学者都认为交际能力包括语言能力和语用能力两部分，其中语用能力包括社会语言学能力、话语能力和交际策略。本书同样将采用此种交际能力的界定方式。

3. 跨文化交际能力

不难发现，语言能力和交际能力中都提及了两个要素，特定环境、有效得体。怀斯曼指出，跨文化交际是与来自其他文化的成员发生的，实际上是将陈国明与斯比茨伯格的"特定环境"和"给定环境"明确化了。此外，不少学者都提到了知识、动机和技能。综合了上述论述，我们可以将跨文化交际能力定义为在特定环境中与来自其他文化成员进行得体、有效交际所需具备的能力，包括知识、意识与技能三方面的内容。

①特定环境：通常来说，能力指的是一系列的才能或者是有技巧的行为。然而，能力的判定却是随着标准的不同而不断改变的。在一种环境中被认为是有能力的行为在另一种环境中完全有可能被认为是无能的表现。例如，在西方文化中说话直截了当的风格能够被广泛地接受，可能被认为是有能力的表现；而在中国文化中，说话直截了当则可能不被接受，甚至引起他人的不快，是缺乏交际能力的表现。所以，任何能力都不能孤立地判断，而是应该放在一定的环境中。

许多研究者曾经试图通过研究成功的跨文化交际者的性格特征来解释在跨文化交际中所需具备的素质,如内外向、开放度、宽容度等。或许某些性格特征会在特定情况下对跨文化交际有所帮助,但是没有一种性格能够使交际者在所有交际情境中都游刃有余,即便交际者具备有利于跨文化交际的性格特征,也必须在特定环境中来考查是否具备良好的跨文化交际能力。

②有效与得体:有能力的跨文化交际者能与其他文化成员进行有效得体的交际。所谓得体,是指交际行为合理、适当,符合特定文化、特定交际情境以及交际者之间特定关系对交际的预期;有效是指交际行为得到了预期的结果。有效是交际的结果,得体是交际的过程。交际者如果能达到交际目的,交际就基本成功了。但在达到目的的过程中,不同的人可能会运用不同的方式,有的得体,有的可能稍欠妥当。如果在达到有效的同时,又能够运用十分得体的方式,就是成功的交际。因此,一个具备良好交际能力的交际者既需要运用得体的方式进行交际,也需要达到交际的目的。斯比茨伯格提出了有关有效性和得体性对交际产生影响的四种情况(见表1-1),即最小交际(Minimizing Communication)、足够交际(Sufficient Communication)、最大交际(Maximizing Communication)、最优交际(Optimizing Communication)。

表1-1 四种交际结果类型

得体＼有效	是	否
是	最优交际	足够交际
否	最大交际	最小交际

最小交际是指交际行为既不得体,也不有效。足够交际指的是得体但无效的交际。此种类型的交际行为符合交际情景的基本要求,但却没有达到任何交际目的。最大交际是指交际者达到了交际目的,但却是通过不得体的交际行为获得的。这些行为可能是激烈的言辞,甚至是欺骗。最优交际指的是既得体又有效的行为。既能达到交际目的,又符合特定交际环境对交际者行为的预期。显然,最优交际是跨文化交际所希望达到的目标。

③知识、意识、技能:除了"特定环境"与"得体有效",怀斯曼定义中还提到了进行跨文化交际所必须具备的知识、意识和技能。但跨文化交际能力并不是与生俱来的,也不是偶然获得的,需要具备一定的前提条件。如果交际者缺乏这些必备的条件,他成功进行跨文化交际的可能性就会大大降低。一个优秀的跨文化交际者,必须对交际所在文化有一定的了解,包括有关交际规则

的知识或者有关文化禁忌的知识等；意识指的是在跨文化交际中的情感、意愿等主观感受；技能是指在交际中选择得体有效行为的能力。

语言、交际、文化的关系密不可分，语言教学的目的之一是使教学对象能够运用所学语言进行交际，即具有交际能力；文化影响语言和交际，所以教授语言的理想目标是使教学对象使用所学语言在目的语的文化语境中以符合对方文化习惯的方式交际，即培养学生进行跨文化交际的能力。

跨文化交际能力与交际能力的定义比较类似，但是跨文化交际能力除了强调交际的得体性和有效性以外，更强调交际者与所处文化环境的关系，与交际能力的定义相类似，跨文化交际能力的概念也历经了一些演变。文化教学（Culture Teaching）的目的从最初的"熟悉外国文化"变成了"培养文化意识"，再到最后的"提高跨文化交际能力"。这三个层次是依次递进的关系。"熟悉外国文化"主要是指有关文化知识的传授；"培养文化意识"建立在掌握一定文化知识的基础上，并且已经触及了对文化的观察力以及对待其他文化的态度；"提高跨文化交际能力"则是在具备"文化意识"以后，在实际交往中的行为与表现。这三个不同的层次正好对应了跨文化交际的三个方面，即知识、技能、意识。

在对交际能力的讨论中，我们注意到，交际能力的研究大都是以本族人之间的交际为基础的，是本族语使用者的交际能力（native speaker competence），而对交际能力与文化差异的关系研究得还很不够。卡内尔和斯魏恩所建构的语言交际能力模式，比较贴近语言教学实际，但没有超脱母语教学的范围，与以不同的文化背景为特征的第二语言教学的要求仍有一定的距离。凡·艾克提出的外语教学目标框架，虽提出文化和社会能力目标，但仍是基于本族语使用者的考虑。有学者就对他在交际能力阐述中所隐含的以本族语使用者的言语行为作为目标的观点提出了质疑。而用本族语使用者的交际能力研究第二语言或外语学习者的交际能力培养和发展并不精确。对于这个问题，有人也提出反对用本族语使用者的语言文化标准来衡量外语学习者的语言水平。与之相对应提出了跨文化人（intercultural speaker）的概念。要实现跨文化人的目标必须在外语教学中进行跨文化交际能力的培养。使学习者超越本族语和目的语及其相应的具体文化的束缚，了解各种不同思维方式和生活方式开阔视野，培养灵活的、适合于多种社会文化环境的交际能力。

（三）跨文化交际能力的界定

在过去的20年间，学者们对跨文化交际能力从不同方面给出了自己的解释。陈国明将跨文化交际能力定义为"在特定环境中有效、得体地完成交际行为以获得预期回应的能力"。古德昆斯特认为造成交际焦虑和不确定性的有六个表层的原因。

①自我及自我概念；
②对陌生者交际的动机；
③对陌生人的反应；
④陌生人的社会分类；
⑤交际情景过程；
⑥与陌生人的联系。

而促进跨文化交际的途径就是减少交际中的不确定性。有学者认为成功的跨文化交际需具备表达致意能力、知识、移情能力、交际控制力、人物角色扮演能力、关系角色扮演能力、模糊宽容度、交际姿态。怀斯曼明确地提出了知识、动机、技能这三个要素。有学者从心理学的角度对跨文化交际能力进行界定，指出它是个体所具有的内在能力，是能够处理跨文化交际中的有关文化差异、文化陌生感、心理不适的能力。以上对跨文化交际能力的界定更加强调"跨文化能力"，即处理文化差异的能力，没有涉及交际行为的过程是否得体和交际结果是否有效。

有学者从社交技巧的角度对跨文化交际能力进行界定，认为它包括交际功能行为、言语和非言语行为以及谈话控制行为。有学者从如何保持良好的人际关系出发指出成功的跨文化交际要具备以下要素：交际印象即多元自我认定，交际动机与意义即交际动机、身份一致性，交际资源性即认知、情感、行为资源性，结果即身份认定过程。也有学者从外语教学角度指出跨文化交际能力包括知识、态度和技能三个方面。我国学者贾玉新在综合不同的跨文化交际能力理论的基础上，认为跨文化交际能力包括基本交际能力系统、情感与关系能力系统、情节能力系统和策略能力系统四类交际能力系统。高一虹提出了跨文化交际能力的"道"与"器"。

学者们对跨文化交际能力的界定虽然角度不同，但存在一定共性，即交际场景的跨文化性和交际行为的得体有效性。语境是交际发生的环境、场景或场合，交际要在一定的场景中进行。交际者的社会角色、交际角色和交际目的直接影响交际行为，不同文化背景的交际对象对行为模式、行为规范、社会角色有不同的认知。对对方在某一场景中的交际行为期待不同，对交际行为得体也有不同的判定。由于交际对象的交际行为与自身交际行为规范不符，从而产生厌恶的情绪；交际知识的缺乏和负面情绪的影响从行为上表现出来——这就会导致跨文化交际失败。

通过对以往文献的梳理，笔者认为跨文化交际能力即跨文化交际语境中，交际者得体（符合目的文化的社会规范、行为模式和价值取向）、有效（实现交际目标）地实施交际行为的能力。

（四）跨文化交际能力模式

中外很多学者从心理学、交际学和语言学等不同角度对跨文化交际模式进行了研究。斯比茨伯格在文献研究的基础上提出了跨文化交际能力的模式。斯比茨伯格认为跨文化交际能力由知识、动机、技巧三个因素构成，三者相互影响、相互依存。跨文化交际能力需要足够的跨文化知识、积极的动机和有效的交际技巧，三个因素应同时具备，任何一个因素都不能单独构成跨文化交际能力。

拜拉姆从语言教学与文化教学的角度出发，构建了跨文化交际能力的模式。拜拉姆认为成功的交际需要依靠态度因素，一定的知识储备以及在交际过程中表现出的技能。同时成功地进行交际还需要具备一定的语言能力、社会语言能力和篇章能力。跨文化交际能力的培养使外语教学不仅要使学生掌握一定的语言知识、社会语言知识和篇章知识，还要求学生掌握相关的文化知识，对外国文化持有良好的态度，并具备一定的交际技能。

有学者在社会心理学、应用语言学和社会学理论的基础上，构建了一个新的跨文化交际能力模式。他认为，跨文化交际能力由认知能力、情感能力和行为能力构成，三者相互联系、相互影响、不可分割。认知能力包括三方面的内容，即掌握目的文化的交际体系、文化理解、认知综合能力。情感能力是跨文化交际能力的重要组成部分，包括适应动机、身份弹性和审美情绪。跨文化交际的行为能力是跨文化交际能力的最终体现，即个人的认知和情感经验是通过具体行为表达的。而认知能力所获得的知识以及情感能力是行为能力形成的基础。跨文化行为能力包括技术能力、协同一致能力、应对变化的策略能力三方面内容。

《语境中的跨文化交际》一书中从跨国公司外派人员工作能力需求出发，提出一种跨文化交际能力模式，包括知识因素、情感因素、心智活动特征和情境特征四个要素。他们认为知识因素是交际者对交际对象所在文化的认知。表现为交际者对目的文化价值观念、信仰、文化模式的了解；交际者还应掌握目的语文化的言语和非言语交际脚本。跨文化交际中的情感因素指交际者对待来自不同文化的交际对象和跨文化交际行为的态度——接近或疏远，其重要特点是对跨文化交际活动产生的焦虑，即因正在进行的或预期进行的跨文化交际活动而产生的恐惧和焦虑心情。跨文化交际能力中的知识因素和情感因素相互支持、相互影响，跨文化交际知识越多，跨文化交际的心理压力越小，进行跨文化交际的动机越强；交际动机强烈，获得跨文化交际经验的机会多，积累的跨文化知识就会越来越多。跨文化交际能力中的心智活动因素是知识和情感因素的体现，内容包括言语和非言语表达以及角色扮演。言语表达指个体运用语言的能力。非言语表达指对对方文化肢体语言、时间语言、颜色语言、空间语言、辅助语言等非言语符号的认知。角色扮演指交际者了解目的文化对自己所扮演角色的期待，并根据自己的角色身份得体地使用言语和非言语符号，调整自己的行为模式，使自己的言行符合目的文化的要求，以适应不同文化对同一社会角色不同期望和要求的能力。跨文化交际能力的第四个因素是发生跨文化交际的真实语境。个体可能在某一语境中表现出较强的交际能力，而在其他语境中则无法自如应对，因此交际能力的大小依语境变化。影响跨文化交际能力的情境特征包括环境语境、预先接触、地位差别和第三方的干扰等。

我国学者贾玉新在分析西方学者跨文化交际能力模式的基础上，认为跨文化交际能力包括基本交际能力系统、情感与关系能力系统、情节能力系统和策略能力系统四类交际能力系统。基本交际能力系统包括语言和非语言行为能力、文化能力、相互交往能力和认知能力。情感关系能力系统包括情感能力和关系能力两个方面。情感能力主要指移情能力，即认同和理解别人的处境、感情和动机。情节能力的概念是针对语言多义现象和语境之间的关系提出的，情节是某一特定文化环境中典型的交往序列定式，具体情节中有一套独特的言语和非言语规则。策略能力系统是指交际者因语言能力问题或语用能力问题没有达到交际目的，而采取的补救措施或策略。贾玉新先生的跨文化交际能力模式没有简单地综述总结国外研究成果，而是重新组合，使之更加全面。

文秋芳认为，在外语教学中把外语水平等同于交际能力是不准确的。她认为，外语交际与母语交际有所不同，在外语交际中，交际双方往往存在文化差异，因此外语教学中仅仅培养学生的"交际能力"是不够的，还要使学生具有处理文化差异的能力，即应培养学生的"跨文化交际能力"。文秋芳提出的跨文化交际能力模式如图1-5所示。

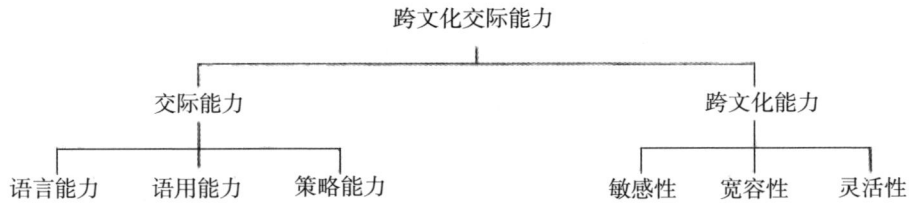

图 1-5　文秋芳的跨文化交际能力模式图

该模式认为跨文化交际能力包括交际能力和跨文化能力。交际能力包含语言能力、语用能力和策略能力。跨文化能力指对文化差异的敏感性、宽容性以及处理文化差异的灵活性。这三个组成部分之间有着层级关系如图 1-6 所示。

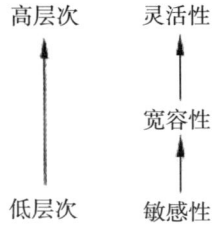

图 1-6　文秋芳跨文化交际能力三要素层级关系

胡文仲、高一虹指出，外语教学的目的可分三个层面，即微观层面、中观层面和宏观层面（见图 1-7）。

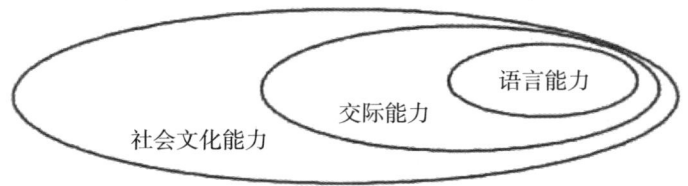

图 1-7　胡文仲、高一虹外语教学目的和社会文化能力

在微观层面，外语教学的目的是培养学生的"语言能力"，包括语音、词汇、语法、篇章等语言知识和听、说、读、写、译等语言技能。在中观层面，外语教学的目的是培养学生的"交际能力"，主要是指语言交际能力的培养。在宏观层面，外语教学的目标是培养学生的"社会文化能力"，包括语言能力、语用能力和扬弃贯通能力，而扬弃贯通能力又包括了理解能力、评价能力和整合能力（见图 1-8）。

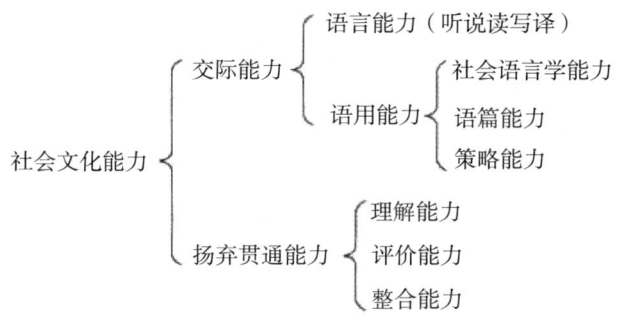

图 1-8 胡文仲、高一虹社会文化能力模式图

胡文仲、高一虹认为，所谓理解，是认知和情感因素共同作用的结果，是学习与体悟共同作用的结果。人们通常所说的"跨文化意识"便是对另一文化的理解能力。"评价能力"是对所接受的文化信息进行理性评判的能力。同时，他对自身的文化归属和由此而可能产生的文化偏见有着清醒的意识。"整合能力"使学习者能够将新的文化信息与已知的文化图式相结合，成为自己人格中的一个有机整体。如果将"文化"看作某种意义上的人的"精神食粮"，那么就不妨把"理解"看作"摄取"，把"评价"看作"消化"，把"整合"看作"吸收"。如果将社会文化能力的三个主要成分放到一个两头分别是"封闭型能力"和"开放性能力"的连续体上的话，社会文化能力三要素之间的关系就更加一目了然了（见图 1-9）。

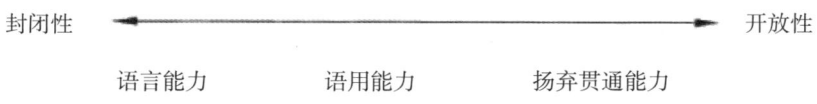

图 1-9 从"封闭型"到"开放性"连续体上的社会文化能力三要素

"语言能力"基本上是一种"封闭能力"，可以达到"不可能学得更好"的顶点，"语用能力"较"语言能力"而言有着更大的开放性，而"扬弃贯通能力"是典型的开放能力，因为文化是千姿百态、丰富多彩的，人们理解和评价的内容，方式和结果可能是因人而异的，对于一个外语学习者来说，社会文化能力的三个部分是相对独立而又互相联系、互相影响、互相补充的。只有完全具备了三种能力，学习者才能够通过文化学习使自己的人格主体变得更加完美，更加富有创造性。

从上述的分析我们可以看出，斯比茨伯格等西方学者对跨文化交际能力的探讨多是从社会学、心理学和交际学的角度进行的，比较宏观；贾玉新的跨文化交际能力模式更是包容万千；而以胡文仲、高一虹和文秋芳等为代表的中国学者从外语教学的角度出发对跨文化交际能力进行探讨，因而具有很强的针对性。文秋芳第一次明确区分交际能力和跨文化能力，是对以往交际能力模式的进一步补充和发展，而胡文仲、高一虹的"社会文化能力"概念更是一般意义上"跨文化交际能力"概念的扩展和深化，把外在的跨文化交际能力延伸至人们通过对母语文化和异文化的理解、评价和吸收而达到的内在人格的整合和完善。如果说传统的"跨文化交际能力"是"外语教学"的最终目标的话，那么，"社会文化能力"则是"外语教育"的最终目标，它将"跨文化交际能力"的提高与人的素质培养这一整体教育目标有机地结合起来。本研究从大学英语教学的角度研究跨文化交际能力，所以本书在综合文秋芳和胡文仲、高一虹的跨文化交际能力模式的基础上，认为跨文化交际能力包括语言能力、语用能力和跨文化能力三部分。

（五）影响跨文化交际的因素

布莱恩·斯比茨伯格和克拉姆西所描述的跨文化交际能力是指通过系统的外语和文化教学培养出来的理想化的跨文化交际者所具备的能力。然而，在经济和文化迅速全球化的今天，国际交往变得非常频繁和平常，跨文化交际不可避免，我们在短时间内还来不及培养出足够数量的跨文化交际人才。不少学者在现实生活中对外语学习者进行观察以后发现，在跨文化语境中能与外国人进行无障碍交流的人甚少，绝大部分人的交际有效性和适宜性受到多种文化因素的影响。

1. 语言的局限性

不同文化的人之间进行交际的时候，首先遇到的问题就是语言中的文化障碍，尤其是双方不具有共同的语言的时候，语言中的文化障碍就变得非常明显。即便是互相具有共同的语言，但双方文化不同，语言障碍仍然会在各个层面产生，这是因为词汇、发音、语义概念以及与语言相关的文化问题等多重因素的影响。下面以英、汉语差异为例。例一，颜色词的差异：汉语的"红茶"在英语中是 black tea 而不是 red tea（black 是"黑色"的意思）；英语的 brown bread 在汉语中是"黑面包"而不是"棕色面包"；英语的 brown sugar 在汉语中是"红糖"而不是"棕色糖"。例二，文化联想差异："狗"在汉英两个民族文化传统中有截然不同的地位。中国人把狗视为卑贱之物，汉语以狗为喻体的词语几乎都是贬义，如狗急跳墙、狗头军师、狗仗人势、狗眼看人等。英美民族却视狗为忠诚伴侣，爱狗如子，有"You are a Lucky dog."，"Love the man, love his dog."等说法。例三，概念不对等。一种文化里有的概念，在另一种文化里没有。另外，有时某个概念移植到其他文化的语言中去的时候，往往用一个词表达不出来，而需要很长的说明或解释。食物可以反映出饮食文化，但食品的名称不好翻译。汉语的"油条、饺子、麻婆豆腐"等食物在英美饮食文化中没有对等食物，英语中也就没有对应名称，所以与英美人士谈论这些食物时只好音译。英美人士喜欢吃的 salad、pudding、sandwich、hamburger 不在中国食谱中，所以中国人也只好将这些食物音译为"沙拉、布丁、三明治、汉堡包"。

2. 思维方式的差异

各民族的思维习惯的形成都有赖于相应的文化环境。文化环境的主要因素有生产方式、历史传统、哲学思想和语言文字等。其中语言是感知和认识世界的重要手段，同时对语言的理解和掌握也是感知的重要部分。也就是说，一方面语言体现思维；另一方面，语言习得也是影响思维习惯形成的重要原因。心理语言学家认为，人类认知结构都是相同的，但是由于各民族生存的文化环境不同，使用的语言不同，其思维方式是有差异的。

语言哲学家们对这个问题很感兴趣，一个群体的世界观和精神活动在多大程度上依赖于或受制于其语言？认为语言的确影响其使用者的思维过程的理论被称为语言相对论（Linguistic Relativity）。有些学者提出，不同的人有不同的语言是因为他们有不同的思维方式，而他们有不同的思维方式是因为他们的语言为之提供了不同的表达方式。萨丕尔－沃尔夫假说（Sapir-Whorf Hypothesis）认为，一个人习惯使用的语言结构会影响他的思维方式；不同的语言会导致不同的行为是因为语言渗透在人们感知和对经验归类的过程中。萨丕尔－沃尔夫假说的强式（the strong version）认为语言决定思维方式，这的确不太现实。但是，人们发现表面上相同的概念，因为文化背景的不同而可能产生不同的联想意义，因此，当今其弱式（the weak version）被普遍接受。萨丕尔－沃尔夫假说的弱式让我们认识到，语言作为一种代码，反映了文化问题，并限制了人们的思维；要解释语言的意义，其背景十分重要。

象形文字是中国人形象思维突出的一个重要原因。汉字以形写意、形声一体，是平面文字。汉字很多字和字符的认知由图像识别开始，以图像的感知为基础，之后发展到汉字字意的认知阶段。而像英语这样的音素文字，其符号与意义没有直接联系，它通过声音间接地表达意义。从语言的表达习惯看，汉语是缺少严格意义上的形态变化的无标记语言。汉语的词意义蕴丰富，有时句法会给丰富的语义关系让步，主观性强。汉语不注重形式，句法结构不必完备，动词的作用没有英语动词那么突出，重意合轻分析。对汉语句子的理解一般要靠语言环境、说话人的心态以及文化背景等方面因素的整体把握和约定俗成，是"人治"。而英语形态较丰富，客观性强，这就使其语言有扎实的形式逻辑基础。英语高度形式化、逻辑化，句法结构严谨完备，重分析轻易合，是"法治"。英语的句子以动词为核心，其主干旁支结构分明，主从成分层次明晰，全句形式严谨，逻辑关系明显。中国人在习得汉语的过程中，受汉字符号特性的影响，形成了突出的形象思维习惯。而英美人士在英语习得过程中，受英语文字符号特性的影响，形成了逻辑思维优先的习惯。

3. 交际风格的差异

交际风格是指人们在传递和接收信息时喜欢或习惯采用的方式。综合中外学者关于交际风格的研究，中美交际风格差异可概括为以下几种：直接与间接差异；线性与圆式差异；自信与谦卑差异；沉默寡言与侃侃而谈差异；详尽与简洁差异；人和任务为中心与关系和地位为中心差异。一般来说，美国人在交际时倾向于直截了当，开门见山，一步一步，直奔主题；而中国人则习惯拐弯抹角，声东击西，兜圈子。中国人相信沉默是金，少说多听，言多必失，谈话时往往表现得非常谦卑，在谈到主题时经常是点到为止，简洁扼要；而美国人则崇尚自信，相信只有通过言语，进行详尽严密的交谈，才能达到交流和解决问题的目的。美国人喜欢就事论事，不太注重社会文化因素和人际关系对交谈主题的影响；中国人则对交谈双方的地位关系非常敏感，所谓见什么人，说什么话。因此在中国文化中，人际交流的主要目的之一就是建立和促进两人之间的关系，交谈的内容也尽可能以有利于建立和谐的关系为原则。中美两种文化的交际风格差距很大，如果两国人民互不了解对方的交际风格，交往过程中则免不了文化冲突。美国人会觉得中国人不真诚，办事缺乏效率。中国人会觉得美国人自负、无礼。如果中美双方事先对交际风格差异有所了解，交际时有意识调整自己，就一定能取得良好的交际效果。

4. 价值观的差异

价值观是指某一社会中或者某一文化中由人们的信仰、世界观、行为准则、认知模式、道德标准、处世态度等构成的一套系统，即价值观念系统。它告诉人们什么行为是社会所期待的，什么行为是社会所唾弃的；应该爱什么，恨什么；什么是美的，什么是丑的；什么是好的，什么是坏的；什么是正常的，什么是荒谬的；什么是正义的，什么是非正义的……这套价值观念，看不见摸不着，也感觉不到；但它却无处不在，对人类的活动起着规定性的或指令性的作用。克鲁伯和克拉克洪提出的"内隐文化"，其核心就是价值观。价值观是我们自身文化的一部分，是从小习得的结果，可以说我们的交际行为的深处存在有价值体系。价值观是文化的重要构成要素，与交际有着密切的关系，我们能够通过言语行为和非言语行为发现价值观。例如，日本人说话委婉，他们不愿意直截了当地说出自己的观点和主张，这反映出他们的人际关系中讲究"和"的价值取向；中国人对别人的当面称赞往往用否定的言辞加以拒绝，这体现出中国人传统的谦虚美德。将自身文化和异文化的价值观进行比较研究，是跨文化交际领域里极其重要的课题。与跨文化交际关系较为密切的价值观念主要包括以下六个方面。

①人与自然的关系，是天人合一还是天人相分；
②人际关系，是群体取向还是个人主义取向；
③人对"变化"的态度，是求变还是求稳；
④动与静，是求动还是求静；做人与做事；
⑤人之天性观，是"性本善"取向还是"性本恶"取向；
⑥时间取向。

自古以来，在以中国为代表的东方文化语境中，人们对待自然的态度是天人合一，而在以英美为代表的西方文化语境中，人们则采取天人相分的态度。由于受天人合一宇宙观的影响，中国人在各方面都讲究顺其自然、顾全大局。自古以来西方哲学家一直是把宇宙分为两个截然不同的世界，天人相分、二者对立，这种宇宙观导致了西方人想要征服自然、改造自我而得到神力，达到神人合一。在东方文化中，人际关系表现为群体取向。千百年来"先天下之忧而忧，后天下之乐而乐"的思想已在中国人头脑中根深蒂固。小我必须服从大我，个人利益必须服从集体利益，即个人应该以家庭、社会和国家利益为重。按照儒家礼教来判断，个人主义属于无父无君无友的忤逆。群体取向导致的积极结果是人际互相合作，集体主义和爱国主义盛行；而消极后果是人们缺乏竞争意识和进取精神，且将"拉关系"当作处世哲学。在西方文化中，人际关系表现为个人主义取向。以美国为代表的西方人崇尚个人主义，个人主义包括个人奋斗、独立自主、保护隐私、追求自由与差异。在美国，人们自幼开始接受个人主义的教育。每一个人都知道"上帝帮助自助者"（God helps those who help themselves.）的寓意。每一个人都认为，依赖别人而生存，哪怕依赖父母生活都是一种耻辱。

在美国文化中，人们追求的是永无停顿的变化，变化几乎是发展、进步、创新、成长的同义词。在美国人心目中，变化体现出不断打破常规、不断创新的精神，而且是永无停顿的变化、永无停顿的创新，人们永远不满足于他们所得到的成就。但是美国人追求的变化还体现在家庭破裂和婚姻解体等方面。在中国文化中，"万物不变""万变不离其宗""安分守己""安居乐业"的儒家思想影响深远。在中国历史上，每一个朝代都把"统一和稳定"当作社会发展的保证。中国人习惯于家庭、社会、国家的稳定，把"安分守己"和"安居乐业"当作人生的幸福。所以，几千年来，中华民族就是在"稳定"中发展和进步的。

我国著名思想家李大钊先生曾将东方文明定义为静的文明，这是不无道理的。东方文化起源于儒道释。儒家关心人的主体，偏重柔，主张"明心见性"，求内省及人格完善，以达到德的境界——所谓"德"者得也。"无为而有为"的道家思想影响着人们的为人处世，导致中国人好静不好动的处世之道。中国人认为动则意味着矛盾、冲突，静则意味着和谐。这就是为什么自古以来中国人讲究做人，而不尚做事的缘故。而在西方文化中，人们追求的目标，如"征服自然、个性解放、个人奋斗、有所成就"等，都是以"求变、求动"作为精神动力的，所以"做事"就自然成了西方人的文化取向。西方文化"举动"和"做事"的价值取向导致了美国人外向、进取和冒险的精神；东方文化"尚静""无为"和"做人"价值取向导致了中国人内向、宽容和保守的思想。

"人之初性本善。性相近，习相远。"这是孔子对人性的论述。它影响了中国文化两千多年。中国文化中的基本人性论是性善为本。这种人性论直接影响人们的处世之道。由于儒家文化强调"善性出发"，从而导致了人们"安分守己"和"仁者静"的"尚静"文化取向。与中国传统人性论恰恰相反，西方的人性论是"人之初，性本恶"，它源于基督教原罪说。为改变原罪，人们不断忏悔，改造自己，努力超越现实，以求达到彼岸。这就导致了西方文化中人们"求动""求变"的价值取向。

在对待时间的态度和使用时间的方式上东方和西方文化有着很大的不同。我们以中、美两国时间取向不同为例。中国是一个传统导向的社会，人们崇拜祖宗，尊敬老者，重视经验，怀念过去。"传统"影响着中国人的行为和思维方式，让人们做任何事情都要考虑过去的经验教训，从而导致了中国人的过去取向。而美国人的时间取向与中国人正好相反，他们从不留恋过去，而是期待未来；很少崇拜祖先，但非常欣赏己辈；轻视传统经验，但重视改革创新。未来取向是美国人典型的价值观。在时间的使用方面中国人和美国人也不相同。

中国人生活和工作节奏较慢，可随意支配时间，可称为时间的主人。而美国人生活和工作节奏较快，时间安排非常精确，可称为时间的奴隶。

5. 民族中心主义

民族中心主义这一术语源自认知心理学。它是指人们在交往过程中不知不觉地用自己的文化标准来判断他人的言行，认为那些不同于自己文化习俗的行为都是不好的。与之相反的概念是民族相对论。民族相对论思想是指对不同的价值观念、文化习俗和言语行为表示理解和宽容，并能够根据不同的交际对象和场合，调整自己的行为和判断标准。具有民族相对论思想的人相信文化之间只有相同和不同之说，无优劣之分，人们不能对不同文化进行好坏优劣的评判。里维因和坎贝尔认为民族中心主义思想是人的本质。心理学研究显示，人人都有民族中心主义的倾向，其影响具有两面性。一方面，它在一定程度上能促进民族团结和社会进步；另一方面，它又构成跨文化交际的一大障碍，因为它将一个文化群体的人们聚集到一起，而排斥另一个文化群体的人们，这种状况很不利于文化交流。民族中心主义崇尚自己的价值观和信仰，蔑视其他价值观和信仰。民族中心主义会导致不信任、冲突甚至敌意，从而影响跨文化交际的顺利进行。所以，跨文化外语教学的任务之一就是帮助人们认识民族中心主义思想的存在和负面影响，培养民族相对论思想。

6. 定型观念

"定型观念"，源自英文术语 stereotype，是指"人们对一类事物或一个社会群体所持有的简单化的看法"。这一术语是由美国新闻评论家沃尔特·李普曼于 1922 年首先使用的。随后，不少学者从不同角度对定型观念进行了解释和定义，根据对象不同，定型观念可以分为自定型和他定型两种，一般情况下，人们所谈论的定型观念指的都是他定型。在跨文化交际研究中"文化定型"的概念是指一个文化群体对另一个文化群体成员的简单化看法。例如，"保守的英国人""浪漫的法国人""死板的德国人""保守的中国人"，等等。起初沃尔特·李普曼将定型观念视作一种消极的概念，但后来的学者们则将其当作一个中性概念使用。他们认为定型观念或成见是人类在社会化的过程中、在应付复杂的外部世界时不得不采用的一种基本的策略。

由于人们所处的社会环境过于复杂，无法对每一个人进行了解，无法对每件事进行体验，所以他们只好将具有相同特征的一群人进行归类，塑造出"原型"，从而大大简化了认知过程。但是定型观念确实也有一些弊端。

①过分简单化：由于定型观念的过分概括，色彩缤纷的世界往往概括得只剩黑、白两色。

②夸大群体差异、忽略个体差异：定型观念容易使人以群体的特征取代对个体的具体观察、分析和判断，从而出现"千人一面"的局面。

③具有顽固性：定型观念一旦形成了就很难转变。

④在跨文化交际中可能助长民族中心主义。

定型观念既是一把开启智慧大门的钥匙，又是一副束缚思想的枷锁。这就要求我们建立定型，进而向定型挑战，打破定型。在文化学习过程中，定型的建立与打破非常重要。对于一种文化的了解可分为入门阶段和深入阶段。在对某种文化一无所知时，应大胆地建立文化定型，这是一种较快地了解文化差异的办法。这时，学习者会有一种把握了世界全貌的满足感，但这种感觉是很不真实的。当对某种文化了解得越来越多时，头脑中原本明朗的印象又会变得模糊起来，本来非黑即白的视野中会出现层次丰富的一系列色彩。学习者会有恍然大悟之感，原来自己所了解的仅仅是冰山一角而已。在文化学习的入门阶段，定型观念的建立尤为重要，在深入阶段，定型的打破尤为重要。高一虹认为，文化定型一方面起着沟通文化差异的"桥梁"作用，另一方面又起着阻碍不同文化间顺利交流的"壁垒"作用。

7. 个人主义与集体主义差异

个人主义和集体主义作为价值观念和道德原则，孰优孰劣，一直是中外学者争论较多的一个复杂问题。其实，个人主义和集体主义价值观都是对社会实践和社会存在的反映。在跨文化交际中，如果缺乏对个人主义和集体主义价值取向的了解，就会产生交际失误。

法国的政治评论家亚历克西·德·托克维尔是个人主义一词的创造者。在其《美国的民主》一书中，托克维尔指出，个人主义这种适应资本主义发展的价值观和伦理观，强调个人的目的性、民主性和自由性。那么到底什么是个人主义呢？《韦氏英语大辞典》对个人主义的定义是，个人利益决定个人行为的精神信念。《大不列颠百科全书》的定义是，一种政治和社会哲学，高度重视个人自由，广泛强调自我控制、自我支配、不受外来约束。《现代语词典》的定义是，一切从个人出发，把个人利益放在集体利益之上，只顾自己，不顾别人的错误思想。个人主义是生产资料私有制的产物，是资产阶级世界观的核心。它的表现形式是多方面的，如英雄主义、自由主义、本位主义等。

个人主义价值观强调个体的力量和个人英雄主义，不依靠他人或集体而存在，个人的权利神圣不可侵犯。个性的存在应得到承认和强调，应充分发挥个人的潜能，发展个人的爱好和志趣。美国人从孩提时代起就受到鼓励，凡事自己拿主意，拥有自己的见解，解决自己的问题，开拓自己的独创性。一方面，个人主义弘扬了人性，促进了自由平等观念的发展，提高自尊、自爱、自信。另一方面，极端的个人主义也会导致自私自利、唯我独尊和无政府主义。

与个人主义不同，集体主义是指"一切从集体出发，把集体利益放在个人利益之上的思想"。个人意志服从团体的"总的意志"，个人利益服从民族最高利益，个人行为服从国家法律和社会道德规范，是集体主义的最高境界。在当今中国社会，人们把集体主义看成社会主义、共产主义的基本精神；集体主义价值观念具有自己的文化渊源和历史演变过程。自汉代以来儒家传统伦理观一直在思想意识中占统治地位，它的一整套伦理规范已深深渗透到百姓们的日常习俗中，使集体主义价值观念在中国和东方得以长久传承。中国人一直把热爱国家、服从集体、互相帮助、和谐共处作为美德。

集体主义对社会的发展既有正面作用也有负面影响。集体主义有助于改善社会风气及提高人们的道德品质，但是它压抑了人的主体性的发挥，甚至会诱发大一统封建专制、一言堂思想以及僵化的趋同模式，扼杀求异创新精神，从而阻碍整个社会的发展。我国传统文化中的集体主义虽然在历史上有其消极作用，但如加以调整，在新的历史条件下，具有增强民族凝聚力、遏制自私行为的现实意义和价值。随着人们对个人主义价值观和集体主义价值观的深入了解，跨文化交际的有效性会越来越高。

8. 强语境与弱语境差异

"强语境文化"和"弱语境文化"是由美国人类学家艾德华·霍尔于1976年最先提出的。霍尔认为，不同文化中交际对其环境的依赖程度不同，有强、弱语境之分。在强语境文化中，交际过程中的信息大多蕴含在交际的情景中，言语负载较少的信息量；在弱语境文化中，交际过程中的信息多由言语负载，只有少量的信息蕴含在隐性的环境中。例如，两个好朋友在交际时常常使用简洁的话语，因为彼此能理解最微小的手势、表情和眼神；而当两个不同国家的人用英语交流时，每一句话都必须非常准确，非常清晰。前一种情景属强语境交流，后一种情景属弱语境交流。强语境文化与弱语境文化的冲突是影响跨文化交际的重要因素。霍尔指出，任何文化都兼有强语境和弱语境的某些特征，但是大多数文化还是有着明显的倾向性的。

> 强语境文化→日本→中国→朝鲜→非裔美国人→印第安人→阿拉伯人→希腊人→意大利人→英国人→法国人→美国人→斯堪的纳维亚人→德国人→德裔瑞士人→弱语境文化

图 1-10　强语境向弱语境排列的世界部分国家的文化倾向

从图 1-10 可以看出中国属于强语境文化区，美国属于弱语境文化区。在中国，由于集体主义属于主流价值取向，人际关系和谐，人们相互依存度高，共享各种信息。在交际过程中的人们想表达的信息大多蕴含在交际的情景中，言语负载的信息量相应减少。因此，中国人内部交际比较含蓄，有时只需意会，无须言传。除言语外，手势、眼神、体距和沉默等都能帮助传递信息，以实现有效交际。构成交际语境的时间、地点、年龄、性别、社会地位和社会关系等都能承载一定的信息。

在美国社会中，个人主义是主流价值取向，每个人都想保持自己的个性和独立性，人与人之间的联系比较松散，人们居住比较分散，共知的信息相应很少。在交际过程中言语是传达信息的主要途径，而语境承载的信息量很少，所以良好的表达能力是日常生活的需要，出色的演讲和辩论能力是政治生活的需要。美国人只接收语言传递的信息，只信任善于演讲的总统。每届美国总统大选过程中，候选人的演讲和辩论总是人们津津乐道的话题。

强语境文化与弱语境文化常发生冲突。强语境文化的人们往往对弱语境文化人们的喋喋不休感到厌烦；而弱语境文化人们则对强语境文化人们言谈中常有的含蓄感到不知所云。强语境文化中的人们很重视彼此之间的承诺，所谓"君子一言，驷马难追"，同时也反映出关系社会中人们之间的依赖。而弱语境文化中的人们之间则很少做出承诺，对友谊的付出也远远小于强语境文化中的人们。

时间观念上也存在着文化的差异。强语境文化中的人们具有高度灵活的时间观念。例如，一个中国人开会迟到十分钟很少有人会责备他，因为先到者总会想到一个理由为迟到者开脱。而在美国这样的弱语境文化中，迟到者须向会议主持人或先到者道歉，说明原因。

第四节　跨文化交际研究现状

跨文化交际研究成果在外语教育和相关方面体现了最高价值。它拓展了外语教学专家的思路，丰富了外语教学的内容，提高了外语教学的效果，对国际文化交流、政治沟通、经济全球化和教育一体化产生了积极的作用。当跨文化交际学揭示了语言、文化和交际之间的关系以后，语言教学专家们认识到语言教学离不开文化因素，外语交际就是跨文化交际，因此外语教学具有文化教学和跨文化交际能力培养的巨大潜力。

跨文化交际研究的起源可追溯到20世纪50年代的美国。它在美国产生的客观原因是为了解决美国人在跨文化交际方面遇到的问题。在半个多世纪的时间里，学者们对跨文化交际研究的热情从美国传到欧洲和亚洲，随后传遍了世界各地。我国对跨文化交际的研究历史不长，大约有四十年的历史，研究队伍主要由语言学家、心理学家、外语教师和对外汉语教师组成。各国学者在跨文化交际研究方面取得了丰硕的成果。跨文化交际学在其早期曾被少数传统的学院研究派放逐在理论的边缘，被认为不具备理论研究的价值，但遍布世界各地的众多学者在吸纳了人类学、心理学、语言学、传播学、社会学、哲学、文化学等学科研究成果的基础上，为跨文化交际学构建了独特的理论框架和研究方法。随后跨文化交际学又反过来影响、丰富和发展传统学科，如近几年出现的跨文化经济学、跨文化语用、跨文化传播学等新术语从一定程度上反映了跨文化交际学对其他学科的影响，并证明其在学术领域里的价值。

在问及哪个学科的学者在跨文化交际学方面参与最多时，一项调查显示，人类学占首位，其次是语言学。尽管传播学是跨文化交际学的基地，传播学者在跨文化交际学领域最为活跃，出版的书籍和刊物最多，但是教师和研究人员一般认为对他们最有帮助的是人类学和语言学。

Intercultural Communication 在英语中既表示"跨文化交际现象"，又表示"跨文化交际学"的意思。在英汉翻译时，有的学者将它译为"跨文化交流"。有的译为"跨文化传播"，有的译为"跨文化传统"，还有的译为"跨文化沟通"。由于跨文化交际具有多学科背景，学者在选择译名时不可能不受到自己学科的影响。选择"跨文化交际"的译名的大多具有语言学或外语教学的背景，因为communication在语言学中通常译为"交际"。选择"传播""沟通""传播"的大多具有传播学的背景。另外跨文化交际学还具有多学科的性质,所以它的理论和研究方法并不是一成不变的。

一、美国的跨文化交际研究

由于美国独特的社会结构及民族组成,跨文化交际研究首先在那里兴起是合乎美国国情的。美国是一个移民国家,其人口的种族、语言和文化极为复杂。从过去到现在,前往美国的移民潮从未停止,新的民族和文化还在源源不断地汇集到那里。在美国,只有印第安人是本土人,其他人口都是来自世界各地的移民。他们带来了不同的语言和交流方式,以及不同的文化传统和风俗习惯,构成了交际中的文化差异,导致他们在相互交际中常常产生误解。这些误解引起了学者的高度注意,因此,跨文化交际研究理所当然地产生了。

20世纪60年代,美国的黑人运动席卷全国,种族歧视的状况得以改变,人们的民族意识日益增强,各少数民族都强调维护自己的文化,于是逐渐地在美国社会形成了多元文化的格局。在学校、政府部门、企业、民众团体中如何处理不同文化习俗和价值观念成为不容忽视的问题。此外,美国与各国交往频繁,每年大批政府官员、商人、技术人员、学者奔赴世界各地,与当地人有着各种不同的接触。而美国每年又接待来自世界各国的数以十万计的留学生、数以百万计的移民和数以千万计的旅游者。对于大批留学生和移民的训练也是跨文化交际中的一个重要课题。

不少学者把美国人类学家艾德华·霍尔称作跨文化交际学之父,把其著作《无声的语言》看成跨文化交际研究的奠基之作。艾德华·霍尔对于文化与交际之间的关系颇有研究。书中,他对于时间、空间与交际的关系做了系统论述,并认定"人们因文化背景的不同,在使用时间、空间的表意方面也会有明显的差异"。在书中霍尔不仅阐明了文化与交际的关系,而且还提出了较为系统、科学的文化研究思路和方法。不久,霍尔又撰写了一系列有关跨文化交际的著作,如《隐秘的维度》《超越文化》等,为跨文化交际学做出了卓越贡献。在艾德华·霍尔发表《无声的语言》以后的十年间,即整个20世纪60年代,不少美国学者陆续发表了一系列有关跨文化交际的著作和教科书,一些大学开设了跨文化交际学课程。20世纪70年代,跨文化交际学完全确立了自己在学术领域的重要地位,成为一门独立的学科。有关跨文化交际学的研究机构纷纷诞生,各大学纷纷开设跨文化交际学方面的课程。世界上第一个跨文化教育训练与研究学会(SIETAR)于1974年在美国的马里兰州诞生,后改名为国际跨文化教育训练与研究学会,是跨文化交际学方面最有影响的国际性学术研究机构。20世纪70年代至80年代,又有一批美国学者发表了有关跨文化交际学的著作。最具代表性的作品是康登与尤塞夫合著的《跨文化交际学入门》以及萨默瓦与波特合编的《跨文化交际学选读》。关于跨文化交际学的内涵,学者们各抒己见,陈述的角度不一样,但是对于跨文化交际学的内容,总的看法基本上是一致的。

根据1975年公布的一项统计,当年有200多所美国大学开设了跨文化交际学的课程。其中一些大学甚至将跨文化交际学设置为硕士和博士的专业。研究者发现,各大学开设跨文化交际学课程已经不再局限于传播学系和教育系。各大学在心理学系、语言学系、社会学系、人类学系都开设了跨文化交际学方面的课程。与此同时,跨文化交际方面的培训和咨询也逐渐发展起来。例如,美国政府注重对出国人员相应能力的培养,使他们能够在不同的文化环境中有效地工作。美国新闻总署对于富布赖特学者、教授也进行短期的培训。

20世纪80年代,跨文化交际学在美国已经发展成为一门系统的学科。古迪昆斯特于1983年发表的著作《跨文化交际理论:当前视角》被认为是跨文化交际学作为独立、成熟学科的标志。在对跨文化交际学进行全面深入的研究过程中,一大批来自不同文化背景的理论研究者脱颖而出。这一时期的研究主要是针对两个方面,一是验证现有交际理论,二是探讨文化内涵并构建新的跨文化交际理论。

古迪昆斯特和金于1988年分别发表的《减弱不确定感》和《跨文化调适》代表了当时跨文化研究的主流。

他们的研究为跨文化交际理论框架的形成做出了很大的贡献。20世纪90年代,霍尔提出了微观文化研究方法。这一研究方法着重分析描述具体文化现象并采集数据,为跨文化交际理论的建构和实践提供了依据,从而保证了跨文化交际学的科学性和实用性。

二、欧洲的跨文化交际研究

跨文化交际学在欧洲发展得比较晚,而且具有不同的传统。在欧洲,跨文化交际学与语言学的联系更密切。国际跨文化教育训练与研究学会欧洲的分会(SIETAR Europe)已经成立多年,并开过多次会议。学会主席与总部采取轮换的方法,哪一个国家的人担任主席,总部就设在哪个国家,国际跨文化教育训练与研究学会欧洲的分会曾经在德国和芬兰召开过国际学术会议。除此以外，还有另一个研究跨文化交际的组织在北欧活动，除了平时通过因特网在会员之间保持联系以外，也定期召开国际会议。

同是英语国家，与美国的大学相比，在英国开设跨文化交际学课程的大学比较少。20世纪90年代，英国开设跨文化交际学课程的大学只有两所，莱切斯特大学（University Of Leicester）和卢顿大学（Luton University）。英国的大学中开课少，但并不意味着英国学者对于跨文化交际方面的问题不予注意。英国学者马林诺斯基的《文化论》，威廉姆斯的《关键词：有关社会与文化的词汇》以及其他许多著作从不同角度对于文化进行了探讨，其研究成果对我们了解跨文化交际具有十分重大的意义。英国不少学者从语用学角度研究文化因素，例如，托马斯将语用失误划分为语用－语言失误与社交－语用失误，并对失误的原因进行了分析。托马斯的观点对于跨文化外语教学具有指导意义。

三、中国的跨文化交际研究

跨文化交际研究在我国的历史较短，大致上是从20世纪80年代初开始的。早期将跨文化交际研究介绍到我国的学者是许国璋先生。他于1982年在《现代外语》期刊上发表的题目为 Culturally-loaded Words and English Language Teaching 的论文可算得上是我国最早讨论语言和文化的文章。从此跨文化交际研究在中国悄然兴起，学术刊物上讨论跨文化交际的文章逐渐多了起来。但是把跨文化交际学作为一门新兴学科系统地介绍到我国外语教学界和语言学界的首推北京外国语大学的胡文仲教授和北京大学关世杰教授。在后来的研究中，影响较大的学者还有哈尔滨工业大学贾玉新教授和北京语言大学的王振亚教授，经这些学者在国内系统介绍，我国广大外语教师开始对跨文化交际理论有了基本了解，跨文化交际研讨会纷纷举行，跨文化交际研究机构相继成立，各个大学逐渐开设相关的课程。值得一提的是20世纪90年代的3次全国性的跨文化交际研讨会：1995年在哈尔滨工业大学召开了我国第一届跨文化交际研讨会；1997年在北京外国语大学召开了第二届跨文化交际研讨会；1999年在深圳大学召开第三届中国跨文化交际研讨会。这三次会议显示了我国学术界对跨文化研究的重视，扩大了跨文化交际研究在我国的影响，提高了广大外语教师的跨文化意识。

虽然我国学术界对跨文化交际的研究从未中断，但对跨文化交际研究有建树的著作和论文不多。我国学者对跨文化交际研究在很大程度上仍然处于介绍和引进国外研究成果阶段，我们自己的理论和应用成果还相当不足。正如刘润清先生曾经指出的那样，国内跨文化交际学研究"零散罗列现象为多，整体系统研究居少；低层次概括为多，高层次的抽象居少；实用性建议为多，理论建树居少"。跨文化交际学在学科发展和课程设置上得不到应有的重视，限制了该学科在中国的发展。因此，我们有必要引进科学的研究方法，进行系统的基础理论研究和深入的专题研究，进一步夯实跨文化交际学的研究基础，拓展其研究的深度和广度，尽快确立和提升跨文化交际学在中国的学术地位。此外，我们还应在学习和借鉴其他国家相关研究成果的同时，开展一些适用于中国国情的跨文化研究，进行中西方文化对比研究，并尽可能将研究成果应用到教育、科技、文化、商业等领域的实践中去。

第二章　汉语文化与英语文化的碰撞

全球化语境下的跨文化教育绕不开的一道屏障就是如何在教育中实现对不同文化差异的认知。每个学习个体都具有不同的文化身份，他们具有不同的经历，跨文化教育必须尊重他们的文化和语言，尊重他们的历史和传统，引导他们确立良好的文化差异意识，帮助他们培养良好的跨文化交际能力，以胜任未来的跨文化工作和生活的环境。汉英文化隶属不同的文化体系，认识并尊重它们之间的差异，是我们外语教学中跨文化教育的一个基本面。本章将概要式地回顾他们的冲突交融历史，对照它们之间的差异，同时也简要地指出它们在教学中的差异表征。

第一节　汉英文化的冲突与交融

一部汉英文化交往的历史，就是一部汉英文化冲突与共融的历史，从明万历年间利玛窦开启的"西学东渐"至今天全球化语境下中西交往的如火如荼，中西文化的交往史清晰地印证了一点，即缺乏对中西文化体系的正确认识，认同危机是难以避免的。

（一）中西文化的概念界定、层次性及比较方法

1. 概念界定

在进行中西文化对比之前，有必要对中西文化的概念进行界定。杨自检教授在《关于中西文化对比的几点认识》中对中西文化概念的界定和比较方法提出了具有指导意义的意见，他指出中国文化就是中华民族的文化，在世界文化

中它是一个独特文化类型，有一个独立发展的体系。中国文化的主要思想观念包括：刚健有为、中庸、崇德利用、天人合一、有机整体观、知行合一、重义轻利、重德教轻宗教、爱国观念、人格意识、因循守旧、自由超脱、虚静思想、等级观念、男尊女卑、命运观念、鬼神迷信等。这些思想观念既有生命力强大的精神，比如自强不息的精神、有骨气的人格意识、保卫民族独立的爱国精神、天人和谐的思想、有机整体思维观念等；也有制约和影响我国社会与文化发展的消极观念，比如缺乏民主和法制的专制主义、制约创造性的因循守旧的思想、尊官贵长的等级观念、权力过分集中和缺乏科学性的管理传统以及文化的政治化倾向等。而"西方"是一个政治地理概念，指欧美各国，有时特指欧洲国家和美国，强调它们是不同于东方的发达国家。"西方"还是个历史文化概念，所以"西方文化"既包括古希腊、希伯来、古罗马文化，也包括从文艺复兴一直到现代与后现代的欧美文化。从内容上讲，西方文化也是一个博大精深且极其复杂的系统。它既包括古希腊的民主与科学精神、希伯来的神学思想、古罗马的法律精神、启蒙主义以来的理性主义，也包括反理性主义的现代主义以及反现代反形而上学的后现代主义。

2. 文化内涵的层次性

文化的内涵极其丰富，不同的学者从不同的研究角度对文化进行了定义。为了理解文化碰撞和冲突的根源，本章将文化抽象地分为三个层次：物质技术、制度行为和精神观念或价值观。文化在三个层面上的交融和冲突具有不同的特点，在物质技术和制度行为两个层面的交融是较为自觉和顺畅的，而在文化的核心层——精神观念或价值观层面则表现出对异质文化的抵抗和对本土文化的坚守。

不同的地理、社会环境和文明进程造就了不同的文化，而文化间的交流大大丰富了文化的内涵。在物质技术层面，文化的交流通常冲破地域的掣肘，其交流、交融和借鉴呈现出流畅而自觉的特点。可以说，如果没有不同文化在物质技术层面的交流，我们的生活就会贫乏而单一。今天中国家庭餐桌上的一日三餐，粮食果蔬，就是文化在物质层面交流的结果。西红柿、草莓、辣椒、胡萝卜、核桃、石榴、西瓜、葡萄、土豆等，都曾不远万里，几经辗转，在风尘仆仆中落户中华大地。物质技术交流为我们今天社会的物质文明和进步，以及生活水平的提高提供了基础和支持。

在制度层面，不同文化的交流已经多次证明是人类文明发展的里程碑。纵观历史，希腊学习埃及，罗马借鉴希腊，阿拉伯参照罗马帝国，中世纪的欧洲又模仿阿拉伯，文艺复兴的欧洲仿效拜占庭帝国，而亚洲国家日本在近代的迅速崛起也是文化在制度行为层面学习和效仿西方的结果。19 世纪末，日本进行了由上而下、具有资本主义性质的全面西化与现代化的改革运动，即明治维新。通过颁布一系列具有资产阶级性质的改革措施，如建立中央集权式的政治体制、提倡学习西方社会文化及习惯、发展近代教育、引进西方近代工业、推动资本主义工商业的发展等，日本日渐富强，并利用其强盛的国力，逐步废除了与西方各国签订的不平等条约，收回国家主权，摆脱了沦为殖民地的危机。1895 年、1904 年日本分别在甲午战争和日俄战争中击败昔日帝国清王朝与俄罗斯，成为称雄一时的亚洲强国。

但文化的融合在核心层——精神观念层面上则显得力不从心。文化的精神观念层极具内在性，是文化难以把握和渗透的灵魂所在，涉及文化权和民族认同等根本问题，因而不同文化相遇时往往表现出对自己"灵魂"的坚持和对异质文化的排斥。历史经验证明：一种文化要想通过武力吞并另一种文化是不可能的，即便以军事入侵和征服的手段也不可能实现。无论是诺曼征服，还是帝国主义在世界范围内的殖民活动都很难从根本上改变东道国文化的核心价值观点。

1066 年开始的诺曼征服，使英国的政治制度、社会形态发生了诸多的变化。法语成为贵族和统治阶级的通行语言，英国在接下来的近三个世纪里几乎没有用英语写成的书面文学。到了 14 世纪末，当英语重新成为英国的主流语言时，尽管它吸收了很多法语的词汇，但仍保留了自身的语言结构和常用词，因为语言蕴含了一个民族的思维模式、心理习惯、价值观念等文化的内在和核心内容。同样，经历英国百年殖民的香港，虽然接受了一些西方的生活习惯和政治民主制度，但是在价值观念和身份归属上依然是中国人，仍与我们血脉相连，这也是香港得以顺利回归的基础。再如，犹太人曾两度亡国，几百万犹太人被杀、被囚或沦为奴隶，其余人流散到世界各地，可谓国破家亡，四处流浪，而犹太文化依然强劲地保留了下来。

价值观之于一个文化群体，犹如秉性之于个人。所谓"江山易改本性难移"，究其原因，价值观或态度或思维方式等精神观念层面是文化的核心，是所属群体文化身份和文化认同的基础，即使文化的外层发生变化，其核心部分仍难以撼动。

3. 中西文化比较方法

有关中西文化或东西方文化对比的文章和著作很多，这些文章通常以中西价值观念或思维方式的不同为视角，对比分析中西文化的不同，从而指出造成跨文化交际障碍的原因。但这些对比中，往往无法摆脱欧洲中心主义的定式，强调"东西文化二项对立"，实质是以西方文化为标准，以中国文化为陪衬，通过过分强调中西文化的差异来突出西方文化的优越性。这显然是一种不平等的对比。诚如张隆溪教授所指出的，不少西方学者包括一些汉学家都过分强调中国文化与西方文化之间的差异，把中国视为全然不同于西方的他者。这样的观点正是在文化二元对立的思路下得出的结论。他超出西方批评传统的局限，试图从中西两种有差异的文化之间发现共同之处，从东西方比较的视角上探讨、理解和阐释种种问题。张隆溪教授在《道与逻各斯》一书中提出了"文化求同"的理论策略，通过"道"与逻各斯的比较，证明中西文化都有各自的"逻各斯中心主义"，是中西文化对比研究中的重大突破。刘双在《文化身份与跨文化传播》一文中也指出，交际活动的成功取决于双方是否通过传播手段建立一种新的文化结构，即萨莫瓦和波特所称的第三文化。第三文化含有交际双方的文化身份特点，是交际双方互相适应、各自调整的产物。

（二）中西文化交锋的历史回顾

对于中西文化交往的对比，不少学者做过深入研究，左彪教授把中西文化对比研究分为四个阶段：第一阶段（1840—1919）从鸦片战争至五四运动，对比研究以"洋务派"与"维新派"的论争为其主要特点；第二阶段（1919—1949）从五四运动到新中国成立，"全盘西化"与"中国本位"、单元文化与多元文化的论争成了对比研究的主流；第三阶段（1949—1978）从新中国成立到"文化大革命"结束，是中西文化对比研究的相对沉寂期；第四阶段（1978年至今）从"文化大革命"结束至今，是对比研究再度升温到逐步系统化的时期。四个阶段的划分也反映了中西文化碰撞与冲突的阶段性特点。但是值得一提的是，在中西文化的交锋中我们不可忽视发生在明清时期的中西文化的第一次接触，不仅因为这是历史的一笔，而且这次交锋对于我们今天的跨文化研究和跨文化教育都有重要的启迪作用。

15世纪的地理大发现为不同文化间大规模直接的交流提供了条件，但中西文化的第一次碰面，得益于中西方文化交流的奠基性人物、明万历年间入华的耶稣会传教士利玛窦。他的来华，促成了儒家思想和西方哲学宗教观的相遇，也就是明清时期的"西学东渐"。这一时期，以利玛窦为代表的天主教徒来华传教，讲授西方自然科学知识，并翻译和编译了大量介绍西方文化的著作。这些活动促进了中国器物文化的发展，也推动了学术走向现代化的进程。

1. 西学东渐

利玛窦的"西学东渐"掀开了中国近代思想演进新的一页，天文学、历学和算学、地学等西方科学知识学科体系被介绍到中国。这些看似是纯科学知识，其实这些知识蕴含着西方的宇宙观、哲学观。对于身为传教士的利玛窦而言，他以科学为手段实现了他传教的目的。正如他自己所说："象纬之学，特是少时偶所涉猎；献上方物，亦所携成器，以当羔雉，其以技巧见奖者，果非知窦之深者也。若止尔尔，则此等事，于敝国庠序中，是为微末，器物复为人工所造，八万里外，安知上国之无此？何用泛海三年出万死而致之阙下哉？所以然者，为奉天主至道……"利玛窦和来华耶稣会士甚至促成了中西方宗教、哲学的碰撞和接触，其所编著的《天主实义》言古经、谈天主，博学通达且文采飞扬，可以说是"中西文化史上第一部比较哲学的著作，也是中西文化的第一次实质性对话"。

在利玛窦的影响下，明清学者对西方文化产生了浓厚的兴趣，学术文化交流活跃。傅泛际和李之藻将亚里士多德逻辑学的一部分译为中文，取名《名理探》；比利时传教士南怀仁则继而把他们未完成的后半部分整理出版，中文取名《穷理学》。这种逻辑思想的传入对中国传统思想产生了重大的影响。明清间，从利玛窦入华到乾嘉厉行禁教为止，可以说构成了中西方文化第一次规模宏大的交流。西洋近代天文学、历学、数学、物理、医学、哲学、地理、水利、建筑、音乐、绘画等，均在这一时期传入中国。

2. 中学西传

以利玛窦为代表的来华耶稣会士凭借对中国文化的了解还做了大量的中学西传的工作，他们创作、译作之丰富，令人叹为观止。且不说利玛窦本人的二十几部中文著作，传教士们还在来华的一二百年间将《论语》《道德经》《诗经》《书经》《礼经》《孟子》《中庸》《大学》等代表中国儒家经典的书籍译为外文。这些经典无疑是中国文化、哲学的经典，蕴含着儒家传统的价值观、世界观、社会范式和行为规范。他们的汉学著作，如利玛窦的《天主教进入中国史》、安文思的《中国新事》、卜弥格的《中国植物》和《中医脉诀》等从早期转述性、介绍性的内容，到后期已经达到了相当高的学术水平，促成了西方的东方学中的一门新学问——汉学。不仅将中华文化的精髓传向西方，并且在欧洲思想界引起轩然大波。

尽管当时不少保守派挑起争端，但大多数有识之士对西学采取接受态度。康熙学西洋数学、听西洋音乐，八旗子弟演几何、学外语，明末清初的学术领袖们如徐光启、顾炎武等人，谈历学、算学。士大夫、知识分子对西方思想产生了浓厚的兴趣。而大西洋岸边的路易十四则专门将被传教士带到法国的中国人黄嘉略留在身边，喝中国茶，建中国凉亭，用中国器具，看中国皮影戏，一时间，"中国热"遍及欧洲。

当时中国的知识分子，在"跨文化交际中"，面对西方文化既不趋之若鹜、盲目附和，也不拒之门外、孤芳自赏，显示出了博大的胸襟和"拿来主义"的胆识和气魄。"会通以求超胜"，徐光启在《同文算指》序中对中国算学失传做了深刻反省，并认为利玛窦的西学之根本优点在于"其言道、言理，皆返本踪实，绝去一切虚玄幻妄之说"。晚明名士冯应京也曾说"东海西海，此心此理同也"，显示出海纳百川、从容自如的大度气象。

在今天全球化的背景下，在不同意识形态、不同宗教、不同种族的文化相互碰撞和冲突的国际环境下，重新审视这次中西文化的交融，分析两种迥然不同的文化的深层次的交流得以实现的原因，我们看到了相互尊重、平等对话才是跨文化交际得以有效实现的基础和平台。当时的中国与西方的关系与今日的东西方关系不同，因为当时中国国力强盛，作为主流意识的儒家思想深入人心，中国悠久而璀璨的文化散发出的魅力使西方传教士怀着尊重、景仰、学习的心态对待中国文化。

乾嘉禁教之后，晚清政府的闭关锁国政策已成定局，中西交流的星星之火终未形成燎原之势。而当"西学东源说"登场时，中国思想界僵化和夜郎自大、裹足不前，割断了与世界共同进步的机会。

中西文化的再次交锋是三百年以后，当时的西方国家经过工业革命的洗礼，走上了资本主义蓬勃发展的道路，不再像当年的传教士那么温和、平缓，资本的侵略性和扩张性使其来势汹汹，表达的是强者对弱者绝对的话语权。1840年，西洋人的战舰用中国人发明的罗盘驶入了我们的港口，用我们祖先发明的火药制造出了威力十足的大炮，轰塌了虎门海关。1842年，清政府的大员们在自己祖先发明的纸上签下了第一个丧权辱国的卖国条约，从此，中国进入了受西方列强欺凌的一段历史征途。

在这样的历史背景下，中国知识分子的心态再也无法像徐光启、李之藻、顾炎武等学术领袖那样以容纳百川的心态，闲庭信步于中西文化之间了。山河破碎，造成了晚清知识分子在中西文化关系上的焦虑之感，和后来五四运动精英们的紧张感。"救亡图存""变法维新"，这时向西方学习是为了救亡，为了国家的生存。梁启超说"参西法以救中国"，当"尽取西人之所学而学之"。康有为、梁启超等有识之士感觉到改造器物并不能真正地富国强兵，而必须变法维新，学习西方的制度（包括政治制度、经济制度、教育制度等）和社会结构。孙中山进而提出三民主义，主张彻底推翻君主制度。在晚清惨败这样严酷的事实面前，同西方关系完全失衡，平等对话成为空想。东方与西方，传统与现代，成为中西文化的定格。

3. 五四新文化与文化新时期

新文化运动的先驱们认识到了器物层、制度层文化交流的局限性，认为还必须在更深的层次即思想观念层次上借鉴西方文化的长处。胡适、陈序经、张佛全等"西化派"的代表人物主张"师法外国"，"全盘接受这个新世界的新文明"。而邓实、刘师培和章太炎等提出"研究国学，保存国粹"的口号。到了30年代，"西化派"与"国粹派"的论争发展为"全盘西化"与"中国本位"的论辩高潮。

从新中国成立到"文化大革命"结束，我国文化界致力于系统介绍马克思主义与苏联、东欧文化，与西方国家的政治经济交往基本中断，一般意义的文化交流十分冷清。

今天，我们进入了新的历史时期。随着中国的日益强大，随着中华民族的迅速崛起，我们有了与西方国家平起平坐解决国际事务、共谋世界和平发展的实力。跨文化交流和跨文化研究进入了崭新的阶段。研究如何在平等尊重的前提下交流和对话，如何以宽容的心态学习西方文化，同时警惕文化霸权主义对我国文化主权的侵蚀，不仅具有政治高度，还有理论和实践的意义。高校教师是跨文化研究的重要参与者，高等教育是跨文化交际实现的重要途径。高等院校作为民族文化的折射之窗，肩负着当代大学生文化素质教育和文化身份认同构建的重要任务，应该在政策、管理、教学等各个层面促进形成平等对话的环境和心态。人类世界是一个由多元文化组成的社会，多种文化的存在，构成了丰富多彩的世界；各种不同文化模式之间的交流、沟通和互动，也是人类文化发展的基本动力。

（三）中西文化碰撞和冲突中的文化身份危机

1. 全球化流动性和时空压缩下的文化身份

正如罗兰·罗伯森所言，"全球化就意味着世界的压缩"。放眼当今的中国市场，可口可乐、洋快餐充斥街头；年轻人在星巴克点一杯卡布基诺或拿铁，听着曼妙的音乐度过闲暇午后，而不会在丝丝"梁祝"的熏陶下要上一壶历史悠远的中国茶；他们不屑国产片，而习惯于加了字幕的好莱坞原版大片；很多中国人忘记自己的传统节日"端午节"和"清明节"，而热衷于过"圣诞节"和"情人节"；年轻白领出入城市的写字间，互相称呼着英文名字，同时也习惯了跨国公司团队式的人际交往方式和模式化的思维方式，甚至发出"我很难再去国有企业工作，很难再融入他们的组织氛围了"的感慨……随着改革开放力度的加大与向纵深发展，以及全球化进程的不断推进，我国正经历着来自全球特别是西方社会的多元价值观的冲击，多种思想、文化、价值和道德观念并存的现象引发了不同价值观之间的激烈冲突。在多元文化碰撞和激荡的过程中，当特定社会文化受到"他者文化"的冲击时，在动态建构过程中就会产生文化归属感的迷茫和错乱，从而产生文化身份认同的危机。

文化身份的危机在全球化时代的加剧起因于全球化的流动性。全球化的流动性包括五个方面的文化趋势：一是由人口流动造成的种族融合；二是由跨国公司及政府办事处所推动的技术交流，表现为机器和工厂的迁移；三是由股票交易中资金的快速周转所导致的金融一体化；四是传媒的综合，也就是集中所有图像和信息，这种趋向由报纸、杂志、电视、电影共同分担；五是意识同一化，这与一些观念的流入有关，这些观念直接联系着国家或反国家的意识形态。可以说，由于现代化的传媒、通讯和交通工具，日常文化意识超越了时空的限制，世界变成了一个压缩的时空整体。原本由于时空的阻隔而相安无事的不同文化，在这个压缩的时空中不期而遇，相互碰撞冲突。

社会转变根本上是价值观的转变。价值观的变化既充当了社会变革的先导，推动了中国改革开放的进程，也在人们的思想观念上引起了一定的混乱。社会成员在选择理想信念、价值取向、道德观念时表现出困惑、迷茫和混乱，从而引发了文化身份危机。

2. 产生危机的根源

概括和分类是比较的基础，是我们认知事物及其区别的重要手段。要进行中西文化的对比，概括和分类是不可缺少的。关于中西文化的对比，左彪教授认为，中国文化与西方文化（这里指两种文化的精粹部分）对照鲜明，见表2-1。

表2-1 中西文化的对照

中国文化	西方文化
农耕文化	渔猎文化
大陆文化	海洋文化
喜静文化	爱动文化
内向涵容型文化	外向斗争型文化
重视伦理与自律	重视科学与自由
强调和谐稳定	提倡开拓进取
长于形象思维	强于逻辑思维
擅长综合追求含蓄	擅长分析推崇清晰
倡导整体统一	倡导个体独立

　　东西文化的鲜明对照也是文化身份危机产生的根源，除此之外，当前的文化身份危机也是中国社会转型和阶层结构演变的结果。随着经济全球化时代的到来，发展中国家与发达国家按照同样的游戏规则同台竞争，包括资本、技术、资源、人才、产品和服务等要素在全球范围内的统一配置，发展中国家面临着经济转型和调整产业结构等现实问题。随着我国经济转轨、产业结构调整、社会转型，中国社会阶层结构发生了深刻的变化。原来的"两个阶级、一个阶层"（工人阶级、农民阶级和知识分子阶层）的简单社会结构已被打破。基于经济资源、组织资源、文化资源的拥有状况，以职业为主要目标划分社会基层的理论框架，当代中国社会阶层结构的基本形态已经发展至由十个社会阶层和五种经济地位等级组成的复杂结构。这种巨大的变迁引发了社会结构的变化，利益群体的重新划分和分化，必然带来意识形态领域一定的混乱和调整，这种转型在相当程度上冲击了原有的价值观念，成为身份认同危机的另一个主要根源。

　　文化认同的核心是价值认同和价值观认同。文化认同与民族国家的关系十分紧密，因为身份首先是属于民族的或属于国家的，身份就是一个民族国家的名片。昔日枪炮和武力解决不了的问题，却在全球化的今天，通过大众文化和后现代生活方式的渗透侵蚀着血统、语言、民族等传统文化的认同纽带。美国是大众文化倾销的原产地，全球信息流动量的80%来自美国。以美国为首的西方国家凭借"全球化",通过经济和文化的途径,依靠其发达的全球传播媒介和手段,将西方价值观念和意识形态传播到几乎全球的各个角落。以文化渗透的形式,西方文化在潜移默化中向世界各地扩张,在输出资本的同时,将西方的生活方式、思维方式以致价值观念大肆输出,对发展中国家的文化产生了巨大的冲击,对于东道国的主流意识形态进行了不同程度的弱化和削弱,进而形成文化帝国主义。文化帝国主义有三个特点:第一,它是以强大的经济资本实力为后盾,主要通过市场而进行的扩张过程;第二,它是一种文化价值的扩张,即通过含有文化价值的产品或商品的销售而实现全球文化支配;第三,由于信息产品的文化含量最高,那么很明显,这种文化扩张主要是通过信息产品的传播而得到实现的。

我国目前正处于多种文化相互冲突、多元价值谱系相互激荡的时代。在多元文化的相互激荡中,由于固有的目标和方式体系为多元文化冲突和社会改革所瓦解,带来了价值观选择中的冲突与悖论,主流意识形态被冲击和削弱,进而造成观念上的相互碰撞和行为方式上的不定性,传统的主导价值观受到前所未有的冲击,价值失范、目标缺失,从而引发了文化身份危机和文化身份认同的困惑。中国的文化身份构建问题早在以张之洞为代表的洋务派提出"中体西用"说时已经初露端倪,它表达了中国知识分子对本土文化身份的眷恋,也反映了中国走进近代社会门槛所出现的文化认同危机。在面对一个强大的他者文化(西方文化)时,中国文化对"他者"的态度是以一种割裂的形式出现的:心理层面的拒斥与现实层面的屈从。这种割裂直到今天依然没有完全消除。

第二节 汉英文化的教学表征差异

面对中西文化交流中的文化身份焦虑和危机,如何走出这种焦虑和危机,首先要求我们对两种文化的体系有一定的认识,并在跨文化交际中搭建公平的交流平台,在教学中认识两个体系的差异。

(一)汉英文化的不同体系特征

从大的地理环境上看,人类文化有三种类型:一是游牧文化,二是农耕文化,另一种则是商业文化。游牧文化一般发源在高寒的草原地带,农耕文化发源在河流灌溉的平原，而商业文化发源在滨海地带以及近海之岛屿。游牧文化和商业文化的流动性和进取性，源于草原地带和滨海地带人们生活的"内不足"。农耕文化的"尚静"意识，则根源于河流灌溉地带的生活自给性。前者由于"内不足"而向外摄取和掠夺，从而形成一种主天人对立、尚征伐侵略的文化心理观念。后者则由于"自给"而主"天人相应""物我一体"，从而形成一种"顺""和""安分""守己"的和平文化心理观念。

　　文化是地理环境、社会环境、文化自身发展及其与他文化冲突和融合等共同作用的结果，是历史发展、选择和积淀的结果。文化冲突和融合，是文化发展过程中两个辩证统一的方面。中西文化分属不同的文化体系。西方文化源于古希腊文化、古罗马文化和日耳曼文化，是多种文化传统碰撞、融合的产物。这其中首先包括了理性主义。作为西方文化的源头之一的古希腊文化一开始就从人与自然的分化这一前提出发，从不同的视角对世界的本质进行了哲学上的探究，从中形成了一种古典主义的理性主义文化精神。这种古典理性主义精神经过后来的文艺复兴和启蒙运动，对西方文化产生了决定性的影响，理性主义也成就了西方科学和技术突飞猛进的发展，科学技术的地位和作用被推崇，理性主义精神渗透到人的一切活动之中。其次是个体主义。文艺复兴后，神性受到了反对，人性得到了张扬，由此，实现了个体的自我意识与群体意识的分化，形成了以个体为本位的文化特色。再次是激进冒险主义。海洋性地理环境和商品经济的发展，使西方人形成了激进好动、外向冒险的文化精神。从古希腊人的尚武精神到古罗马人的角斗精神，再到中世纪的骑士精神，无不显示出这样的文化特点。西方人的崇尚力量、勇气和魄力，显示出他们锐意进取的精神，给西方经济和社会的发展提供了精神上的动力。

　　中国文化源远流长，其包含的内容非常丰富，而且在长期的发展过程中有着自身独具的特征，也是多民族文化融合的结果，是一个完整的文化体系。它首先表现为天人合一、追求和谐。得天独厚且相对封闭的地理环境非常有利于小农的自然经济的发展，也使得人们在天人关系的问题上往往形成天人合一的思想。其次是集体主义的文化价值观。它强调集体主义，突出人的社会性。个人利益应该服从家庭、社会和国家的利益，当两者发生矛盾时，应该牺牲个人利益。个人价值的实现是通过实现社会或整体的价值来表现的。再次是道德本位的文化价值观。社会价值观通过舆论监督而不是法律来实现的。也正如本篇中第二节所探讨的那样，中西文化有着鲜明的对照，每一种文化都有自己的历史、地理等形成原因，失去了对它们的考查，将难以理解不同文化之间的区别。

（二）中西政治经济体制的不同结构

中西文化不同也同样反映在它们不同的政治制度和经济体制上，这也可以理解为文化在制度层面的差异。美国在1776年独立之初，并无中央政府，13个州是十三个独立的个体。出于捍卫独立的目的，13个州才建立了一个软弱涣散的政府，它实际上只是各自独立的主体之间的一个友好通商同盟条约而已。同样，当今的美联邦政府，按照三权分立、权力制衡的原则，也被分解为立法、司法、行政三个部门。为了保障个人权利和地方权利不受侵犯，1789年通过了十条宪法修正案，即"人权法案"，这进一步体现了美国政治生活中的个体本位思想。从国家结构形式上看，美国是联邦制国家，它由50个州组成。每一个州享有很大的独立性，拥有自己的宪法，是一个政治实体。联邦政府的权力来源于各州的让与。我国实行的是符合我国国情的单一制，全国划分为多个地方行政区，它不是一个政治实体，不享有独立的主权，没有自己的宪法。地方的自主权或自治权是由国家整体通过宪法授予的。在最高行政领导方面，美国实行总统个人负责制，总统权力太大容易造成个人专断。我国实行集体领导制。而在经济领域，美国经济是完全自由化的市场经济，它一方面能调动不同的利益主体的积极性，但同时也会给经济发展带来潜在的障碍。我国实行社会主义市场经济，虽然同样存在不同的利益主体，但是我们不允许完全自由放任，而是采取微观搞活、宏观调控的政策。也就是说，把个人的利益同国家集体的整体利益结合起来，把全国作为一盘棋来综合全面加以考虑，政府所实施的政策体现了以大局为重的集体本位思想。

（三）中西价值观念的差异

在中西文化的核心层，即精神世界和价值观方面，中西也好，英汉也好，都呈现着更大的区别。霍夫斯荻对价值观念差异做了深入的研究，并于1980年发表了他的研究成果《文化的后果》一书，书中分离出四个衡量价值观的尺度，对53个国家和地区的价值观按他区分出的四个维度进行了考察和分析。这四个维度即个人主义-集体主义、不确定性规避、权距以及男性主义-女性主义。在后来的研究中，霍夫斯荻又加入了第五个文化维度，即长期取向-短期取向。

在权距方面，西方人尊重个人权利，向往自由，崇尚平等，他们心中的理想社会是任何一个人，无论出生贵贱，都能有平等的机会；而东方人更加维护等级制度，顺从权威，尊重长辈，强调做事情要符合自己的身份。为了追求社会秩序的稳定和社会关系的和谐,人们甚至可以克制自己对自由的向往。

以个体主义-集体主义作为衡量价值观的尺度,中国文化自古以来强调集体意识,集体包含多个个体并高于个体,个体利益无条件地服从于集体利益。所谓"普天之下,莫非王土,率土之滨,莫非王臣",封建统治者的"大一统"思想是中华文化集体本位的萌芽。我国古代哲学的三大命题:"天人合一""知行合一""情景合一"也是朴素的集体观。经过漫长的封建社会的发展,集体观更加深入人心。西方文化源于希腊,希腊的城邦商业发达,经济结构松散,是个体观念成长的沃土;而古希腊哲学家信奉的原子论以及多神教的信仰都促进了西方个体观念的形成。在文艺复兴时期,个人对人格、价值、尊严等方面的肯定,对个体独立性的尊重和倡导,使个体意识和观念进一步根深蒂固,这对哲学思想也起到了推波助澜的作用。笛卡儿的"我思故我在"、贝克莱的"存在即被感知"都昭示了西方哲学的自我中心意识。

关于价值观的衡量,人类学家克拉克洪与斯托特柏克提出五个基本问题;斯图亚特根据克拉克洪与斯托特柏克的相关理论对美国人和菲律宾人的价值观做了对比研究,也提出价值观的五个方面,等等。但上述调查设计都是西方国家学者所做,因此,可能有忽略东方国家特点的缺陷。心理学家邦德与22个国家和地区的学者合作组织了中国文化调查小组,列出了40项中国文化价值观念,并经过因子分析等计算方法得出4个因子,它们分别是融合(integration)、儒家工作动力(Confucian work dynamism)、人心(human heartedness)和道德纪律(moral discipline)。调查发现,儒家工作动力是一个非常重要的文化价值尺度,它与经济增长成正相关。

不同文化具有不同的价值体系和价值观念,很难用普世的标准对不同的文化价值观进行衡量和比较。正是由于这些不同,处于某一群体的成员才拥有了独特的文化身份,才能确认其文化归属。

(四)中西文化的不同体系特征在教学中的表征

中西文化在以上各方面的差异也同样表现在教育体制、院校结构设置、人才培养模式和培养目标、课程设置、课堂教学、教材、教学方法、师生关系等诸多方面,了解这些差异有助于我们教学的顺利开展。

1. 课堂教学之异

课堂教学的差异是中西文化在细微处的不同,这些不同包括了教室结构、讲台和课桌的安排、教师课堂教学的组织形式等。在课堂教学中,教室的布局从一个侧面说明了中西文化的不同，因为建筑设计本身被倾注了很多文化内涵。国内的教室通常讲台宽大，且高出地面许多，学生一排排就座。这种设计理念强调了教师的权威性，也鼓励了以教师为中心的教学风格；而在美国，教室多半是活动桌椅，便于教师组织课堂活动。伦道夫女士是在中国一所教育学院执教的美籍外教，她的疑惑道出了中外课堂的不同。

①当她提问时，教室非常安静，没有人主动回答问题，可是当她点名提问时，往往听到很好的回答。她无法明白为什么学生们明明知道答案却不主动回答问题。

②学生们在课堂上从不提问，更不会发表个人意见，但下课时却围上来问问题，对课堂教学提建议。

③在课堂上，她请学生们分组活动时，学生们动作很慢，并且只和就近的同学结成小组。

④她请同学们相互批改作文时，学生们往往写一些不是很明确有用的评语，并且只拣好的说，对于提高写作显然没有帮助。

类似的课堂教学方面的中西差异不胜枚举，随着大学校园的国际化，一方面大量的外籍教师走进我们的课堂执教；另一方面越来越多的国际留学生到中国的大学课堂学习，了解中西文化的差异，是有序开展跨文化教育的一个重要环节。

2. 教材建设之异

对于教材的甄选、教材的定位、教材内容的删减和取舍，也极大地体现出不同文化的价值取向以及政治经济制度差异。面对全球一体化，面对越来越开放的高等教育，大专院校的一些专业已经尝试使用国外原版教材。以广州大学为例，土木工程学院、建筑与城市规划学院等已经开始了国外原版教材的试用。而鉴于中西不同的政治经济制度、不同的价值观念，原版教材中意识形态和经济构架并不一定完全适合中国的国情，因此，如何解决教材建设中中西政治经济文化的不同，编写出适用教材的问题越来越凸显出来。经济学教材建设就是一个明显的例子，能够很好地反映出改革开放之后我国政治经济变革和中西政治经济体制碰撞和交融的过程。

萨缪尔森所著的《经济学》堪称西方经济学的经典教科书，其所宣扬的"后凯恩斯主流经济学"是资产阶级经济学的正统，而资产阶级经济学是马克思主义政治经济学的对立面。在计划经济时代，中国的经济制度和框架与西方资产阶级经济制度大相径庭，并没有相交点，但在改革开放之后，中国经济市场化，迫切需要学习和研究西方市场经济的规律。一方面是思想界还有"左"的影响，另一方面政府在转变政策，试图增加市场机制的作用，急于学习市场如何运作的知识。在这种形势下，1979年11月，高鸿业先生翻译的萨缪尔森的《经济学》第十版出版，但他在译者序中写道："尽管从整个体系来看，'后凯恩斯主流经济学'基本上没有科学价值，尽管本书仅在个别的概念、论点和方法上具有现实的意义，本书仍不失为一本有用的参考著作，它可以使我们得到许多应该掌握的资料和知识。"而在课程讲授环节，一种变通的方法也应运而生。1978年，北京大学杜度、胡代光、范家骧、厉以宁几位先生讲授西方经济学的时候，就挂着"当代资产阶级经济学说批判"的幌子。到了1983年，《人民日报》转载了经济学泰斗陈岱孙先生《现代西方经济学的研究和我国社会主义现代化》一文，文中指出："现代西方经济学作为一个整体体系，不能成为我们国民经济发展的指导理论……在若干具体经济问题的分析方面，它确有可供我们参考、借鉴之处。"从此，经济学才脱掉资产阶级经济学的帽子，以西方经济学的名号开始正式登上中国经济学的舞台。到1989年，国家教委确定了财经类院校10门核心课程，将西方经济学纳入其中，西方经济学在全国开始得到了普遍的重视。到了2008年，由萧琛教授主译的《经济学》第18版出版时，我们能在内容提要部分看到如下的文字："本书是当代经济学泰斗、1970年诺贝尔经济学奖得主萨缪尔森的不朽经济学著作……经历了前17版的积累和沉淀之后，无论在内容还是在形式上都已经近乎完美……"

三十年间一本教科书序言的变化，折射了中国经济学从"资产阶级经济学"变成"西方经济学"再变成"现代经济学"的历程，也是高校在中西不同政治经济框架下寻求学术生存的缩影。三十年后的今天，许多高校的专业教材开始选用国外原版优秀教材，以更宽广的心胸批判地接受不同的政治经济理论和观点。

3. 价值观之异

价值观的差异也常常体现在教师和学生对一些媒体的解读和诠释上，这些解读或诠释都深深地烙上了文化的印记。从选举制度而言，中国是一个崇尚权威和秩序的国家，盛行集体主义，具有较大的权距，因而在选举上采用的是人民代表大会制；而西方社会权距较小，自由平等的理念和个体主义盛行，采用了更符合其文化心理特征的普选制。

中国是个等级观念很强的国家，在普通百姓心目中，国家领袖的形象通常是充满智慧、有能力而无私的人；但在美国人心目中，政治领袖虽然从事的工作不同，但他们也是普通人，像常人一样有优点也有缺点，甚至在公众的目光中，在媒体的关注下，他们的缺点和失误更容易被放大。然而不同文化背景的人们对于媒体所刻画或所描述的这些形象往往会有迥然而异的解释。

对于西方政治民主的另一方式——政治漫画，我们的解读也常常是困惑的，甚至瞠目结舌。这种民主方式同样与中国传统的等级观念以及对权威的敬畏是相悖的，国内所内化的权距，在这些笑谈式的漫画中被彻底消弭。在这些政治漫画中，政党领袖可能被"丑化"或被恶搞，但大家都一笑了之，并不影响人们的政党取向。英国《太阳报》曾报道：英国前首相布莱尔年轻时曾经热衷音乐，从政之前一直想当歌星。眼看圣诞节即将来临，英国几个视频专家特意让布莱尔圆了这个梦，在他们的设计下，布莱尔的漫画形象成了一个演唱圣诞颂歌的歌星，他头戴白绒边小红帽，愉快地哼着歌曲，看上去很搞笑，令人忍俊不禁。在另一幅讽刺布莱尔撒谎的漫画中，作者故意将布莱尔的名字 BLAIR 改为 B.LIAR（LIAR 意为说谎者），因此广告牌上"投布莱尔的票"就成了"投布氏撒谎者的票"。

在高等教育中，中西文化的冲突和碰撞表现在教育教学的各个层面，在全球化的背景下，这种由于文化的不同而产生的碰撞和冲突会进一步渗透，因而高等教育的管理者和从事高等教育的行政人员与教师应该提高跨文化意识，从跨文化的高度全方位、多层次地寻求解决问题的方法，使得教育真正做到面向来来、面向世界。

第三章 从文化的角度看大学英语教学

第一节 文化与外语教学的关系

一、文化与语言

每一种具体语言都带有某种印记,反映着一个民族的特点。每一种具体的语言,不论属于哪个民族,都具有确定的性状,其语词、形式和联结方式是承袭下来的,并因此对一个民族产生影响。语言的这种影响,并不仅仅是它对来自民族的影响的反作用,对于这个民族来说,来自语言的这种影响乃是语言原初本性的一部分。例如,单词的意义通常是文化所决定或限制的。词汇是构成语言的基本元素,是语言体系的基础,词汇使语言得以表达大量的概念。因为不同的历史、地理、宗教、习俗、生活方式、价值观,不同语言的使用者对同一个单词有不同的解读,不同的语言对客体、事物、经验、感情都有特定的标识和命名。不同文化的特征经过历史的积淀都在词语中留下了痕迹,所以文化差异在词汇层次上表现得最明显。

在语言中,民族特性的类似影响见于两个方面,一是具体概念的构造;二是语言所拥有的一定类型概念的相对丰富程度。形形色色、千差万别的事物,其名称由此会获得同一种色调,它反映出一个民族如何理解世界的特点。此外,很明显,与某种精神倾向有关的表达会异常丰富,例如,梵语有大量宗教、哲学用语。不同的世界观、民族特性也在词的意义上映现了出来。例如:

①文化内涵词(culturally-loaded words),即蕴含丰富社会文化意义的词或短语,它们总是同民族的文化背景、风俗、社会制度的变革和社会生活的变化密切相关。

②表示同一事物或概念的词，只在一种语言里有文化内涵，在另一种语言里则没有；有些词在一种语言里存在，在另一种语言里却没有对应词；在两种语言里，有些词语表面上意义相同，其内涵意义却不同或者相反。

③某些概念在一种语言里只有一种表达方式，而在另一种语言里则有多种表达方式，也就是说另一种语言对这种事物或概念有更细微的区别。例如，汉语中松、梅、竹对华人来说具有特殊的文化意义，是"岁寒三友"，有着品格高洁的联想意义，但是对学习汉语的外国人来说，由于缺乏中华文化背景就很难产生这样的联想，很难理解这些单词背后的文化意蕴。同样，美国之音特别英语节目曾做过系列节目"单词和背后的故事"，其中有一集是关于棒球的，例如，on the ball（机灵，有见识），throw a curve ball（做了意想不到的事情），step up to the plate（准备好去工作），a pinch hitter（代替者），strike out/go down swinging（尝试但失败了），hit a home run/hit it out of the park（事情做得相当棒），right off the bat（立即/立刻），bat one thousand（做得非常好、很成功），touch base with you（我将不时告诉你我们计划做的事情），touch all the bases（为完成工作，做了所有必需的事情），cover my bases（我准备好了），way off base（做错事或者不诚实），out in the left field（有着奇怪想法的人），a ballpark figure/a ballpark estimate（不知道自己想卖掉的东西值多少钱），in the ballpark（对方的出价与自己的售价很接近）。这些与棒球有关的词语对于不熟悉棒球运动的人来说很难理解，但对棒球运动流行地区的人来说，理解起来的难度就小得多。可见，文化体现在词语中，词语也反映着文化。

英语是一种具有严格语法规则的语言，而汉语的语法规则相对灵活。英语用的是有分支的句子模式，主语和谓语形成全句主轴，如有宾语和补语，可在主轴上延伸，定语及状语则以分支的形式，通过关联词语与主轴相连；汉语则依赖时间顺序，采用线性的句子模式。两种语言的差异是与文化传统和思维方式相关的。例如，在汉语中，动作的发出者常常是句子的主语，句子多用主动语态，体现了中华文化以人为出发点的认知特点；英语常常使用非人称名词作主语，体现了以客观实在为出发点的思维认知模式。英语中被动语态用得很广，尤其是英语科技文体中，使用被动语态成了一种习惯表达，汉语中被动语态用得少。

语篇，指文章中句子之间的语言形式上的联结和句子表达的概念在语义逻辑上的连贯。根据有关学者的研究，英语篇章的组织呈直线型，常用演绎，即英语段落通常以一个主题句开头，再按照一条直线展开，在以后各个句子中发展这一中心意思；汉语篇章呈螺旋形，以语义为中心，句子之间没有太多的连词，而是靠思维的连贯、语义的上下呼应来表达完整的意思。

语域，指不同的文化背景会对人的言行打上文化的印记，直接影响着他要表达的内容和他对说话人所讲话的理解。例如，汉语和英语的称呼、打招呼与告别、祝贺与邀请、恭维与表扬、委婉语与禁忌语、感谢与道歉、社交礼节等都有不同程度的差异；在非言语交际层面上，例如，姿势与动作、体距与接触、衣着、面部表情与目光接触、手势等也有很大的差异。

二、文化与思维

语言对人的主要影响涉及他的思维力量，涉及他在思维过程中进行创造的力量，因此，在更深刻的意义上说，语言的作用是内在的和构建性的。思维不仅仅依赖于一般而言的人类语言，而且在一定程度上也为每一具体的语言所限定。语言相对性指的是语言影响人类思考的程度，人类并不是孤立地生活在客观世界，也不是孤立地生活在一般所理解的社会行为的世界，而是很大程度上由特定的语言所处置的。语言成为表述其社会的媒介，设想语言仅是一种附带的解决交际或者思考特定问题的方法，一个人基本不需要使用语言而适应现实，这只是一种错觉。事实上，"真实的世界"在很大程度上是无意识地建立在群体的语言习惯上的，不同的文化所生活的世界是不同的世界，而不仅仅是一个贴上了不同标签的同一个世界。语言不仅仅是表达手段，更是认知手段。语言不仅是表述已知真理的手段，而且在更大程度上是揭示未知真理的手段。语言不仅是供人达到相互理解目的的媒介，更是一个民族进行思维和感知的工具。语言的差异不仅是声音和符号的差异，而是世界观本身的差异。

文化体系具体表现于人们所使用的语言中，这个文化框架塑造了语言使用者的思维。语言相对论暗示，说不同语言的个体将用不同的方式思考同一个世界；语言相对性假设表明语言、思维、文化的紧密联系。语言作为文化的一部分，通过思维和感觉影响着人类的行为，于是将文化与人类行为联系了起来。

语言具有社会性，其发展受到地域和传统文化规范的影响。语言通过一个民族的思维-感觉方式而获得一定的色彩和个性，事实上，这种思维-感觉方式从一开始就影响着语言。世界上各种语言与文字在发音和书写形状方面千差万别，在逻辑推理方式上也截然不同，语言的推理方式就是思维方式的具体表现，思维方式是沟通文化与语言的桥梁。一方面，思维方式与文化密切相关，思维方式的差异，正是造成文化差异的一个重要原因；另一方面，思维方式又与语言密切相关，语言是思维的主要工具，是思维方式的构成要素，思维以一定的方式体现出来，表现于某种语言形式之中，思维方式的差异，正是造成语言差异的一个重要原因。语言的使用体现思维的选择和创造，翻译的过程不仅是语言形式的转换，而且是思维方式的变换。

中西方思维方式的差异包括伦理型与认知型、整体性与分析性、意向性与对象性、直觉性与逻辑性、意象性与实证性、模糊性与精确性、求同性与求异性、反馈性与超前性、内向性与外向性、归纳型与演绎型。语言的推理方式从语言的行文脉络中就可以看出来，卡普兰通过比较各种语言的推理方式，在对500篇不同文化背景的英语学习者所写的英语文章进行分析后，发现了英语学习者在逻辑层面和篇章结构上存在的差异，比如来自具有中华文化背景的学习者写作时常常采用迂回的手法。卡普兰分析认为文章的篇章结构也受到不同语言文化因素的影响，不同的语言文化理解，导致了交流方式的不同，也造成外语写作中的障碍。英文式的推理方式以美国人的思维方式为特征："开门见山"式的开题、不拐弯抹角、直接说出观点，称为垂直思维；东方式的推理方式，称为螺旋思维，思维围绕中心，比较缜密，整个布局就像旋涡。亚洲国家如中国、日本的写作者比较多用归纳式的写作模式，英美写作者常用演绎式的写作模式。

三、文化与交际

语言交际与文化紧密相连，文化在语言交际中具有重要意义，因为除非我们充分了解使用语言的文化背景，否则我们不能真正获取语言中的信息。文化无法离开人类的参与，只要有人类的参与就要有交际，无论是言语还是非言语，交际与文化都相互作用，这种交互作用使得交际富含文化。文化是交际的基础，在我们的文化中我们学会如何交际，也正是我们的文化教会我们交际什么。交际亦影响文化的结构。交际反映并传播文化，文化告诉我们应该如何说和做，并在我们的交际模式中得到展现。文化和交际前后串联，不可分开，常常很难断定谁是声音、谁是回音。跨文化交际指来自不同国家文化的人之间的交际，很多学者将其限定为面对面的交际。当大量的和重大的文化差异导致不同的理解，并产生期望如何去更好地交际时，跨文化交际就出现了。也可以说具有不同文化背景的人从事交际的过程就是跨文化交际。

在跨文化交际中，文化差异会导致实际交际模式"5W"（交谈什么what、和谁交谈who、在什么时间when、用什么方式how、交谈的地点where）的重大差异。文化和交际这种不可分割的关系意味着在跨文化交际中，真正具有重要意义的是文化差异，尤其是那些属于深层结构的价值观，它们在交际过程中影响着交际的进行。

价值观决定着人们交际的方式，人们的语言交际、非语言交际、人际关系都受到价值观的支配。正如交际是价值观的媒介，交际被我们的价值体系所塑造，因为价值观决定着什么是值得做的，什么是不值得做的，价值观规定着人们选择在交际过程中行为的方式。我们的价值观影响着我们交际渠道的选择。

中国大学生很多时候会对外教说"Sorry, my English is poor"，使得外教很奇怪，"你什么也没做错。为什么说Sorry呢？"外教倒是经常鼓励学生说"你的英语比我的汉语好啊！"这背后其实反映出价值观的差异。中国人交际时十分注重谦虚，在交谈和处理人际关系时注重和谐，中国人信奉"多思、少说、厚积、沉默是金"，言谈举止中比较委婉含蓄。反映在课堂上，会出现有的学生安安静静地坐着不吭声的情况，即使学生知道问题的答案也不会主动回答。这让一名华裔美国籍外教感觉很困惑，她说在美国上课比在中国上课容易，因为在美国课堂上，学生会很积极地配合，而在中国的课堂上，学生则会很安静地等待，使她不知道是自己讲得不好呢，还是学生没听懂。一名加拿大籍的外教在课堂上提出一个问题，结果没人回答，于是他点起一名学生来回答这个问题，学生答了出来，外教费解地问她为什么不主动站出来回答问题，学生的解释是怕丢脸。

价值观影响着我们在社会中的行为，价值观并不描述我们如何在一种文化中活动，但却指导我们应该做什么、不应该做什么。价值观成为我们做出所有决策的基础，并为我们提供标准去评价我们自己和其他人的行为。价值观是人类行为的引导力量，我们所持的价值观与我们交际的方式紧密相连，而交际也反映着价值观。我们做什么或者说什么，一方面反映着我们个人的动机，另一方面又受到语境的限制。我们大多数的语言和行为，反映出那些深深嵌入我们头脑中以及我们在社会化过程中习得的价值观。价值观一般都是通过言语和非言语的行为表述的，口头表述被用来凸显个体或群体特定价值观的重要性，在非言语方面，我们在交际时倾向于通过社会礼节来展示价值观。

人们可以通过言谈中所涉及的内容了解一个人的价值观，也可以通过交际方式和言谈举止了解其价值观。一名外教曾经指出中国学生开口闭口都会引用名人名言，在写作文时更是如此，似乎名人名言就能佐证其观点。即使那个"名人"外国人根本没听说过，或者"名人"所说的名言跟学生所讲、所写的内容完全不相关，学生还是乐此不疲地引用，这背后反映出中国学生比较遵从权威的文化性。

四、文化与外语教学

在第一语言习得中，文化的习得和语用规则的习得是与语言习得平行发展的，即生活在母语环境中的人在习得母语的同时也习得本民族的文化。语言的交际功能和传承文化的功能很自然地融合在一起，让人几乎觉察不到这两者之间的关系。但在第二语言的习得中，就往往忽视了文化因素，即在学习外语的过程中，语言的这两种功能的差别就显现出来。儿童在习得母语的同时也习得了母语文化，外语学习者在学习外语的同时也需要学习目的语文化。正因为语言、文化、交际的密不可分，所以在外语教学中一直都在进行着文化教学。语言并不只是一些语言形式或者语言规则的排列组合，学习和使用外语的过程其实就是一个跨文化交际的过程，文化就是影响跨文化交际的重要因素。与外国人交往的能力不仅取决于外语技能，还取决于对目的语文化习俗的理解，而且跨文化理解是在现代国际社会中教育的目的之一，因此有必要在外语教学中进行文化教学。

文化教学对语言教学至关重要，它可以使语言学习者在语言学习过程中理解和接受异域文化，达到良好的跨文化交际的效果。在国内外的语言教学界，达成的共识就是文化教学是语言教学不可或缺的一部分，语言教学就是文化教学。文化教学中的文化包括民族的历史、传统、宗教、价值观、世界观、风俗习惯、社会组织、社会制度等。需要指出的是，并不是说一个人没有外国文化的知识就不能够进行交际，交际可以随时发生，甚至没有学过目的语的人也可以进行交际，例如，通过翻译、手语或别人的帮助来沟通。但是世界上并不存在完美的翻译，不同语言在不同文化背景中产生，不可能完全一一对应。也许有物质名字可以对应，但感情因素、信仰因素，就不能完全对应上，甚至不能翻译，所以有效的交际就十分困难。仅仅具备语言结构方面的知识不能够洞察目的语文化中的政治、社会、宗教或经济等因素，只能从单一的角度来感知、理解、形成和表达思想，这种单一视角会导致狭隘的自满和自满的狭隘。

大学英语教学中的文化教学应该致力于培养大学生的文化敏感性和应对文化多样性的能力，以提高全民族的文化素质。针对我国大学英语的教学对象，非英语专业的大学生来说，学习目的语的过程一定会伴随着学习目的语文化的过程，这是学生开阔视野、建立文化身份、培养批判性思维方式、学习包容和审视目的语文化和母语文化的过程，而且目前理想的学习目的语文化的场所就是外语课堂，所以必须在关注语言教学之外系统地进行文化教学。

第二节　国外语言教学中的文化教学

一、不同观点

正因为文化和语言的紧密联系，语言教学中一直都有文化的输入。早期的语言教学中，文化教学主要是了解目的语文化的信息，文化传授的主要是文学和文化背景的介绍，强调文学、历史、地理、经济等大写的 C（culture）文化内容。20 世纪后半期，随着交际教学法被广泛接受，文化教学的内容不断延伸，涉及目的语文化的社会准则，日常生活的规范，以及工作、学习、生活方式等各个方面，由大写的 C 文化转变为观念、态度、行为模式等小写的 C 文化。文化教学目标从传授目的语文化的信息转为培养学生的交际能力。而且，语言教学中更加关注文化教学。在美国，文化教学的目标被写入教学大纲中。

国外的学者弗雷斯最早提出外语教学必须进行文化教学，学习者通过学习语言提高文化理解力。文化在语言教育中起着重要作用。不懂得文化，就不能真正学会语言。在语言教育中，应该充分考虑文化的差异，而且应该深入分析文化对比。通过对学习者的母语和目的语的体系（形式、意义）进行对比，预测两种语言间的差异造成的学习难点，从而在教学中采取预防性措施。学生在学习外语时，凡跟母语相同的要素就会觉得简单，凡跟母语不同之处学起来就比较困难。因此，将目的语和母语进行比较，找出它们之间的差异，就很清楚哪些是学生学习的难点，从而促进教学。但是拉多提出的文化比较，只对显现在外、易于比较的表层文化进行对比，而忽略了世界观、价值观等深层文化的比较。

随着跨文化交际的发展，许多学者提出，从跨文化交际的角度，重新审视在外语教育中如何教授文化，研究语言文化教学如何通过跨文化交际让学生了解外国文化，同时又通过了解外国文化提高跨文化交际能力。布鲁克斯最早对外语教学中的文化进行定义，研究文化教学的内容和方法。他指出，文化是联系人与社会、人与人之间的纽带和桥梁，人们的思想和行为受到文化模式的制约。文化分为表层文化和深层文化。布鲁克斯揭示了文化教学与语言教学的密切联系，强调文化教学贯穿外语学习的整个过程。

第一阶段：学生理解母语和目的语之间的表层文化差异；

第二阶段：学生探索其他文化层面的问题（文学艺术作品的文化内涵）；

第三阶段：系统而全面的文化教学，通过阅读经典作品，了解目的语的精神文化内涵，培养对目的语群体的生活方式的意识、洞察力和同情心。

运用交际法教学，这比以语法为基础的教学方法更能自然地将语言和文化相结合。诺斯特朗德提出新兴模式的文化分析模式，包括文化教学的内容和文化内容的分类。按此模式，文化包括文化、社会、个人、生态四大子系统和价值观等32个小项。斯赖尔据此提出了文化学习的目标，文化教学的方法以及如何对文化学习进行评价。但以上研究只对表层文化进行分析，忽视了对文化价值观等深层文化的认识。

随着跨文化交际研究的深入，加之全球文化多元化的现实，外语教育受益于文化学习和交际语言教学。学习者不仅要学习目的语文化知识，还要培养在目的语文化环境中得体的交际行为。而且，要学习交际技巧和跨文化交际技巧，培养跨文化能力更成为21世纪语言文化教学的目标。同时，研究的重点放在帮助学习者了解目的语文化，能有效地与目的语国家的人员交际，避免误解和冲突。文化教学在外语教学中占据了重要地位。很多学者提出，文化不是静止的，而是动态发展的，所以在进行文化教学时，要把文化作为一个动态发展的过程来探索。"文化敏感性"，即学习者可以通过跨文化交际，打破对目的语形成的思维定式，建立对目的语文化比较客观的认识和正面的形象。此提法不仅将文化作为"知识和行为"，还将文化视为"意义"，将只重视表层文化行为的研究转向学习者内化过程和心理变化等方面。

20世纪八九十年代，克莱尔·克拉姆希提出多元文化互动模式的语言文化教学。他指出，在语言研究与教学中，应该避免将语言－文化等列为一对对的矛盾体，因为那样会阻碍我们多角度、全面地看待问题。应该用多元合一的方式看待语言－文化，它们是一枚硬币的两面，从而将语言教学和文化教学有机地融为一体。克莱尔·克拉姆希的观点与语言学家韩礼德一致。韩礼德将语言视为社会符号，文化被视为"一座意义大厦，一个符号学建筑，语言是其中一个组成文化的系统"。克拉姆希认为，向学习者传递关于外国的文化事实、态度、行为等信息，只能给学习者以参考，只能使学习者在交际中"知其然"，而不能保证他们"知其所以然"；文化不仅仅是一种外加的知识和技能，而且是通过语言发现的一种新的世界观。

对于人类精神力量的发展，语言是必不可缺的；对于世界观的形成，语言也是必不可缺的。因为，个人只有使自己的思维与他人的、集体的思维建立起清晰明确的联系，才能形成对世界的看法。文化应该在交际过程中教授，而不是展示事实，教师应该帮助学习者掌握目的语文化的本质内涵。我们生活在一个多元的世界，在教学中应鼓励文化互动，而不是避免冲突，因为冲突本身就是互动的过程。克莱尔·克拉姆希主张采用文化互动的方式进行文化教学。这不是简单地模仿另一种文化，而是在超越本民族文化和另一种文化时，达到第三位置。克莱尔·克拉姆希的主张从单一的文化导入扩展到母语和目的语的双向互动。英国学者迈克尔·拜拉姆调查了欧洲语言文化教学的现状后，提出将语言与文化相结合的综合教学模式，探讨了文化教学的方法、原则、内容和评估方式。迈克尔·拜拉姆提出，文化教学可以采用比较、知识传授、田野调查等方式，让学生了解社会交往习俗、信仰、行为模式、社会政治制度、历史、地理、文化遗产等，使学生理解在本民族文化中难以找到，但在外国文化中具有普遍意义的文化现象，适应具有隐含意义的交际行为。语言文化综合教学模式包含四个要素，即语言学习、语言认知、文化认知和文化经验。四者缺一不可，贯穿整个教学过程。文化学习和语言学习不能脱离对方而存在。

二、发展历程

在外语教学的实践中，一直到 20 世纪 60 年代，外语教学中的文化教学是文学教学。学习第二外语主要是为了解通向文明的伟大文学作品，文学作品在相当长的时间内都是外语教学的材料。由于文学作品包含丰富的文化内容，所以文化通过文学作品进入了外语教学，这被视为学习目的语文化的实质部分。通过阅读，学生可以学习与目的语相联系的文明。这一阶段的文化教学主要是传授大写的 C 文化。大写的 C 文化被理解为表现在观念、价值、历史、制度、文学、哲学和艺术产品中的文化。

20 世纪 60 年代以后，人们在外语学习的过程中，学习文化的目的从文学阅读转变为成功的社会交际，学习和了解目的语文化变得越来越重要。随着语言学发展了自己的领域，教授语言和教授文学之间的分歧增大。语言教学随后发展成为一门独立的学科。随着从对书面语的关注转移到对口语的关注，文化被定义为小写的 c 文化。小写的 c 文化，一般理解为日常生活的现象，流行文化的产品以及人们行为的文化。语言教育专家强调文化的重要性，并不是为了文学学习，而是为了语言习得。因为在教学目标中交际起着重要的作用。布鲁克斯提出，文化教学应该贯穿外语教学的全过程，并提出"文化岛"的文化教学方法。

20世纪70—80年代，交际法教学对外语教育产生了影响。教学的重点放在外语使用的语境和背景上，目的是提高交际能力。文化被视为语言教学的重要方面。语言教学的目的是培养学生的社交和文化能力即交际能力，文化被视为背景知识，主要目的是阻止进入目的语文化的人犯语言和非言语方面的错误。这一阶段的文化教学以小写的c文化为主，关注日常生活中容易造成交际失败的文化差异。文化教学的内容涉及目的语文化的日常生活、工作、学习等各种情境。

20世纪80年代以后，文化取得了和语言同样重要的地位，文化教学被用于提高学习者的语言和跨文化交际的能力。文化教学可以帮助学习者了解外国文化，反思母语文化。它与语言教学一样，成为教学的目的。斯赖尔的《文化教学：跨文化交际的策略》强调了外语教学中的跨文化交际，提出外语教学的策略从文化输入转为跨文化交际能力的培养；斯特恩的《语言教学的基本概念》对外语教学的理论与实践产生了很大影响。迈克尔·拜拉姆的《外语教育中的文化研究》提出，外语教育应该有四个基本的元素，即语言学习、语言认知、文化认知和文化经验。迈克尔·拜拉姆的语言文化教学理论，提出语言与文化相融合的教学模式，把培养"文化意识"或"提高对文化和文明的洞察力"看作文化教学的核心目标之一。拜拉姆指出文化意识的教学应该涉及两种观点，使学生同时成为研究者和被研究者，让他们通过比较获得一种视野。在从两个角度进行的比较过程中，学生获得了跨文化交际能力。他解释了文化意识、建立新的视野和培养跨文化交际能力的关系。文化意识的培养会促使学习者文化态度的转变，提升对外语学习和外国文化的正面态度，以及包容不同文化。

20世纪90年代，外语教学更加重视文化的教学，文化学习成为培养学习者交际能力的主要因素，教授文化或明或暗地渗透进社会交际、口语和书面语的教学中。由此，学者们总结出教授文化的四种方法：①语言-文化探索活动；②社会语言探索活动；③文化探索活动；④跨文化探索活动。同时，还有"文化包""文化丛""文化同化"和对文化教学评估的文化教学方法。

三、文化教学和外语教学的目标

外语教育的目标是帮助学习者理解在交际环境中语言符号展示的含义。语言教学不再是将文化像知识一样传授给学生，而是帮助学生理解使用目的语的人如何使用语言和文化的过程。在文化教学课程建设上，学者们认为培养跨文化人是外语教学和文化教学的最终目的，仅仅介绍文化事实并不能达到提高跨文化交际能力的目的。不同文化背景决定了我们观察世界的角度。为达到跨文化的理解，学习者要处于"第三位置"。也就是说建立一种新的视野，需要培养学习者以第三视角，即以跨文化人的角度，对比目的语文化和母语文化。它可以使学生同时以局内人和局外人的观点看待目的语文化和母语文化。形成第三视角应是文化教学的目标。将语言教学和文化教学融为一体，强调文化并不仅仅是附着在语言上的一种知识，而是在语言中发现全新的世界观，能全面理解目的语文化和母语文化。文化教学有以下七大目标。

①帮助学生逐渐明白一个事实，即所有的人都会表现出由文化所决定的行为，即目的文化制约人们的行为。

②帮助学生逐渐明白：社会的各种因素，诸如年龄、性别、阶级和居住地都影响着人们说话和行为的方式。

③帮助学生更多地了解目的语文化在一般情况下的习惯行为，即约定俗成的行为模式。

④帮助学生增加对目的语中词和词组的文化内涵的了解。

⑤帮助学生发展根据证据对目的语文化做评价和概括的能力，了解人们对社会文化进行评价的方法。

⑥帮助学生培养搜寻和组织有关目的语文化的信息的必要技能，掌握研究目的语文化的方法。

⑦激发学生对目的语文化在智力方面的好奇心，鼓励学生与处于该文化环境中的人们在感情上的共鸣，对目的语文化持正面的态度。七项文化教学目标指出了跨文化能力所具备的文化意识、知识、技巧、态度四方面的内容。其中第①、②项是关于学生的"文化意识"；第③、④项属于跨文化知识；第⑤、⑥项属于跨文化技能；第⑦项目标是跨文化能力应具备的态度。

为提高学习者的语言能力与跨文化交际能力，必须注重文化的教学，对外语教学中文化的重要作用达成共识，尤其是在教学大纲中体现对文化的重视。美国外语教学委员会在1996年出版的《外语学习标准》中，提出了外语教育的5个目标，即"5 Cs"：Communications（交际）；Cultures（文化）；Connections（关联）；Comparisons & Contrasts（比较和对比）；Communities（社区）。

① Communications 交际。外语学习的中心是用非母语的语言进行交际，无论是面对面的交际、书写交际，或者是通过阅读跨越历史所进行的交际。

② Cultures 文化。通过学习其他语言，学习者获得了目的语的文化知识并

了解目的语文化。学生要真正地掌握一门语言，必须掌握这一语言发生的文化语境。

③Connections 关联。学习外语为学习者提供与其他知识体进行联系的机会，这些相联系的知识是只会一门语言的人无法获得的。

④Comparisons & Contrasts 比较和对比。通过比较和对比所学的语言，学生会对自己的母语和文化形成更深的洞察力，并意识到存在多维看待世界的方式。

⑤Communities 社区。社区的元素会促使学习语言的学生在多样性语境中，以适当的文化方式，参与到国内或者国外的多语言社区。

《外语学习标准》明确地将"了解并获得其他文化的知识"作为外语学习的标准之一；文化、跨文化被置于外语教育的核心；强调交际，重视文化。要求学习者能够走出母语文化的世界，通过学习其他的语言和文化，进入目的语文化的世界。外语教学委员会将培养学生跨文化交际能力视为外语教育的目标，提出文化教学的三个层次，即了解不同文化，比较不同文化，以及跨文化探索。文化类课程在美国高校广泛开设，其内容涉及目的语国家的历史、地理、政治、经济、生活方式、习俗、行为规范、思维方式、价值观等各个方面。

国外语言文化教学的模式主要有四种。①分离式。在语言教学的交际法推广之前，语言文化教学基本上是分离式的，将文化看作可以和语言分离开的知识，仅在语言教学中加入这一知识课程，在语言教学中表现为"重语轻文"。②附加式。交际法将文化看作"行为"，语言交际教学以培养学生的交际能力为主。语言文化教学的实践中，将文化附着在语言教学上，将文化视为听、说、读、写能力之外的第五项技能，文化被作为外语教学的一个附加部分来对待。③克莱尔·克拉姆希在 1993 年《语言教学的环境与文化》一书中指出，一直以来人们认为在语言教学中如果强调了语言，就会忽视文化；强调了交际，就会忽视语法，同时为了教学的方便，教学实践中将语言和文化分开，造成了语言和文化的实质分离。实际上，应该将语言和文化视为一枚硬币的两面，把语言和文化的教学融为一体。④英国学者迈克尔·拜拉姆提出的文化教学模式，包含语言学习、语言认知、文化认知和文化经验四个要素。语言教学与文化教学结合，通过培养学习者的跨文化意识和增加学习者的跨文化体验，使学习者认识到看待世界的不同角度和观点，同时，这种跨文化视角亦能促进语言学习，以及语言意识和文化意识的提升。

在语言课堂上教授文化的两个主要取向。

①文化知识的传授，关注文化信息，包括统计信息（文明的制度结构和

事实）、高信息（文学和艺术经典）、低信息（日常生活的食物、市集、民俗）等，将文化看作目的语国家和群体文化事实的集合，包括文学艺术、历史地理、宗教、政治、法律、衣食住行等，关注的是文化的事实而不太关注文化的意义，不能使学习者理解目的语国家的态度、价值观、思想倾向，无法使学习者关注目的语人群的文化身份的多面性，反而加剧了文化的定式观念，也使学习者看不到自己的社会和文化身份。

②文化过程教学法，将文化视为一个动态发展的变体，强调文化的系统性。文化学习包括知识、技能和态度等方面。学生对母语文化的反思贯穿学习的整个过程。为理解目的语文化，学习者必须能将其与母语文化进行比较和对比。

第三节　我国大学英语教学中的文化教学

一、大学英语教学大纲对文化的关注

教学大纲是在一定的教学思想和教学理论指导下，对教学目标、教学内容、教学要求、教学评估等进行描述和规定的文件。教学大纲对大学英语的教学、教材编写起到指导、引领的作用。我国的大学英语教学大纲，反映了语言与文化的紧密联系。

新中国成立后的第一部大学英语教学大纲，是1962年的《英语教学大纲（试行草案）》，其规定大学英语教学的目的是"为学生今后阅读本专业英语书刊打下较扎实的语言基础"。当时的大学英语教学以阅读为导向，目的是给学生打下语言基础。

1980年，我国发布了《英语教学大纲（高等学校理工科本科四年制试用）（草案）》，规定大学英语教学的目标是"基础英语教学阶段，为学生阅读英语科技书刊打下较扎实的语言基础；专业阅读阶段，使学生具备比较顺利的阅读有关专业的英语书刊的能力"。

1983年，英语成为高考科目之一，高中英语得到普及。为适应新形势的需要，1985年发布《大学英语教学大纲（高等学校理工科本科用）》，1986年发布《大学英语教学大纲（高等学校文理科本科用）》，其中规定理工科的教学目标是，"培养学生具有较强的阅读能力、一定的听和译的能力以及初步的写和说的能力，使学生能以英语为工具，获取专业所需要的信息，并为进一

步提高英语水平打下较好的基础"。文理科的教学目标除了没要求"译的能力"外，基本一致。这两份大纲都指出，"语言教学的最终目标是培养学生以书面或口头进行交际的能力"，并对语言能力和交际能力做了区分，指出"语言能力在一定程度上是交际能力的基础，但有了语言能力不等于就具有了交际能力"。

随着学生英语水平的提高和四、六级考试通过率的上升，1999年颁布的《大学英语教学大纲（修订本）》中规定，大学英语教学目的是"培养学生具有较强的阅读能力和一定听、说、读、写、译的能力，使他们能用英语进行信息交流，大学英语教学应帮助学生打下扎实的语言基础，掌握良好的语言学习方法，提高文化素养，以适应社会发展和经济建设的需要"。

经历1999年大学扩招、基础教育课程改革之后，为适应21世纪的社会发展需要，2004年发布《大学英语课程教学要求（试行）》，指出"大学英语是以英语语言知识与应用技能、学习策略和跨文化交际为主要内容，以外语教学理论为指导，并集多种教学模式和教学手段为一体的教学体系"。该要求提出大学英语的教学目标是"培养学生的英语综合应用能力，特别是听说能力，使他们在今后工作和社会交往中能用英语有效地进行口头和书面的信息交流，同时增强其自主学习的能力，提高综合文化素养，以适应我国社会发展和国际交流的需要"。同时，该《大学英语课程教学要求（试行）》还提出，各高等学校"将综合英语类、语言技能类、语言应用类、语言文化类和专业英语类等必修课程和选修课程有机结合""大学英语课程不仅是一门语言基础知识课程，也是拓展知识、了解世界文化的素质教育课程。因此，设计大学英语课程时应充分考虑对学生的文化素质培养和国际文化知识的传授，要尽可能地利用语言载体，让学生了解科学技术、西方社会文化等知识"。《大学英语课程教学要求（试行）》指出，"在教学中应考虑安排一定的跨文化交际的内容以提高学生的综合素质"。

2007年《大学英语课程教学要求》指出，"大学英语是以外语教学理论为指导，以英语语言知识与应用技能、跨文化交际和学习策略为主要内容，并集多种教学模式和教学手段为一体的教学体系"。该要求提出大学英语的教学目标是"培养学生的英语综合应用能力，特别是听说能力，使他们在今后工作和社会交往中能用英语有效地进行交际，同时增强其自主学习能力，提高综合文化素养，以适应我国社会发展和国际交流的需要"。该要求还提出"大学英语课程不仅是一门语言基础课程，也是拓宽知识、了解世界文化的素质教育课程，兼有工具性和人文性。因此，设计大学英语课程时应当充分考虑对学生的文化素质培养和国际文化知识的传授"。该要求明确了大学英语的教学内容除语言知识、语言技能之外，还包括人文情感、人文素养和人文理想的培育。这体现了将英语单单作为工具的学习转变为将英语作为素质教育组成部分的思想。

一直以来，英语多被视为一种工具，但语言实际上并不仅仅是工具，同时亦是文化的重要组成部分。语言是人创造的，而且人创造的语言又回过头来帮助人们的创造。人创造了一个不断增强自己创造力的圣物。语言中承载着人的感悟、灵性、风格和精神，深藏着人的无穷智慧。语言就是人的存在。多熟悉一种语言，就是多熟悉一个民族、多熟悉一种文化。语言作为载体，与文化密不可分。每一种语言，都包含着一种独特的世界观。学习语言的过程，实际上就是学习一种文化的过程，一个促进个体世界图景不断建构的过程。

从大学英语教学大纲的不断修订中可以发现，随着基础英语教育的普及，高中毕业生的英语水平不断提高。不断开放的社会，对大学生的英语能力提出了更高的要求。大学扩招之后，学生人数不断增加，给大学英语教学提出了挑战。大学英语的教学目标在不断改进，英语教学也从语言知识的传授和语言技能的操练，逐渐转到强调文化的重要作用，重视文化在英语教学中的影响。大纲的修订希望能从文化的角度，推进大学英语教学的改革，进一步改进课程设置和教学模式。在学生提高英语水平的同时，全面提高学生的综合文化素质。目前，中小学基础英语教学以语言知识的传授和语言技能的操练为主。为凸显与中学英语教学的区别，也要求大学英语教学中更重视文化的影响。

《大学英语课程教学要求》虽然强调了学习外国文化，提高学生文化素养，但是教学大纲仍然围绕培养学生的语言能力，以对语言教学的要求和指导为主。由于对文化教学的要求、内容、测评等都没有论及，文化教学显示出的只是"从属"地位。而且，教学大纲中提出的世界文化、国际文化，被默认为是目的语文化，即英美文化。大纲指导下的高等学校英语课程设置和教材编写中，完全没有涉及学生的母语和母语文化。所以在教学实践中，仍然是围绕着培养学生的语言能力，以语言知识的教学和语言技能的操练为主。

二、大学英语教材中文化内容的分析

教材是大纲的产物和具体体现，表达了语言和学习的本质，提供了正确和适当使用语言的范例，提供了学习的激励因素，帮助组织教与学的过程。语言教材除了以上的功能，还具备为学生介绍其他国家和地区的文化，帮助学生更好地理解世界文化，帮助学生发展跨文化意识和能力。外语教学中教材有多重作用，如下所示。

①大纲（课本反映了已经制定的学习目标），作为展示内容的来源（口语和写作）；

②学习者练习活动和教习互动的来源，自主学习和自主完成任务的来源；

③学习者关于语法、词汇、语音的参考来源；

④激励课堂语言活动和课堂活动理念的来源；

⑤对经验较缺乏需要获得自信的教师的支持，教材能对教师教什么以及如何教产生相当大的影响，是向学生传授文化知识有力的指导工具，在教与学的过程中起着重要作用。

在文化教学方面，教材被视为最常用的教学资源。绝大多数的教师都必须在很大程度上依赖教材。在中国，英语教材中的文化相关内容是对学习者进行文化教学的最好的资源之一。教材中的文化相关内容是文化学习和教学的关键，甚至是决定性的因素，因为它标志着学生在教室里可能获得的文化知识的类型和范围。

教材是目的语文化的载体之一，因为文化反映在其中。现在普遍认为在第二语言或外语教材中应该包含目的语文化的元素。从文化的观点来看，外语教材具备以下几个层次上的重要功能。

①教师（例如，它包含的内容可以直接指导学习英语国家的文化）；

②地图（它是语言文化元素结构图的概论，它可以告诉教师和学生还有哪些要学、已经学了哪些）；

③资源（它提供各种材料和活动，可以从中选择最适当和最有用的项目）；

④培训者（对无经验和未受训的教师提供解释和指导）；

⑤权威（它是可信的、有效的、专家编写的）；

⑥降低技术要求（教师可以不用他们培训过的创造性的、解释性的、批判性的方法去使用材料，因为教材已经为他们准备好了）；

⑦思想方式（它反映了可能强加于教师和学生的世界观或文化体系，一种社会建构，同时间接建构他们的文化观）。

在选择和评价教材时（对大学英语来说）需要考虑以下四个因素。

教材使用的环境（学校教育环境是在母语语言环境中）；学生（是正规在校学生）；教师（主要是中国籍教师，还要考虑年龄、性别、社会背景等）；课文（对与论文相关的内容来说，要看课文体现的是具体的文化内容，还是普遍的文化内容；是以客观还是主观的方式呈现文化的内容；是将文化视为具体的文化内容的学习，还是将文化视为过程、关注文化能力的培养）。

随着更多的研究者意识到跨文化交际能力是外语教育的目的，教材中的文化相关内容对跨文化交际能力的培养极为重要，在文化内容上应该关注。

①社会身份和社会群体（社会阶级、地区身份、少数族群）；
②社会互动（正式的不同程度，群外人和群内人）；
③信仰和行为（道德、宗教信仰），定式和国民特性（国民的典型标志）；
④社会和政治制度（医疗、法律和秩序、社保、地方政府）；
⑤社会化和生活圈子（家庭、学校、就业）；
⑥国家历史（历史和当代事件被视为国民特性的标志）、国家地理。

教材中的文化内容应从四个方面去分析，包括微观层面（教材中人物的生活与活动，包括人物的社会背景、发生的场所、人物的态度和价值观等）；宏观层面（社会、政治、历史等文化内容）；国际性和跨文化层面（通过文化对比促使学习者对文化的国际问题思考）；教材作者自己的观点和风格。

作为教材的内容应该展现文化研究中的准确事实，信息当代化（教材必须与时俱进）；尽量避免文化定式，展示真实画面，而不是暗示外国社会是无问题的；尽量避免材料中的意识形态倾向（不论是对外国还是学生自己所处的社会，都应让学生通过比较等方式质疑）；应该在结构的、功能的背景中展现出现象，而不是展示孤立的现实；展示历史材料时清楚表明它对于理解当代社会的相关性，在通过人物展示历史时应表明他们是他们那个年代的产物。

目前，全国重点高校大学英语主流使用的两套教材是：

《新视野大学英语读写教程》，课文80篇，外语教学与研究出版社；
《全新版大学英语综合教程》，课文64篇，上海外语教育出版社。

两套教材的1—4册适用于非英语专业本科生。在大学的1—2年级共4个学期的英语教学，教材分为读写教程、听说教程。大学英语教学的主要任务是教授读写教程的内容。读写教程提供的课文即阅读内容、写作指导、翻译练习等，课文内容涉及目的语文化的各个方面，试图从课文的阅读和教学中对学生进行目的语文化的教育。听说教程作为辅助教材，主要用于听说技能的训练。

两套教材144篇课文中反映的文化内容主要是向学生介绍了目的语文化，而且多是美国文化的各个方面的事实。缺乏教材所应包含的文化内容，例如，关于社会阶级和少数族群的内容、关于道德和宗教信仰的内容、关于国民特性的内容、关于国家历史和国家地理方面的内容、关于医疗和社保、关于法律和秩序等方面的内容。在语言教室里，文化常被减省为食品、博览会、民间传说和统计数据。

两套教材中的文化内容述及了文化的一些表象，未涉及文化的深层内核。

由于缺少对目的语文化的深层结构的介绍，使得学生知其然，却不知其所以然。例如，对美国文化的介绍，《新视野大学英语读写教程》只在第3册第四单元《美国文化的五大象征》中，介绍了自由女神像、芭比娃娃、美国哥特式画作、野牛镍币、山姆大叔，缺乏对美国文化的深层解析；在《全新版大学英语综合教程》的第2册第二单元中，介绍了美国前首富沃尔玛的老板萨姆·穆尔·沃尔顿的朴素、低调的生活方式和美国中产阶级低调、简单的生活态度，也缺乏对表象之后的深层原因的挖掘。

两套教材中，《新视野大学英语读写教程》第1—4册共80篇课文，未注明作者和出处，只是在《编写及使用说明》中介绍了"课文绝大部分选自20世纪八九十年代出版的英美报刊书籍，也有21世纪刚刚问世的作品，为配合教学需要，对选材的部分内容进行了删改"。80篇课文没有一篇出自相对比较著名的作者或者经典的作品。

《全新版大学英语综合教程》64篇课文绝大部分文章摘录自报纸和杂志，作者多是报纸或杂志的记者、专栏作家、编辑，仅有霍金（科学家）、欧·亨利（短篇小说家）、韩素英（作家）等几位比较有影响力的作者。虽然教材的题材广泛，科普、反映现实生活的内容占有一定比例，总体上缺少比较著名的作家的作品。古希腊、罗马的神话在世界文艺史，特别是英语国家近代文艺史上，曾经发挥了重大作用。对英语国家近代和现代文坛巨匠的选材倾向颇有影响。学生接触的两套教材中没有这一项内容，两套教材几乎没有涉及目的语文化的哲学经典文献和经典的文学作品，甚至连节选也没有。造成学生接触不到目的语文化的核心内容，对教学产生很大的影响。

《新视野大学英语读写教程》第1—4册共80篇课文，内容涉及的国家见表3-1。

表3-1 《新视野大学英语读写教程》涉及的国家

国家	美国	英国	法国	日本	肯尼亚	合计	不能确定
篇数	42	3	2	2	1	50	30

《全新版大学英语综合教程》第1—4册共64篇课文，内容涉及的国家见表3-2。

表 3-2 《全新版大学英语综合教程》涉及的国家

国家	美国	英国	澳大利亚	俄罗斯	合计	不能确定
篇数	48	5	1	1	55	9

两套教材的共同特点就是与美国文化相关的内容占据教材的绝大部分内容，对其他英语国家的文化是忽略的。这种过于突出美国文化的情况容易造成学生对目的语文化在理解上的偏差。

《新视野大学英语读写教程》第1册单元9B中提到学习汉语；第2册单元3B写的是华裔美国人生活中外籍女婿见华人丈母娘的故事，单元9B写的是华裔在美国艰苦磨炼而成功的故事；第3册单元6A中有一句话提到中国古代就积累了一些地震预测经验；第4册单元3B中仅用一句话提到一个中国人，单元4A中有一句话提到中国的电信发展。在80篇文章中，只有6篇文章提到中国，其中4篇文章仅用一句话涉及中国，两篇文章是华裔美国人的生活经历；与中国人生活相关的、与中华文化相关的文章，可以说是没有。

《全新版大学英语综合教程》第2册单元1A，是一个美国教授所写的对比中美教育方式的文章；第4册单元3B是英籍华裔知名女作家韩素英的自传，回忆她15岁在中国求职的经历。在64篇文章中，共有两篇文章涉及中国，其中一篇出自美国人之手，另一篇也不完全是中国人的生活写照。教材中几乎没有涉及中华文化的相关文章。

综上所述，两套教材中涉及目的语的文化，基本上是文化的表象，较少涉及文化的核心内容，如价值观、宗教信仰等。课文内容的选择，基本以当代的报纸、杂志上的文章为主，几乎没有涉及目的语文化的经典文献和知名学者。教材的内容也很少涉及目的语文化的历史传承，述及目的语文化的国家多为美国。在教材中，几乎没有述及有关中华文化的内容。

外语教材中的文化内容只有通过文化对比，才能促使学习者对文化进行国际性的思考，继而提高学习者的全面综合文化素质。作为外语学习的教材，应该包括目的语文化材料，以英语为母语的地方文化；源文化材料，即学习者自己的文化。教授文化时，教师应该记住的是，需要提升学生对自己所属文化的意识。母语文化是与目的语文化进行比较的基础，这样方能显现目的语文化的主要特色，同时提升学生对母语文化和目的语文化中精华部分的深层理解。只有这样，学生才能获得跨文化交际所必需的、必要的容忍和敏感度。

三、大学英语教学研究的重点

随着教学目标对文化越来越重视，我国的大学英语教学也在不断改进中。在结构语言学的影响下，教师一般更关注语言知识的传授。"语法－翻译教学法"和"听说法"，一直是外语教学的主流。外语教学中主要关注词汇和语法的讲授，将培养学生的听、说、读、写、译等基本语言技能看成教学目的，而文化因素一直被忽略，把文化当作语言专业（如英语专业、日语专业）的教学内容。在应试的压力下，学生用大量时间记忆单词，做大量重复的语言练习。这种纯语言教学模式，导致英语学习者缺乏交际能力。

受国外研究和实践的启发以及对文化重要性的认同，国内外语教育界也采用了各种方法来加强文化教学，帮助学生提高跨文化交际能力。20世纪80年代，我国外语界认同了目的语文化在语言教学中的重要作用，对在外语教学中进行文化教学达成共识。在语言教学中重视文化知识的介绍，应该始于胡文仲1982年的《文化差异和外语教学》。此后，外语教学界开始关注目的语文化的研究和传授。这个时段的文化教学多限于对目的语文化的介绍。以胡文仲的《跨文化交际与英语学习》，邓炎昌、刘润清的《英汉语言文化对比》为代表，张占一提出了"交际文化"的概念。所谓交际文化，指的是两种不同文化背景熏陶下的人在交际时，由于缺乏有关某词、某句的文化背景知识而发生误解，这种直接影响交际的文化知识就属于交际文化。1990年"交际文化"的内涵得到扩大，即指两个文化背景不同的人进行交际时，直接影响信息准确传递（即引起偏差或误解）的语言和非语言的文化因素。

90年代初，外语教学界对文化教学从宏观到微观进行了较全面的研究和探索，围绕语言教学与文化教学的关系，提出从属、并行、融入三种结合方式，其共识就是语言教学中要教文化。关于文化教学的方法与原则，有过四种观点，即文化导入说、文化揭示说、文化融合说和文化语言有机化说。其中影响较大的是"文化导入说"（提出文化导入有四种方法：直接阐释法、交互融合法、交际实践法和异同比较法）以及"文化揭示说"（主张在教学中揭示那些隐含在语言系统中的能反映一个民族价值观念、是非标准、社会习俗、心理状态、思维方式、审美情趣等的文化因素）。在对文化的认识上，区分了表层文化（风俗、习惯、生活方式）和深层文化（价值观、宗教、态度），从微观层面，也就是内容、原则、方法上，对介绍目的语文化提出了意见；对讲授有文化内涵的词语、文化相关的内容、提高交际能力的课堂活动等方面的外语教学，提出了建议。随着对文化教学研究的深入，一些学者开始关注教学大纲与教材编写，提议选择语言和社会文化的输入以及在外语教学中将两者融合,并对大纲、教材、课堂教学提出建议。

90年代后期至今,是外语教学界发展文化教学的阶段,提出了"1+1>2"和文化创造力的观点。该观点指出语言和文化的学习有助于创造力和个性的提升,认为语言教学和文化教学对于学习者的整体提升、人格完善有重要作用,而不仅仅是让学习者将外语学习当作一种工具来掌握。这种观点指出英语文化教学中要注意两个层次,即文化知识层次与文化理解层次。开始阶段是文化知识层次,然后到高级阶段就是文化理解层次。该观点提出了文化教学的方法,如文化旁白、同化法、文化包、文化丛等。

大量的研究和实践集中在如何教授文化、如何培养学习者的跨文化交际能力、文化教学对外语教学的必要性这几个方面。其中的研究热点就是如何将目的语文化的内容添加到语言课程上。这种方法更多的是知识取向,强调文化知识的传授。例如,"文化导入"的说法很流行,将文化视为外在的东西需要被导入到语言教学中,可以充分利用教材的内容,在进行语言教学的同时,进行文化导入教学。在进行文化导入时,注意那些干扰交际的文化因素,循序渐进、由浅入深地教授文化。但是,在没有教学大纲的指导下,大学英语教师进行的文化教学,多半是在时间允许的情况下,就自己感兴趣的主题进行一些讲授。文化教学多半是零零星星的文化背景知识的介绍。文化教学在应试教育的压力下依旧是语言教学的附属,仍然处于边缘位置。在这样的背景下,大学英语教学中文化的输入,主要是以教师讲授一些自己感兴趣的内容为主,文化教学的内容并不固定和全面,当然也就很难深刻了。

目前,大学英语教学的研究集中于文化教学的"教学"方面,即如何进行文化教学、如何讲授文化、如何提高学生的跨文化交际能力,却没有研究大学英语教学的"文化"方面,例如,表层文化与深层文化、文化定式与偏见、文化的历史与关联等方面。

四、大学英语教学与跨文化交际能力

根据学习和使用外语的环境,将外语学习者进行如下分类。
①在目的语环境中学习和使用目的语的学习者;
②在母语文化环境中学习用于使用不同语言的人们之间交际的一种非母语,如世界语;
③在母语文化环境中学习外语的学习者。

很明显，非英语专业大学生属于上述第三类学习者，他们在母语环境中学习外语的难度相对于第一类学习者要大得多，学习的场所也是在相对封闭的英语课堂中，与以英语为母语的人士交流相对较少。

社会距离指"个体作为社会群体的一员，与说不同语言的另外社会群体成员的接触"，两个群体间的"社会一致性"程度会"影响学习第二语言的群体习得特定的目的语群体的语言，假定两个群体间的社会距离越大，学习第二语言的群体成员，就更难习得目的语群体的语言"。当学习者和外语使用者两个民族相互平等，双方文化和谐，没有歧视或仇恨，都渴望学习者被同化，都希望共享第二语言的社会设施和条件，双方相互持肯定态度就有利于第二语言的学习。而两种文化之间的社会距离越大，对属于这两种文化的成员来说，学习对方的语言也就越困难。汉语和英语的差异比较大，学生的母语文化和目的语文化的差异也比较大。这意味着我们的大学生学习目的语的难度大，同时有更大的必要性学习目的语文化。

文化学习有两种不同的目的，文化调适（acculturation）和文化移入（enculturation）。文化调适指在国外的旅居者和在国际场合工作或学习者，他们的目的是适应新环境，积累跨文化交际的经验，但仍然保持自己的本族文化身份。文化移入指移民到新国家之后通过学习、培训、社会活动等，接受该国的价值观和世界观，依该国的行为规范和习俗，力图融入主流社会，甚至放弃自己的本族文化身份。对我国大学生来说，文化学习的目的应该是文化调适。既要保持本族文化身份，又要了解目的语文化特点，能与目的语文化群体进行适当的交际。在此基础上，增强跨文化意识，提高跨文化交际能力，成为跨文化人。

乔姆斯基提出"语言能力"（linguistic competence）的概念，认为语言包括语言能力和语言行为。而语言能力是人类与生俱来的，是"理想的母语者建构和识别语法和其语言中仅是语法句子的能力"。它是语言体系，是一个理想的说-听者应该知道的，即人具有识别和理解句子的能力，对语言材料进行归纳，推导出语言规则，生成合乎语法规则的句子的能力。语言行为（performance）指领悟和生成言语的心理因素，主要指说话者实际的行为。说话者偶尔说出的言语或是一整套言语，即语言行为，是语言能力的实际表现。乔姆斯基的语言能力主要强调人的语言语法的内化知识，是对语法知识的了解和对语法规则的遵守，不同于语言的实际应用。正是语言能力才使得语言的使用者能够理解和生成他们以前从没听过或见过的语法正确的句子。乔姆斯基的语言能力说认为，理想的听说者天生就具有语言结构知识，而不需要社会文化因素。

交际能力（communicative competence）则认为，一个人的语言能力不仅指他能否造出合乎语法规则的句子，而且包括适当、得体地运用语言的能力。其中，社会文化因素起着本质的作用。句子不仅需要语法正确，而且应该适合其使用的语境。语言的使用者如果要实现有效交际，就必须不只具备语言能力，他们还必须知道言语社团是如何使用这种语言来达成其意图的，这就要知道关于说什么（what）、什么时候说（when）、和谁说（who）、怎样说（how），以及为什么这样说（why），等等。交际能力不仅包括语言能力，还包括对社会文化因素的了解，强调语用能力，重视在不同的语境中使用语言进行适当且正确交际的能力。语言使用者的能力不单是分辨语句是否合乎语法，还要判断语句是否适合交际环境，即语言的适当性（appropriateness）。语言的运用要适合特定的社会文化环境。交际能力不仅将语言看作由语法规则构成，而且考虑了语言在语境中的作用；语言不仅被视为一个独立的体系，而且与文化不可分割，强调了说话者在交际语境中的适当性，而不仅是一个掌握语法能力的人。交际能力包括语言能力、社会语言能力、话语能力、社会能力、社会文化能力、策略能力，即语法的正确性、语言的可行性或可接受性、语言的得体性、知道某种语言形式出现是基于常用的习语还是个人的习惯。

交际能力对第二语言教学产生深远的影响，是交际教学理论的核心。交际法教学的基础是强调社会语言能力。在之前相当长的时期内，语言教学都只是教授语言形式，认为只要能按照语法使用语言代码，就能在不同的文化群体之间进行交际。当"交际能力"概念运用到外语教学时，在20世纪70年代促使交际法教学得以广泛传播，并使得外语教学从关注学习者的语言能力，转变到强调学习者对目的语的社会语言、社会文化能力的培养，使语言教学从传统的结构论为基础的语法－翻译教学法和听说教学法，转变为交际教学法。交际法强调了语言与文化的不可分割，在教学中使文化教学成为语言教学不可或缺的一部分。对交际能力的研究，奠定了外语教学发展中文化因素越来越重要的作用和地位。

交际能力包括语言能力、社会语言能力（语言使用受社会环境因素影响，能根据社会环境调整语言行为的能力）、语篇能力（理解和创造篇章时所用的策略，如语意连贯）、交际策略、社会文化能力（了解目的语文化并能更好地使用语言）、社交能力（愿意与他人交往的积极态度和自信等），注重在外语教学中介绍目的语文化。语言能力涵盖了一个人能造出语法正确的句子的能力。交际能力描述了个体从其所有能用的语法正确的表达中，选择在特定情境中，能够适当地反映支配其行为的社会准则的形式的能力。语言能力关注对语言形式的习得，交际能力的目的是在社会交往中适当地运用这些形式。

但是，交际能力主要指在同一文化里不同语境中的交际能力，暗示外语学习者应该模仿目的语者，尤其是说目的语的标准语言者。它忽视了外语学习者在跨文化交际中的社会身份和文化能力，对学习者来说他未能实现两种文化之间的互动，也未能满足非母语者向他者传播自己文化的需要，不太适应当代社会跨文化交际的需要。迈克尔·拜拉姆批评了交际能力的概念中隐含的以目的语者（native speaker）为外语教学目标的观点。因为在交际中，不能要求交际中的外语学习者一方完全放弃母语文化而去服从目的语文化，交际中的双方都应该受到自己文化的影响，同时去设法理解彼此的文化。仅仅只培养交际能力，不是外语教学的终极目的。学习者必须掌握文化知识、技巧，培养对待不同语言文化的良好态度。迈克尔·拜拉姆指出，交际教学理论在第二语言教学特别是在以英语为第二语言的教学中，有重视言语行为和话语能力，而忽视社会文化能力的倾向。迈克尔·拜拉姆认为这种倾向实际上是对海姆斯关于交际能力定义的曲解。

随着跨文化交际的普遍化，研究者提出了"跨文化交际能力"。因为"交际能力"理论建立在研究同一文化中母语使用者交往情况之上，并不适合跨文化的背景。跨文化交际是不共享同一文化的人们之间所进行的交际。跨文化交际比在同一文化内交际更为困难，很大程度上就是因为交际双方缺乏共享的文化。一个人能适当地与具有另一种文化背景的人交际，并不意味着他就获得了跨文化交际能力，因为可能只是一种特定文化能力。拥有双语的（bilingual）甚至双文化（bicultural）能力很不错，也很有用，但并不等于拥有了跨文化交际能力。因为跨文化交际能力是超越特定文化的。跨文化交际能力也不与某种语言相联系。例如，基于历史的和现实的各种原因，某些特定文化群体的母语（如英语）被用于跨文化交际，学会这样的语言（如英语）肯定有助于交际，但这不是跨文化交际能力，否则，以英语为母语的人就天生具有跨文化交际能力。

随着全球化的扩展，英语成为一门全球通用语言。除了以英语为母语的人之间的交际外，英语也成为以英语为母语的人与以英语为非母语的人之间交际的语言，甚至成为双方都是以英语为非母语的人之间交际的语言。因此，跨文化交际能力成为英语学习者成功交际的必备能力，而培养学习者跨文化交际能力亦成为英语教学的目标。随着科技的发展，现在的学生可以更方便、快捷地与世界各地的人们交际，也有越来越多的学生有机会走出国门，学生必须具备语言能力和文化能力才能在多元社会成功地交际。用外语交际肯定是困难的，但是能够用外语交际会提供学习者体验新理念的机会,同时会让他们洞察不同的文化,比较以往被他们忽略的文化异同。除此之外,这样的经历也会让学生展现自己的个人信念、态度和观念。

跨文化能力是一个新生的概念。在国外,跨文化能力和跨文化交际能力可以互换,有学者指出,跨文化能力就是跨文化交际能力。国内主要使用"跨文化交际能力"。因此,本书使用跨文化交际能力。

交际能力强调在特定文化语境中得体的交际行为。跨文化交际能力强调的是对文化的深刻洞察和对不同文化的积极态度。跨文化交际能力既包括交际能力,又不局限于交际能力,是所获得的一种新的视野。有学者认为,跨文化交际能力包括认知、情感和行为三个层面,即知识、态度和技能三个方面。概括为更多地了解,以不同的态度感知,以新的方式行动。跨文化交际能力包括文化意识、知识、技能、态度和语言能力五个方面,也有用 A+ ASK 来表示的,即文化意识(awareness)、态度(attitude)、技能(skill)和知识(knowledge)。迈克尔·拜拉姆提出跨文化交际能力包括以下五个要素。

①态度。好奇、开放、悬置(suspend)对其他文化的怀疑和对自己文化的确信。

②知识。对本族文化和目的语文化的社会习惯和成果的知识,对社会交往和个体交往一般程序的知识。

③解释和关联的技能。能够解释其他文化的文献和现象的能力,并联系自己文化的文献进行解释的能力。

④发现和交往的技能。能够学习有关一种文化及文化习俗新知识的能力,并在真实交际的制约中实施知识、技能和态度的能力。

⑤批评性的文化意识。批评性的、建立在明确标准之上的评价本民族文化、目的语文化以及国家的观念、习俗及成果的能力。

跨文化交际能力强调文化意识、态度等能力和素质。对于有效的跨文化交际来说,敏锐的文化意识、对不同文化的正面态度同知识、技能一样重要。态度和文化意识是跨文化交际能力的核心。文化意识是对影响人们行为和观念的本族文化和其他文化的理解,包括对人类行为和文化差异的理解。不仅是对本族文化和其他文化的事实的了解,而且是对文化现象、特征,以及不同文化之间关系的理解。文化意识不只是外在的知识,更是一种内在的能力和素质。具有文化意识,意味着能认识到人是文化的产物,人的行为和观念都受到文化的制约,人们的语言和行为还受到社会可变因素诸如年龄、性别、职业等的影响。文化意识是指对任何文化都有深刻的理解和洞察,而并不仅仅局限于本族文化和目的语文化。文化意识使跨文化交际能力从强调行为和知识转变为强调内在能力和素质，将"文化"从特定的文化扩展为一般文化。

跨文化交际能力强调态度。态度包括：尊敬、移情、灵活、耐心、兴趣、好奇、开放、幽默感、宽容、判断悬置等。移情和判断悬置是跨文化交际能力的要求。移情就是从别人的角度看待事物，即进入对方的文化，设身处地去理解目的语文化，与对方产生情感上的共鸣。在跨文化交际中，影响人们正确理解其他文化的原因之一，是人们往往以自己的文化为标准去看待和评价其他文化，坚持只有自己的文化是正确的；民族中心主义的立场很容易对其他文化产生定式和偏见。判断悬置就是悬置对其他文化的怀疑和对自己文化的确信。判断悬置和移情其实是一个问题的两面，进入对方的文化去理解目的语文化，也就意味着暂时悬置自己的文化；移情的过程也就是判断悬置的过程。但是，悬置自己的文化价值判断，并不意味着放弃自己的文化身份，而是建立一种思考母语文化和目的语文化的前提。

跨文化交际能力是在特定环境下，有效并恰当地执行交际行为，以引出期望的回应的能力。跨文化交际环境中的交际能力，是具有不同文化背景的人之间进行交际时，具有强烈的跨文化交际意识，善于识别文化差异和排除文化干扰并成功地进行交际的能力。跨文化交际能力和交际能力的区别在于，前者是来自不同文化背景的人相互交际时，对同一语境中交际行为和交际信号的文化差异的识别和文化干扰的排除能力，解决的是同一语境中不同文化之间交际规则的碰撞和冲突问题。

跨文化交际能力包括三个方面，即动机（指说话人想要实现良好交际的愿望，对待交际的积极态度和为了取得有建设性的结果而付出的努力）、知识（指能在正确的时间说出正确的话）、技巧（指能运用以达成目标的特定行为）。

外语教育有四个方面，包括语言学习、语言认知、文化认知和文化经验。迈克尔·拜拉姆系统地分析了如何处理第一语言与外语的关系，以及母语文化和目的语文化的关系，提出跨文化交际能力的五个要素。

①态度（好奇心和开放心态，中止对自己文化和其他文化的怀疑）；

②知识（自己和其他文化、社会和个人交往的结果和实践）；

③解释和关联的技能（解释其他文化的文件或事件并将它们与自己文化的文件相关联）；

④发现和交往的技能（获取新知识并在实时交际中运用知识、技能、态度）；

⑤批判性文化意识（批判性评估自己和其他文化的实践和结果的能力）。

简单地说，具有一些跨文化交际能力的人，能够看到不同文化间的关系，以及一个社会的内部和外部联系，而且能够为他们自己或是其他人居中调节，即根据对方的方式来解释；而且这些人对母语文化和目的语文化能够加以批判性或分析性的理解。这些人清楚自己的视角，自己由母语文化所决定的思维方式，而不认定他们的理解和视角是天赋的。强调文化并不仅仅是附着在语言上的一种知识，而是在语言中发现的全新的世界观。

  对中国大学生来说，跨文化交际主要是用英语与西方人交际，特别是与以英语为母语的人交际。在过去几十年的英语教学中，教学目标已经从语言能力扩展到交际能力，又扩展到跨文化交际能力。越来越多的人认识到，目的语使用的适宜性，是在跨文化交际的框架中定义的。学生需要一种跨文化交际能力，使他们能够受益于语言文化教育。具有跨文化交际能力的人，肯定会对文化教学提出更高的要求。作为在相对闭塞的母语环境中学习目的语的学习者，对目的语文化的态度和需求，是提高其语言能力和跨文化交际能力所需，同时，具有跨文化交际能力的人并不是完全认同或努力融入目的语文化，成为被同化的人，而是认同自己的母语文化身份的人，是一个跨文化人。

  我国非英语专业大学生是在母语文化环境中，在封闭的课堂内学习英语的。闭塞的学习环境，加上我国传统的应试教育和教学方法的单一，使得教师、学生更加以语法、词汇作为外语学习的全部。仅接触教材中极其有限的一些目的语文化的相关内容，教师和学生都很容易在文化教学和学习方面形成文化定式。同时，在目前有限的文化教学中，学生接受的目的语文化教学也只是文化的表象。学生很难接触，也很难理解到目的语文化中的深层文化，容易在文化学习中将目的语文化视为一系列阅读材料或事实，反而忽略了目的语文化的历史与渊源。由于母语和目的语、母语文化和目的语文化之间存在的距离和差异，学生学习目的语时，为避免母语的干扰，目前在语言教学和文化教学中都极力回避母语文化；教学大纲中所提到的世界文化，也被默认为是目的语文化。教学中对母语文化的忽视，是大学生母语文化"失语"的主要原因，而且母语文化的缺失，也是大学生跨文化交际的障碍之一。

  目前，中国外语教学界将跨文化交际能力的培养视为外语教学的目的。在大学英语教学大纲中，要反映出文化教学与语言教学的并重，教材方面应增补满足文化教学需要的内容，教学实践中应改进教学方法，拿出更多的时间进行文化教学以培养学生的跨文化交际能力，使以往的研究和实践中更多关注如何进行文化的教学，转到更多关注到文化上。从跨文化交际的角度来看，文化教学中有哪些因素影响着跨文化交际，面临着怎样的文化深层障碍，这种文化障碍又导致了怎样的后果，影响着跨文化交际能力的培养？首先，在文化教学中就不能忽视母语文化，否则不利于跨文化交际能力的培养。其次，对深层文化的忽视、对文化的历史与渊源的忽视、思维定式、民族中心主义等，都影响跨文化交际和跨文化交际能力的培养。

第四章 大学英语教学跨文化融合的理论

第一节 全球化语境下的跨文化融合

随着全球化的发展，民族文化经历了现代性带来的种种焦虑。进入21世纪，跨文化交际具备了一些新的特征，随着人文学科的"文化转向"，研究者更多地从单一语言的考量转化到对文化因子的重视。这种研究视角的转换和当下的现实有着密切的联系，同时也表达了共建平等互惠跨文化交际平台、实现人类和谐共处的良好愿望。如前所述，跨文化交际作为交际活动已经具有几千年的历史，但作为一门独立学科的历史却很短。当人类步入20世纪末期时，"现代性"思潮成为影响跨文化交际的一大要素。跨文化交际这个术语几乎和"全球化"这个世界各国的共同话题同时出现。当我们还陶醉在全球化带来的"福音"时，民族文化"被跨越"的忧虑已经纠结于每个民族国家的现代进程。经济发展的差距越来越大，语言越来越通用，而文化之间的冲突却愈演愈烈。这些忧虑促使我们对全球化进行反思，反思主导全球化的指导思想、经济动力和文化交流；只有通过这些反思，才能更好地确立一种比较理想的跨文化交际模式。

一、背景

（一）全球化与经济掠夺

从最初原始部落间的交往到当代社会的交际活动，经济往来一直是跨文化交际的根本动因和主要形式，这种状况即便是在将来也不可能发生变化。为了深入认识当前的跨文化交际本质，有必要对其根本动因和形式，即全球化与经济之间的复杂关系，进行正确的认识。

1. 市场经济及其参与者

随着20世纪末以来全球化的不断发展，人类主流话语已从"理性"转向"市场"，市场经济已成为当前人们关注的新焦点。世界各国都争相扫除障碍，向着世界经济一体化的方向前进。在全球市场、全球生产中心、全球金融体系、国际贸易体系、国际货币流通体系掌控世界经济，因特网网罗天下的时代，经济"一体化"显示了其势不可挡的力量。所有这些现象都让许多人确信"一体化"的幸福时代正在到来，世界许多发达国家对全球化都达成了共识，意识到一个包括文化在内的全面一体化世界带来的好处，并都期盼它早日实现。整个世界都狂热地推动全球化的进程似乎成了现代社会最显著的趋势。当我们对全球化的狂热进行冷静审视时，我们不禁要叩问：经济全球化究竟是经济发展的自然规律，还是某些人有意识、有计划地追求一个"既定目标（全球化）"？答案是后者。顺着这个问题，我们不禁要问是谁制定了这个目标？这个目标能代表全世界人民的真正追求和幸福吗？当这个"既定目标"得以实现时，谁将从中获得最大的利益？所有问题的答案都指向美国这个世界的领头羊。不难预见，当经济全球化或经济一体化得以实现时，它所依赖的国际金融体系运作将不是依照世界各国的利益要求，而是服务于少数几个经济超级大国。由于所有弱小国家和发展中国家都非常缺乏资金，这种新的金融体系就将迫使这些国家为了经济繁荣而牺牲它们的经济自主性，进而波及他们的文化自主性。因此，全球化并不是给所有民族带来同等经济繁荣的人类社会发展阶段。其实质是将所有国家引向美国式市场经济的一个有计划的步骤。它是保证少数国家获得大部分利益而大多数国家仅分得剩余利益的体系。由此观之，把全球化看作一个少数人剥削多数人的过程实不为过，而这种剥削也同样波及文化。文化或被统一，或被殖民，或被边缘，或被消弭，这种忧虑在许多不公平的文化交往事实面前不再是杞人忧天。

2. 经济繁荣与文化入侵

经济是文化的基础，这是永恒的原则。源于经济交流的跨文化交际也直接受到经济交流活动的影响。而作为全球化的"核武器"——市场经济实际上是一个能够使少数人剥削多数人"合法化"的体系，它对文化发展、文化交往自然有着重大的影响和作用。

全球化的程度越高,经济弱小的国家受到的剥削就越严重。因而全球化存在的时间越长,受剥削国家对强国的依附程度就越深。客观上,弱国的经济确实更加繁荣了,但强弱的差距也因此扩大,被剥削的国家将越来越依赖强国提供的援助。在民族经济逐渐失去独立性的同时,文化也将面临输入性的换血。对于强势文化生活模式和思维方式的大举入侵,我们将只能无奈地看到我们的信仰和意识形态被同化。比如在中国,乃至许多发展中国家,如果不纠正外语教学中现行的跨文化交际模式,那么我们教育出来的学生将越来越西化。随着全球化的迅速发展,我们的学生将走入一个传统语境失范的时代,他们将既不能走回固有的文化模式,对于新的西方文化模式,他们也不能完全融入。中国的外语教学是我们的前沿阵地,它在抵制文化入侵中有着重要的并且是持续的作用,是我们避免在文化上被全球化、殖民化或美国化的重要途径之一。

(二)全球化的政治陷阱

在国际政治方面,以经济剥削为驱动力的全球化也导致了政治不平等。这种不平等使经济强国拥有更多的特权,进一步削弱了弱国的国际地位。为了在国际政治舞台上拥有发言权,弱国常被迫牺牲本国的文化身份来获得表明自己立场和看法的机会。

1. 全球化与政治不平等

就经济方面而言,全球化是对大多数人的剥削。这种剥削得以存在是因为有全球化必有市场经济,而市场经济在本质上是资本的竞争。在这样一种经济体系下,一个人拥有资本的多寡以及他处理资本的方式将决定他势力的大小。在这样一个由少数富国和强国占据统治地位的世界,不可能存在真正的平等、公正和民主。市场经济确实是符合人类对自由的不懈追求的一种经济体系,自由竞争也的确是能够完全激发人类的创造力并因此带来效率最大化的一种机制。然而,绝对自由是否就能带来平等?自由是否一定会带来社会民主?自由竞争就能保证每个人获得他应当获得的最大效率吗?或者退一步来说,自由竞争就能保证每个人的利益吗?在这个狂热追求全球化的单极世界里,人们要寻求这些问题的答案并不容易。

市场经济通过三种途径推动全球化:非政府干涉、市场自由化和私有化。这实际上决定了全球经济战是一场强国征服弱国的战争。因此,攫取利益的少数国家和为贫穷所困的大多数国家是全球化的现代社会永恒不变的注解。缺乏平等和公正是全球化的经济特征。全球化进程被视为全球市场自由化的进程,然而这个过程使许多主权国家在经济手段的作用下变得无能。对于许多国家而言，它们无力对抗，只有被迫卷入这个进程。相反，对于美国来说，全球化是一个由一些政治"天才"有意识、有计划地实施和控制的进程。只有美国才能够促使日本为美国商品开放它的国内市场；只有华盛顿才敢代替亚洲、非洲甚至是欧洲国家来处理他们的内部事务。在所有其他国家都即将失去它们的主权变成"繁荣"的殖民地的时候，只有美国还能享受高度的国家主权。我们看到的事实是华盛顿的政客和他们的顾问们忙着为发展中的全球化起草所有经济、贸易、社会、金融和货币方面的法律和政策。美国是这场竞争的领导者、规则制定者和裁判。因此，我们可以得出这样一个不容置疑的结论：全球化是一场政治陷阱，其设计者不是他人，正是华盛顿的政客们。

2. 政治不平等与文化征服

由于经济全球化与政治之间亲密的共谋关系，代表着世界经济主流的意识形态、语言文化依托经济在全球畅行似乎是题中应有之义。无论是政治决策的制定，抑或是人们的世界观，都会被国家的国际地位所左右。这种政治经济主导地位所赋予的意识形态认识必然会对跨文化交际产生影响。这是因为，政治不平等并不是一个孤立的抽象实体，它也反映在跨文化交际中。我们可以清楚地看到现在许多年轻人都对定居西方国家，特别是美国抱有极大的热情。客观地说，大量中国精英人士流入美国，除去经济和政治方面的客观因素之外，教育也是一个很重要的原因，特别是现今中国外语教学中的跨文化交际实践模式。在这种实践中，目的语（英语）文化成为学习者要了解和学习的强大的文化。

（三）消融文化多样性的全球化

全球化是一个富国剥削穷国的经济圈套，以及强者统治弱者的政治阴谋。那么在文化方面，它奉行的文化"一体化"，是否也是消融文化多样性的一种规则呢？

1. 民族文化与"一体化"

如前所言，文化只能在某个国家、某种形式的社会和某个社团中形成。换言之，文化有其与生俱来的民族性和本土性，是民族存在的精神基础。从以色列（犹太）和巴勒斯坦（伊斯兰）就耶路撒冷问题而发生的战争和冲突中，人们很容易就可以理解文化民族性的重要作用。实际上，犹太人把穆斯林对耶路撒冷的占领看作对犹太文化发源地的侵犯，反之亦然。在他们眼中，比起对其他领土的占领，这种占领更加难以接受，因为这是对一个民族的存在的彻底扫荡。以色列人同意有条件地将格兰高地归还给叙利亚人；只要满足他们的条件，他们还同意从南黎巴嫩安全地带撤军，但是犹太人坚持他们对耶路撒冷的领土主权并声明这没有商讨的余地。原因何在？因为耶路撒冷和格兰高地不同，保卫耶路撒冷不仅仅是保卫他们领土的一部分从而捍卫领土主权，而且意味着捍卫他们的民族之根。有一些民族，大部分是那些政治上强大的民族，倾向于认为并热切希望，如他们所谋划的政治"一体化"那样，经济"一体化"也会带来文化"一体化"并最终形成一种世界文化。然而，他们似乎犯了简单和天真的类比错误，这就如同认为文化就像土豆，首先被北美印第安人发现，随后成为世界各国人民餐桌上最常见的食物一样，文化"一体化"也将如此。但是文化并不是土豆。文化只能用于交流而不能被移植。任何试图压制一种文化的经济、政治、科技甚至是军事力量都将徒劳地遭遇挫折和失败。

然而，每个国家，特别是那些相信自己是正确的和无所不能的国家，都无法心平气和地面对它们的"良好意愿"遭遇这样的结果。它们会竭尽全力去实现它们的美妙梦想，即包括文化在内的全面的全球化。以上的例子表明无论在什么情况下，面对其民族存在的根基被切断的命运，任何国家都不会漠然视之。因此，在某种程度上，推行全面全球化的观念与民族的存在不可动摇的观念的共存将使世界充满不和谐、冲突甚至是战争。从这个意义上，全球化是对世界和平的威胁，是与人类精神相违背的。究其文化意义，如果无视碰撞、冲突和战争，全球化则有可能成为一种暴力的文化同质化过程，是弱势文化被侵越的过程，也自然将导致文化多样性的泯灭。

2. 新自由主义思潮与"一体化"

在全球化环境下，跨文化交际中所潜在的诸多负面后果，穷根究底，还是新自由主义意识形态支撑下的资本主义全球化所致。新自由主义者代表了积极的全球化认同者，他们认为全球化象征着人类历史的一个新时代。在全球化过程中，一切形式的关系在全球范围内交织，突破了民族国家的界线并逐渐削弱它的影响。新自由主义者认为，全球化特征是资本、人员、商品、金融、贸易与服务、知识与信息的跨国界流动日益加速。他们倡导开放、自由和全球化的市场，相信促进经济"最佳"发展可以提高人们的生活水平。新自由主义者宣称，民族国家已成为受跨国公司和金融、商品以及劳动力全球化市场控制的全球化经济发展的障碍。在新自由主义者看来，国家的民主管理已经过时，一种新的管理模式将出现，在这种模式中，人们被视为经济消费者（而非完全的政治公民），可以通过自由选择制定和执行其决策。因此，在新自由主义意识形态支配下的全球化环境下，跨文化交际的本质特征是不公平的，是以牺牲多数弱国的文化为代价的，从而实现少数强国的文化霸权，为其自身利益服务。立足于弱势文化立场，力求搭建一个公平的文化交流平台，就需要有新的视角，为此笔者提出了跨文化思想，这一思想的提出是以新马克思主义对新自由主义的批判为理论基础的。

二、启示

在文化发展的进程中，对于东西方文化的接触和交流，人们总是津津乐道。西化论在早期是最有代表性的，西方文明的兴起对东方文明发起了挑战，东方文明被动地响应着。结果，在一个相对单向的西方化过程中，东方文明接受了西方文明。从梁启超所言的"新化"到陈独秀所言的"欧化"，再到胡适所言的"全盘西化"或"充分世界化"，乃至20世纪80年代风行一时的"文化现代化"等，基本上认同和遵循了这样的西化模式。如今，人类正步入全球化时代，先进的信息技术和现代化交通工具正在冲破自然的时空界限，在全球范围内进行信息的自由传递、人员的自由流动和人际的自由交往，世界正在被不断压缩，无所不在的全球化力量正在彻底改变文化生产、传播、消费的模式和人类文化生活的结构，文化的混杂性、多元性、异质性、不连续性和不确定性空前复杂地浮现出来。这些新型媒介的广泛应用，使文化发展的流动性发挥得淋漓尽致，这种跨越民族跨越疆域，甚至具有潜在的消解领土观念的流动性，在势不可挡的全球化语境中，已经成为最强有力的文化特质。于是，在不断拓展的公共空间中，文化的交流与融合成为每种文化都不得不面对的现实。

法国著名社会学家布迪厄指出，当一个人生存在一个文化交流居主导地位的系统中时，他拥有的"文化资本"越多就越富有。世界上大凡有生命力的管理思想，也都是基于文化之上的。文化的交流、融合与互动是不同文化之间的接触、冲突与融会，是不同文化之间的平等对话。文化不是一个个孤立存在的实体，必然会在一定时机和条件下，以双向多维的互动方式自我扩张和彼此接触，交流与融合的双方相互影响，在很多情况下很难分出谁是纯粹的主动传播者，谁是完全被动的接收者，在双向的接触过程中，不同的文化通过互动的解读与诠释，不断地冲突、融合并改变着。人们越来越感觉到，文化不是莱布尼兹式的"没有窗户的房子"，有机、动态、流变才是文化的基本特性，文化发展从一开始就是人与人、人与自然的对话和互动,其移动与迁徙是双向多维的。

最具有创造性和最富有活力的文化,总会青睐不同文化的接触点、边缘地带或缓冲空间,因此,文化的交流、融合与互动成为文化发展不可小觑的动力。当全球化被不断认同为一个既定前提时,当文化交流形成一种借助经济全球化不断拓展的趋势时,全球化进程带来的就不会是单一的文化开放或消亡,而是文化的重新解构和融汇,文化的实体性也势必受到挑战。切实建构起跨文化的知识空间和文化发展思路,把文化的冲突与差异推到前台,是新形势下的迫切课题。在日益扩大的文化接触中,越来越多的交流发生在多种文化之间,传统文化观念所描绘的文化图景渐渐趋于模糊,一幅充满动感和活力的多维文化互动图景日见清晰。

(一)多元文化交流的启示

在世界格局剧烈动荡、经济全球化势头正炽,世界文化处于多样性多极化演变的今天,从古代多元文化交流入手,对于文化如何与当前经济实现互动,以及文化的角色与历史使命进行探讨,更有其重要的现实意义。当今世界,各种文化间冲突不断,究其根源,是在文化的交流互动中寻找不到和平共处的支撑点。在我们今天这个世界,如何使各种文化相互促进,古代的文化交流不无借鉴作用。古人以其和平宽容的襟怀气度,海纳百川、梯航万国、贸迁四海,造就了泉州这个海上丝绸之路上的东方枢纽港,中原文化、古越文化、海洋文化在这里经过长期的相生相长,使不同信仰、不同民族的多元文化在此交流与共处,为中国和亚非乃至欧洲、拉美的许多国家与地区建立直接或间接的经济、政治和文化上的密切联系,发挥了积极而重要的作用,产生持久而深远的影响,为人类文化的沟通和传播做出了重大贡献。

宋元时期万商云集,促成了中外经济贸易交流的繁盛局面。当时中外文化发展本身所具备的水平,及其相应的社会自由环境,成为中外文化交流、融合与互动的有利条件。一方面,中国是世界四大文明古国之一,中华民族几千年的文明史积淀了深厚的历史文化和丰富多彩的物质文化与精神文化,足以保障海上丝绸之路对外文化传播的需要。另一方面,资本主义世界虽尚未形成,但中世纪主要的封建国家均已发展到高峰期,封建文化亦日臻成熟,尤其是封建宗教文化的发展达到了前所未有的程度。此外,生产力的相对落后使国际交往并不十分频繁,各国对于国际关系的明确概念尚未形成,相应的管理制度和约束机制还不完备,较之现代国际交往,那种人为或政治的阻隔现象也还不多见,只要自身的物质条件具备，各国之间都可能进行自由的国际交往。这就是海上丝绸之路之所以能够实现广泛的经贸活动和文化互动所依靠的既重要又独特的社会环境因素。

海上丝绸之路自古就是一条经贸之路、和平友谊之路和文明对话之路。泉州于是成为当时名闻世界的东方港，中国的士大夫通过泉州港接收了丰富的外来文化。古人通过深深扎根于心的慈善的"佛"的意念，来理解和吸收外来宗教文化，无论是基督教、印度教，还是伊斯兰教、摩尼教，都被"佛"化，由此显现出宽广的"普世价值"观，东西方文化的交融与发展也因此得到极大推动。城市里遗留下的大量史迹堪称中外文化交流融合的典范，中国同许多国家和地区建立起经济、政治、文化联系，促进了经济的共同繁荣与文化的和谐发展，形成了宋元时代的中外文化大交流大互动的局面。可见，海上丝绸之路是贸易之路，更是文化传递之路，是中外文化交融互动的纽带，一面是中国文化以丝绸、瓷器和茶叶等物质文化为代表从这里远播四海，另一面则是异域文化以宗教信仰等精神文化为代表在这里传播，显现出异彩纷呈的文化交融和发展态势。

海上丝绸之路上的中外文化交流与互动，从表面上看是互为传播、渗透与融合，具有对等性和容纳性的形态，但实质上其交流与互动的内在表现却有两种不同倾向，即在海上丝绸之路的交往中，中国文化的对外传播是以丝绸、瓷器和茶叶为主的有形的实体文化和技术性的物质"硬文化"的基本倾向，而海外文化对中国的传播则是以宗教文化为主的无形的虚幻文化和精神"软文化"的基本倾向。这两种不同的交流倾向，完全是基于中外文化各异的历史背景和社会条件而形成的。海上丝绸之路上，中国对外贸易的物质内容就是文化交流的内容，其载体本身既是一种有价商品又是一种有形文化，中国外贸的物质性载体同时所表现的文化传播的载体特征，始终是中国在文化交流与沟通中的主要倾向。中国作为海上丝绸之路的主动方，虽然同样是以经济交往为主，追求经济利益，但客观上却出现了以文化交流为主的特殊态势，异域各国的文化——尤其是以宗教文化为代表的广泛的内在精神形态——所表现的"软文化"，在这个海上丝绸之路上交相辉映，蔚为壮观，显然，历史上的海上丝绸之路给中国带来的不仅仅是经济利益，更有丰富而深邃的文化发展内涵和启迪。

（二）全球意识的文化启示

在 20 世纪 60 年代，马歇尔·麦克卢汉在《传播探索》中介绍"地球村"

思想的时候，人们还很少提及"全球意识"。直到八十年代中期，罗伯逊和勒谢尔发表的《现代化、全球化和世界体系理论中的文化问题》明确提出"全球化"一词，开始引起了人们的广泛注意。1992年在纪念哥伦布发现新大陆500周年大会上，时任联合国秘书长加利宣称："一个真正的全球化时代已经到来。"这些话语标明了一个不可抗拒的历史趋势，全球化迈着铿锵的步伐向我们走来。毫无疑问，全球化是人类社会经济、政治和文化在全球范围的历史性转变，然而，全球化绝不意味着人类社会经济、政治和文化的抽象同一。

全球化时代的来临撩开了文化的面纱，作为全球化的有机构成，文化全球化兢兢业业地推动着全球化的进程。"文化"一词源自拉丁语 colere，有耕耘、培育、居住等含义，可见，文化从一开始就是人与自然的对话，是人与自然的交流互动。《易·贲卦·彖》称："观乎天文，以察时变；观乎人文，以化成天下。"人与人的交往与对话也是"文化"的内涵，全球化背景下的文化在时间上的流变和空间上的差异，逐渐遮蔽了文化的这种活生生的属性，世界上各个国家或地区的种种文化构成了一个相互冲撞、交流和互动的全球多维网络图景，在这个全球网络中，每一种文化不再囿于单一的地理位置上，而是悄然在这个网络中不规则、不均衡地运动着。文化在空间上是流动的，在时间上不仅仅是被继承的，更是被创造的，全球化正在创造着一种全新的文化发展语境。文化的交流、融合与互动正在成为全球化语境中的文化发展模式。首先，不同的文化"互为主观"，不同的文化超越各自的传统和生活方式的基本价值的局限，作为平等的对话伙伴相互尊重，并在一种和谐友好的关系中消除误解，摒弃成见，共同探讨并寻求上佳途径，解决与人类和世界的未来息息相关的重大问题。其次，文化的全球性与多元性并非此消彼长，正是在文化的全球性与多元性的良性互动中，新的文化机制得以发生。此外，在新的时空观中，文化的相互沟通实现着文化对人类活动时空的占有，促进着文化的生成、拓展与传播。在全球化的大趋势中，对文化的传统模式进行有意义的更新，遵循新形势下文化交流融合的发展模式，才是文化发展顺应时代潮流的明智抉择！

（三）文化浪潮与流动思维期待积极的文化交融

1. 城乡文化交融

全球化背景下的文化开放和文化交流，使文化处于一种"流动"状态，各种文化在互动中追寻着相对平衡。在地域和空间的转换上看，文化从传统走向现代的过程是从农村走向城市的过程。作为先进科技和人文知识创造者和体现者的现代城市，汇集了知识、人才和科技，起着文化主导的作用，成为现代社会的基本文化形象和文化辐射、扩散的中心。近年在文化的商业化、通俗化、大众化趋势下，中国城市文化越来越显示出它的优势地位，并通过传媒、人口流动等途径对农村产生广泛而深刻的影响，对其传统文化形成冲击，由此加速了农村的文化转型。同时，随着当代中国农村的逐步开放，一种新的文化现象也随之出现，由于年轻人对新事物的接受力明显强于年长一代，加之农村人口的流动主体是年轻人，他们自外而内的文化接受与传播使他们具有了文化优势，逐渐成为代表农村文化的主体和对外文化交流的主角，由此形成了年轻对年长和农村对城市的文化反哺，在流行时尚方面便可见一斑。例如，城市中一度风行的印花蓝布正是源于农村手工织就的土布；原本在城市服装中不再出现的立领便装"忽如一夜春风来"般穿在了电视节目主持人身上，于是在全国城市"千树万树梨花开"，改进后的所谓"唐装"更是风靡城乡乃至中外；乡村的野菜土菜也跃上了城市的"大雅之堂"；至于回归大自然的森林浴、海滨沙滩的日光浴、乡村旅游度假、农家乐、民俗旅游观光等，更是时下城市人追捧的潮流。可见，当今社会，优势地位下的城市文化与处于弱势地位的农村文化形成了双向多维的互动。在城乡的文化流动中，在文化交流与发展的层面上，农村与城市之间取长补短，共同推进着文化事业长远而坚实的繁荣。

2. 中外文化交融

在文化潮流的激情澎湃中，中国与日俱增的发展潜力凝聚成前所未有的强劲势头，汉语热的旋风是这个以流动为主题的时代不可回避的文化事实，这代表着一种基本趋势：中国的和平崛起和世界多元文化潮流正在为全球所接纳。随着全球更多人士认识到提升汉学的重要性，一些国家设立专项财政拨款启动汉学项目，日本开设汉语课的高中数量增加到近500所；韩国的汉语考试已被正式列入外语高考科目；美国3000多所大学中开设汉语课程的有近800所；法国开设中文课程的100多所大学有13所的外语系开设了汉语专业，有的还设立了硕士和博士点；南非最大的电视公司已开始面向全国播放汉语教学节目。据统计，全球学习汉语的外国人已超过3000万。然而汉语国际化不能仅靠语言的功利性推广，关键还需要文化底蕴魅力的支撑，否则语言流动的辐射力未必能像经济要素的流动那样深远（众所周知，日本经济总量两倍于中国，但学汉语者却远超过学日语者），汉语还是联合国五大工作语言之一，这背后的关键就在于文化底蕴。当然，指望老祖宗留下的文化底蕴来实现汉语国际化绝对是缺少国际竞争力的，文化力在深层次上是一种隐性的潜在力，是一种"软实力"。经济实力的竞争往往转化为文化上的一决雌雄，而文化力的出奇制胜常能拥有无法取代的优势，我们的文化"软实力"影响显然还远远不够。只有中国文化的"软影响"格局在全球化文化大潮下得到根本改变，以汉语为代表的中国文化才能真正赢得充分的国际化地位，在文化潮流的汹涌澎湃中作为一面文化交流与互动的旗帜，使文化的发展具备强劲的生命力和创造力，带动社会经济与文化的整体协调发展，从而增强民族文化的生命力，推动文化的蓬勃发展。

3. 在流动中张扬文化力

文化流动中的事例不胜枚举，从星巴克到嘉年华、从英语潮到汉语热、从好莱坞到韩日剧、从情人节到中秋节……我们每天的生活几乎都在跟世界上的其他文化形态交融着，我们消费着他人的文化，同时也在某种既定的游戏规则中被别人消费着。

在这样的现象背后，我们不得不关注人的流动因素。人作为载体带着他们的生活和文化由此及彼地流动着，这其实正是文化差异互相见识和碰撞的重要过程。20世纪人的流动大多受到通商与战争的影响，人们的观念与意识的流动多被出版机构和知识分子的取舍和翻译所决定，而自20世纪末至今，数量激增的人的流动所带来的新的文化议题和文化生产的流动在动机、种类和形式等方面都发生着巨大的改变，人的流动在一定程度上促成了意识、信息、知识的流动，这跟科技与传媒的革命是息息相关的，信息革命影响着人们的沟通方式以及获得信息的广度和复杂度：IT工程师捧着计算机在家里和咖啡厅上班，在网络上跟老板开会；被信息统领的社会里的年轻人可能正在位于黄土高坡的某个网吧中透过Internet得到许多民主自由的信息和知识。正如都市社会学家卡斯特所言：一个新的网络社会诞生了！这个新的以科技传媒革命为基础所带动的变迁是全新的，它也必然更新人们对所谓共享领域与公共文化发展的认知与实践。

对于处在全球化之风口浪尖上的文化交融与发展来说，城市和空间的流动也是不容忽视的重要因素。我们可以明显地感觉到周遭的生活空间在这些年里发生着巨大的改变：零零星星的小区杂货铺被连锁超市取代；昔日龌龊的街角被星巴克咖啡厅占领；人声鼎沸的传统市场被商品和管理都统一制式化了的超大型购物中心所取代；主题游乐园式的娱乐方式也渐渐取代着阳光下真实自然的场景。当裹挟着美国和韩日文化色彩的全球化如漩涡般向我们袭来，并不断重塑着我们的休闲文化生活的时候，有的人继续乘风破浪，有的人继续力挽狂澜，有的人仍旧载浮载沉……不管是主动还是被动，可以确定的是，人和文化都处在流动之中！据此，以流动的思维和眼光来张扬我们的文化力，主宰我们的文化前景，将使我们的文化发展定位显现出更加成熟和睿智的灵光！

（四）从文化与信息的传播看文化发展中的交流融合趋势

1. 在文化传播中明确文化发展思路

一个群体向另一个社会借取文化要素并把它们融合进自己的文化之中的过程就叫作传播。各种文化自组织系统发展到一定程度，必然会发生扩张和相互接触，会有文化输入与输出的现象发生。文化传播是文化发展的动力，其途径往往是双向和互动的过程，在双向性交流与传播中，双方都在不断整理和变化着。由于文化的差异性，在交流与传播过程中引发文化冲突和对抗的情况是客观存在的，但人们对文化冲突带来的后果和意义的观察与评价则囿于人们的民族文化情结而具有强烈的主观性，文化冲突带来的不良后果一定程度上只能用来证明不同类型文化差异和文化传播手段的不恰当，不能用来证明文化的不可融合，否则东西方文化的形成和拓展都将成为可疑的。以往的文化冲突造成过巨大灾难，但同时也起着富有成效的积极作用。可预计的是，今后的文化交流仍将充满冲突，但无论如何迂回曲折它一定会持续不断地走向光明的文化发展前景。

倡导中西文化融合是符合世界文化发展大趋势的，通过中西文化的积极会通、融合来促进中国文化自身的发展、更新与转型，创造出高度发达的文化形态是许多中国人的理想和奋斗目标。正因为如此，我们更要强调文化交流、融合与互动的现实意义。探讨中西文化的交流、融合与互动，必须具有广阔的文化视野和多维的研究向度。如果受到自身文化背景的局限或囿于民族主义的情结，那就很难完整、客观地考察中西文化的交流史。透过20世纪中国学者在该研究领域中的绝大多数作品，我们可以看到渗透在字里行间的浓郁的爱国主义情感和民族主义情结，并为之而感动。这类情感的表达在20世纪的许多时间里可以视为一种正当的反映，然而在迈进新世纪之后，当中华民族以崭新的姿态屹立于世界民族之林时，这种情结处理不当，就会阻碍我们全面、深入地认识中西文化的关系，并且极易使我们在自卑与自傲之间徘徊，不能保持平和的心态和清晰的思路去面对全球一体化下的文化发展态势。

2. 在信息传播中开拓文化发展的视野

信息传播从古到今都是人类社会发展的伴生物，从文字符号到象征仪式，从生活习性到伦理观念，从实物外观到哲学思想，人类总是通过自身的行为与自然和社会沟通，形成文化传播的表现形式，成为维护社会环境的文化制度。信息传播无疑是当今人类社会的重要生存状态和生产手段，信息传播的发展在加速本土文化和非本土文化之间融合的同时，引发了文化震荡甚至文化危机。文化是民族生存的前提和基础。文化生存状态不仅积淀着一个民族和国家过去的全部文化创造和文明成果，而且还蕴涵着它走向未来的一切可持续发展的基因，是它存在和发展的全部价值和合理性之所在。因此一旦这种文化受到威胁和侵略，则必然会给民族和国家带来深刻的危机意识。

然而，以自给自足的生产方式来维持本土文化的纯洁性，甚至把本土文化禁锢在民族主义的意识形态中，不仅会丧失本土文化发展的经济可能性，更会弱化本土文化对非本土文化的传播力量，丧失文化竞争力。在以互联网为标志的当代传播技术条件下，在全球范围内展开了各个民族国家之间全方位的沟通、联系和相互影响。在市场经济的交换机制推动下，全球化的传播为经济全球化创造了打破空间和时间障碍的实施手段和操作程序，甚至模糊或打破民族国家的传统界限，强化了各个民族国家在国际合作背景下的文化交融。

在几乎所有的民族文化的演变过程中，从器物形态到物质产品，从服饰穿着到消费口味，从审美情趣到思想观念都受到过本土文化以外的文化影响。信息传播对本土文化的压力激发了本土文化的自我更新和自我适应的能力。尽管由暴力手段强制性推行的文化传播在人类各个民族的文化融合过程中造成了文化创伤，但在平等基础上实现的文化交流是世界文化发展的大趋势。总之，一个发展中国家在经济全球化的过程中所要承担的使命是社会和文化的转型，这涉及经济意义上和象征意义上的信息传播网络的结构转型，即要跟世界经济体制和世界传播趋势接轨。从软件到硬件，信息传播产品要积极参与在世界范围内的流通，并在跨文化的努力参与和适应中重新定义本土文化的存在方式和表现形态。文化的碰撞会产生出文化的新形式，从而在激发新的社会想象的过程中使文化的发展获得新的动力。文化的交流融合将高扬着全球化大旗，呼唤着文化的本土性和多样性，孜孜不倦地传达着与时俱进和革故鼎新。

第二节 英语教学中的文化教学理论

一、不同教学理论

（一）认知建构主义理论

建构主义也称为结构主义，由瑞士学者让·皮亚杰最早提出来。皮亚杰认为，智慧本质上是一种对环境的适应，智慧的适应是一种能动的适应。一定的刺激只有被主体同化于认知结构之中，主体才能做出反应。在皮亚杰的理论基础上发展而来的认知建构主义学习理论认为：知识不是通过教师传授得到的，而是通过学习者在一定的情境下，借助其他的帮助，利用学习资源，通过意义建构的方式获得的，教师只是活动中的指导者与参与者。建构主义学习理论的基本观点包括以下三点：

①学习是一种意义的学习过程。知识的获得是学习个体与外部环境交互作用的结果。②学习是一种协商活动的过程。由于每一个学习者都有自己的认知结构，对外部世界的理解局限于自己的经验解释，因而不同的学习者对知识的理解会不完全一样，从而导致了有的学习者在学习中所获得的信息与真实世界不相吻合。此时，只有通过社会"协商"和时间的磨合才有可能达成共识。③学习是一种真实情境的体验。在真实世界的情境中会使学习变得更为有效。学习的目的不仅仅是要让学生懂得某些知识，而且还要让学生能真正运用所学知识去解决现实世界中的问题。在一些真实的情境中，学习者如何运用自身的知识结构解决实际问题，是衡量学习是否成功的关键。学习者认为，对同一内容的学习，要在不同的时间多次进行，每次的情境都是经过改组的，而且目的不同；分别着眼于问题的不同侧面。这种学习有利于学习者形成对概念的多角度的理解。

学生对知识的建构是受社会性相互作用影响的。学生之间的相互交流，会影响学生的知识构建。由于每个人的已有经验和学习情境不同，对知识的理解会存在一定的差异。这就是说，学生对于知识的理解是多元的。相互交流能促使每个学生从多个角度来建构知识。在英语教学的过程中，教师进行跨文化的传播，学生可以通过对不同语言和文化的吸收来建构自己的知识体系、文化体系和价值体系，并通过对不同真实情境的模拟教学来掌握正确应用英语的能力。

（二）探究式学习理念

新的教育理念关注学生的全面发展和学科能力的可持续发展，提倡让学生采用自主学习和探究学习等学习方式，突出学生的主体地位，注重学生主动性、能动性的发挥，注重学生实践能力和创新精神的培养。探究式学习有时也被人们称为"问题导向式"的学习，因此，"问题"往往被视为探究式学习的核心。21世纪世界各国教育改革的重点在于使本国的学生具备的"关键能力"是获取和处理信息的能力、主动探究的能力、分析问题和解决问题的能力、与人合作的能力、具有责任感以及终身学习的能力。美国《国家教育科学标准》中对探究表述为"学生构建知识、形成科学观念、领悟科学研究方法的各种活动"。

学生主动探究的学习活动，是一种学习的理念、策略和方法，它适用于各科的学习。它要求教师在教学过程中以问题为载体，创设分析问题和解决问题的情境和途径，让学生通过探究主动获得知识并运用知识。在跨文化传播的英语教学中，探究式学习理念表现为学生获得他国文化信息并处理这种信息的能力，在探究时要学会如何应用所获得的信息来正确处理自己面临的问题，尽量消除跨文化交流中的文化障碍。

1. 在英语教学中激发学生学习兴趣，培养学生自主学习能力

激发学生学好英语的浓厚兴趣，培养学生自主学习能力，是使学生进行主动的探究式学习的前提条件和主要手段，是提高英语教学质量的有效途径。兴趣是最好的老师。孔子曰："知之者不如好之者，好之者不如乐之者。"随着现代教学技术的普及，DVD、多媒体的使用给学生提供了听觉、视觉的新感受。这为学生创造了一个轻松有趣的学习环境，对增进学生的兴趣有着特殊的作用，能让学生在愉快轻松的气氛中掌握语言知识和语言技能。培养学生的轻松愉悦感，能诱发学习兴趣。心理学研究表明，人在轻松的时候，大脑皮层的神经元才能形成兴奋中心，使神经细胞传递信息的通道畅通无阻，思维也就变得迅速敏捷。这样可加速知识的接收、贮存、加工、组合及提取的进程，知识迅速得到巩固并转化为能力。

2. 在英语教学中培养学生反思性学习能力

反思性学习是以学生为本，以教学的具体内容为对象，以激发学生主动思考、积极研读和努力实践为目标，以理解掌握和升华应用知识为内容的研究性探索活动，具有主体性、探索性、灵活性、创新性和开放性等特征。反思性学习的出发点在于优化学生的英语学习方式，通过思考和探究进行分析归纳和处

理知识信息等活动来使学生学会合作，学会学习，最终实现提高学习效率、提升思维意识、提高分析能力、形成综合创新能力的目的。

3. 在英语教学中培养学生创新性学习能力

探究式教学特别重视学生智力的开发和创新性思维的培养，力图通过学生的自我探究引导他们掌握科学的学习方法，为其终生学习奠定坚实的基础。培养学生创造性学习能力的重要任务是开发学生的潜能。教师不能独占整个教学活动时间，而是要结合学科教材内容的特点和学生已有知识储备和能力水平有效开展形式多样的课堂教学活动，对学生进行有效的思维方式训练。教师要创设问题情境、启发学习思路、鼓励学生独立思考，相互讨论，大胆得出独创性见解，培养学生的想象能力、发现能力、探索能力和知识迁移能力，使学生的思维独创性、发散性、广阔性、变通性的品质得到有效的训练，使学生了解知识发生、发展、变化的全过程，从而为学生能创造性地解决问题奠定基础。

（三）人本主义理论

人本主义教学观是在人本主义学习观的基础上形成并发展起来的，该理论是根植于其自然人性论的基础之上的。人本主义心理学家认为，人是自然实体而非社会实体；人性来自自然，自然人性即人的本性。他们的共同信仰是每一个人都具有发展自己潜力的能力和动力，行为和学习是知觉的产物，一个人大多数行为都是他对自己的看法的结果。现代教育理论主要从心理学的角度来探讨外语教学，认为教育的真正意义在于发现人的价值、发挥人的潜力、发展人的个性。人本主义教学理论就突出了这一概念。人本教学法的核心是对学习过程中的完整的人的充分尊重与重视。由此，真正的学习涉及整个人，而不仅仅是为学习者提供事实。真正的学习经验能够使学习者发现他自己的独特品质，发现自己作为一个人的特征。从这个意义上说，学习即"成为"，成为一个完善的人，是唯一真正的学习。

人本教学法着重于教学过程（teaching process）。人本教学法认为，关注过程就要从学习者的角度考虑课程或大纲内容是如何被传授和学习的，考虑怎样把学习内容与学习者的生活联系起来，大力倡导教育的中心要从"教"转变为"学"。教师的任务不是决定学生应该学什么，而是去发现并创造一种有利于学生能自主学习和成长的氛围。人本教学法主张以学习者为中心，注重情感因素。这种理论尤其适合网络环境下的英语教学。在网络中，教师所起的作用是引导学生选择适合自己的语言文化的学习方式和素材，充分尊重学生的自主权，变填鸭式教学为主动选择教学，促使学生从对学习素材的兴趣中引发对学习的兴趣。

（四）跨文化交流理论

跨文化交流理论认为，跨文化交流与外语教学密不可分。这是因为外语教学不仅是传授语言知识，更重要的是要培养学生应用外语进行跨文化交流的能力。从交流的角度看，外语学习是一种跨文化的学习和跨文化的交流活动。学习语言是学习文化的一种方式，语言是文化的重要载体之一。在语言学习的过程中，应该重视跨文化交流的策略，跨文化交流的身份，跨文化交流的适应性、敏感性、宽容性和处理网络文化信息的灵活性和多样性，更应重视网络文化的感悟，以适应"学会生存、学会求知、学会交流和学会创新"的新世纪人才的要求。这是基于信息技术下外语教学不容忽视的主要任务。

二、英语的认知建构主义理论

传统的课堂教育沉闷无趣，导致学生没有学习兴趣，缺乏创新能力，无法适应社会的要求。因而传统的教育显然已不适应教育国际化的要求，无法为国家输送优秀的国际型人才。因此我们需要一种新型的教育理论和教育方式来替代。从20世纪90年代开始，一种新型的理论——建构主义理论——开始逐步替代了我国传统的教育理论。建构主义是认知学习理论的一个重要分支，是认知学习理论的再发展，从认识论的高度揭示了认识的建构性原则，强调了认识的能动性。建构主义理论在国际教育领域的理论和实践中起着举足轻重的作用，它是新一轮课程改革的现代教育理论依据之一，是对传统教育理论的挑战。建构主义认为知识不是教师传授而得的，而是学生主动构建而获得的，提倡以学生为中心，教师只是组织者和帮助者。建构主义学习理论认为情境、协作、会话和意义建构是学习环境中的四大要素。实践证明，在目前的课堂教学中，运用建构主义理论进行教学是行之有效的方法和手段。因此，我们感到有必要尽量发掘出教育中建构主义观点的潜能，特别是发掘出建构主义在构思和开展教育活动各种新方式的发展中所做贡献的潜能。建构主义是一个总称，涵盖了以认知主体、行为主体或知识发展为本的各种理论。它不是一个统一、完整的教育理论体系，而是分有很多流派，有着各自的特点，同时又有着一些共同点的教育理论体系。

建构主义的知识观、学习观和师生观对教育理念具有重要的指导作用和实践意义，引发了教育工作者的不断思考和探索。笔者作为一名一线英语教师，对中学的英语教育现状有很清楚的认识，深知英语教育的重要性和实践性，也在不断探索适应当今社会的更好的教育模式。在本节中笔者主要围绕建构主义学习环境设计的四大要素——情境、协作、会话和意义建构——在初中英语教学中的作用和实践进行了一些思考和总结，并将其运用在自己的教学中，不断改进和提高。

（一）英语教学的建构主义思考

1. 问题的提出

随着世界经济、贸易的快速发展，教育市场逐渐走向国际化，教育资源和教育要素也逐渐国际化，国际的教育交流与合作日益频繁。世界各国相互交流、相互竞争、相互激励，共同促进了国际教育的发展，促进了世界的繁荣和发展。国家的发展依靠教育，教育国际化的核心就是人才的培养和竞争。只有拥有高素质、具有创新精神和创新实力的人才，才能把握社会经济发展的主动权，提高国家综合实力，在激烈的竞争中取胜。

社会的发展、国际化的加剧使英语逐步成为人们国际交际的首选语言，英语的重要性已经不言而喻。教育国际化需要学习英语，走向世界也需要英语的帮助。英语的应用越来越广泛，英语学习竞争不断加剧，英语学习要求越来越高。现代英语教学面向的是全体学生，要全面提高学生的整体素质，培养适应时代和社会发展的英语人才。近二十年来我国制定了全国统一的教学大纲和一系列有利于英语教学的外语教育政策。近几年更是不断改编英语教材，更新配套的参考书和习题集等。然而在面临具体教育实践中却有许多问题和困惑，教师的教和学生的学经常发生矛盾和冲突，英语教学迫切需要更切实有效的方法和手段。

2. 研究的现状

在过去的三四十年中，教育似乎在走下坡路。人们有个普遍的共识，那就是教育出了一些问题。因为走出校门的孩子们不会读书、写作；在工作中无法有效地运用数字操作；甚至有的缺乏科学的世界观知识，例如，相当多的人仍然相信月相是由地球的阴影造成的。这些现象和问题不仅在政府工作报告中提出过，而且被很多社会观察家和学者所指出过。众所周知，在传统的教育中，强调刺激—反应，把学习者作为知识灌输对象，强迫学习者接受外部刺激做出被动反应。正像罗格夫所说的那样,"学习被看作成人所提供的信息的产品。成人负责给孩子灌输知识,而孩子只是装知识这种产品的容器。孩子是知识的接收器,而非学习的积极参与者"。这种学习模式打击了学习者的积极主动性,造成学习者学习效率不高、思维禁锢、实际运用及操作能力不强等后果。

随着教育国际化的发展,英语学习在我国得到极大的重视和发展。教育部规定从初一开始开设以英语为主要语种的外语课。然而现在开设英语课的时间越来越早,甚至从小学一年级起就开设英语课,几乎与汉语拼音同步开始学习。这种课程设置是否对学生的语言学习有利,学生在母语都还没学会的情况下对英语的理解和掌握究竟有多少,我们不得而知。我国目前的基础外语教学中确实存在很多问题:在教学目标上只注重知识的讲授而忽视实际能力的培养;在教学过程中学生的主体地位得不到体现,学生学习英语主要是为了应付考试;在教学方法上被动多于主动,灌输多于启发,不利于学生学习兴趣的培养和学习积极性的调动。很多学生最初学英语时热情很高,但随着学习的深入,部分学生逐渐失去兴趣到后来甚至产生厌学情绪。因此我国的中学英语教学依然需要改革和发展,需要改变英语教学方式落后、师资力量参差不齐、学生良莠不分等情况;改变教师教得辛苦、学生学得吃力却难以达到理想效果的现状。

3. 研究的目的及意义

在这种模式日益受到人们质疑的时候,一种新型的认知学习理论——建构主义——逐步兴起并发展。建构主义是一个总称,涵盖了以认知主体、行为主体或知识发展为本的各种理论。正像柯林斯所说:"建构主义已经成为一个整体,是正确思考和行动的生活提醒。"它是认知学习理论的一个重要分支,是认知主义学习理论的再发展。它从认识论的高度揭示了认识的建构性原则,强调了认识的能动性。它是新一轮课程改革的现代教育理论依据之一,是对传统教育理论的挑战。建构主义理论的主要代表人物有皮亚杰、科恩伯格、斯滕伯格、卡茨、维果斯基等。在他们的研究基础上不断发展起来的建构主义被越来越多的人认识和运用,已逐步取代传统的教育理论。

从教育发展形势来看,深化学校教学改革的关键是改变学校课堂教育中以教师为中心的传统教学模式。这种模式无法保证教学质量和教学效率,不利于培养学生的创新思维,不利于培育国际型人才。为了改变这种状况,国内外的许多教育工作者致力于理论与实践两个方面的研究与探索,经多年努力而产生了建构主义理论这个研究成果。在建构主义学习理论的环境中进行教学更能吸引学生的学习兴趣,提高教学效果。近几年国内外特别是国内开展了大量的建构主义与英语教学的研究，出版了大量的文章、著作，积极尝试探索英语教学之路。多媒体计算机和网络通信技术的飞速发展更是为建构主义理论的运用提供了良好的平台，因而建构主义日益显示出其强大的生命力，在世界范围内都得到极大的发展和运用。本节试图从意义建构的角度研究其在英语基础教学中的运用，对建构主义学习环境设计的四大要素——情境、协作、会话和意义建构——在初中英语教学中的作用和实践进行了一些思考和总结，并将其运用在自己的教学中，不断改进和提高。同时结合一些教育案例进行思考和分析，目的在于为建构主义在英语教学中的运用提供理论和实践的指导。希望能在实践中总结出一些切实可行的方式和经验，以期不断加强该理论在教育实践中的可行性，为中学英语教育工作提供一些有价值的参考。

（二）英语的认知建构主义教学理论概述

1.建构主义的知识观

源于皮亚杰的认知发生论的认知建构主义明确指出，"知识是由认知主体积极建构的"。"建构"这一术语是来自建筑行业的一个类比。在建筑行业中，人们一般是在"建构"楼房、桥梁之类的新产品。建筑行业中的"建构"实际上就是把事先造好的材料，诸如钢筋、水泥之类的，通过合成建造出一个新的结构性产品。知识的建构也是同样的道理，就是人在一定的情境之下，面临新事物、新现象、新问题、新信息时，会根据情境中的线索，调动头脑中事先准备好的多方面、多层次的前经验，来解释这些新信息，解答这些新问题，赋予它们意义。传统的客观主义知识观认为，知识是客观世界的本质反映，是对客观事物的准确表征。知识只有在正确反映外部世界的情况下才被认为是正确的，客观知识就是真理。大多数建构主义对知识的客观性和确定性提出了质疑，认为知识不是对现实的准确表征，它只是一种解释、一种假设，并无最终答案。相反，随着人们认识的发展会不断出现新的假设，所以知识并不能精确地概括世界的法则，而是需要针对具体情境进行再创造。另外，建构主义认为，知识不可能以实体的形式存在于具体个体之外，尽管人们通过语言符号赋予知识一定的外在形式，甚至这些命题还得到了较为普遍的认可，但这并不意味着学习者会对这些命题有同样的理解，因为这些理解只能由基于个人的经验背景而建构起来，它取决于特定情境下的学习历程。在具体的问题解决中，学习者需要针对具体问题的情境对原有知识进行再加工和再创造。建构主义的这种知识观尽管有些激进，但它向传统的教学和课程理论提出了巨大挑战。在建构主义看来，课本知识只是一种关于某种现象的较为可靠的解释或假设，并不是解释现实世界的"绝对参照"。某一社会发展阶段的科学知识固然包含真理，但是并不意味着终极答案，随着社会的发展，肯定还会有更真实的解释。更为重要的是，任何知识在为个体接收之前，对个体来说是没有什么意义的，也无权威性可言。所以，教学不能把知识作为预先决定了的东西教给学生，不要以我们对知识的理解方式来作为让学生接收的理由，用社会性的权威去压服学生。学生对知识的接收，只能由他自己来建构完成，以他们自己的经验为背景，来分析知识的合理性。在学习过程中，学生不仅理解新知识，而且对新知识进行分析、检验和批判。因此，在对课程知识的教学上，建构主义认为，就个体所获得的知识而言，它并非预先确定的，更不可能绝对正确；它只能以自己的经验、信念为背景；它需要在具体情境的复杂变化中不断加以深化。

英语教学是语言知识的传授和学习。建构主义英语教学观批判教师灌输、学生被动接受的教学方式，也反对乔姆斯基先天语言习得机制在语言教学中的根本性作用。建构主义知识观认为语言学习是环境交互作用、学习者主动建构知识的过程。它提倡以学生为中心，教师作为组织者和引导者能善于运用情境教学、问题教学、协作教学等各种教学手段和方式来帮助学生更有效、更灵活地学习英语知识。建构主义知识观主要阐述了知识的主动性、情境性和群体性。

①知识性，即认为知识是对客观特质世界的假设和推测。在英语教学中，对知识意义的把握应以研究的方式来学习，建立在自己的经验之上。

②情境性，即强调真实情境下的学习。英语学习尤其强调学生的亲身体会和实践，讲究课堂活动及实际运用。

③群体性，即认为学习是一个社会互动过程。作为一门用于交流、具有很强实践性的语言性科目——英语语言学习，讲究在自然环境中同伴间互动、合作完成。建构主义知识现在英语教学中得到很好的体现和运用。

2. 建构主义的学习观

（1）学习是认知结构的改变过程

建构主义认为个体的学习是双向建构的过程。学习过程不是简单的知识信息输入、存储和提取，而是新旧经验之间的相互作用过程，这主要涉及同化和顺应两种机制。学生要提取与新知识一致的旧知识来同化新知识，而且要关注到新旧知识之间的冲突，并设法调整解决这些冲突，有时需要改变原有的错误观念。学生已有的旧知识经验，会由于新知识经验的吸收而发生调整和改变。因此，学习不仅是掌握新知识，还要分析其合理性、有效性，从而形成学习者本人对事物的观点和看法；学习者在获取新的知识经验的同时，还对已有的知识经验进行了改造。

（2）学习是个体主动建构自己知识的过程

不同倾向的建构主义者对学习的关注有所不同，有的关心个体与物理环境的交互作用，有的关心个体与社会环境的相互作用，但他们都把学习看成意义建构的过程，都用新旧知识经验的相互作用来解释知识建构的机制。建构主义认为，学习是学习者本人积极建构知识的过程，而不是由教师把知识简单地传授给学生。由于学生是学习的主体，是知识意义的主动建构者，学习就不应该由教师自己来决定，它是个体对现实世界做出创造性的理解的过程，每个学生都必须根据自己的知识经验对建构的对象做出解释。

（3）情境、协作、会话、意义建构是学习环境设计的四大要素

建构主义认为，知识不是通过教师传授得到的，而是学习者在一定的情境即社会文化背景下，借助学习获取知识的过程及其他人（包括教师和学习伙伴）的帮助，利用必要的学习资料，通过意义建构的方式而获得的。

①"情境"：由于学习是在一定的情境即社会文化背景下，借助其他人的帮助，即通过人际的协作活动而实现的意义建构过程。因此建构主义学习理论认为情境、协作、会话和意义建构是学习环境中的四大要素。学习环境中的情境必须有利于学生对所学内容的意义建构。这就对教学设计提出了新的要求，也就是说，在建构主义学习环境下，教学设计不仅要考虑教学目标分析，还要考虑有利于学生建构意义的情境的创设问题，并把情境创设看作教学设计的最重要内容之一。

②"协作"：协作发生在学习过程的始终。协作对学习资料的搜集与分析、假设的提出与验证、学习成果的评价直至意义的最终建构均有重要作用。

③"会话"：会话是协作过程中不可缺少的环节。学习小组成员之间必须通过会话商讨如何完成规定的学习任务的计划。此外，协作学习过程也是会话过程，在此过程中，每个学习者的思维成果（智慧）为整个学习群体所共享，因此会话是达到意义建构的重要手段之一。

④"意义建构"：这是整个学习过程的最终目标。所要建构的意义是指事物的性质、规律以及事物之间的内在联系。在学习过程中帮助学生建构意义就是要帮助学生对当前学习内容所反映的事物的性质、规律以及该事物与其他事物之间的内在联系达到较深刻的理解。这种理解在大脑中的长期存储形式就是"图式"，也就是关于当前所学内容的认知结构。获得知识的多少取决于学习者根据自身经验去建构有关知识的意义能力，而不取决于学生记忆和背诵教师

讲授内容的能力。

英语教学比较好地体现了建构主义学习观，尤其是随着技术的发展，多媒体在英语课堂中的广泛使用创设了有利于学生建构知识的英语语言环境。课堂教学中通过多媒体可以多层次、多维度地展现教学内容，使学生学、练结合。教师采取多种教学形式，突破了传统教学的界限，使口语、文字与音像相结合，使课堂内容更加形象生动，容易调动学生的多种感官，激发学生的学习兴趣，同时有利于学生根据教材内容搜集资料，进行资料分析和加工。学生可采取协作学习方式，成为学习的主人和知识意义的主动建构者。学生在多媒体所创设的学习情境中能集中注意力，提高学习效率，达到良好的学习效果。英语教学应注重培养学生的语言运用能力及掌握学习语言的方法，多媒体辅助教学恰好提供了帮助学生多途径、多方法地构建新知识的语言教学环境。其创设的情境使学生在真实的环境中进行言语交际，更好地学习和使用其所学的语言，从而能在很大程度上激发学生的学习兴趣和动机，使学生建立学习英语的自信心、自我主人翁感，主动地进行英语知识意义的获得和建构。

3. 建构主义的学生观

建构主义学生观可以概括为：学生是学习的主体；学生是发展中的人；学生是具有独特性的个体；学生是生活中的人。建构主义强调，学生是信息加工的主体，是意义的主动建构者，而不是知识的被动接收者和被灌输的对象。教师的教学不能无视学习者的原有知识经验，简单粗暴地从外部对学习者实施知识的灌输，而应把学习者原有的知识经验作为新知识的生长点，引导学习者从原有的知识经验中产生新的知识经验。教学不是知识的传递过程，而是知识的处理与转换。教师应该重视学生对各种现象的不同理解，倾听他们的想法，思考这些想法的由来，并引导学生丰富和纠正自己的解释。因此，建构主义非常重视教师与学生之间、学生与学生之间共同针对某些问题进行探索，相互交流和质疑，了解彼此的想法。由于经验背景的差异不可避免，所以这些差异本身对学习者来说就是一种宝贵的学习资源。

学生想成为真正意义上的主动建构者，应在学习过程中从以下几方面发挥主体作用。

①使用探索法、发现法去构建知识的意义；

②在构建意义过程中主动搜集并分析有关的数据与资料，对所学习的问题提出各种假设并努力加以验证；

③要求学生把当前学习内容所反映的事物尽量和已掌握内容相互联系，并

对联系进行深入的思考。

"联系"和"思考"是学习者意义建构的关键。如果学习者能把联系和思考的过程同合作学习中的协商过程结合起来，意义建构的效率就会更高、质量更好。协商有"自我协商"和"相互协商"之分，自我协商是指学习者自己同自己争辩什么是正确的；相互协商则指学习小组内部相互之间的讨论和辩论。

英语是一门实践性比较强的科目，建构主义强调，学生并不是空着脑袋走进教室的，他们应该是学习的主体，这点在中学英语教学上体现得尤为明显。在日常生活、电视、电影中，以及在小学的学习中，学生对英语已经有了很多接触，形成了自己的经验，有了自己的理解。所以在英语教学中不能无视学生的这些已有经验，而是应该正确引导，使学生在已有经验的基础上建构新的知识经验。由于语言文化的差异，学生对英语的理解可能会是片面的或是狭隘的，教师不能简单粗暴地对待学生的观点和看法，而应该重视、倾听学生的想法，了解和分析他们这些想法的根源，从而引导学生调整或改进自己的理解。这不是简单灌输就能实现的，而是需要师生双方的共同探索，相互交流和质疑，相互了解，彼此做出某些调整。

4. 师生角色的定位及其作用

建构主义提倡在教师指导下的以学习者为中心的学习，也就是说，既要强调学习者的主体作用，又不能忽视教师的主导作用。教师是意义建构的帮助者、促进者，而不是知识的提供者和灌输者。教师为学生提供复杂的真实问题，激励学生寻找解决问题的多种答案。同时教师必须为学习者创设一种良好的学习环境，使之可以在这种环境中通过实验、探究、合作等方式来学习。教师还必须注意培养学生批判性的认知加工策略，以及自己建构知识和理解的心理模式。因此在教师的教学目标中至少应包括认知目标和情感目标。

建构主义者认为，教师要成为学生意义建构的帮助者，应从以下几个方面发挥主导作用。

①激发学生的学习动力，如好奇心、兴趣、求知欲等；

②通过创设符合教学内容要求的情境和提示新旧知识之间联系的线索，帮助学生建构当前所学知识的意义；

③为了使意义建构更有效，教师应在可能的条件下，组织开展合作学习，并对合作学习过程进行适当引导，使之朝向更有利于意义建构的方向发展。常用的引导方法包括：提出适当的问题以引起学生的思考和讨论；在讨论中设法把问题逐步引向深入以加深学生对所学内容的理解；启发诱导学生自己去发现

规律、纠正错误的认识、完善片面的认识，避免直接向学生进行灌输。

学生在日常生活和以往各种形式的学习中，已经形成了有关的知识经验，他们对任何事情都有自己的看法。即使是有些问题他们从来没有接触过，没有现成的经验可以借鉴，但是当问题呈现在他们面前时，他们还是会基于以往的经验，依靠他们的认知能力，形成对问题的解释，提出他们的假设。教学不能无视学习者的已有知识经验，简单强硬地从外部对学习者实施知识的"填灌"，而是应当把学习者原有的知识经验作为新知识的生长点，引导学习者从原有的知识经验中，生长新的知识经验。教学不是知识的传递，而是知识的处理和转换。教师不单是知识的呈现者，以及知识权威的象征，而应该重视学生自己对各种现象的理解，倾听他们时下的看法，思考他们这些想法的由来，并以此为据，引导学生丰富或调整自己的解释。教师与学生、学生与学生之间需要共同针对某些问题进行探索，并在探索的过程中相互交流和质疑，了解彼此的想法。由于经验背景的差异不可避免，学习者对问题的看法和理解经常是千差万别的。其实，在学生的共同体中，这些差异本身就是一种宝贵的现象资源。建构主义虽然非常重视个体的自我发展，但是它也不否认外部引导，亦即教师的影响作用。建构主义中师生角色的定位帮助人们认识到英语教学中教师的作用不在于给学生"真理"，而是在英语学习领域里，在意义建构上给予学生支持，教师不是支配学生英语学习的控制者和权威者，而是学生构建知识的帮助者、引导者和合作者。这种理论能帮助教师调整自己的教学方式，在英语教学中以学生为中心，而不是像传统教学那样一味地教师讲、学生听，学生缺乏学习主动性，没有积极参与，造成"哑巴英语"的后果。在英语教学中，教师应充当一个好的引导者、帮助者和合作者，善于根据学生已有的知识经验，正确引导学生主动学习，使学生成为学习的主体，帮助他们形成有利的学习体系，从而生长出新的知识经验。

第五章　大学英语跨文化教学的问题及其成因

第一节　深层文化与语言教学

对于大学英语教学如何提高学生跨文化交际能力这一问题，很多专家学者都提出了建议。例如，在传授语言知识和进行语言能力训练的同时培养交际能力，尽可能具体化、形象化地传授文化背景知识，重视比较中外文化的差异，组织生动活泼的活动（如表演、讲座等），以提高学生的兴趣和积极性。这些无疑是必要和有用的，但是这些文化教学并没有触及目的语文化的核心。

一、深层文化

英国文化人类学家创始人爱德华·泰勒于1871年提出文化的定义后，各门学科从不同侧面分别对文化进行定义。1952年，阿尔弗雷德·克罗伯和克莱德·克拉克洪恩出版了一本二百多页的著作，研究关于文化的不同定义。

文化是知识、经验、信仰、价值观、行为、态度、意义、层级观、宗教、时间概念、角色、空间关系、宇宙观累积的沉淀物，以及一群人通过数代人的个体和群体的努力获取的物质对象和财富。

文化可分为表层文化和深层文化。表层文化指已暴露的文化，包括服装、道路、建筑物、饮食、家具、交通工具、通信手段、街道、村庄等。深层文化的范围远远超过表层文化，诸如思想、信念和评价之类的行为属于深层文化。深层文化主要是指软文化，即精神文化，其主要埋藏物是观念（包括传统观念与当今观念），而观念的核心是价值观念。深层文化层中包含的主要成分是观念,包括人权观、劳动观、婚姻观、发展观、宗教观、法制观、道德观、个体与群体观。价值体系是各种观念的核心,是文化的深层内核,是民族文化的精神实质,决定着文化的特征和风范。

文化总是在不断发展的,只有深层文化不太容易改变。文化"深层结构"是指一个文化不曾变动的层次,它是相对"表层结构"而言的。在一个文化的表面层次上,自然是有变动的,而且变动往往是常态的。一个语言群体中的人,往往按照他们的深层文化价值观来行动。

价值观是文化的核心,文化的其他部分像是洋葱的皮一样层层包裹着核心。

外层的皮是文化的可见部分,而内层就是文化的不可见部分,层与层之间都有连接,内层可以影响外层(不可见的部分影响着可见的部分)。

最外层是符号,即词汇、手势、图画等;其次是英雄,即活着或死去的人物,真实的或想象的,只要他具有在一个文化中被高度赞扬并成为行为楷模的特质;最后是仪式,指为达到理想的目标在技术上并不必要的集体行为,但在一个文化中它是必需的,因为它使得个体限制在集体的准则内。

学习文化,不仅要学习表层的文化(文学、艺术、食物、衣饰等),还要学习文化的核心(人们的价值观、信仰),这样才能有助于我们更好地理解文化和与对方交际(见图5-1)。

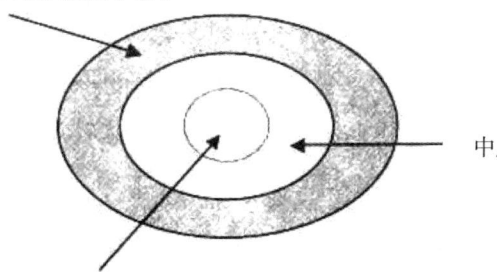

图5-1 文化"洋葱"论

文化"冰山"论,将文化喻为冰山(文化有可见和不可见的因素),文化中只有一小部分是可见的,例如,食品、衣服、图画、建筑、舞蹈等,这些是视觉可以触及的;文化的更大部分隐藏在冰山之下,例如,观念、态度、喜好、爱恨、习俗、习惯等,这些是触及不到的物质存在(见图5-2)。

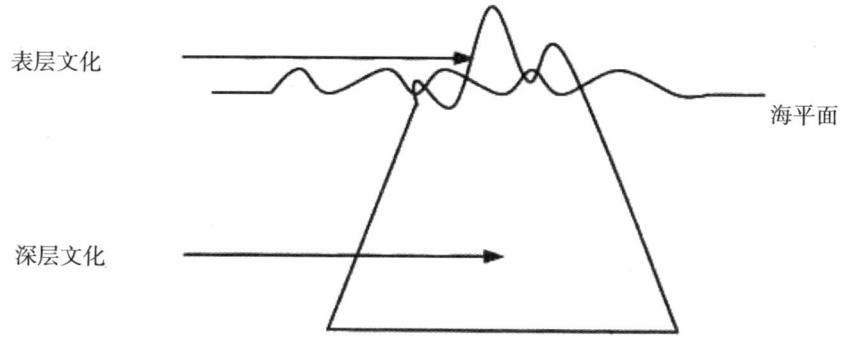

图 5-2 文化"冰山"论

爱德华·霍尔指出,"文化所隐藏之物大大甚于其所揭示之物,奇特的是,它所隐藏的东西最难为其自身的参与者所识破"。

二、大学英语教学要正确对待文化输入

(一)大学英语教学对目的语深层文化的忽视

语言是人与人相互接触时所使用的交际工具,是人与人之间传达信息或表达思想的媒介。语言不仅是符号系统和交际工具,也是使用这种语言的民族历史文化的载体。语言就像一面镜子反映了民族历史、文化、心理素质的深层结构,隐形地规范着一个民族看待世界的价值标准和思维方式。

相对文化的深层结构而言,语法规则就只是语言的表层结构。文化的深层结构包含世界观(宗教作为一种世界观)、家庭观、历史观。世界观是一种文化对神、人性、自然、宇宙、生、老、病、死以及其他与存在相关的哲学问题的取向,而宗教是文化中形成世界观的最重要因素。家庭是最先教会孩子接触文化的,影响其观念。历史则是传承过去的故事,影响观念并教会群体认识身份、忠诚和为什么而奋斗。

在英语教学中加强文化教学,更重要的是要关注到文化的深层结构和深层文化的差异,要注意以往大学英语教学中对目的语深层文化忽视的现象。中国学生在跨文化交际时容易犯文化方面的错误,那些属于表层文化的错误是容易改正的,但是那些和价值观、信仰等有关的"深层结构"错误,需要更多的努力和更多的时间才能改正。由深层文化引起的错误比语言错误后果更为严重,很可能使中国人和外国人在交际中导致情感上的不愉快。例如,社会学系的一

名学生因故没去上外教的一次课,后来在校园里偶然碰到了外教,外教向学生述说由于她生病了,所以那节课没上成,这名学生听后高兴地说:"这下太好了,我没缺课!我还担心自己错过了你的课呢!"结果他发现外教不太高兴。学生觉得不落下课程是重要的,他这样说实际上是想向外教表达他喜欢外教的课程,是对外教的一种褒奖,同时也表明自己是一名很用功的学生;但外教觉得人是最重要的,她生病了,学生不但不表示关心反而如此高兴,真不可思议!学生表述时没有犯语法错误,却由于两种文化深层原因表现出对待事物价值观的差异。

在培养非英语专业大学生跨文化交际能力的文化教学过程中,我们忽视了一个极重要的方面,即深层文化的输入。大学生在大学英语的课堂中接触到的基本上是目的语文化的外壳。大学英语教学关注了传授语言知识和进行语言能力的训练,在传授文化背景知识时尽可能地具体化、形象化,组织生动活泼的活动,如表演、讲座等,重视比较中外文化的差异。但是,在做了很多努力之后,学生的跨文化交际能力依然没有很大的提高。具体表现在对学生进行文化背景的教育时,我们往往忽略了宗教这一对世界各国、各民族都产生重要影响的因素。自远古以来,宗教为世人提供了建议、价值观和引导。宗教努力去解释那些无法理解和解决的人生概念。宗教解决的是生和死的本质、宇宙的创造、社会和群体的源起、个体与群体的相互关系,以及人与自然的联系。在过去一万年间,地球上还没有哪个群体的人是没有宗教的。从整个人类的历史来看,宗教自原始社会产生以来,至今还对哲学、历史、文学艺术、科学产生着影响。因此,不研究不了解宗教和宗教的历史,就很难全面地了解世界和中国的哲学史、思想史、政治史、科学史和文学艺术史。

大学生的目的语为英语,主要英语国家的宗教信仰是基督教(包括天主教和新教)。像美国,就是世界上唯一的一个绝大多数国民仍旧自愿地过着积极宗教生活的大国。以美国为例,根据2001年4月进行的盖洛普民意调查,"82%的美国人称自己是基督徒,10%的被调查者将自己归入基督教以外的信仰类别,8%的人说他们没有信仰"。美国人将宗教与个人伦理和行为等同起来,认为宗教是道德败坏现象的解毒剂。美国人认为,如果人们更多地信仰宗教,那么,犯罪、贪婪、为人父母而不负责任、唯利是图等问题就会得到缓解。《圣经》是世界闻名的巨著,是世界上销量最大、读者最多的书,一千多年来没有第二部书能像《圣经》那样对西方文化产生巨大而深刻的影响。没有哪部书能像《圣经》那样以如此奇妙的方式把历史、诗歌和哲学统一起来,从而能够代表一个民族的古老文献;更不必说,《圣经》反映了极其纯朴的远古时代的精神,以及生活在那时代的崇高卓越的个人。随着中国的开放,加入全球经济的市场交易和竞争,奉《圣经》为经典的西方文明对我们社会生活的冲击,就很难避免了。因为这部书是现代西方社会的一些核心理念、道德信仰、法律原则和文化价值的渊源。在对学生进行目的语文化输入时,我们遗漏了这重要的一环。

在表层文化的输入中,学生很容易知道作为书名的《圣经》,知道《创世纪》、知道达·芬奇的《最后的晚餐》等,但在深层次的交往和沟通中,就表现出对目的语文化的欠缺。学生与外教的沟通中可以明显地看到这一倾向。学生在寒暄、打招呼之后,就陷入沉默。因为,表层的东西是较容易引起重视并学会的。例如,没有一个学生会主动询问女外教的年龄,倒是外教到课堂上第一次做自我介绍时就会告诉学生自己的年龄,因为他们在来中国之前学习了一些中国的文化背景知识。此外,学生们对外教在课堂内外交流时,信手拈来的有关《圣经》的句子、典故等完全不了解,使外教感觉与中国大学生的有关交流比较困难。新闻系几名学生参加了学校的暑期英语强化培训,在介绍湖北是"鱼米之乡"时,用 the land of fish and rice 来表述,使用了鱼(fish)和米(rice)两个目的语文化的词汇,可外教并不太理解,因为他们表达"鱼米之乡"用 flowing with milk and honey,源自《旧约·出埃及记》。摩西对受苦难的犹太人说,"我下来是要救你们脱离埃及人之手,领你们出了那地,到那牛奶和蜂蜜遍地流淌的地方"。学生不了解这个典故,因此在使用目的语表述时,词汇的表达就不准确。这样的用法同时也反映出中国传统农耕文化和西方传统民族文化的差异。同样在外教的课堂上或者国外的影视作品中,学生常常很难理解诸如 "escape by the skin of one's teeth(九死一生)、eye for eye(针锋相对)、fly in the ointment(美中不足)、golden calf(金钱)、corn in Egypt(丰衣足食)"等源自《圣经》的英语表述。

实际上,20世纪伟大的科学家爱因斯坦的物理学知识极为丰富,对宇宙的了解也极为深刻,但他却是一个虔诚的教徒。也许有人会发现爱因斯坦在科学知识和宗教信仰上的矛盾,似乎他应该用科学来理解世界才对。但爱因斯坦的信仰出自谦卑,因为他知道自己还有不足。法国作家纪德认为,影响他一生最大的就是《圣经》,这部分绝对不逊色于希腊神话的影响。怀特海就主张"科学精神的来源之一是宗教信仰"，揭示出科学和宗教的深刻关系。西方的科学发展可以使他们在世界上得到各种利益，而宗教的信仰使他们在个人的心灵上得到归宿。中央电视台《对话》栏目在暑期的一档中美学生交流节目中，有一个环节是价值观的考察。美国学生惊人一致地选择了真理和智慧；在美国这样一个个人拥有较高自由度的国家，学生的价值观念却如此相同。相形之下，中国学生绝大多数选择了权利，一个学生选择了美，少数学生选择了真理或者智慧。这也许反映了当代中国社会的多元化，但是也从一个侧面反映了当代中国学生价值观念的游离、不坚定等现象。美国学生清晰、坚定地表述了自己的价值观，给中国学生上了一课。

（二）大学英语教学对目的语文化历史与关联的忽视

借用黄仁宇先生大历史的概念，大学英语的课堂教学中要对学生进行跨文化交际能力的培养，有意识地输入目的语文化，使学生具有大文化的视野。但在实际的教学实践中，处理文化元素的方式却是任意和缺乏计划的，学生也只根据他们自己的兴趣来选择。比如在讲运动时补充介绍美国篮球职业联赛（NBA）；在讲食品时介绍美式快餐；讲节日时介绍圣诞节和感恩节；讲色彩时，说明红色在中国人和西方人眼中的不同；讲词语时，说明中国人崇拜龙，而西方人则认为龙是怪物等。这些文化背景知识、文化元素的输入，使学生对目的语文化加深了解是有用的，在跨文化交际中也是必要的；但关键在于，这些散乱的介绍，实际上割裂了文化的历史性和关联性。爱德华·霍尔指出，文化的各个方面都是相互联系的———一旦你触及文化的某个方面，其他方面都会受到影响。

微观方面，以美国总统大选为例。它涉及美国的两党政治、独立候选人、选举团制度、媒体的作用、黑人和少数民族以及妇女的投票权、第三党、国内国际政策等各个方面。如果在文化的输入中只关注某一点，就会割裂整条文化链，反映在学生身上就是一知半解、似是而非。

《新视野大学英语读写教程》中第1册单元7，两篇课文，《全新版大学英语综合教程》中第3册单元3，共两篇课文，涉及西方国家尤其是美国的社会安全问题。课文内容暗示出美国人合法持枪造成的社会治安问题。与此同时，学生们在生活中接触到的新闻媒体也经常提到美国校园枪击案，有学生和教师出现伤亡。媒体热衷报道一些有轰动性效应的新闻，课本内容又未能全面介绍与此社会问题相关的文化背景，造成学生在认知上出现了偏差。例如，社会学系的一名学生在和外教交谈时，常常会提到美国的治安不好，没有安全感，还会询问外教有没有枪，但得到的答案是没有时，学生怀疑外教是不是在隐瞒。当遇到一名华裔美国外教时，这个学生又询问同样的问题。这位华裔美国外教明确地告诉学生说他没有枪，而且他居住的地方很安全，他可以深夜在屋外漫步思考，并不担心被抢劫或受到伤害。

实际上，学生对美国人合法持枪的认知局限于书本和媒体报道，课文选择的内容也背离了选择教材文化内容的原则。美国人崇尚枪支的文化、合法持枪的背后，是与当初美国人开拓西部时需要武器保护自己，与美国人的拓荒心态相关。同时，拥有枪支也是1791年通过的《美国宪法第二修正案》赋予美国人的权利。"一个管理严格的民兵组织对于一个自由国家的安全是必不可少的，人们拥有武器的权利是不可侵犯的。"不少美国人不把枪支当作一种工具，而是当作一种权利。这并不是说宪法给了人民拥有武器的权利，而是说人民拥有武器的权利不可侵犯。这种权利在美国人看来不是任何人给予美国人民的一种恩赐，而是一种天赋人权。宪法规定的是任何人都无权对这种权利进行侵犯，人民有持枪和组织武装团体的自由。这是用于防止政府权力无限扩张的一种预防措施。

宏观方面，在大文化观的空间框架下，以目的语文化发展和演变的时间（z轴），假设一个坐标（见图5-3）。

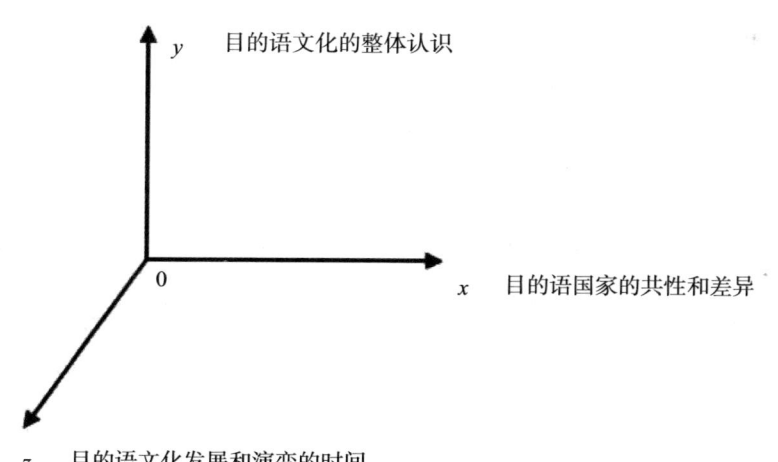

图5-3　目的语文化坐标

1. 横坐标（x轴）

从坐标的横向看，在对非英语专业大学生进行目的语文化输入时，应考虑到如英国、美国、加拿大、澳大利亚等英语为母语的国家，其文化背景是不同的，进行目的语文化输入时应考虑这些国家文化的共性和差异。

从目前全国重点高校主流使用的两套大学英语教材来看，其中的课文绝大部分是选自美国的作品或是美国人的作品。《新视野大学英语读写教程》共80篇课文中，除去30篇课文没有确定其内容具体与何国家相关外，其余的50篇文章中，与美国有关的文章达42篇；《全新版大学英语综合教程》共64篇课文中，除去9篇课文没有确定其内容具体与何国家相关外，其余55篇文章中，与美国有关的文章48篇。教材中很明显对其他英语国家的文化是忽略的，过于突出了美国文化，容易造成学生对英语国家文化上的误解。在学校的暑期英语强化培训课程中，学生同时接触了不同国籍的外籍教师后，发现英国人和美国人居然彼此互不欣赏，而且英国籍和美国籍教师在服装、语音、待人处事的方式上都有很大不同。访谈中，一些非美国籍教师和留学生对学生初次见面的问题总是"Are you an American?（你是美国人吗？）"表示出不快，他们不高兴被大学生误认为是美国人。

实际上，进入20世纪，尤其是"二战"后随着美国崛起为超级大国，影响力不断扩展，其文化也借助政治和经济实力辐射全球，造成"美国化"现象。美国人的文化中心主义和文化扩张，其实是欧洲文明向全球扩张的结果。美国人认为自己应该接替欧洲向全球传播民主、自由与文明，但是美国遵循的文化中心主义和话语霸权的逻辑，阻碍了文化间的平等对话。因为世界是多元的，美国人借政治、经济上的优势来推行美国化，结果造成文化主体间的不平等。例如，加拿大人就不满美国文化霸权，该国前文化遗产部长希拉·科普斯曾警告说，各国有在全球单一的美国化中丧失自我的危险。德国前总理施密特则认为，全球泛滥的美国式"伪文化"，正在侵蚀德国的民族传统，即便遭到失败，德国人也要在压力面前捍卫自己文化的特性。法国则疾呼在全球化中保持"文化多样性"的意义，希望以平等对话的方式保护文化多样性，消除潜在的一元化危险。其实西方各国很注意保护自己的独特文化和传统，避免在全球化中丧失自己的民族特性。

因此，从目的语文化的角度看，大学英语教材中应涉及不同目的语国家的文化特征和差异，这样才能避免学生在目的语文化学习中学成"美国化"。

2. 纵坐标（y轴）

从坐标的纵向看，学生的学习对象是英语，目的语文化简称为英美文化。因此在目前对学生进行跨文化交际的目的语文化输入时，仅限于对英语国家的文化介绍。韦伯将全球分为五大历史文明,儒家文明、佛教文明、基督教文明、伊斯兰文明、印度教文明。施宾格勒在《西方的没落》中划分出八种文化历史类型。古典文化(指古希腊文化)、西方文化(指中世纪以后的西欧文化)、阿拉伯文化、埃及文化、印度文化、中华文化、巴比伦文化、玛雅文化(墨西哥文化)、俄罗斯文化。英国历史学家汤因比在《历史研究》中认为,所有已知的文化都是由世界宗教(基督教、伊斯兰教、佛教等)哺育的,是人类同一棵"历史树"上的枝权。他划分出21个文化类型、5个停滞的文明、3个流产的文明。21个文化类型为,西方、拜占庭东正教、伊朗、阿拉伯、印度、中国、希腊、叙利亚、古代印度、古代中国、米诺斯、苏美尔、赫梯、巴比伦、埃及、安第斯、墨西哥、于加丹、俄罗斯东正教、朝鲜与日本。亨廷顿列举了当代的主要文明:中华文明、日本文明、印度文明、伊斯兰文明、西方文明、拉丁美洲文明、非洲文明(可能存在的)。亨廷顿认为西方包括欧洲、北美,加上其他欧洲人居住的国家,如澳大利亚和新西兰。从历史上看,西方文明是欧洲文明。在现代时期,西方文明是欧美文明或北大西洋文明。有学校曾经请一名加拿大籍教师讲授加拿大文化,外教却感到很困惑,原因是她说没有加拿大文化,只有西方文化这样的讲法。

  英美文化属于西方文化,深受古典文化的影响并延续其生命力。古希腊是西方文明的渊源,它在哲学、艺术、文学等方面构建了西方文明的坚实基础,而古罗马第一个真正奠定了现代政治基础。英国在政治制度和文化层面上,其宪政继承罗马共和国的政体原则,文化上继承古罗马的哲学以及注重历史和经验的传统。美国宪法的共和主义精神受到罗马精神的强大影响,它是在罗马模式、英国宪政基础上构建的。美国政治家威廉·麦克莱在提到制宪会议时,一向反对割断它和美国成立前的历史联系,反对把美国说成是"石头缝里蹦出来"的,或者是由一群人凭空设计出来的。约西亚·昆西就指出美国的制度是经过西方文明长期演进后结出的一个果子。因此,在大学英语教学和研究中,目的语文化应被置于更为广阔的空间和时间,这样才不至于割裂其历史的传承。

  英美文化中极为重要的法律文化即源于古罗马。在古罗马最早出现的是市民法,后来的民法即源于市民法。在古罗马,以所谓"市民法"适用于罗马公民,而以所谓"万民法"适用于外国人以及外国人与罗马公民的关系。国际法这个词的词源,可以追溯到罗马法。国际私法作为一个主要解决法律冲突的部门法,其最早的理论基础孕育于古罗马的万民法。公元212年,市民法和万民法合而为一,罗马法宣告统一。罗马法是古代法中反映商品生产和商品交换最完备、最典型的法律。在西方法学界有"罗马法为私法之典范"一说,足见此法对后世之影响。当今世界两大法系，法、德、日等是大陆法系，英、美等国是英美法系。罗马法对两大法系都有极为重要的影响。而17世纪的清教徒移民在新大陆学会如何养活自己之前，正式的契约和法规就已出现。18世纪英国首相形容财产权对人的神圣性时，称即使是最穷的人，在他的破屋里也敢于对抗国王的权威——风能进，雨能进，国王不能进。英美等国16世纪开始先后走上自由宪政之路。英国宪政是以私有财产制度为基础的，而私有财产观念可溯源自《圣经》。时至今日，还可以从英美外籍教师常说的"一个人的房子就是他的城堡"中，窥见英美等国家对个人隐私与私有财产的保护。所以，英美深刻的法律文化必须置于更广阔的时空，才能还原其本来面目。可见在大学英语教学中，如果仅仅只满足于简单介绍英美国家的律师、法官或几个典型案例，是不可能做到让学生全面理解目的语的法律文化的。

　　我们的学生在和外教，尤其是和美国籍教师交际时，常常表现出对中国悠久历史的自豪感，同时感慨对方来自一个历史太短的国度。动力系的几名学生在和一名拥有英美双重国籍和博士学位、会说英法俄等几种语言的外教聊天时，又谈到这个话题。这位外教从比较客观的角度告诉学生，美国的确是建国历史很短的国家，但是美国的文化传统却很长，从欧洲移民到新大陆的人也同时带去了欧洲的传统和文化。美国是欧洲文明的延伸，将近80%的美国人是欧洲血统。美国继承了从古希腊、罗马到文艺复兴和启蒙时期的西方文明的平等与理性、共和与法制的精神和制度。这位外教认为，诸如《圣经》、荷马、柏拉图、莎士比亚等，都是构成美国文化的核心。"直到'一战'前，恺撒的统治仍笼罩着这片土地。那些因'文明'而熠熠生辉的国家都在罗马帝国的版图之内；法律原则要么是罗马的，要么衍生自罗马的法律；人文教育大部分都使用罗马语言；已成为完美的永恒标准的哲学和诗学属于罗马，或者由罗马人传播到世界各地。最重要的是，个人或国家政治伟大的典范都来自罗马。"

　　由此看出，对学生的目的语文化输入，应从时间、空间的大框架下进行教学和研究，树立大文化的概念，培养学生对文化的共性和差异的整体认识。大学英语教材中缺失了对目的语文化中深层文化、文化的历史与关联的介绍，使得学生容易将从好莱坞电影和其他传媒获得的信息当作目的语文化的主流价值观，或者简单地把好莱坞电影中讲述的西方人物形象和日常生活当作西方人的生活常态。但实际上，这与西方的主流价值观是有着很大差距的。正是由于对文化深层结构的忽略，造成学生很难区分西方的主流文化和非主流文化，很难对文化现象进行选择和辨识。

　　大学生学习英语的目的是用来和英语国家的人员交际，吸取他国的先进科学、文化精华，更好地进行跨文化交际。学生的英语问题，不能仅从表面上认为是由于中国学生羞涩、顾及面子，或者词汇不够、语法不清，还应该考虑到在英语教学时，在文化背景知识的输入中，我们缺失了对精神文化、软文化的输入。有研究者认为，要了解当今世界必须了解宗教，对宗教问题在当今世界政治社会生活中的影响绝不可低估。无论是做好国内各项工作，还是开展对外工作，都要求我们密切关注宗教问题。不同宗教信仰的人，有宗教信仰的人和无宗教信仰的人，彼此不应当另眼相待，而应当彼此尊重、和谐相处。这就要求在教学中要弥补教材的不足，引导学生建立起对目的语文化的深层次理解，让学生多了解目的语国家的宗教文化，尊重对方的宗教信仰，并从对方的宗教文化中吸取精华以丰富自我。如果缺失对目的语文化深层次的理解，是很难与目的语国家的人民进行良好沟通的。

（三）对目的语文化经典阅读的忽视

目前，学生和家长包括部分教师对"英语好"的认识，似乎定义为"考试成绩分数高"。中学生以高考英语分数为标准来判断英语好不好，大学生以通过大学英语四、六级考试的成绩，来证明自己的英语好不好，求职的学生为了证明自己英语好，还要去考商务英语证书（BEC）等各种证书，更有学生以托福（TOEFL）多少分、美国研究生入学考试（GRE）多少分、雅思（IELTS）多少分，来表明自己的英语很好。曾经有这样一个以分数为标准的事例。一名中国大学毕业生到外企求职，为了证明自己的英语水平，要求对方拿份试卷来给他做做，只要做完卷子，外企人力资源部的人就知道他的考分有多高，英语有多好了。

英语考试成绩分数的高低，只表明了在规定的时间里，完成了造句、完形填空、翻译句子、写出150字的作文后，达到目的语语言水平的程度要求，并不能说明已经很好地理解了目的语文化，也不能说明就具备了能用英语与目的语为英语的人员进行有效的沟通和深入的交流；更不能说明面对目的语国家的强势文化时，能客观地表达自己的思想，用英语来维护自己的话语权。对非英语专业的大学生来讲，真正的问题不是达到哪个级别的语言水平，而是语言学习是否有助于通识教育、批判性思维、解决问题的能力、获得世界的整体性知识、培养跨文化交际能力、发展对语言和文化的认知和元认知、形成有助于民主社会和生活在民主社会的态度。

苏霍姆林斯基曾试过用很多方法去促进学生的思维，得出结论认为，最有效的手段就是扩大他们的阅读范围。因此,在大学英语教学中,应该重视学生的阅读广度和阅读深度。目前,全国重点高校主流使用的两套教材《新视野大学英语读写教程》的 80 篇阅读文章、《全新版大学英语综合教程》的 64 篇阅读文章中,缺失了目的语经典阅读的内容。

《新视野大学英语读写教程》的 80 篇课文,"课文绝大部分选自 20 世纪八九十年代出版的英美报刊书籍,也有新世纪刚刚问世的作品。为配合教学需要,对选材的部分内容进行了删改"。没有一篇出自著名的作者或者经典的作品。

《全新版大学英语综合教程》64 篇课文内容的选择(见表 5-1),绝大部分摘录自报纸和杂志以及网络和 VOA 节目,作者绝大部分是报纸或杂志的记者、专栏作家、编辑。教材编写体现了题材较广泛、反映现实生活、科普内容占一定比例的特点(见图 5-4),但是经典作家或者作品几乎没有涉及,甚至连节选也没有。经典阅读的缺失,对教学产生了很大的影响。

表 5-1 《全新版大学英语综合教程》的课文类别

类别	杂志/报纸	网络文章/VOA 节目	传记/演讲	小说/故事	英语辅导书	科普文	合计
篇数	19	9	5	15	10	6	64

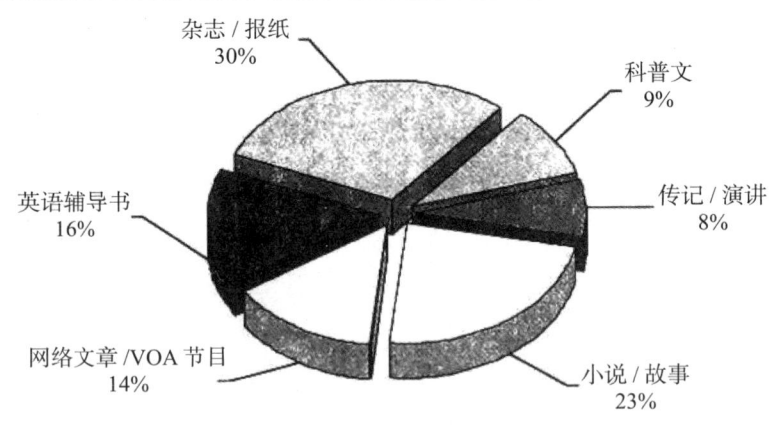

图 5-4 《全新版大学英语综合教程》题材比例分布

哲学在大学英语教学内容中是被忽略的。哲学 Philosophy 一词,是古希腊人所创的(希腊语 phileo "我热爱" + sophia "智慧")。古希腊人把热爱智慧、追求智慧作为人的始终如一的精神状态。从古希腊的毕达哥拉斯、苏格拉底、柏拉图、亚里士多德以及古罗马的西塞罗，到后来的卢梭、孟德斯鸠、康德等，西方哲学大师对西方的思维方式、民族性格、公民文化及崇尚民主、自由、科学和理性的传统，都有深刻的影响。正如林语堂所说，"少时读《亚里士多德》，使我不胜惊异的，就是读来不像古代人的文章，其思想、用字、造句，完全与现代西洋文相同，使人疑心所读的不是两千多年前古代希腊哲学家所写的，而是19世纪或20世纪的西洋论著，最重要的是他的《逻辑学》定逻辑的形式系统，后来这逻辑系统统制西欧两千年的学术"。中国与西方哲学的差异，体现在思维方式、人文精神、伦理观念、逻辑、人生观、世界观等各个方面。中国人讲"天人合一"，而西方哲学则持"天人相分"的观点；中国人遵从集体取向，而西方人崇尚个人奋斗；在时间取向上中国人常感怀过去，而西方人则着眼于未来；在思维方面，中国人重整体、重主体，而西方民族重逻辑、重理性、重分析；反映在篇章组织结构上，汉语是螺旋形，而英语呈直线型。

哲学的使命在于把个别、具体的东西与一般的东西联系起来，最终深入到人与自然融为一体的境地；同时，哲学也是一切精神活动的中心，每一科学活动，甚至每一针对内在目标的人类，都根据哲学确定方向，并从哲学中获得精神的生命力。就语言来看，哲学的有益影响几乎遍及所有方面。在一个民族中间，科学教育的性质越偏于哲学，就越有助于语言的发展。因此，加深学生对最根本的哲学层面上的文化认识，不仅有利于提高跨文化交际水平，而且有助于提高阅读、写作、听力等各方面的语言技能。

经典的文学在大学英语教学内容中也是被忽视的。其实，文化能够通过文学的媒介表述自己。文学是第二语言教学中可行的组成部分，文学的主要功能之一是作为媒介传播。没有文学，就不能发现他国文学的独特和对多样的叙事文体有深层次理解，从而也无法理解其他国家人民的相似性和不同性。无论是全球经济发展，还是多民族的社会，都需要公民能够理解自己和他国的语言、传统和文化历史。文学文本是学习者能利用的语言资源，阅读文学作品能帮助他们发展语言能力。利用文学作品去阐释渗透其中的目的语文化的价值观，有助于重新定义学习者在母语文化中获得的价值观，文学作品相当于提供了一个新的视角，帮助学习者了解文化之间的共同点和差异，大学英语教学中的阅读材料可以被用作教授文化。如果大学英语学习的阅读材料只是我们自己根据不同难度和水平架构的语言体系，这样的内容常常没有文学成分。

被忽视的还有古典文化尤其是希腊文化、罗马神话。希腊文化是欧洲文明的源头、人文主义的摇篮，也是西方全部人文研究的根底；两千多年来，古典文化不仅是西方学人从未间断的研究对象，更是他们永远眷念的精神家园。古典文化产品因代代相传而得以延续久存,其作用和影响惠及当代。"这些产品播种着生命,因为它们本身即生成自完备的生命"。在大学英语教材中没有这方面的内容。一名经济学院的学生说,外籍教师在课堂上提到美国著名诗人爱德华·罗宾逊的诗,结果同学不知道,外教提到波塞冬时,有同学记起观看过的日本动画片,指出波塞冬是希腊神话中的海神。实际上,古典文化、罗马的神话对英语文学(如诗歌)具有深刻长远的影响,莎士比亚、弥尔顿、雪莱、济慈、勃朗宁等,都用神话丰富了他们的题材。意大利的但丁、德国的歌德和席勒等都从神话中汲取素材和典故。不懂得希腊文化和罗马神话故事,就在相当程度上失去了欣赏和了解目的语国家文学和艺术的机缘,对于一名学习英语的大学生来说,了解一点神话故事知识是非常必要的。

陶行知先生曾批评中国的教科书,"不但没有把最好的文字收进去,而且用零碎的文字做中心,每节课教几个字,传授一点零碎的知识。我们读《水浒》《红楼梦》《鲁滨孙漂流记》一类的小说时,读了第一节便想读第二节,甚至从早晨读到晚上,从夜晚读到天亮,以零碎文字做中心的教科书没有这种分量"。他将这种教科书比喻为"没有维生素的菜蔬、上等白菜,吃了叫人害脚气病,寸步难行"。"有人说中国文人是蛀书虫,可是教科书连培养蛀书虫的力量也没有。蛀书虫为什么蛀书,因为书中有好吃的东西,使他吃了又要吃。吃教科书如同嚼蜡,吃了一回,再不想吃第二回"。陶先生多年前的批评同样适用于现今的大学英语教科书。教材内容十分有局限性,框架延续的是中小学外语课本,重点介绍单词、语法,目的语文化的经典阅读极为缺乏,很难提起学生的兴趣。同时,大学生的课外英语学习多半是与托福(TOEFL)、美国研究生入学考试(GRE)、雅思(IELTS)等考试有关,课外阅读即使涉及西方经典文献,学生也多半是阅读汉译本,基本没有匀出时间阅读原文经典文献。

解决现代社会面临的理性危机就要重视大学教育,完善学生的天性,使学生懂得关于人、人类的永恒问题。这就需要在大学里开展通识教育,"回到传统,阅读经典",让学生接触名著,以净化他们的灵魂,懂得追求卓越与德行的完美。西方教育家赫钦斯提出对"共同人性"以及"本族群的属性"这种永恒性研究,其精华首先体现在西方文明的历代经典著作中。他提出,大学生在进入专业研究之前,不分系科、专业,全部应首先学习"西方经典"或者"伟大之书"。赫钦斯提倡永恒学科,因为这些学习会发掘出我们共同的人性要素,因为它们将人与人联系起来,因为它们将我们与人类以往的最佳思维联系起来,因为它是进一步学习和理解世界的基础,一本经典名著在任何时期都具有现实意义,这就是其经典之所在。如果一个人从来没有读过西方世界的任何名著,我们如何能称他是一个受过教育的人？

学生要阅读原著，因为经典教育的最好途径是将注意力放在经典作家的著作本身，而不是放在论述他们著作的书籍上。经典著作揭示了人类普遍关心的基本问题，教师在教学中要引导学生在学习过程中不断思考它们如何影响我们的生活，它们能医治我们的哪些疾病，它们如何改善并弥补我们的缺陷，何处是我们的榜样，何处是我们的警告，培养学生批判性思维，继承人类共有传统和普世价值。大学不是青年人来寻找职业的地方，而是来找到自己的地方。

国外的英语语言、文学教学和科研中一直都有经典阅读作指导。美国前教育部长威廉·贝内特列出他心目中的书单，如下所示。

传统的古籍——荷马、萨福克里斯、修昔底德、柏拉图、亚里士多德；

中世纪、文艺复兴和17世纪欧洲——但丁、马基雅弗利、蒙田、莎士比亚等；

18世纪到20世纪欧洲——斯威夫特、卢梭、奥斯汀、华兹华斯、托克维尔、狄更斯、乔治·埃利奥特、陀思妥耶夫斯基、马克思、尼采、托尔斯泰、曼恩、艾略特；

美国文学与历史文件——《独立宣言》《联邦主义者文集》《宪法》、林肯—道格拉斯辩论、林肯的葛底斯堡演讲和第二次就职演说、马丁·路德·金的《伯明翰监狱的来信》以及演讲《我有一个梦想》、霍桑、梅尔维尔、马克·吐温、福克纳；

《圣经》，它是其后众多的历史、文学和哲学的基础。

美国在19世纪后半期的英语研究中，将古典文化和拉丁文的著作视为经典。这样做的原因，是在当时有一个"默认的理由，认为语言深深地根植于欧洲哲学和传统语言学，传统教育相信，如黑格尔所说，经典的古代著作不仅包含了用最崇高的方式对人类精神进行滋养，而且此精神本能地与写作这些作品时，所用语言的语法和词源相联系"。如简·奥斯汀、乔治·埃利奥特、亨利·詹姆斯、约瑟夫·康拉德以及D. H. 劳伦斯，他们是英国小说的伟大传统之所在。大卫·丹比则提供了一份哥伦比亚大学经典阅读的书单（见表5-2）。

表5-2 哥伦比亚大学经典阅读书单

章节	第一学期	第二学期
1	荷马I	但丁

续表

章节	第一学期	第二学期
2	萨福	薄伽丘
3	柏拉图 I	休谟和康德
4	荷马 II	蒙田
5	柏拉图 II	卢梭
6	索福克勒斯	莎士比亚
7	亚里士多德	黑格尔
8	埃斯库罗斯和欧里庇德斯	奥斯汀
9	维吉尔	马克思和穆勒
10	《旧约全书》	尼采
11	《新约全书》	波伏瓦
12	奥古斯丁	康拉德
13	马基雅弗利	伍尔芙
14	霍布斯和洛克	

　　我国 2007 年颁布的《大学英语课程教学要求》中明确指出:"大学英语课程不仅是一门语言基础课程,也是拓宽知识、了解世界的素质教育课程,兼有工具性和人文性。""大学英语的教学内容除了语言知识、语言技能之外,还应涵括人文情感、人文素养和人文理想的培育。"这些充分显示出,不仅要将英语作为工具来学习,而且也要将大学英语作为素质教育的组成部分。

　　在我国,学者提倡的人文素质教育中,提供给大学生的书单所涉及的外国经典著作是已经翻译成汉语的。既然大学英语不仅是语言技能的培训课程,也是高等学校文化素质教育的组成部分,那么在大学英语教学中就应该涉猎西方经典文献。在大学生学习大学英语的 2 年 4 个学期的时间里,应当拿出一部分时间和教学内容用于经典阅读,即使不是阅读全文或者全书,而是将重要的部分节选出来让学生花时间和精力去研习,也会有不一样的效果。大学英语教学中的经典阅读,可以让学生接触原汁原味的外文原著,少了翻译中的信息丢失等缺陷；让学生直接面对优秀的英语原文作品，使学生与大师直接对话，既能让学生培养语感、增进英语水平，同时又能让学生直接感受原文文献中的人文关怀和人文精神，养成良好的品位和高尚的情趣。这不仅是高等学校人文教育的组成部分，也可以提高学生的英语水平和文化素养，实现外语教学的人文价值和工具价值的融合。

大学英语的学时有限，学生每周只有4节大学英语课。大学英语教材的篇幅有限，课文内容多反映当代目的语文化的社会生活，学生所学的英语主要用于交际，以当代英语的文体和语体为主。学生现在肯定不会再用古英语说："Shall I compare thee to a summer's day?"（我怎么能够把你来比作夏天？）但是，经典阅读作为人文教育的方法，在大学英语教学中应当受到关注。诚如《新视野大学英语读写教程》的编者所说："传统的课本是几千年来文化的承袭，为人类培养了一代又一代的社会栋梁。课本仍然是不可取代的、行之有效的根本性教学工具。"有些知识是人类智力成就的共同基础，在课本中应增加经典原著的阅读。这些是学生在繁忙的日常生活中可能永远不会有时间和机会去探求的学问。学习这些语言的句法所形成的坚韧性及自我克制精神，足以增强个性，提高个人的道德发展水平。

第二节　文化定式对大学英语教学的影响

一、文化定式的形成

1. 定式

沃尔特·李普曼于1922年使用定式（stereotype）一词，有时也翻译为刻板印象。定式是对一个群体成员类别的一套夸大的期望（如加州人、纽约人、律师、医生），或者是对一个成员资格群体所持的潜意识的信念，是对一个身份群体过于一般化的概述，以及对其文化过于简单化的态度，而不试图理解身份分类中的个体变化。定式的内容能够传达正面的和负面的信息（如某国人数学好或某国人太具有侵略性等），他们都是建立在群体同质的原则基础上关于一个阶级、群体、个体夸大的"头脑中的印象"。定式也是对一些群体人泛化的认知。当人们用定式对待他者时，就带着一种对人的分类，并断言所有属于那一分类的人都具有的特点。定式的结果是在任一群体的成员中存在的巨大程度的差异，在阐释信息时没能被考虑到。

偏见是建立在不公正的认知和情感成见的基础上，在对可获得的信息无知、没有审查地"预先判断"一些人或事，是一种错误的概括基础上的反感。这样一种反感缘于建立在草率的、顽固的、超过现有证据的、和自己圈内人比较、过于一般化的概括基础上对待圈外人无根据的否定态度，它能被感受到或者表述出来。偏见包括对特定群体或宗教无理性的怀疑甚至仇恨，它不是建立在直接体验和第一手知识之上的对其他群体成员的理解，而是以否定的和不公平的行为方式对待其他群体的成员。它可能指向整个群体或者个体（因为他或她是那个群体的一员）。个体会基于肤色、外国口音、方言、文化或宗教等行为对他者持有偏见。例如，一个具有偏见的个体可能会说："非洲裔美国人不像其他的美国人那样聪明"，或者，"亚裔美国人总是在学习，总是在我们班得最高分"。这些就是偏见。它阻碍不同文化背景的个体之间的有效交际。由此，为了避免人际关系的冲突，会造成回避。个体通过教育、家庭社会化过程、同龄人群体、大众传媒以及其他的一些影响，学会对其他群体成员的负面或正面的倾向和感觉，在极大程度上，这一概念在群体之间关系的文献中具有否定的内涵。偏见一旦形成，就很难克服和改变。

在跨文化交际中，偏见表现为：

①口头歧视；

②规避态度，人们避免与他们不喜欢的人接触；

③歧视行为，有偏见的人会在很多方面排斥某一群体成员。

在跨文化交际中，偏见往往包含着或多或少的敌视。持有偏见的人，即使在事实面前也不愿承认自己的错误，反而会找借口为自己辩解。

定式就像文化一样是通过不同的方式学习的，比如，人们从他们的父母、亲戚和朋友处学习到定式。如果一个人听到父母说"那些犹太人控制了电影工业太糟糕了"时，他就在学习定式。

定式缘于有限的人际接触。如果我们碰到一个巴西来的有钱人，然后从这次碰面我们得出结论，认为所有来自巴西的人都有钱，我们就是从有限的资料中获得了定式。

很多定式是由媒体提供的。电视在提供有关很多种族的歪曲的画面时，就是在犯错。问题是，对很多人来说，这些错误的复制品经常变成他们个人的事实。

在跨文化交际中，文化定式虽然有利于加快信息的加工过程，但它往往导致过分简单化的概括，乃至形成偏见和歧视。定式在形成之前，只是对某一文化的描述。类似的描述经过不断被复制，就形成定式。一旦在定式中加入感情成分，定式就发展成偏见。偏见表现在行为上，就容易导致歧视。而且，因为文化定式具有相对稳定性，所以定式与偏见一旦形成就很难改变。文化定式的形成与人们的认知、后天文化的熏陶、个人的经验等密切相关。大学生的认知过程受传媒、大众等各种因素影响，极易形成文化定式与偏见。

有趣的是，相较于建立在直接的个体经验和交往之上的定式来说，建立在二手观点之上的定式，即缘于他人观点或者传媒而形成的定式倾向更为极端，对个体与个体的差异更不易体现，更始终如一地将定式强加于他者之上，而且更拒绝改变。哈佛大学心理学家戈登·奥尔波特通过指明定式——对一些群体人的概括过于简单化的事实——导致偏见，来探讨人类的认知活动，指出分类和概括是如何导致偏见的态度，以及有偏见的个体常常用定式思维。

2. 信息不对称与定式

信息作为一种资源，贯穿着整个人类社会历史的始终。信息不对称（information asymmetry）是指在社会、政治、经济等活动中，一些成员拥有其他成员无法拥有的信息，由此造成信息的不对称。比如教师和学生之间对教学内容，均拥有明显的信息不对称。

哈耶克把知识分成两类，一是科学知识，被组织起来的由专家所掌握、在理论和书籍中可以得到的理论和技术知识；二是在特定的时间和地点情况下的知识，为处于特定的时间和地点情况下的人员所拥有。哈耶克所讲的知识就是信息。信息自形成起就是沿着一定的方式进行传递的。教育传递的是理论和技术知识；传媒传递的是对特定的时间和地点情况下的知识。信息传递的工具、内容和方式，组成了信息资源配置系统。信息配置的状况，决定着信息不对称的状况。

教育提供的信息是科学知识，是经过总结的信息。其传递工具如学校，由国家垄断和掌握。因此，教育长期以来一直处于被垄断和实行国家配给的状态。对教育的垄断限制了科学知识的供给，使信息成为一种稀缺资源，成为社会少数成员的专利，社会的多数成员少有机会或者没有机会全面接收到。以国家为主导的信息传递（信息资源配置）的效率低下，信息资源的供给相对于需求处于严重的不足状态，成为社会、政治、经济和文化发展的瓶颈，在一定程度上阻碍了社会的文明进程。历史上因缺少理论和技术知识的供给而导致的愚昧，使社会付出了巨大的成本。

传媒提供的信息是处于特定的时间和地点情况下的信息，是由每个人所掌握的、可以利用的、独一无二的、以不为他人所知的、对转瞬即逝情况的专门了解。其传递工具如广播、电视、电信、报纸、杂志和互联网由政府掌管。信息网络化的时代，学校不再是相对封闭的教育空间，而是一个在多方面与国际接轨的开放环境，对特定的时间和地点情况下的信息需求也越来越多。传媒由政府经营，存在着信息资源配置效率低下的问题。垄断的传媒不能满足对特定的时间和地点情况下的信息需求，是信息不对称的主要根源之一。现存的信息不对称状况，多数是制度选择的结果，而非制度选择的原因。信息不对称很容易导致误解，并形成文化定式甚至偏见。

二、大学英语教学中的文化定式

纵观大学英语两套教材可以发现，教材内容由于不涉及与目的语文化相关的政治、选举、法制等方面的内容和选题，学生对目的语国家的政治和社会现实缺乏了解。大多数大学生中学时都读过马克·吐温写于1870年的著名短篇小说《竞选州长》。马克·吐温的文章深刻揭露了资本主义民主的本质，批判了资产阶级所谓民主的虚伪性。学生对目的语国家的民主或选举等政治类话题的理解，有可能会停留在上述认知上。

随着社会和科技的发展，资本主义国家发展了其政治文明和选举制度。资本主义制度的自我调节不仅仅表现在经济方面，还表现在政治、社会等其他各个方面。现在的美国竞选有一个大家所公认的原则，就是认同"正面竞选"，而不鼓励"负面竞选"。尽量以正面宣传自己的政见和施政纲领赢得选票，尽可能避免以攻击对方的方式竞选，尤其是，恶意的人身攻击是很不得人心的。而学生从教材、书本中则很难接收到这样的信息和内容。学生通过网络可以获知美国选民的登记率和投票率，仿佛可能亲身经历西方国家的大选。从网络上可以接收到与教材、书本不一样的信息。比如，在2004年美国总统大选中选民投票人数就创历史新高；在2000年由法官裁定的票数极为接近的选举中，也没有出现我们印象中的党同伐异或政治阴谋。学生很容易在不对称的接收信息中出现偏差，形成思维定式。

社会学系的学生对美国的种族问题与黑人在美国的状况总是表现出极大的关注，常向外教询问在美国黑人是否受到歧视？在大学英语教材《全新版大学英语综合教程》第3册单元2的两篇文章中，一篇文章的内容是关于黑奴逃往自由之地的经历，一篇文章是关于美国黑人民权运动领袖的内容。学生通过教材接收的是有关黑奴、南北战争和美国黑人的民权运动的信息。

自林肯的《释奴宣言》到林登·约翰逊的《民权法案》，在黑人和民权人士的努力下，黑人及少数族裔的社会地位不断提高。前总统布什任命的两任国务卿鲍威尔和赖斯都有黑人血统，美国运通公司首席执行官肯尼斯·陈纳德、美林公司的首席执行官斯坦利·奥尼尔和掌管美国在线时代华纳公司的理查德·帕森斯，都是黑人。这三家公司资产数达十亿美元，品牌举世皆知。奥巴马更是一位民选出来的具有黑人血统的美国总统。正如亨廷顿所说："种族观念和种族偏见现在是而且将继续是美国生活中的事实。然而在人们的看法和态度上，种族的重要性显然正在降低，人们看科林·鲍威尔的长相，会觉得是看见一个黑人，然而他们看见的也是一位国务卿、一位退役四星上将、一位指挥过一场短促而胜利的战争的美军领导人，如果看的人了解国际事务，还会看到他是布什政府中主张多边主义对外政策的主要代表人物，与鲍威尔的这些身份相比，他的皮肤颜色就显得无关紧要了。如今美国人看到棒球场上各个人种的运动员时，注意的是他们的肤色，还是他们的击球率呢？"

在对非英语专业大学生进行大学英语教学时会碰到各种文化定式与偏见，但文化本身则随着社会的发展不断进化。不同历史时期的文化有不同的特点。随着时代的发展，各种文化都处于一种变化的过程中。在现代信息社会中，文化的变化更是日新月异。在开放、合作、和平、发展的全球化国际大环境中，大学英语教学培养学生的跨文化交际能力时，必须使学生理解目的语国家或目的语民族的文化，若仍按文化定式去交际，则无法沟通。正如以上例子所表明的，如果思维仍停留在过去，用过于简单的认知方式来看待当今的西方文化，那么出现偏差和问题是不可避免的。

事实上，在大学英语教学中，应该有更多的自信，应该用运动的、辩证的、发展的观点来看待问题。对西方文化的适度了解，会促进大学生对目的语文化和人民的认识和理解，会让学生对目的语深层文化有更多了解，更好地促进学生的跨文化交际的实现。用发展的眼光和开放的视野看问题，并不会导致学生或教师的全盘西化，反而可以让学生对比古今，更好地用辩证的观点来看待问题，形成自己独立的思考。也不能因为意识形态或传媒的影响而忽略文化是发展的这一观点。由于历史、社会体制等各方面的原因，我们与英语国家存在许多差异，我们应客观分析文化的共性和差异，打破思维定式，既不全盘接受，也不一概否定，引导学生对目的语文化持正确的态度。学生学的是目的语文化知识，不是改变母语文化的行为，更不是放弃对母语文化的认同与坚持。伴随着中国的和平崛起，中国传统文化的复兴，以及在全球化背景下的文化融合与发展，教学和研究应在现有成果和经验的基础上向深度和广度拓展，树立大文化观,并且在深层文化的发掘和消除文化定式与偏见方面做更多的努力。要打破旧思想框架的束缚,"实事求是、解放思想",不能只停留在表层文化和旧观念基础上,要与时俱进,发展成为更广范围和更深意义上的文化理解和跨文化意识。

第三节 大学英语教学的文化障碍

一、大学英语教学中的民族中心主义

(一)傲慢与偏见

威廉·萨姆纳于1906年提出民族中心主义(ethno-centrism)的概念,它源于希腊文的ethno(意指nation民族)和kentron(意指center中心)。民族中心主义是对自己群体优越感的信仰。民族中心主义看待事物时以自己的民族为中心,然后用自己的文化价值观去评价其他文化,并以此为参考去衡量和评价其他族群。民族中心主义视自己的文化价值观和准则高于其他文化,而且感到自己生存的文化方式是最合理的和最合适的实践人生的方式,期望其他文化的所有人都跟随自己文明的思维和行为方式。民族中心主义意味着我们所持的是"以自己的群体为中心的"观点和标准,并以我们自己群体的价值和信仰去对其他群体做出判断。当刻板地持有偏好内集团的观点时,内集团优越以及外集团次等的情感就被强化。民族中心主义是我们防御性态度的倾向,包括对待外集团成员的习俗或行为不明显的和明显的态度,通过我们自己文化社会化的过程得以强化,将自己的群体视为一切的中心,所有其他的群体都以它为参考进行评价和调整的观点。

人们展现的民族中心主义倾向有:①将他们自己文化中发生的事定义为"自然的"和"正确的",而在其他文化中发生的事定义为"不自然的"和"不正确的";②感觉内群体的价值、习俗、准则、角色是普世有效的,即对我们好的东西对每个人都好;③行为方式是赞同并歌颂内群体;④经历与外群体的关系距离,特别是当一个人的成员身份受到威胁或被伤害时。

民族中心主义是一种习得的文化优越性的信念。因为文化交汇了人们这个世界"真正"是怎样的、什么是"好的",于是人们相信他们文化的价值观是自然的和正确的。这种信念认为自己文化的信仰、价值观、规范、行为都高于其他的文化。所有的文化都教会他们的成员回应世界的"首选的"方法，常常贴上"自然的"或"适当的"标签，于是一般来说人们感知他们自己的、由他们自己的文化力量所塑造的经历是自然的、人性的和普世的。文化也训练他们的成员在判断来自其他文化的人的经历时使用他们自己的文化经历来进行分类，我们的文化告诉我们，我们被教授的行为方式是"正确的"或者是"恰当的"，那些不同的做事方式是错误的。

不论是一个国家、一种文化或是一个大学的运动队成员感到属于自己群体的是最好的。这种感受是相当自然的。问题在于，对自己的文化感到骄傲的同时，却得出了不必要的结论，认为其他的文化低己一等。民族中心主义是有效的跨文化交际的障碍，因为它阻碍了理解不一样的他者。例如，欧洲殖民者常常将他们所征服的拉丁美洲、非洲和亚洲的本地人，视为低于他们的人。极端民族中心主义在受到来自圈外人的威胁时导致圈内成员更强大的凝聚力，可能导致冲突甚至是与圈外人的战争。很多语言本能地传达了一定程度的民族中心主义，例如，美国人称他们自己为"American"，忘记了其他生活在北美、南美、中美洲的每个人也是"American"。在世界地图上明显地能观察到民族中心主义。我们只需看各国早期的世界地图，就能理解民族中心主义的观点。每个民族都将自己显示在地图的中心位置，而其他的国家描绘成处于周边的位置，例如，欧洲常用的地图，就用的是欧洲中心主义的视角，欧洲人认为他们自己位于世界文明的中央，因此西方人总是惊讶于在日本的世界地图中，亚洲位于世界的中心，美国和欧洲在它的边缘。

所有的文化都有很强的民族中心主义的倾向，即用自己的文化范畴去评估其他文化的人的行为。东方和西方都有将文化按照从最差到最好，从未开化到最文明的层级排列的传统。在西方，受社会达尔文主义的影响，这种观念在19世纪很流行，认为文化是由低水平向高水平发展。在欧洲和美国，这种思想将西方社会放在顶端，主要是因为它的技术和科学成就，而那些经济和技术发展水平落后的国家则被放在发达国家之后。民族中心主义对跨文化交际的负面影响在于：①对自己文化的民族中心信念会形成一种狭隘和自我保护的社会身份感；②民族中心主义一般都包括对其他文化成员的定式感；③在对自己的文化和其他文化之间做出比较判断的前提下，假设自己的文化是常规的、符合自然规律的。

每一个文明都把自己视为世界的中心，并把自己的历史当作人类历史主要的戏剧性场面来描写。与其他文明相比，西方可能更是如此。西方近代文明所扩张的区域是全球规模的，这种情形尤以 19 世纪中叶以来为然。西方先进的科学技术、高度发展的社会经济，西方国家的主流价值观、理念、基本的宗教信念等，伴随工业成就的推动，向外扩张是轻而易举的事情。西方文化像一个发酵的面包，向地球上的各方面膨胀，无可避免地和地球表面不同的文化接触。也正因如此，其他文化圈，包括中华文化在内，都向西方学习其先进的科学思想和文明成果。时至今日，甚至南北两极冰天雪地人、迹罕至的荒原，也有西方文化的脚印。

英国诗人、诺贝尔文学奖得主拉迪亚德·吉卜林的一首题为《白种人的负担》的诗歌，指出西方殖民者给非洲、亚洲民族送去现代文明的"责任"，成为欧美向外扩张的辩解和西方文明全球扩张的一种道德优越论。欧洲中心主义就是源于欧洲的一种集体信仰结构。它通过殖民主义传播到世界各地。对它来说，欧洲是世界的中心，其余的世界只是其外围。这是民族中心主义的一种强力表现。它认为，不论从地理位置还是文化来说，欧洲或西方都是最发达和优良的，其他的地方如亚洲、非洲、拉丁美洲都是经济落后和文化低劣的。爱德华·W. 萨义德的《东方学》和约翰·汤林森的《文化帝国主义》，是具有代表性地对文化帝国主义和文化殖民主义进行研究的著作。西方是唯一在其他各个文明或地区拥有实质利益的文明，也是唯一能够影响其他文明或地区的政治、经济和安全的文明。其他文明中的社会通常需要西方的帮助来达到其目的和保护其利益。

随着英语的全球扩展，西方文化尤其是其价值观也同样进入英语为非母语的国家，导致生活方式、世界观、语言使用等方面的变化。英国文化委员会（1987—1988）年度报告就指出，英国真正的金子不是北海的石油而是英语。长期以来，英语一直是英国的文化根基，而且目前正在成为商业和信息领域的全球语言。英国面临的挑战就是如何充分挖掘它的潜力。强势的英语促使亚洲、大洋洲、太平洋、加勒比海的很多国家将英语指定为官方、准官方或工作语言。在这种状况下，数百万学生学习英语，把它作为全球性的国际交流语言，从而给以英语为母语的英美等国带来丰厚的利益。而且，语言的背后是文化，蕴含着该民族的文化和思维方式。伴随着语言推广的，是英美等国软实力的全球扩张。一些学者将这种现象定义为语言殖民主义，认为目前英美等国推广的英语教育不是价值中立的，而是以牺牲其他语言为代价的，表现为语言方面的帝国主义。

西方的民族中心主义以及优越论，使西方人不愿正视中国和中华文化，阻碍其对中华文化的认知。正如英国学者马丁·雅克 2010 年 11 月在伦敦的演讲中所指出的，西方人认为他们是所有文化中最具世界性的。但实际上，在很多方面，西方文化有其狭隘性。在过去的两百年间，西方在世界上占主导地位，这使它并不需要去了解其他文化。而其他文化，即除西方之外的世界还一直处于弱势，面对西方在其社会的存在而被迫去理解西方，所以实际上他们更为世界化。马丁·雅克特别指出，日本、韩国和中国——这些亚洲人对西方的了解，远远胜于西方对他们的了解。

随着中国更多地参与国际事务，中国与西方的交流日益增多，西方人对中国的认知也在不断地加深。例如，对中国人的传统节日——春节的了解，对中华美食的热爱，理解中国人对龙的感受，等等。这些文化背景知识的输入，对西方人了解中国无疑是必要的。但问题的关键在于，这样散乱的介绍和了解，实际上割裂了中华文化的历史性和关联性。

文化的各个方面都是相互联系的——一旦你触及文化的某个方面，其他方面都会受到影响。要理解中国的现代语言、政治和经济，必须了解中国古代的编年史和文明的轨迹。这些不是可有可无的附属品，而是解读中国现代图景以及高雅文化的必要元素。如果在文化输入中只关注某一点，就会割裂文化链；反映在西方人对中国的认知上，就是对中华文化的一知半解、似是而非。

让西方人更好地认知中国，可以从宏观方面设立一个坐标。

横向看，是历史的中国，中国数千年的历史延绵至今，并继续向前延伸；纵向看，是地理的中国。中华文化应被置于更为广阔的空间和时间内，这样才不至于割裂其历史的传承。

很多西方人甚至不能想象中国国土面积之大。一个人乘坐30小时的火车，就能穿越整个欧洲；而在中国，坐30个小时的火车似乎并不是很特别的事情。因此，西方人在理解中国的问题时就存在一定的困难。西方人无法将中国看作一个历史和地理的中国，无法看作一个有着历史延绵和广阔疆域的立体的中国。

《傲慢与偏见》这部著名的英国小说提到了最常见的两种人性弱点——傲慢与偏见。中国学生在与英语为母语的人士（大多是欧美人士）交流时的障碍主要表现在以下两方面：一方面，是由于中国学生始终未能走进西方文化的内核；另一方面，是由于西方的傲慢与偏见，这种傲慢与偏见并不表现在欧美人士的态度上，而是表现在因西方文化的优越感，使欧美人士不太愿意去了解中国学生的文化背景和沟通方式。

可以简单地说，西方国家因为傲慢，较少了解其他文化；又因为偏见，对其他文化的成见持一成不变的态度。以英语为母语的人士在和中国学生用英语沟通时，他们对中华文化的误解和偏见也影响了沟通的进行。中国国家总理在英国剑桥大学发表演讲时，希望西方人用发展的眼光看中国，"之所以强调用发展的眼光看中国,就是因为世界在变,中国也在变。如今的中国,早已不是一百年前封闭落后的旧中国,也不是30年前贫穷僵化的中国。我希望朋友们,多到中国走一走、看一看,了解今天的中国人究竟在想什么、做什么、关心什么。这样,有助于你们认识一个真实的、不断发展变化着的中国"。

西方文化优越感及其民族中心主义导致某种程度的傲慢和偏见。西方不一定觉得需要拿东方文化来互补,现在我们说互补,西方并不这样认为。西方文化目前仍是强势的,自己不觉得需要互补,这也正是中西方的差异。我们讲调和并重,他们却觉得很自足,只需在其非主流的地方讲一下东方文化,如神秘主义之类,但一到正统主流,就未必需要向东方学习。对于西方文化以外的不同文化,他们缺乏敏感度、漠不关心,对群体外的文化表现出回避或蔑视。这种民族中心主义影响群体内的个体对其他文化的理解。

对西方来说,观察中国时,应克服自己的民族中心主义,或者说是克服自己的傲慢与偏见,将中国放在一个历史和地理的坐标上。这样才能看到中国曾走过的曲折、艰难和漫长的道路,以及未来的方向,同时才能看到中国是如此之大,它是历史所形成的疆域,也是所有中国人认同的家园。这样才能对中国的历史、现状和未来有一个比较客观的认知。

正因为西方在文化上的优越感,民族中心主义使西方人在沟通中以自我为中心,误解和忽视其他文化,加剧了沟通的障碍。中国学生不仅要用英语去认识、理解、表述西方文化,还需要用英语表述自己的母语文化,让西方人了解自己,获得沟通的平等地位。这给中国学生在用英语沟通和交流时出了难题,增加了中国学生使用英语沟通的难度。由此彰显出大学英语教学中加强母语文化教学,无疑是必须和必要的。

(二)跨文化交际理论中的西方视角

学者的文化价值观会影响其研究的对象、研究的方法、研究的发现,以及如何阐释发现。跨文化交际和语言教学的学术研究理论概念如个人主义-集体主义、文化定式、民族中心主义等,几乎都源于美国和欧洲学者的阐释。尤其跨文化交际领域是在美国兴起的,并主要通过美国学者的研究发展起来。研究中采用的是欧美人的视角。

英语作为国际通用语,进行跨文化交际的情况很多。美国学者以英语为母语,因而缺少对语言使用的一些问题的意识。美国作为一个典型的移民社会,学者的研究放在了外来者融入新文化环境中的单向而非双向的调适过程上。西方人在跨文化交际中面对的，除西方人之外，主要是亚洲、非洲、拉丁美洲等发展中国家的人。因为西方的强势文化，西方人在跨文化交际中无须强调自己的母语文化。西方人潜意识里认同自己的文化在全球的优势地位。西方的文化霸权使得西方文化能够渗透其他文化。而其他文化的国家面对西方文化时会有不同的表现。日本文化是大规模西化。印度人在西方文化的压力之下渐渐抛弃了传统的外壳。土耳其等伊斯兰国家面临西方文化挑战时并不完全适应。无论是伊斯兰世界还是印度、日本，都接受了西方的现代技术、科学等。

长期以来没有受到挑战的西方强势文化，使跨文化交际研究范式和取向明显地以西方为中心。建立在西方交际理论基础上，以西方的价值观与交际理念为核心，缺少非西方视角进行的探索，这不是跨文化的；虽然其知识结构对跨文化交际研究有巨大贡献，但也导致了研究视野的狭隘。以欧美经验为参照的理论具有地方性，但不具有普遍性。因此，要克服这些局限性，就要不断质疑并超越特定文化、强势文化的局限，不能只用西方的视角看待交际和世界。

大学英语教材里所教授的内容大多是与美国文化相关的，会对我们理解跨文化交际产生偏见。而这种偏见源于此领域的主要奠基者——美国制造。将跨文化交际理论用于我国大学英语教育的研究和实践时，需要考虑中国的具体不同情况和文化背景。在西方（特别是美国）学术传统主导的状况下，其他地区的学者不是缺位，就是失语。即使有话语权，也是在西方学术语境中、以西方主流话语方式才能得到机会。跨文化交际中来自相对弱势文化国家的群体，必须强调自己的母语文化。正如新加坡所提倡的——尽管我们讲英语、穿西装，但新加坡人不是美国人或盎格鲁－撒克逊人，如果在更长的时间里新加坡人变得难以与美国人、英国人和澳大利亚人进行区别，可能成为他们的仿制品，那我们就丧失了与西方社会的区别，正是这些区别使我们能够在国际上保持自我。跨文化交际的过程并不是被同化的过程，而是体验不同文化、丰富自我的过程。中国学生更需要保持自己的母语文化在西方强势文化面前的话语表达权。大学英语教学中母语文化的学习，是中国学生跨文化交际的立身之本。

通过外语教育促进本国人理解其他国家的历史与文化，是外语教育存在的逻辑基础之一。学习外语，可以更好地理解其他民族，从而促进不同民族间的相互理解。外语课程可以提升学生对其他国家文化的理解，减少狭隘的民族中心主义；帮助学生拥有更宽广的视野，隔离于大众宣传、沙文主义以及片面观点的影响。美国前总统林登·约翰逊曾说，是思想，而不是武器持久影响和平的前景，因而他大力提倡外语教育和国际化教育。美国前卫生、教育和社会福利部长约翰·加德纳曾表示，美国人寻求征服的敌人不是别的，而是美国人对不同文化的人为什么会有不一样的行为和心理的无知、无能、狭隘的民族中心主义以及缺乏敏锐的理解力。由于西方的民族中心主义造成其对东方以及其他除西方之外的世界的忽视，而目前的跨文化交际研究中也存在西方话语霸权的问题，因此我们在大学英语教学中更应该强调多元文化的平等，克服狭隘的民族中心主义。

二、大学英语教学中的母语文化缺失

（一）大学英语教学大纲对母语文化的忽视

2007年的《大学英语课程教学要求》明确了大学英语的教学内容除语言知识、语言技能之外，还应包括人文情感、人文素养和人文理想的培育，体现了将英语单单作为工具的学习转变为将英语作为素质教育组成部分的思想。

但是大学英语教学目标中对文化的定义默认为是目的语文化，没有提到母语文化。2007年的《大学英语课程教学要求》指出：

①大学英语是以外语教学理论为指导，以英语语言知识与应用技能、跨文化交际和学习策略为主要内容，并集多种教学模式和教学手段为一体的教学体系。

②提出大学英语的教学目标是"培养学生的英语综合应用能力，特别是听说能力，使他们在今后工作和社会交往中能用英语有效地进行交际，同时增强其自主学习能力，提高综合文化素养，以适应我国社会发展和国际交流的需要"。

④大学英语课程不仅是一门语言基础课程，也是拓宽知识、了解世界文化的素质教育课程，兼有工具性和人文性。因此，设计大学英语课程时也应当充分考虑对学生的文化素质培养和国际文化知识的传授。

爱德华·霍尔经过多年的研究坚信，真正的大作不是理解外国文化，而是理解本国文化。人们从研究外国文化中所能得到的不过是表面的理解，这类研究最终是为了更加了解自己系统的活动状况，了解外国方式的最佳理由是激起一种活力感和意识感，一种唯有当体验到强烈的对比和差异时才会产生的对生活的兴趣。单纯地了解本国文化在任何人看来都是一项巨大的成就，但学习关于自身知识的最有效的方式之一是重视他人的文化，这会迫使人们去注意那些显示他们之间差异的生活细节。

文化学习只关注以英语为母语的国家的文化是不够的，必须延伸到学习者的母语文化。因为语言产生自人类本质的深底，同时，语言与人的民族起源也建立起了真正的、实质性的联系。假如不是这样，那么，为什么一种母语无论对文明人还是对野蛮人都具有一种远胜于异族语言的强大力量和内在价值，为什么母语能够用一种突如其来的魅力愉悦回归家园者的耳朵，而当他身处远离家园的异邦时，会撩动他的恋乡之情？因为每当我们听到母语的声音时，好像感觉到了我们自身的存在。

强调目的语文化并不意味着成为它的奴隶，而是要去尊重它。放弃母语文化并不是一个理想的选择，而是无知的表现。社会真正需要的是双语和双文化甚至是多语和多文化的人，这些人应该能够比只说一种语言的外国人更好地理解目的语文化，比只说一种语言的中国人能更好地理解母语文化（中华文化）。社会文化能力不仅包括目的语文化知识，还包括母语文化知识。大学英语教学中应该考虑中华文化教学的重要性。

实际上，要培养学生对目的语文化的洞察力，必须帮助学生了解母语文化的传统、演变以及表现形式。母语文化在外语教学中可以作为与目的语文化进行对比的工具，这样既能深刻揭示目的语文化的主要特征，同时也可以加深学生对母语文化本质特征的理解。

（二）大学英语教材缺乏母语文化内容

在大学英语教学中，我们过多关注母语文化和目的语文化的差异，为了让学生学好英语，我们刻意让学生沉浸在英语的氛围中，力图消除所有母语文化的影响。

《新视野大学英语读写教程》总共 80 篇文章中，只有 6 篇文章提到中国，其中 4 篇文章仅用一句话讲到或涉及中国，另外两篇文章是关于华裔美国人的生活，没有与中国人生活相关的或者与中华文化相关的文章。《全新版大学英语综合教程》总共 64 篇课文中，只有两篇文章涉及中国，一篇是出自美国人之手，另一篇也不完全是中国人生活的写照，教材也几乎没有涉及与中国或中华文化相关的文章。

实际上，作为教材，其内容应包括：目的语文化材料，即以英语为母语的地方的文化；源文化材料，即学习者自己的文化。

教授文化时，教师应该记住的是需要提升学生对他们自己的文化的意识。母语文化是与目的语文化进行比较的基础，这样方能显现目的语文化的主要特色，同时提升对母语文化和目的语文化精华的深层理解，这样才能获得跨文化交际所必需的必要的容忍和敏感度。

外语教师在向学生传授目的语语言文化知识的同时，还需培养其母语文化意识，使其具备能够用所学语言正确而有效地表达母语文化内容的能力。

大学英语教学目标、教材、教学中漠视了母语文化。在英语教学中，中华文化的含量几乎近于空白的状态，使许多有相当英文程度的中国青年学者在与西人交往过程中始终显示不出自古文化大国的学者所应有的深厚文化素养和独立的文化人格。只有对本国优秀传统文化有了充分的认识和足够的修养，才能谈得上成为理解他国文化，并逐步拓展自己的跨文化心理空间，对文化的多元性展现出一种恢宏大度和兼容并蓄的跨文化人。

在跨文化交际中出现中华文化失语现象是值得我们思考的。中国大学生在用英语表述母语文化时存在很大的问题。例如，在学校举办的博士生、硕士生英语暑期口语强化培训课程中，学生与外教谈到孔子时直接说"Kongzi"，外教不知所云，学生在英语学习中不知道孔子的英文应用"Confucius"表述，当外教探询中国"Confucianism / Taoism"（儒/道）传统时，学生却不知如何作答。不知道"三国""水浒"该怎么说，也不知道"端午""清明"怎样译，更无法向外籍教师介绍中国的文学、朝代、建筑、艺术、伦理等，从中亦可以看出大学英语教学过程中忽略对母语文化的传授造成大学生对母语文化的表述不理解、不重视，使学生很难在跨文化交际中做到向外传输母语文化，在学习的过程中容易盲从地接受目的语文化的规范，反而疏远了自己的文化传统。

（三）大学英语教学对母语文化的忽视

迁移（transfer）说源于心理学，指早期的行为模式对学习新行为模式的强化或阻碍的影响。心理学中迁移是一种学习行为，通过迁移，学习者以前获得的有关学习技能的知识将影响他们以后学习或训练行为的结果。从效果方面，迁移分为：①积极迁移（正迁移），一种学习对另一种学习的积极影响或促进；②消极迁移（负迁移），一种学习对另一种学习的消极影响和干扰。如果学习者以前的学习经历能产生积极的效果，就会促进学习者的学习；反之，如果学习者以前的学习经历阻碍了他们学习新的知识，就会出现负面的效果。

在语言学中，迁移指一个人的母语对外语的语言特征的影响。当学习者使用目的语时，因为不太了解目的语的规则，会受到母语和母语文化的影响，从而套用母语的规则，使用母语的语音、词义、结构或文化习惯。

对语言迁移（language transfer）的研究始于20世纪四五十年代的美国语

言学家,这个时期语言迁移被视为二语习得理论和二语教育方法中最重要的因素。个体倾向于迁移形式和意义,将母语中的形式、意义以及文化置于目的语和目的语文化中。学习者母语的旧习惯有时会促进,有时会阻碍他们的二语学习。当母语的习惯和目的语的习惯不一致时就会产生干扰。语言迁移有两个层面,一是当母语和目的语存在差异时,学习者的母语将会干扰目的语;二是当母语和目的语相似时,母语将会积极帮助目的语的学习。一些研究者认为,语言迁移是将母语的模式用于目的语中,是二语或外语学习者产生错误的普遍原因。

迁移分为正迁移和负迁移,是目的语和其他任何以前习得的语言(和或许学得不太好的语言)之间的相同和差异产生的影响。正迁移是使学习简单的迁移,当母语和目的语有相同形式时就产生正迁移。在这种情况下,学习者的母语会促进目的语的学习。负迁移是使用母语的模式和规则,导致使用目的语时产生错误和不适当的形式。学习者的母语文化和目的语文化之间同样存在差异和重合现象。差异会导致干扰,对目的语文化学习产生负面影响;重合现象同样会导致迁移,对目的语文化学习有辅助作用。

迁移是外语学习中的一种常见的现象。研究表明,外语学习者常常会无意识地将母语的语言特点运用到外语学习上。语言是文化的载体,长期在母语文化影响下形成的思维方式和表达习惯必定会不自觉地迁移到目的语中,形成"文化迁移"。目的语文化与其他以前习得的文化之间的相同和差异产生文化迁移。文化迁移也分为正文化迁移和负文化迁移,当母语文化规则与目的语文化规则相似时,就产生正文化迁移;当规则不同时,就产生负文化迁移。两种文化越相似,迁移就越少。两种文化的差异越多,迁移也越多。负文化迁移常常导致交际障碍、误解,所以学者更加关注母语对目的语学习的负迁移。

负文化迁移指由文化差异产生的文化干扰,它表明人们无意识地使用自己的文化规则和价值观指导自己的行为和思维,去判断别人,特别是来自不同文化的人的行为和思维。行为主义学者认为迁移是习惯形成的结果,他们认为语言习得的过程是克服旧的习惯形成新的习惯,暗示学习者如果要学习新的语言,必须断绝自己的母语。例如,在英语教学中完全排斥母语和母语文化的行为,被认为是最有助于语言学习的做法。国内的研究中也更为关注汉语对英语学习的干扰。

我国的大学英语教学,长期把注意力集中在语言形式的教学上,一直以来都是以语法-翻译法、听说法的教学方法为主。大学生学习英语时,自身已经有了一套母语规则,形成了母语思维习惯,已有的母语知识会对目的语学习产生影响。当母语和目的语规则相同时,会促进目的语的学习,产生正迁移;当母语和目的语规则的表现形式不同时，就会产生负迁移。负迁移常常会产生错误。母语的负迁移会在语音、语义、句型、语法等各个方面形成干扰，使学习者在学习目的语时很难摆脱母语的影响，甚至会出现"Chinglish"（中国式英语）。母语的文化迁移也会使学习者用母语的文化规则去套用目的语的文化规则，出现文化方面的错误。母语是学习者的第一语言系统，英语是大学生在母语系统之后第二语言系统。学习者是在母语文化的背景中习得母语以及母语的文化规则，忽视了目的语的文化背景。在英语学习中，学生不可避免地会借助母语的规则和知识，将母语文化规则、模式套用到目的语上，出现文化干扰。负迁移影响学生的英语学习，而学生和教师在应试的压力下又忽略了文化的学习和传授。由于汉语和英语在时间取向、思维、篇章结构上的差异和距离大，学好英语存在难度。所以，国内的大学英语界避免教学中以"己文化"度"他文化"，导致文化"负迁移"的现象，强调尽量给学生营造英语环境，课堂上要求全英文授课，在大学英语教学中有意识地回避母语和母语文化教学，只关注目的语和目的语文化。

　　大学英语教学中，母语不是一件衣服，学生在进教室之前脱下来，出了教室后再穿上。母语是始终伴随着学习者的，学生很难适应在课堂上完全进入到目的语文化中，常常只说英语，课后又回到母语文化环境的转换。中国学生能够学会英语，是因为虽然构成语言的基本符号不同，但在表达方式的构成模式即文法上是有相通之处的，这就使人们有可能在短期内理解、掌握另一种语言。而言语则不然，各种具备不同文化内涵的语言场合对母语的形成和发展有重要作用，在人为的语言环境中，由于缺少形成母语的各种背景条件和言语的持续性，只能进行书本式的学习，所以很难摆脱从母语到目的语的思维过程。因此，在大学英语教学中，教师要正确地利用母语正迁移来提高学生的英语水平。过分担心母语的负迁移，会影响教学效率。要很好地让母语学习和英语学习融合到一起，尤其要加强大学英语教学中对母语文化的教学。

　　英语和汉语一样都不是简单的字、词、句的组合，而是一个巨大的语言体系。语言的内部因素之间相互联系、密不可分。母语文化不完全是负迁移，不应杜绝母语。在大学英语教学中，更应该强调具备母语文化和目的语文化的知识。如果学生对目的语能够有全面的认识，对其包含的文化因素有深刻的理解，那么学生的这种跨文化意识，就会在他们学习英语时产生正迁移，有助于他们全面理解所学的字、词、句以及文章内容。如果学生对英语中的许多文化概念、交际规则理解不对或不全面，就会造成交际障碍。培养大学生的跨文化交际能力，在大学英语教学中应重视母语文化的英语表述。对两种文化的互相尊重是成功跨文化交际的必要条件，一个人如果不能首先理解自己的文化，是不能够理解第二种文化的。

语言是民族的象征，是一个民族从事一切精神活动和维持社会联系的必要基础。一个民族的语言，记录着该民族走过的漫长的历史道路。对于民族的独立和统一，语言的作用和地位是至关重要的。热爱母语，就是热爱民族、热爱祖国。民族语言是一座思想、文化和历史的宝库。一个民族的语言习俗风尚是思维方式构造起来的，它总结出了本民族人民世世代代的生活经验。近年来开始有学者关注汉语对英语学习的正面影响。在跨文化交际中，学习者不可避免地受到母语和母语文化的影响，学习者的母语文化可以作为比较的基础，从而促进学习者对目的语的语言结构的掌握和对目的语文化的深层理解。学习者可以更好地了解文化差异和多样性，在两种文化的借鉴中能更好地了解自我。关注母语文化会让学习者重新思考母语文化的定位。

从英语学习成功者身上可以看到，母语文化并不会妨碍他们在英汉两种语言之间游刃。成功的外语学习者，通过外语学习，能更好地掌握和理解母语文化，也能更好地领略和欣赏目的语文化。对目的语和母语的掌握是彼此互相促进的，对目的语文化更深层次的理解和欣赏，与对母语文化更深层次的理解和欣赏是相辅相成的。学习一门外语，用外语思维，是最恰当不过的精神操练，而更有意义的是，掌握了一门外语，就是获取了一种观察世界的新的途径。通过语言认识世界，通过比较各种语言来比较人们对世界的不同认识。

中国的英语学习集大成者，如林语堂、梁实秋、钱钟书等都是精通中英文。理解西方文化，或许有助于更加深刻地理解母语文化；如果不理解母语文化，可能也无法真正学好英语语言和文化。这与母语对二语习得是负迁移的说法相悖。要学好目的语和目的语文化，我们必须要能走进和走出目的语文化。当我们走进目的语文化时要思想开明，当我们走出目的语文化时要有一双批判的眼睛。很多人不能走进，很多人又不能走出——最后被同化了，少数人成功地走进又走出——他们获得了创造力。在目的语的学习过程中，目的语与母语的水平相得益彰，目的语文化与母语文化的鉴赏能力相互促进，学习者自身的潜能得以发挥。涂又光教授在2007年1月接受《华中大导师》的专访中，讲述了自己的求学生涯。涂先生的父亲尽教幼子诗书文章、经史子集，为涂先生打下了坚实的国学基础。10岁那年，涂先生进了洋学堂学习，从而锻就了他至今仍娴熟畅美的流利英文。1985年涂先生又将冯友兰先生早年在美国写下的 *A Short History of Chinese Philosophy* 译为中文，并定名为《中国哲学简史》，这个中译本被多位学者、教授推崇备至。涂先生可谓学贯中西，母语和母语文化丝毫没有成为他英语学习的障碍。

再者，如果我们将母语文化看作学习外语的负资产，则无法解释犹太人既能保留自己的文化精髓又能成功地融入所在国（例如美国）社会。犹太民族要求孩子到了5岁，就要开始接受正式的教育，学习《摩西五经》（《圣经全书》的首5卷）和祈祷书及其注解。到了7岁，就要学习《旧约全书》的其他部分，而且还要接触《塔木德经》（从公元2世纪到6世纪编撰的口传律法集）的基础知识。到13岁的成人仪式以前，孩子们要学完所有犹太教法的基础知识。《塔木德经》是两千多位历代的犹太拉比（犹太教的神父、犹太人中最有学问的人）对犹太教义、法律、哲学和道德等人文问题进行探讨的记录，是犹太律法、思想和传统的集大成之作。犹太法典内容极其丰富，是犹太民族人文智慧的结晶。犹太儿童受到的文化熏陶，使其不论身处何地都能继承犹太民族的人文精华。犹太移民在美国及其他欧洲国家接受所在国的教育，其犹太文化的背景非但没有阻碍他们在所在国接受教育，反而因为他们兼具两种文化背景而取得非凡的成就。根据研究，犹太人只占世界总人口的3%，但是，在世界政治、艺术、科学和思想各领域，十个领导性的人物中就有一个是犹太人或犹太后裔。

牺牲母语和拒绝母语文化的模式，需要学生切断与母语和母语文化的所有联系。但是，孩子们在五六岁开始接受正规教育前，他们已经内化了很多母语文化的基本价值观和信念。人一开始学习母语及文字，便已经开始接受文化的熏陶。因为一个人的思考，必须在母语的结构中发展。母语提供给我们丰富的概念，也就是单字、词语，以及使用这些概念的方法，同时也塑造了我们的思考模式。学生的文化继承不能被抛弃，而应该被用来提升他们的学习。学生进入未知的目的语文化领域之前，必须首先熟悉自己的文化。通过探索自己的母语文化，例如，讨论价值观、期望、传统、习俗、礼仪等，才能准备好"用高度的知识分子客观性"，思考他者的价值观、期望和传统。

中华文化宝库里的东西太多了，保留着几千年以来的文化。如果人们看不懂古文，当然打不开这个宝库，从中华文化的立场看，就是一种损失。我们现在接触的只有白话文，如果我们完全舍弃文言文，我们将无法分享文化资源，只能处于模糊的过去与茫然的未来之间。哈佛大学的张光直教授认为，中国文明积累了一笔最庞大的文化本钱。他引用亚瑟·赖特的话，"全球没有任何民族有像中华民族那样庞大的对他们过去的历史记录。正史里所记录下来的个别事件的总额是无法计算的，要将'二十五史'翻译成英文，需要四千五百万个单词，这还只代表着整个记录中的一小部分，只是这笔庞大的文化资本，尚未被现代中国人好好利用过"。目前大学生基本上只使用白话文，对文言文多半限于教科书上的几篇材料，而且主要是为了应付考试。大学生对中华文化已然是有些陌生了，再加上在大学英语教学中完全看不到中国传统文化及其表述方式，学生也就无法用英语表述自己的思想和文化了。这不仅是大学英语教学的困境之一，也是学生跨文化交际现实的障碍。实际上，在全球化的今天，只有立足于自己的历史文化传统，才能保持自己的主体性和独立性，才不至于在西方文化的话语中迷失了自己。

大学英语教育中文化教学的目的，是将外国的先进文化介绍给中国，同时将中华文化传播到世界。中文系一名非洲留学生在清明节放假前，认真地对大家表达"祝你们清明节快乐！"同学们听后面面相觑；到了端午节放假时，他突然问"为什么要放假"，同学告诉他是端午节，他很茫然地问："这是什么节日？"班上的同学不知如何用英语表述自己母语文化传统去向他做出解释。这名非洲留学生在汉语文化的环境中学习汉语，他犯的不是语法错误，而是缺乏对文化的了解，他不知道清明节和端午节背后的文化意义。

大学英语教学中目的语文化的学习和学生的母语文化不应是冲突的，而应该是相辅相成的。一个通达明智的民族会在精心地维护、哺育和保持母语的同时，鼓励它与外语共存和竞争。不同语言同时使用的范围越广，各种语言共同存在的趋向越明了，语言本身所能获取的收益就越大，对思维和语言技能的影响也越积极有效。甚至在语言长时间混合的情况下，善于梳理的精神能造就一种与自身相配的形式。了解一门外语，能打开目的语文化的窗户，讲英语或汉语也能给学习者用"英语的或汉语的眼睛"看世界的机会，但不会让他放弃自己的判断力、理解力以及自己的个人身份，反而能让他重新面对并评估母语文化和目的语文化。学习目的语文化能提升对母语文化的理解，从异文化的立场观察母语文化，能察觉出我们作为母语文化所属的人不能发现的东西。同时，只有对母语文化有良好的理解，才能客观地发现母语文化和目的语文化的共同点和不同点。学习目的语和目的语文化并不意味着同化，而是用一个新的视角去看待母语文化和目的语文化，学会包容和理解不同文化，可以培养学生在学习和研究中具备宽广的视野和雍容大度的心态。

美国著名诗人罗伯特·弗洛斯特曾说，"诗意会在翻译中荡然无存（It is poetry that is lost in translation）"，这句话意味着无论多么美丽动人、富于启发的观点和语句，也难以用另外其他的语言来表达。弗洛斯特所指的诗意，也就是词、句背后的文化，即使拿着字典，一个字一个字地对照翻译，也只能译出单词和句子，却很难译出作者全部的情感、精神、际遇、思想。语言是表层的障碍，文化才是真正影响沟通的深层因素。不过，俄罗斯学者约瑟夫·布罗德斯基也曾说，"诗意乃翻译中获得的部分（It is poetry that is gained in translation）"，这句话意味着翻译是一个再创造的过程，是一项变革性的活动。布罗德斯基的观点意味着文化固然影响沟通，但可以通过翻译或其他的互动，包容和吸收两种文化的精华，让两种文化融汇和彼此推动，由此获得文化的提升。

第六章 大学英语教学中跨文化交际能力的培养

第一节 基础概念

中国的大学生，学习英语十余年，经历中考，高考，四、六级考试，有的还参加托福、雅思、美国研究生入学考试等测试，结果许多人学的还是"哑巴英语"，很难与以英语为母语的人士进行有效沟通。这中间有学生只关注考试成绩，忽视实际应用交际能力等原因，但实际上，是因为中国大学生在十多年的学习中游离徘徊在目的语文化的边缘。在面对自己的母语文化时，又因为在大学英语中未接触母语文化及其英语的表述方式，加上本身与母语文化传统的疏离，很难用英语表述自己的母语文化，尤其是母语文化中的深层次内涵。因此，从跨文化交际的意义上，大学生也处于母语文化的边缘。

一、跨文化人

与跨文化人相关的概念，如彼得·阿德勒的"多元文化人"，约翰·沃尔什提出的"普世人"，丹尼尔·卢兹克提出的"国际人"，埃莉斯·博尔丁提出的"人类身份"，巴尼特·皮尔斯提出的"世界交际者"，波切内尔提出的"中介人"等。"世界公民"由美国社会学家罗伯特·默顿提出，他对纽约附近的一些社会名流进行调查和访谈，发现这些有影响的人大致可分为两类，即"当地人"和"世界公民"。前者被当地社区成员所熟知，具有强烈的"本土认同"，他们主要阅读当地出版的报纸；后者受教育程度更高，外出旅行更多，在国外生活时间更长，他们接触的是《纽约时报》《时代周刊》这类更具有"全球视野"

的媒体。上述概念的提法有很多相似之处。如约翰·沃尔什提出的"普世人",强调尊重所有文化和对其他文化的理解,欣赏文化间的差异。

本书中所用的跨文化人的含义,更接近金汤筠提出的"跨文化的人",即能用客观性和主观性看待两种文化;能在两种文化间行动而没有明显的冲突,认为有超越将每一种文化认同加起来的事发生——这与增效作用的概念类似——当一个人将 1 加上 1 时,得到的是 3 或更多,多出的并不是特定的文化,而是独特的东西,可能是出现的新品质或新自我意识,是源于一种对价值的相对性和人性的普世方面的意识。

语言学习中涉及的六种文化现实与文化现象(见图6-1):学习者真实的母语文化(C_1)和真实的目的语文化(C_2),学习者对母语文化的认知(C_1')和他者对它的认知(C_1''),学习者对目的语文化的认知(C_2')和他者对它的认知(C_2'')。学习者只有处于第三位置,建立"第三视角",才能更好地理解母语文化和目的语文化,能同时以局外人的身份看待自身文化和以局内人的身份看待目的语文化,避免对母语文化和目的语文化理解中的盲点。具有一定跨文化交际能力的人,应该能洞察不同文化之间的关系,能从对方文化的角度解释母语文化和目的语文化,能意识到自己的视角是受文化所制约的。

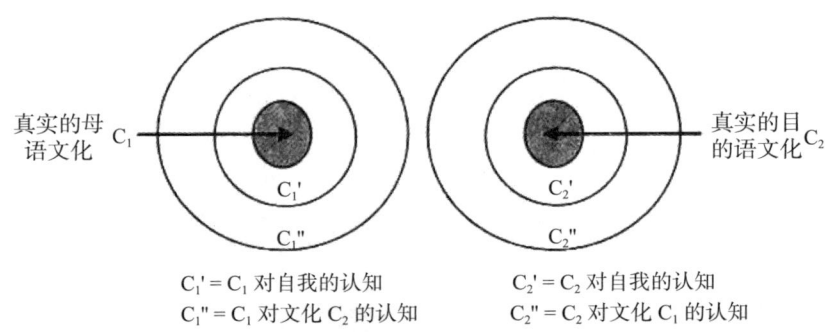

图6-1 语言学习中涉及的六种文化现实与文化现象

跨文化人在理解异文化之前,必须首先理解母语文化,包括对自己的文化模式的优点和缺点的理解。文化自觉是生活在一定文化环境中的人,对其文化有"自知之明",明白它的来历、形成过程、所具的特色和它发展的趋向,不带任何"文化回归"的意思,不是要"复旧",同时也不主张"全盘西化"或"全盘他化"。"自知之明"是为了加强对文化转型的自主能力,取得适应新环境、新时代文化选择的自主地位。文化自觉使我们在跨文化交际中能够认识母语文化和其他文化之间存在的文化上的相似和差异。

文化移情要求人们必须在某种程度上摆脱自身的母语文化的约束，从另一个不同的参照系（异文化）反观自己的母语文化。同时又能够对异文化采取一种较为超然的立场，而不是盲目地接受另一种文化或被同化。通过重新深刻、完整地认识西方文化，再重新认识我们自己的传统文化，以找到一个能够真正相互对应发展的坐标。跨文化人应善于文化"移情"，理解并包容异文化。

大学生通过学习和使用不同子母语的外语，可以获得看待世界的新窗口。新的语言有助于学生学习新的经验，重新认识已有的经验。外语教育是开启人类理解的最理想的钥匙，使学生拥有更宽广的视野，避免片面和偏激的观点，比其他任何科目都更能抵制民族中心主义，是培养世界公民的重要手段。从这种意义上讲，掌握另一种语言意味着增加个人潜能，有助于培养多元与独立的思维，拓宽视野和积极互动的"生产性人格"。

二、文化边缘人

（一）边缘人的概念

罗伯特·帕克在1928年《美国社会科学》发表《人类迁移和边缘人》一文，提出了边缘人（marginal man）的概念，一译为"边民、边界人、边际人"。边缘人指的是生活在两种不同的人群中，并亲密分享其文化生活和传统，即使被允许，也从来不愿与过去和传统决裂；又因为种族偏见，在新社会中寻求找到位置却不被接纳，是处在两种文化和两个社会边缘的人，从没有完全渗透和融合。帕克首先提出"边缘人"，或称"文化的混血儿"，认为当中世纪的犹太人聚居区的围墙被拆毁后，就出现了一种新的人格类型即文化的混血儿，他们生活在两种截然不同的人群中，并亲密分享两种文化生活，不愿与过去决裂，也不被外面的世界所接受。帕克指出："同样的一些精神上的一分为二感和冲突很可能是每一个移民在转变期间的特征，而我们所有人都经历转变和冲突的时期，边缘人的危机时期趋向永久，在边缘人的身上我们能够最好地研究文明和进步的过程，因为文化变化和融合正在此发生。"

在文化转变和冲突的地方产生边缘人，最典型的是当种族和民族（nationality）进入这一情境，边缘性（marginality）在极大程度上是种族的和文化的混血儿的特征，矛盾、低人一等、过于敏感、补偿反应是这些混血儿的特征。生活在，或者与两种或两种以上的社会有紧密联系的个体，在他们中间存在着足够的不兼容，使得他很难或不可能适应。他并不属于任何一个群体，也对任何一个群体没有归属感。当一个人发现自己处于两个种族和文化群体的边界线时，感觉像是被两者都拒绝和鄙视。个体通过移民、教育、婚姻或者其他一些影响，离开一个社会群体或文化而没能满意地适应另一种，就会发现自己处在边缘，不属于两者中的任何一方，他就是"边缘人"。

可以说，边缘人生活在两种不同的人群中，并亲密地分享他们的文化生活和传统，他们不愿和过去以及传统决裂，但由于种族的偏见，又不被他所融入的新的社会完全接受。边缘人是一个人生活在两个不同的世界——对两个世界来说都是陌生人，同时他又是一个文化的混血儿，处在两种文化边缘，他站在两种文化、两种社会的边缘，这两种文化从未完全互相渗入或紧密交融。

边缘人是一种状态，而不是简单地给一个群体贴上标签。个体所经历的两种完全不同的文化冲突，他对接受哪种文化价值难以抉择，其矛盾在于处在两种不同文化的冲突中，无法坚持原文化的真理又不能真正完全融入新文化中，造成游离于两种文化之间的状态。

（二）边缘人的源起

罗伯特·帕克边缘人概念的提出，受到德国哲学家乔治·齐美尔的影响，本身就是犹太人的齐美尔从自己的社会和文化体验出发，在他的《社会学》一书中，用深刻的观察和理解描述了"陌生人"。齐美尔提出"陌生人"的概念，一译为"外来人、异乡人"，指的是某一个体虽是一个体系的一员，但并没有强烈地归属于这一体系。陌生人并没有完全融入他所属的那个社会文化中，他与其他社会成员间存在着一定的距离。而其他人往往用怀疑的眼光看待陌生人，因为对他们来说，陌生人的行为是不确定的、无法预测的、怪异的。如果怀疑无法消除，他们就会对陌生人产生恐惧，继而引起仇视甚至非理性的排外行为。齐美尔的"陌生人"定义的实质是陌生人并没有被这一体系的其他成员完全接受，陌生人在很多重要的方面并不像体系中的其他人。陌生人的概念影响了帕克，他提出了边缘人的概念。一个个体生活在两个不同的世界——他在两个世界中都是陌生人，他对两种文化来说都是陌生人。

当中世纪犹太人聚居区的围墙被拆掉，犹太人被允许参与生活在他周围人的文化生活时，他处于两种文化和两种社会的边缘，两者从未完全渗透和融合。被解放的犹太人过去和现在都是具有历史意义的和典型的边缘人，第一个世界公民，他是最杰出的"陌生人"。他生活在两个世界，但他从不真正属于其中任何一个，"他的头脑被分开了，他的双手是麻木的，因为他的灵魂在骚动中"。这样的类似道德二分法和冲突是几乎每一个移民在转型期中的特点。旧的习惯被抛弃掉而新的习惯又尚未形成，这不可避免是一段内心混乱和自我意识强烈的时期。边缘人生活在两个世界，在两个世界中他都几乎是个陌生人。陌生人的特点——同样的精神不稳定、强烈的自我意识、不安和焦虑。

帕克研究的对象是移民，是在美国、父母为欧洲移民的第一代小孩。这些移民小孩典型的表现是抵制父母的欧洲文化和语言，但也不认为自己是真正的北美人。帕克也指出，可以在各种不同的地域和环境中找到边缘人。欧亚混血人、西班牙土著混血人、黑白混血人、犹太人、犹太人和非犹婚姻的孩子，一个群体处于两种以上的主流群体之间，以及处于从一个传统进入现代社会过程中的个体，都是帕克的边缘人的例子。帕克一般将边缘化等同于边缘人。

边缘人可能是生物上的混血儿，或者他可能只是因为历史事故处于他的位置。这一群体可能和两个群体都有联系（文化的、社会的或心理的），但仍然作为一个分隔的实体存在，不能或不愿同化进其中任何一个主要群体，边缘人并不局限于生理上的混血儿，而是可以在任何处于两个或两个以上主流群体之间位置的群体中找到。需要指出的是，边缘人可能是一个种族的（和文化的）混血儿，例如，他可能是一个有着混合种族血统的个人，或者他可能在种族方面单纯（相对来说），但却是两种文化的参与者。在任意一种情况下他都是一个边缘个体，他们具有一些不安全、矛盾、过于自我敏感以及长期的神经紧张的特点。

帕克指出移民与它所引起的人类和文化的冲突、碰撞和融合，被认为是历史的决定性力量。文化的每一个进展，都被认为是开始了新的人类移民和运动时期。移民的结果之一是创造了一个情境，其中同一个体——可能是或可能不是混血儿——发现他自己努力在两种不同的文化群体中生存，这就产生了边缘人。因此，在边缘人的头脑中，文明的进程正在显而易见地进行着，正是在边缘人的头脑中能最好地研究文明的进程。移民的影响当然并不仅仅局限于他们对现存文化带来的改变，长远来看，他们决定了历史意义上人类的种族特点。每一民族都差不多是一个成功的熔炉，种族的变化，接下来不可避免的是文化的变化。人类的运动和混合接下来引起习俗和习惯快速的、突然的，而且常常是灾难性的变化。随着时间的流逝，人类杂交繁殖，在性格和体格方面引起相应的改变。从来没有这样的例子，即住在一起、在共同经济压力下有紧密接触的种族，在种族相邻的状况下而没有出现种族混血儿的。

随着世界经济的发展和人类的互相渗透，现代移民一般是出于私人考量，是有不同动机的个体，他们几乎都没有组织。人们是为了寻求更好的生活环境而改变地域。与一种新的侵入性的文化交流和碰撞的结果就是传统的社会结构被打破，这使个体的人得到解放，以前被习俗和传统控制的能量被释放出来，个体能够自由地进行新的探险，但他几乎没有方向并缺乏控制。个体被释放后进入新的社会秩序，同时改变的是个体的性格，他们并不仅仅是被解放了，而且是被启蒙了。解放的个体在某种意义和某种程度上成了世界人，他学习用一个陌生人的超然客观的态度去看待他土生土长的世界。陌生人只停留但并不定居。他并不像其他人那样被当地的规范和传统所束缚，他在实际上和理论上都是一个自由人，他更少带着偏见去看待和他人的关系，他对待他们用更普遍、更客观的标准，他的行为不被习俗或先例所限制。移民和流动性的影响使以前受宗教影响的关系世俗化，这一过程造成社会的世俗化和人的个性化。

从希腊到欧洲，再到美国，人类的运动和移民，贸易和商业的扩展，国际大都市、大型的种族和文化熔炉在现代的增加，都弱化了地方的束缚，摧毁了部族和民间的文化。以城市的自由取代了地方的忠诚，以我们所称的文明、理性的组织，取代了神圣的部族习俗秩序。正是在城市中，古老的宗族和亲属关系群体瓦解了，代之以建立在理性、兴趣和性格偏好上的社会组织。正是在城市中，劳动的分工受到影响，允许并几乎迫使个体集中他的能量和才能，置于最适合他操作的某一特定工作中。在这一方面解放了他和他的同伴，使他们脱离了自然和环境的控制。但是文化的适应和同化的过程却并不是同样的容易和快速，特别是人们来自不同的文化和不同的种族，同化和合并不像其他方面一样发生得那么快。在这种状况下，不同种族的人们在共生的关系中肩并肩地生存，在共同的经济中起着各自的作用，但还没有大规模的杂交繁殖。从长远来看，各个种族的人民生活在一起，分享着同一经济，不可避免地混血繁殖。以前仅仅是合作和经济的关系发展成社会的和文化的关系。当移民变成经济的或政治上的征服者，同化就不可避免了。征服者将他们的文化和标准强加于被征服者身上，随后就是文化浸透了。

经济体系的扩展如此之快，超越了文化的其他方面。现在很多个体成长在一个更加复杂和更不和谐的文化环境中，他们不知不觉地进入了两种或者更多的历史传统、语言、政治忠诚、道德规范以及宗教中。移民使得个体和文化迁移，使几乎每一个大陆和城市都成为种族和民族的熔炉。在这样一个环境中成长的个体，可能会发现自己面临的也许是想不到的这个熔炉所特有的问题、冲突以及决策。

边缘类型可以在自身没有移民的人身上表现出来，他们顺从了从外面蜂拥而来的文化。现代历史上西方人的扩张是造成这一状况的主要因素。除去种族混血，还有未混合的文化混血，传教士一直在助力于产生这一类个体：皈依者不再服从他的民族群体，但又不能被白种人群体完全接受。殖民地官员发现与西方化的土著人——"欧化非洲人"很难沟通。这样的说法也适用于那些混血的或非混血的西方化个体的后代。很明显，种族混血的事实并不是至关重要的。现代民族主义运动能够被最好地理解为对这种文化混血化的反应。移民只是产生边缘人的方式之一。教育、婚姻等都可能产生边缘性。当一个个体不得不学习两种或者更多的历史、文化、政治、宗教传统和伦理规则时，他的边缘人状态就产生了。

边缘人并不仅仅局限于混血儿或者移民。边缘人也产生于两种或多种文化的背景，这种背景可以分为包括种族（生理）差异在内的文化差异和纯粹的文化差异。随着全球化的扩展，互联网、现代交通和通信技术的进步，边缘人更多的是指文化的混血儿，即文化边缘人。

（三）边缘人的特点

边缘人处在两种文化交接处，他们生活在两种不同的文化中，是现代社会和多元文化冲突的产物。文化差异使个体面临选择，在选择的同时产生了边缘人。在有记载的人类历史上，可以看到很多生活在一种或两种以上主流群体外围位置的人的例子。这些边缘群体在一个或更多主流群体已存在的社会结构中的位置，通常表现出一定程度的不确定性，这种不确定性经常通过一系列公开的和隐秘的方式表达出来。

边缘人集跨时代、跨民族的特点于一身。因为处于两种不同的文化的狭缝之中，边缘人在行动上受到双重规范的约束，情感上常出现所谓"既恨又爱"的矛盾心理。边缘人面临来自两边的牵引和压力，他意识到冲突的状况，不论温和的或尖锐的，意味着从任意一个群体的立场看他自己，他都会经历作为个人问题的冲突。于是他的抱负与他自重的情感相反，他希望能被优势群体所认可，但他又憎恨它的傲慢。对一个种族的优越感与对另一种族的自卑感反相平衡、骄傲和羞愧、爱与恨以及其他一些相反的情感，不稳定地混合在他的性格中。两种文化产生一种双重认同模式和分开的忠诚，以及保持自重的努力，将这些情感转换成一种矛盾的态度。对边缘人来说，他仿佛被同时置于两面镜子之间，每一面代表了一个他自己的不同形象。形象的冲突非但不能帮助，反而使个体有一点意识到两面镜子，以及意识到两种相互冲突的形象的过程。

边缘化在有着一定程度垂直或纵向流动的多元世界里,是产生问题的一个重要源泉。边缘化的关键部分是两种文化模式的冲突。体现文化的两种社会结构肯定是有冲突的。一个人很难完全和谐地融入两种文化,在两种社团中都能完全投入参与。从社会学角度看边缘群体,他们面对的是冲突和矛盾。帕克的"边缘人"是由两个种族或者两种文化组合成的混合体,他渴望进入新的群体里并成为其中的一员,然而他往往遭遇到这个新群体的排斥。帕克的"边缘人"会因迁移而产生焦虑不安、分裂的特点。边缘人在两种(或更多)社会之间处于心里不稳定平衡的状态,反映了他的心灵中这两个世界的纷争、和谐、厌恶和吸引,其中一个常常是超越另一个的"主体"。个人的成员身份含蓄地建立在祖先或者出生种族或民族那里,而排外会将个体从一个群体关系体系中移出。边缘人是两个种族或文化相遇的产物,是一个与两者相联系,但并不完全属于其中任何一个的人。他发展出不同自身特点来表明他的不适应,因为他处于中间的状态。边缘人的典型生活圈发展出的建立在个体对自己所处的社会地位意识上的复杂特征,这些特征包括:矛盾、过于害羞、烦躁、易怒、情绪多变、缺乏自信等。在感情和态度上具有无安全感、矛盾、过于自我意识、长期神经紧张。边缘人处在不确定的状态。

从实际的观点看,研究边缘人显然十分重要。从理论科学的角度来看,边缘人的人生历史提供了一种从精神和客观的角度研究文化过程的方法。正如帕克所说:"正是在边缘人的头脑中——这是文化的变化和融合正在发生的地方——我们能更好地研究文明和进步的过程。"

(四)边缘人所处的文化状况

边缘人处在两种文化之间,而这两种文化具有以下一些特点:两种文化(或亚文化)保持持久的交流;其中一种文化在力量和潜在的回报方面处于主导地位,这是两种文化中的非边缘文化,它的成员并不特别地受到边缘文化的影响或吸引;两者之间的边界具有足够渗透性、边缘文化的成员能够内化主要文化和他们自己的文化的模式;这些模式在整体上是很难协调一致的;获取了非边缘文化的目标后,边缘群体的成员就被主要文化提供的巨大回报所驱使;两者之间的障碍趋于被一边的歧视和另一边的反对"背叛"的压力加强;当冲突持续一代人以上时,边缘状态就被激化。

对边缘人的研究区别于以下三种研究:在两种相对独立的社会之间的文化不融合;相互交流的群体之间的关系具有相对不可渗透的边界,例如,传统帝国主义的状况；个体或裂片化了的群体相对快速的同化，从一种文化移入另一种友好并愿意接纳的文化中的移民，例如，美国历史上的"早期"移民。边缘人的状态也区别于疏离和杂乱、无目标。经常有人说我们这个社会的特点就是疏离和杂乱、无目标，没有人真正有归属感，但这有别于边缘人。边缘人的状态是一个个体与两个部分不兼容的社会都有联系，但又不完全属于其中任何一种文化。一个人能够是没有目标的但并不是边缘人，是边缘人但并不是没有目标的。也有一种意见认为，现代社会只是复杂的亚文化综合体。鉴于我们每个人都属于一个阶级、族群、宗教，也可能是其他亚文化的一员，而这些界限几乎是不一致的。

实际上，自边缘人的概念提出后，各类型、阶层的人都对其附加上自己的理解，使边缘人的特征不易捉摸。边缘人的外延不断扩大。边缘人被用来形容不同身份的人。边缘人的概念面临泛化，泛指在种族、文化、性取向、习惯、心理等方面异于核心群体的各色人等。所以，从这个意义上说，我们都是边缘人。但是，只在相关联的亚文化的价值观和模式之间存在冲突，而且很难同时获得两者的归属感，多重亚文化成员身份才能被视为边缘人。在这一程度上，边缘人就不能被视为仅仅限于移民群体和他们的孩子的一种现象。

（五）文化边缘人

边缘人处在两种文化的交接处，是现代社会、文化转型、多元文化冲突的产物。人类学和社会学所指的"边缘人"，生活在两个完全不同并且经常相互冲突的文化中。在文化转变和文化冲突的时期和场合，必然会出现边缘人。中国近百年的现代化进程是伴随着中西文化的冲突进行的，所以每一个现代中国的知识分子，当他接触、学习、接受西方文化时，就多多少少具有边缘人的特征。边缘人在形成过程中，面临着二元或多元文化交汇时的文化认同问题。文化差异使个体面临文化选择，在选择的同时产生边缘人。在文化冲突与文化转型的场合会出现边缘人，而大学生在外语学习的过程中，更是面临着文化冲突与文化选择。

当今全球化的进程，其实就是西方现代性在全球的扩散过程。全球化时代是由现代性催生的崭新时代，它不仅体现为国际金融或跨国公司的出现，还体现为文化体验及思维方式的拓展与重塑。全球化打破了原有的空间观念，导致了社会关系、人物身份的交叉与错位。网络文化也打破了传统的文化传播方式，使中心与边缘、中心与非中心的关系充满悖论，使身份变得模糊而复杂。伴随着现代通信、交通技术以及互联网的发展，现代性使我们每个人都成为本国国土上的"移民"。因此，当代的边缘人处于不同文化的夹缝之中，是两个种族或者两种以上文化组合成的混合体，是文化边缘人。

文化边缘人所体验的不是移民进入城市时的角色、位置、观念、心态方面的陌生感，而是从语言、行为、思维方式到价值观的全方位的深层次的陌生感。现代社会的开放和一体化，使中西方的交流和沟通成为必然。改革开放之后，中国和其他国家在物质、制度、理念方面的交流和碰撞，强化了文化边缘人的二元或多元文化结构，以及心理或精神上的一分为二，与文化认同上的两难抉择。在社会转型过程中，两种或两种以上文化的交流和渗透是极为常见的现象。在文化的交流和选择中，文化的边缘人可以说是文化的精神早产儿，既依恋母语文化又对异文化充满好奇和兴趣。知识分子往往最早感知双重或多重文化的挑战，是最先形成边缘人的群体。

文化边缘人在形成过程中，依赖一定的社会组织和文化结构。文化边缘人的社会文化背景就是二元或多元文化交汇的外语学习和跨文化交际的过程。全球化时代伴随着世界经济一体化的各个国家之间经济、文化、政治交流的发展，生活于其间的大学生作为文化个体受到不同文化的冲击。大学生作为文化的边缘人，感受着外来文化的挑战。在中国社会转型期，大学生身受双重或多重文化的影响，会感受到自己的母语文化体系受到挑战，母语的价值观不再是唯一的权威。与不同文化的沟通缺乏共通的语义体系，这使大学生文化群体感到失落。这也构成文化边缘人的文化背景与心理状态。接受高等教育的大学生，在学习外语的过程中，是较早接触二元或多元文化的知识分子。在网络化的时代，大学生甚至是最强烈感受异文化挑战的群体。因此，从这个时代文化意义上说，大学生属于文化边缘人。

文化边缘人是指一种状态，而非单纯给一个群体贴上标签。本书借用罗伯特·帕克的"边缘人"的概念，指出大学英语教学面临的深层困境，是中国大学生处于两种文化的边缘。

从前文所提到的文化"洋葱"论、文化"冰山"论、表层文化和深层文化论中，可以看出，只理解文化的可见部分，其实只是触摸到文化的边缘或外围，如语言文字、饮食、建筑、音乐、舞蹈、戏剧、绘画、服装等，而深层的文化内核如价值观、与语言文字有关的思维方式和信仰等，却被忽视了。

中国大学生面对所学的目的语文化，因为未能触摸到文化的内核，徘徊在他者文化的边缘，导致理解的障碍。面对西方的强势文化，需要用英语来维护自己的话语权时，对自己的传统文化却又比较生疏，处于中国传统文化的边缘，无法表述自我，从而导致沟通的困境。对他者的误读加上对自我主体文化的边缘化，使大学生在跨文化交际中失去了交流的能力和表达自我的权利，自我的身份和内心的尊严无从确立，由此产生精神和心理上的焦虑，处于文化边缘人的状态。大学英语教学的目标本应该是促进学生的语言能力、跨文化交际能力的发展，但是，因为我国大学英语教学中存在的文化深层障碍，学生非但没能成为跨文化人，反而游离在两种文化之间，处于文化边缘人的状态。

大学英语教学大纲虽然不断突出对文化的重视，但却忽视了目的语文化的核心，同时忽视了母语文化。在大学生看似风光的穿汉服、吟古诗的复古潮中，或是脚穿"Nike"、耳听 iPod 的时尚背后，实际是被目的语文化和母语文化边缘化了。大学生学习英语十多年，在用英语与以英语为母语的人士交流时，因为处于西方文化的边缘，无法触摸西方文化的核心，而导致沟通的障碍。语言反映着文化，语言也表达着文化。没有文化作为灵魂，就使得在大学英语教学中培养出的大学生对自己的文化身份始终处于困惑和焦虑之中。

第二节　跨文化人的文化身份构建

一、跨文化交际能力

跨文化人具备跨文化交际能力。随着全球化的扩展，英语成为一门全球通用语，很多学者提出跨文化交际能力，指来自不同文化背景的人相互交际时，在对同一语境中交际行为和交际信号的文化差异的识别和文化干扰的排除能力，解决的是同一语境中不同文化之间交际规则的碰撞和冲突问题。大学英语教学的目标已经从语言能力扩展到交际能力，又扩展到跨文化交际能力。跨文化交际能力已成为英语学习者成功交际的必备能力。

在对跨文化交际能力的界定中，包括了知识、技能和态度三个层面。有学者把"文化意识"看作跨文化交际能力的重要内容，也有学者甚至认为文化意识是核心部分，是其他维度的出发点。综合来说，跨文化交际能力包括知识、技能、态度和文化意识，它不仅仅指技能和知识，还包括情感和态度，不仅包括母语文化和目的语文化的知识、技能、态度，还包括对一般性文化现象、特点以及它们之间关系的理解。

跨文化交际能力的形成是一个动态的过程，而不是静态的结果。即跨文化交际能力没有终点，个体不可能百分之百完全获得跨文化交际能力，个体在跨文化交际中经历对话、冲突和沟通，通过认知、行为和情感的理解，不断面对新的挑战，解决新的问题，从中逐渐获得跨文化交际能力。

大学英语教学中培养学生的跨文化能力，应涵盖较为广泛的内容。如，一般性文化知识（文化的定义、特征、内容、语言和文化的关系、文化休克现象和文化适应的策略）；特定文化知识（目的语文化和本族文化中大写的C文化、目的语文化和本族文化中小写的c文化）；跨文化技能知识（文化适应的能力、文化学习的能力、比较和关联本族文化和目的语文化的能力）；跨文化态度（对不同文化的正面态度、对文化差异的文化相对主义态度、对目的语文化的正面态度、对本族文化的客观态度）。

国外研究中，跨文化交际能力强调的是对文化的深刻洞察和对不同文化的积极态度，既包括交际能力，又不局限于交际能力，而是获得一种新的视野。国内学者认为，跨文化交际能力是语言能力、非语言能力、跨文化理解能力和跨文化适应能力等方面所构成的综合能力，是在基本的有效交际能力之外，加上情感和关系能力、情节能力和策略能力。我国学者用"道"与"器"来形容跨文化交际能力的外在表现和内在能力的关系，强调"道"的重要性。

英国学者迈克尔·拜拉姆研究外语学习和文化交流如何影响学习者对目的语文化和目的语国家、人民的态度，表明虽然外语学习与形成对目的语文化的正面态度呈正比关系，但外语学习和直接的文化交流并不能自动导致文化理解。学习者只会增加一些文化信息，而不会产生态度的改变，相反还可能加深原来的认知程度，因为他们没有进入目的语文化去思考和理解目的语文化，而是以自己的文化观念为标准去衡量目的语文化。因此，获得新的视野是形成对不同文化正面态度的前提，也是培养跨文化交际能力的必要条件。这种新视野的确立使文化学习的目标由记忆特定文化的文化事实转变为培养跨文化交际能力和文化学习的能力。目前的研究都把培养跨文化交际能力看作文化教学的目标，强调培养"文化意识"和"对不同文化的正面态度"，指出获得一种新的文化视野是文化教学目标的核心。也可以从三个方面来体现学生的跨文化交际能力，学生应该具备理论/思维能力、人际交往能力即交际能力以及跨文化交际的技巧。

二、跨文化的基础：文化身份

影响第二语言学习有两个重要因素，即"社会距离"和"心理距离"。其中，"心理距离"指的是，第二语言学习是由个体在学习第二语言的过程中如何感受决定的，包括以下两方面。

①语言冲击（language shock）。当个体学习者面对新单词和表达时如何反应（例如，学习者学习和运用第二语言时感到压抑、慌张、不自然、困惑、窘迫）以及学习者如何应对这样的感受。

②文化冲击（culture shock）。当学习者发现他的解决问题和应对机制在新文化中不再起作用时就出现文化冲击。这种状况会导致困惑、压力、害怕和焦虑（例如，学习者担心本族人会讥讽、嘲笑、排斥他），这类精神状态会引发一种拒绝综合征从而转移二语学习的注意力和精力；一些人拥有的"部分和暂时放弃身份的分离"能力，这使他们成为第二语言的有效学习者（例如，学习者是否有自我中心的倾向）。

影响第二语言学习的"部分和暂时放弃身份的分离"能力，就是强调学习者在学习一门新语言的同时，也在适应新的文化情境中的生活，即学习者在新文化背景下学习一门新语言过程中的身份建构。大学英语的学习过程也是学生明晰自我的文化身份以及文化身份建构的过程。同时，文化身份的建构对大学英语的学习具有促进作用。走出"文化边缘人"，克服大学英语学习中的文化障碍，有必要进行文化身份的建构。

文化身份的建构离不开他者。但是，在区分群内人和群外人，在对事件、人和事物进行分类时的偏见、定式和民族中心主义，使我们对"他者"产生误读。文化身份的建构也离不开主体，主体文化的贫乏会导致对主体文化认知的边缘化。因为文化、语言、交际和身份的紧密联系，大学英语教学十分有利于大学生文化身份的建构。由于大学英语教学中对深层文化的忽视、对文化的历史与关联的忽视，以及文化的定式与偏见、民族中心主义等文化的深层障碍的影响，造成大学生文化身份的困境，使得大学生的文化身份非但未能达成跨文化人，反而使学生在目的语文化和母语文化间无所适从，处在文化边缘人的状态。

（一）文化身份

身份是指在特定社会、地理、文化和政治背景中一个人的自我概念，是抽象的、复杂的、多层面的、流动的、无定形的。它是一个人或群体的由他们和/或他人所定义的他们是谁的意识。身份被视为一群人所特有的东西且相应地将群体结合在一起。它与我们是谁、我们属于哪儿、谁是群内人以及谁被排斥在外有关。身份是一个理解自我和外部世界的框架。人们通过分类进入社会群体并认同特定的角色。我们从家庭、工作以及加入的群体中获得身份,例如,丈夫、妻子、教师、学生等。简单地说,身份就是如何理解"我们是谁"。身份影响人的行为。我们根据不同的背景,例如,我们在哪儿,我们和谁在一起,我们想达成什么目的来选择身份。人们可以依据性别、种族、阶级、宗教、国籍等来划分身份类别,并可以有多重身份,如职业身份、性别身份、年龄身份、种族身份、阶级身份、国民身份、宗教身份等。

文化身份是在特定文化的成员学习和接受传统、语言、宗教、祖先、美学、思维模式的社会建构中形成的,即人们内化了文化的信仰、价值观、准则和社会实践。文化身份是对某个有着共同符号意义系统、遵守相同行为规范的文化群体的认同,并得到这个文化群体的接受。一般来说,文化身份是某一文化群体成员对其成员身份及文化归属的认同感,包括自我认同和外部认同。文化身份表明"我是谁",并通过群体成员的所言、所行、所思、所想表现出来。个人在成长过程中将所处环境的文化价值观纳入自己的世界观,通过父母的指导获得其文化群体的身份。影响文化身份建构的因素,有外貌、种族特点、肤色、语言、教育、大众传媒、同龄人、制度政策和自我评价等。具有一种文化身份的人也应该能自如地使用该群体所共有的符号意义系统,并遵守群体的行为规范。从宏观角度看,文化身份包括国民身份和种族身份。从微观角度看,它包括在主流文化群体下根据不同地域、职业、性别、年龄、收入和教育划分的不同的文化身份。按照这种定义,文化身份表征了共同的历史经验和共有的文化形态,它可以为一个民族提供稳定、连续的意义框架。

文化身份的发展经历三个阶段:未察知的文化身份、文化身份追寻、文化身份的获得。在未察知的文化身份阶段,一个人视文化身份为想当然,没有探寻文化问题的兴趣。文化身份追寻阶段是为了更多地学习自己的文化和理解文化成员而探寻和质疑一个人的文化的过程。通过探寻文化,个体能学习其文化的优势,并接受其文化和自己。这一阶段社会和政治意识增加,同时有更强烈的欲望去学习自己的文化,这一阶段还有不同程度的情感成分,包括有紧张、气愤,甚至针对其他群体的暴力行为。文化身份获得阶段标志着清楚地、自信地接受自我和对文化身份的内化,并能面对定式和偏见,不会将他人的负面感受内化并清楚其文化的意义。

因为文化身份影响广泛并且与自我概念的不同侧面相联系,对很多人来说,生活在另一个文化中或者与来自不同文化的人互动会触发他们对自己文化身份的意识，而在此之前也许他们并未意识到自己的文化身份。文化身份也是动态的，文化身份——你对自己所属的文化的感觉和根据这个文化的成员资格定义你是谁——存在于不断变化的社会背景中，因此文化身份不是固定的、持久的，而是动态的，随着不断前进的生活经历而变化，随着时间的流逝，能适应不同的跨文化挑战，文化身份就可能会变得与以前很不一样。

很多人以为一个人只能或者只应该归属一个文化群体，但很多人的身份并不只属于一种单一的、固定的类别，而是结合了其他身份。在这样一个不断多元文化的世界，来自不同文化的人们共存，文化身份的多面性特点变得更为重要。我们可以是很多群体的成员，例如，说同一种语言、同一座城市的市民、某一政治组织的成员等。我们是谁，我们如何与他者不同并显现出来，这些都有赖于我们和谁在一起，文化身份对于我们和他者，交谈的话题以及我们的阐释都很重要。文化身份影响跨文化交际，因为交际的困难程度在一定程度上取决于交际双方的文化身份，如果双方的符号意义系统和行为规范差异很大，交际难度就很大。反之，如果双方的符号意义系统和行为规范比较接近，则交际难度就很低。

（二）文化身份与跨文化交际

文化身份对跨文化交际的意义在于，来自不同种族和文化背景的人进行交际时，他们的文化差异以及历史、经济的差距容易导致定式、偏见、民族中心主义这些影响跨文化交际的严重问题。当来自不同文化的人进行交际时，一个人的文化身份会影响人与人之间的关系和对个体行为的期望。如果一个人按照一种方式理解自己，而对方则按照另一种方式去理解他，就会产生交际问题。因为大多数人都倾向于认为他者用与自己一样的方式观察、评估以及分析世界，也就是说，人们都假定与自己交际的他者同自己相似。实际上，人们常常用他们自己个人的经验去理解和评估他者，这容易导致民族中心主义。

当和陌生人交际时，我们喜欢将他们的行为解释为他们的性格，然后将性格看作其文化的典型特征，即我们喜欢按照我们的定式观念去阐释陌生人的行为。为了有效地和其他人交际，我们必须关注他们的独特个人特色，这需要我们将特定的个体从定式的分类中区分出来。我们在处理信息时简单地将一些特点归属于特定的人群，常常将一些特殊的事件、人、事物甚至一次经历，假定为事件、人或事物的典型特征。这种假设常常是不正确的。将以前的经历当作决定事件属性的基础，这样处理导致过于简化，会形成定式观念。

林语堂作为一个具有跨文化交际能力的人，即"跨文化人"，曾在一副对联中说："两脚踏东西文化，一心评宇宙文章。"他的《生活的艺术》一书，在20世纪30年代的美国居于畅销书榜首达52周，他向西方人描述了中国文人淡泊优雅的生活方式和东方人的才情、智慧。他对美国人和美国文化的认识则充分展示在《美国的智慧》一书中。林语堂的文化身份是十分明晰的。文化身份着眼于一个人的文化归属，是区分不同文化的边界，即文化意义上的"自我"和"他者"的边界。"自我"和"他者"可以成功地交际，互相理解，但是，"自我"不能成为"他者"，"他者"也不能成为"自我"。

三、文化身份建构中的主体和他者

（一）文化身份的建构与主体

伴随着西方文化的扩张，欧美民族中心主义和文化殖民主义对大学生的文化身份形成极大的挑战。一位大学生在网上转载留言："除了大熊猫，还有什么代表中国？"除了黄色的皮肤、黑色的头发和眼睛，还有什么是中国人的标志？面对强势的西方文化的挑战，文化身份确实一直困扰着大学生："中国人的特性是什么？中国人应该是什么样子的？我们到底是谁？"

全球化加速了全球文化的同质化，"历史终结论"就是对文化趋同现象的一种夸大的表述。随着都市化、新移民、工作流动性、网络文化的繁荣，全球化导致了人类身份的复杂化，使身份变得模糊。跨国公司使资本运作跨越国界，对所在国家的文化也是一种冲击。中国改革开放之后，随着社会结构的多元化，个人选择的多样化和国家实力的增强，同时伴随着全球化的浪潮，互联网及现代交通、通信技术的发展，跨国公司的扩展，使中国和世界更为紧密相连，西方的价值观与生活方式大规模地进入中国人的生活，中国大学生不得不思考自己的文化身份。当今中国在经历大国崛起之时，中国大学生更需要重新找回"我们是谁"。

我们需要"他者"才能建构自己的文化身份，回答"我们是谁"。但是，在大学英语教学中，我们却对"他者"——主要指目的语文化存在着明显的误读。赛义德曾批评过东方学家对东方的误读，他认为东方学家虚构了一个"东方"；但反过来看，东方人自己也虚构了一个"西方"，即东方人眼中的他者——西方。由于对目的语文化的深层结构的忽视，对文化的历史与关联的忽视，对目的语文化的定式与偏见，同时我们自己也预先虚构了一个"他者"——目的语文化，而这种预先设定的"他者"是基于我们的定式和偏见，所以这种虚构并不合理，而且其中存在着误读。

在文化身份的研究中，主体是重要的范畴。任何时代、任何人、群体、民族、国家，都在建构着主体和主体身份，在追问我／我们是谁，我／我们与他者有何不同？但自近代开始，中国人就已经离自己的古老文明渐行渐远。1935年何炳松教授等人在《中国本位的文化建设宣言》中说："中国在文化的领域中消失了；中国政治形态、社会的组织和思想的内容与形式，已经失去它的特征，由这没有特征的政治、社会和思想所化育的人民，也渐渐地不能算得中国人。"

不少学者都认为母语的重要性不仅在于培养读写能力，而且是学生发展和培养母语文化和身份的方式，但是在大学英语教学中对母语文化的忽视和漠视，使目前大学英语教学中主体的建构面临重重压力，使我们对主体文化的认知处于边缘化状态，结果在大学生文化身份的建构中出现了问题。作为主体的人，对自我的角色定位源于与他者的比较。发展自己、强大自我，是主体的目标。因为一个弱势的主体，不但不能把握自己，而且很难与其他主体进行成功的交际，即便是被迫参与了交际，也会被他者所左右。大学生文化身份的建构中需要克服全球化的挑战，正确对待他者并理解自我主体。

培养自我意识是为了能够真正理解我们自己的文化和交际的模式，从而提高跨文化交际能力。我们每一个人都是我们文化背景的产物，这种文化背景包括性别、种族、家庭、年龄、宗教、职业和其他的生活经历。我们的文化为我们提供了洞察力，使我们能够理解自己的信仰、态度和价值观，让我们能批判性地思考自己文化身份的不同方面，并观察文化身份对我们个人发展的正面和负面影响。增强对自我文化的意识，再加上对其他不同文化的了解，有助于个人理解自己的文化身份，也能帮助一个人在任何文化背景中都能做出最适当的行为，使个体能控制自己的情绪并创造好的印象，使个体学会从一种文化背景转入另一种文化背景时如何修正自己的行为。

在大学英语教学中，培养大学生的文化自我意识即文化自觉，主要强调的是对母语和母语文化的尊重。有人认为，语言是国家的灵魂，我们可以通过语言分析发现民族性。民族逐步地使其语言获得了一种独一无二的色彩和情调，而语言则把它所获得的这类特征固定了下来，并以此对该民族产生反作用。所以，我们从每一种语言中都可以推知与它相关联的民族性。倘若忽略了语言与民族精神力量的形成之间的联系，比较语言研究便会丧失所有重大的意义。不仅如此，对一个民族的真实本性和对一种具体语言的内在联系的认识，以及对具体语言与一般语言需求的关系的认识，也都完全取决于对整个精神特性的考察。语言的所有最为纤细的根茎生长在民族精神力量之中。民族精神对语言的影响越恰当，语言的发展也就越合乎规律，越丰富多彩。一个民族的精神特性和语言形成这两个方面的关系极为密切，不论我们从哪个方面入手，都可以从中推导出另一个方面。这是因为，智能的形式和语言的形式必须相互适合。语言仿佛是民族精神的外在表现；民族的语言即民族的精神，民族的精神即民族的语言，二者的同一程度超过了人们的任何想象。

母语和母语文化对学生的跨文化交际十分重要。因为，跨文化交际本身应该是一种双向交流，文化输出和文化输入具有同等地位。没有文化输出，则跨文化交际就变成了单方面的文化引进。加强大学生母语文化的英语表达，使他们学会表达自我，从而在跨文化交际中处于较为有利的地位，同时输出中华文化有利于获得中华文化的话语权。目前，英语已经是全球通用语，除去生活在以英语为官方语言的国家的人口，全球有超过 10 亿人将英语作为第二语言或外语来使用，英语成为国际交往中具有支配地位的全球语言。全世界 70% 以上的科学家阅读英文，全世界 85% 的邮件用英文书写，全球电子文献检索系统中 90% 的信息用英文存储。将英语作为第二语言或外语的人数将超过以英语为母语的人。因此，在教学中，我们应该重视母语文化及其英译问题，熟悉母语文化的英语表达，学会用英语介绍中华文化。在和西方世界保持接触，进行交流的过程中，把我们文化中好的东西讲清楚，使其变成世界性的东西。

母语文化在大学英语教学中至少有两方面的重要作用：一是将母语文化与目的语文化进行对比，能更加深刻地揭示出目的语文化的特征，从而加深对母语文化和目的语文化本质特征的理解；二是纠正学生的民族中心主义观念，培养学生对目的语文化的积极态度，提升学生学习英语的积极性。

大学英语教学中的首要任务是提高学生的英语水平，培养学生的语言能力。但因为语言和文化密不可分的关系，学生要真正学好英语，必然会要求他们强化对目的语文化的学习。学生要能真正深刻理解目的语文化，必须首先了解母语文化的传统及现状。中国的开放所要求的不仅是将外国文化介绍到中国，同时也要将中华文化传播到世界。这既是大学英语教育中文化教学的目的之一，也是大学英语作为文化素质教育的组成部分应该做到的。

培养学生的自我意识即文化自觉，使学生能客观地评价中国和西方文化的异同，母语文化和目的语文化之间既不是简单的认同，也不是彻底的疏离，而是辩证的统一。文化自觉是一个艰巨的过程。首先要认识自己的文化，理解所接触到的多种文化，才有条件在业已形成的多元文化的世界里确定自己的位置，经过自主的适应，和其他文化一起，取长补短，建立一个有共同认可的基本秩序，和一套各种文化能和平共处、各展所长、联手发展的共处守则。学生要学会基于理解和宽容的态度对待母语文化和目的语文化。一个文化如果缺乏凝聚力，在世界多元文化状态中处于一种消极保守的状态，不及时汲取异文化的优点，最终将失去发展的机会，很可能会被同化。一种文化只有努力保持自身的凝聚力，同时吸收异文化的精华，才能使自身得以提升。对处于全球化背景下的大学生来说，文化自觉、文化知识和跨文化交际能力，有助于大学生从不同的视角去认识、观察世界，从而更深刻地理解自我，学会融合母语文化和目的语文化中的不同思维方式和价值观念。

能够很好地理解自我文化的唯一途径是先理解另外一种文化。外语学习者在学习目的语文化时会加深和强化自己的文化。大学英语的学习过程并不是抛弃母语的过程。实际上，正是与异文化的接触，才更能让人意识到自己的文化，才更能让人意识到自己的文化身份。如果没有文化他者的存在，自己的母语文化传统就只是一种未经比较和反思的智慧。如果存在一个他者，也就是提供了一个参照系，在与参照系的比照中可以重新认识自我以及文化传统。因此，在大学英语学习的过程中，更能帮助学生意识到自己的中华文化传统，更能意识到自己的文化身份，帮助学生认识自我、理解主体。

（二）文化身份的建构与他者

文化身份对跨文化交际是十分重要的。因为语言与身份的密切关系，除去交际功能，一个人所说的语言和他作为这一语言使用者的身份是不可分割的。语言使用当中的一个简单的特点就足够识别一个人在特定群体中的成员资格。每一种文化都有其特定的历史、价值观、习俗、信仰、表达方式等，语言成为与他人共享的编码并且与文化紧密相连。语言知识是一个人文化传统的一部分。一个人作为一个文化群体成员的身份，有很大一部分来自他能说这个群体的语言。没有比语言更为紧密或敏感的身份的指数了，洪堡特就指出："每当一个人听到母语的声音，就好像感觉到了他自身的存在。"人们如何定义自己以及看待这个世界，是与他们所说的语言紧密联系在一起的。

交际与身份也是紧密相连的。人们通过和同一群体的其他人交际，将自己视为一个社会组织的成员，获得共同的看待世界的方法。交际实践是构建身份的重要方式。一切交际都可以看作将我们分为不同群体、不同成员进行的交际。

语言与交际关系密切。学习语言的目的即交际。语言与文化又密不可分，所以文化与交际紧密相连。文化是交际的基础。文化是无法离开人类的参与的。只要有人类的参与，就有交际。文化是一个看不见的老师，却决定了我们的交际模式。正是在我们的文化中，我们学会了如何交际。也正是我们的文化，教会我们交际什么。交际亦影响文化的结构。交际反映并传播文化。文化告诉我们应该如何说话和行为，而这些都在我们的交际模式中得到展现。除非我们充分了解所使用语言的文化背景，否则我们不能真正获取语言中的信息。

通过学生与来自不同文化背景的人交际，不仅会发现学生的英语水平的高低，更可以从中观察影响学生语言水平的文化因素。还可以通过学生与他者的交际，看出学生的文化身份的建构和认同，并可以从中发现大学生文化身份建构和认同面临的挑战。大学英语教学中有必要进行大学生文化身份的建构。那么，建构的关键是什么呢？是"他者"与"主体"。

我们通过与他人的联系认识自我、定义自己。通过与其他文化的交流，人们感到自己同属于一种文化。因为必须要有"他者"，人们才能给自己定身份。任何文化都在与其他文化的联系中，或是在其他文化的对立面来定义自己。通过揭示与其他文化的差异，才使我们感到我们属于哪一种文化。身份的"主体"（自我）的独立离不开"他者"。"主体"（自我）既要得到"他者"的承认，又要在与"他者"的交流中，满足被"他者"承认的愿望。文化身份的建构离不开"他者"。这里的"他者"，是相对于"自我"的一个参照物。实际上，文化之所以要进行认同，是因为有"他者"存在，担心被"他者"同化而失去自我。如果没有了"他者"，也就没有了自我确认的意义和必要性。

一个人或民族通过与"他者"的区分来确定自己的身份认同。每一种文化的发展和维持，都需要一种与其相异质并且与其相竞争的另一个自我的存在。自我身份的建构——身份，不管是东方的还是西方的，法国的还是英国的，不仅都是独特的集体经验之汇集，而且最终都是一种建构——牵涉到与自己相反的"他者"身份的建构，而且总是牵涉到对与"我们"不同的特质的不断阐释和再阐释。每一个时代和社会都重新创造自己的"他者"。所以，"他者"在文化身份建构中是一个重要的标准。文化身份的认同，首先指认同文化的内部特征，即"主体"应该表现出的独特特征。从这一角度看，为了更好地认识"自我"，需要一种"非我"的标准，在与非我进行区分时，也就凸显出"我"来。从这一角度看，"他者"定义了非我的特征，以证明"自我"。综上所述，文化身份是相对于"他者"的建构。

正因为身份需要通过与他人的交往来实现，在大学生所处的校园和所接受的高等教育中，最容易观察大学生文化身份的地方，就是通过大学生与他人的交往，尤其是与来自不同文化背景的人、说不同语言的人的交往。

他者与自我的文化差异是不同国家、民族间文化的差别。各个国家的文化都有其独特性。各个民族的语言、传统和生活方式也不尽相同。根据霍夫斯泰德关于文化异质性的理论，不同文化间存在差异性，即在价值观、思维方式、行为准则、习俗、信仰等方面的文化差异。霍夫斯泰德从权利距离、回避不确定性、个人主义－集体主义、阳性－阴性、长期－短期取向这五个维度，分析了不同文化之间的差异。可以看出，学生在学习外语的过程中，由一种文化背景进入另一种文化背景时，会遇到各种完全不一样的行为和思想，由此产生文化差异并引发文化冲突。其根源在于：

①民族中心主义或种族优越感。认为自己的种族优于其他种族，认为自己的文化价值体系比其他的文化价值体系优越。如果学生持这样的观点对待目的语国家的人民和文化，就容易引起误解，导致无法正常交际。

②对信息的理解差异。不同国家的语言和文化背景不同，对同一信息的理解也会不一样。交际是人与人之间或群体之间传递信息的过程，但由于人们对时间、空间、风俗习惯、价值观等认识不同，就容易造成误会，甚至引起文化冲突。

③对文化意义符号系统的不同理解。不同的文化采用不同的符号表达不同的意义，有时尽管符号相同，但表达的意义却截然不同。

④民族性格、传统文化和宗教信仰的差异。传统文化是民族文化的深层积淀，它融于民族性格之中，使各民族表现出不同的个性。民族的责任、个性的差异，往往构成跨文化交际的障碍。

⑤思维模式的差异。思维模式是民族文化的具体表征。如中国人偏于形象思维，而西方人偏于抽象思维（逻辑思维）等。这些常常是造成跨文化交际障碍的原因。

⑥处理问题的行为模式的差异。行为模式是民族文化的外显形式。不同的民族文化造成不同的行为模式。

⑦法律意识的差异。因为对政治、经济和法律缺乏了解，文化敏感性差，学生往往依据自身的文化分析和判断对方的信息，从而产生文化冲突。

⑧价值观念的差异。学生在外语学习中会接触不同的文化，它们的价值观并不相同。如中西方文化价值观的差异体现在个人主义与集体主义、权力距离等方面，在中国表现为注重集体主义、维护面子等；在西方表现为自主独立、注重隐私等。

文化中判断是非的标准属正式规范，由正式规范引起的摩擦往往不易改变；文化的生活习惯和风俗等属非正式规范，由非正式规范引起的摩擦可以通过较长时间的文化交流克服；技术规范则可以通过学习技术知识而获得，这是最容易改变的。因此，在大学英语教学中，要同时进行跨文化培训，促进大学生对不同文化的了解和认识，提高学生的文化适应能力；组织各种文化体验活动，让学生与不同文化背景的人士交流；增加学生跨文化合作机会，让学生实际体验跨文化交际，提高对文化差异的认知能力和应对文化冲突的策略能力，为培养更多的国际型人才提供平台。

跨文化培训的目的是使学生了解并学会尊重、包容不同文化，学会消除由文化差异引起的误会，让他们能不带任何偏见地观察和发现文化差异，并理解产生文化差异的必然性；增强学生的自我文化意识即文化自觉，提高跨文化交际能力，使学生具备一定的跨文化适应能力等；可以通过文化熏陶等手段，增加学生对异域文化的了解，打破学生的文化障碍；让学生与具有不同文化背景的人员交流，通过这种方式，可以使学生理解彼此的价值观，能够学会移情——想对方所想，体验对方的情感，理解异文化的行为习惯和思维方式，进而领悟异文化。

英国学者马丁·雅克指出，因为西方在世界上占主导地位，因此西方并不真正需要去了解其他文化；而除西方之外的文化，因为一直处于弱势，所以被迫去学习、理解西方文化。马丁·雅克特别提到中国，他认为中国人对西方的了解远远胜于西方对中国的了解。马丁·雅克的观点与很多中国人的观点一致，认为中国人或中国学生对西方、西方文化的了解远远超出西方人对中国、中华文化的理解。的确，因为西方在全球扩张中伴随其政治、经济的实力，西方的强势文化也输出到其他文化中。例如，中国自近代以来就面临西方文化的挑战，而现在随着全球化的扩展，西方的生活方式、思维方式、语言、意识形态等对中国人造成的影响更加不可忽视。在对华中科技大学的本科生进行的调查中，学生也列举了很多方面，例如，节日、服饰、食品、运动、手机、电脑、软件、网络等科技产品，交通工具，建筑包括专业课程中的理论、定律等各个方面，都受到西方文化的强烈影响。学生对西方文化的了解和接受程度的确是惊人的。

但问题在于，喝着可口可乐、过着圣诞节、打着篮球、穿着Nike、用着iPad的学生，真的接触到了西方文化的核心吗？相对于西方文化中的新教伦理、市场经济、议会民主，学生仍然只游离在目的语文化的表面。在访谈学生时就会发现，学生一方面在面对孝顺父母和父母的管教时，选择西方文化中的自由；

而另一方面在面对西方文化中的责任感和独立性时,他们却选择让父母帮忙或干脆让父母做主。学生既没学到西方文化中的独立性,也没学到中华文化中的敬老美德,反而是强化了西方式的自由和中国式的宠爱。

在理解他者、建构自己的文化身份方面,一定要深入目的语文化的核心。例如,根据社会归属理论,个体一般会根据背景,即所谓的外在因素去解释他们自己的行为或群体内成员的行为,但是会用个体的性格原因,即所谓的内在因素去解释外群体中的个体行为。我们倾向于将陌生人的行为解释为他们的性格,然后又将他们的性格看作他们文化的典型特征,即我们会按照"那些人"像什么的定式观念去解释和理解陌生人的行为。因此,在大学英语教学中,一定要强调对目的语深层文化的重视,去除定式与偏见、民族中心主义、对文化的历史与关联的忽视等,达到对目的语文化的真正理解。在大学英语教学中,应该在进行语言学习的同时,进行目的语文化知识的教学、文化敏感性训练、跨文化交际的技巧训练等。其目的在于,减少学生可能遇到的文化冲突,促进学生对目的语文化的观念及行为习惯的理解。对学生来说,表层的语言障碍,经过学习是比较容易克服的,但文化差异所造成的深层障碍,在跨文化交际中解决起来却比较难。因此,应该培养学生克服民族文化中心主义、消除定式观念、对异文化采取理解的态度,包容文化多样性。

跨越跨文化交际的障碍,还要克服夜郎自大即民族优越感的表现形式。哈佛大学前文理学院院长亨利·罗斯沃斯凯就提出,一个有教养的美国人不应该有狭隘的地方主义,忽视其他地区和时期的文化,应当了解塑造其他地区现在、未来以及历史上其他时期文化的力量。当然,很少人能获得如此广博的世界观,但一个人有没有受过教育,区别在于能否用广阔的视野来审视生活的经验。我们常说中华文化源远流长、博大精深,提到孔子、老子和四大发明,实际上所举的这些都是历史的荣耀。欧洲自文艺复兴以来,文艺、科学技术等各方面都成就非凡。如今,随着我国经济的发展,仍然要用冷静的眼光来看待自己和发达国家的差距,既要继承中华文化传统,又要吸收西方文化精华,不仅要有文化自觉,而且要理解和学习他者,"内知国情,外知世界",或所谓"知己知彼"。文化自觉首先是对自己的文化有"自知之明",即充分认识自己的历史和传统。这是一种文化延续下去的根与种子。更重要的是,要按现代的认知和需要来诠释自己的历史文化,就必须要向现代文化和其他文化学习。在多元文化的背景下找到民族文化的自我,明确新纪元里中华文明存在的意义,以及它为世界的未来发展可以做出什么样的贡献。

第三节　跨文化交际能力的培养

　　大学英语教学目的是使学生能更全面地理解一种语言并能流利地使用它，能成功地和熟练地使用英语进行交际。语言是文化的一部分，同时也是定义和描述文化的媒介。因此，学习者必须了解语言的文化维度。例如，学习者不能仅按照词典中单词的对等意义去理解成语，还需要理解其背后的文化内涵。语言学习的过程中，要注意学会理解新单词的文化含义，即注意学会目的语的文化内涵。语言是交际的工具，但不应该将语言仅仅视为语言学的元素。语言的教与学在强化对其他文化的开放，在与他者交际中培养正面的、对异文化宽容的文化态度方面是最有效的学科。它能使学习者认识到文化之间的相同点并能接受不同点；培养学习者包容他者，而不产生社交恐惧。语言教学是通过学习目的语的文学和有关文化知识来进行的，更强调理解目的语国家、社会和人民的经历和观点，理解并超越我们可能持有的对他者认知的定势观念。

　　大学英语教学对象是大学生。怎样培养学生，培养什么样的学生，无疑是至关重要的问题。大学英语的教学目标除了提高学生的语言技能外，还要培养学生对目的语文化和母语文化产生好奇心，帮助他们进行文化比较，丰富学生的体验，培养他们对文化多样性和文化差异的敏感。这种多样性或差异应得到理解和尊重，而且绝不能高估和低估。帮助学生理解人们展现出的文化制约行为的事实，理解社会变量如年龄、性别、社会阶级以及居住地等对人们言语和行为的影响，使学生意识到在目的语文化状况中的普通行为，以及目的语中单词和短语的文化内涵，培养学生评估目的语文化的能力，鼓励学生对目的语文化的好奇心和对于他者的移情。学生在学习外语和外国文化的过程中，培养学生文化交融和理解的认识能力，即"移情"（empathy）能力。这是一种设身处地从他人的角度看待和感知世界的能力。移情能力不仅有助于语言能力和交际能力的发展，而且对整体人的完善也有着积极的促进作用。外语学习的成功者，大部分都是在对不同文化进行比较、评价和综合的过程中使自己变得更加丰富和完整。他们所进行的文化评价和批判并没有引起强烈冲突，反而使不同的文化因素在他们身上达到某种程度的整合。大学英语教学应该培养大学生成为思想开放，对自我、他者和世界都有深刻理解，并能够积极地与外界交流，不断发掘和实现自身的价值的现代人。

　　因为语言与文化的紧密联系，在大学英语教学中必须将文化与语言相结合，这不仅能帮助提高学生的语言能力，而且能使学生了解目的语文化，与目的语文化群体进行有效的交际。更重要的是，让学生了解更多的文化群体，提高跨文化交际能力，力争成为一个跨文化人。这才是克莱尔·克拉姆希和迈克尔·拜拉姆所提出的外语学习和文化学习的最终目标。我国的大学英语教学的目的，就是让学生能够流利地使用英语。大学英语教学中文化教学的目的之一是促进语言教学目标的实现，那么，培养出的学生就需要具有双语能力。双语意味着某种程度上的双文化。一个具有"双文化"特色的人应该能够在两个或更多文化领域内行动而没有障碍，也不会选择那些可能带有负面文化内涵的词语。所以，文化学习的主要目标是帮助学生成为跨文化人，使他们能够轻松和有效地理解和应对来自不同文化背景的人。

一、增强对文化差异的敏感性

文化价值观是一种比较持久的信念，可以决定个体、群体的生存形态、行为方式或准则，判断是非、美丑、爱恨，因此很容易引起种族优越感、不同的感性认识、交际中的误解及态度等问题，从而导致文化冲突。文化冲突的出现是因为来自不同文化的人具有不同的价值观和行为准则。个体往往根据自己文化的价值观和准则行动，而对方所持的观念可能导致从相反的角度解读其行为，这就造成误解和冲突。不同文化给人提供不同的思维方式——看、听、阐释世界的方式。

影响跨文化交际中相互理解的一些因素，包括：认知的约束，不同群体的世界观构成框架形成了一个进行新信息比较的背景；行为的约束，不同文化都有其影响言语和非言语交际的规则，例如，不一定完全相同的礼貌原则等；情感的约束，不同的文化会用不同的方式展示、表达情感，有一些文化表现为相当情绪化，而有一些文化则表现为情感内敛。与来自不同文化的人交际是很有挑战性的，文化差异会造成对自己和他人行为的期望的复杂性，误解他人的观点、行为、动机会造成冲突。

除了培养自我意识，加强对自我主体的关注即文化自觉外，我们必须考虑培养大学生对文化差异的敏感。当我们考虑其他文化时，我们常常将它们与自己的文化相比较，因为我们对自己文化的了解胜于对"异文化"的了解。我们倾向于觉得异文化很奇怪，因为从我们出生起就学习用特定的方式进行解释和理解彼此，当遇见不同的解释体系时我们可能会感觉它不是"正确"的方式。我们倾向于保卫自己的文化并将它视为准则，而将其他的文化模式看成是错误的。这也许是人类对差异的自然反应，但却是我们需要努力克服的。不同的群体面对环境中对生存的挑战时有不同的解决方法，在不同群体中都有人明言他们关于生命如何生存的方式是唯一正确的，而其他的方式都不正常，这就会导致冲突。因此，不应该拒绝其他群体生存的方式和他们的价值观，而应该力图理解来自不同文化的观点。

大学英语教学中应该注意培养学生对不同文化的包容态度，学生应该对异文化持开放的心态。即使无法接受异文化，也要设身处地将异文化中无法理解的部分置于其特定的历史和社会背景中，了解其产生的缘由，平等对待异文化与母语文化的差异，而不是对异文化采取嘲讽和轻视的态度。保持自己的价值观，如判断和坚持什么是正确的或错误的，是很有必要的。对其他文化持开放态度，并不意味着放弃判断力，而是放弃建立在无知之上的预先判断。开放意味着愿意通过研究其他文化来学习并发展个体自己的价值观。在和西方世界保持接触、进行交流的过程中，把我们文化中好的东西讲清楚，使其变成世界性的东西。一方面，要承认我们中华文化里边有好东西，进一步用现代科学的方法研究我们的历史，以完成我们"文化自觉"的使命，努力创造现代的中华文化；另一方面，要了解和认识他人的文化，学会解决处理各种不同文化接触的问题。

对周围环境和他人敏感是有能力的跨文化交际者的标志之一。跨文化敏感是一种个体的、能理解和欣赏文化差异以提升在跨文化交际中适当和有效的行为，是培养正面情感的能力。在大学英语教学中，可以从两个方面培养大学生的跨文化敏感性：一是学习母语文化的本质以及母语文化区别于其他文化的主要特点，即"知己"；二是培养对目的语文化的理性分析能力，即"知彼"。

跨文化敏感性培养可以帮助学生在心理和方法上做好准备以应对不同文化，减轻他们面对不同文化时的不适应。跨文化敏感性可以在大学英语教学中进行培养，使学生掌握语言知识，同时使他们熟悉目的语文化中特有的、具体的表达和交流方式，如手势、礼节、习俗等。跨文化敏感性培养，即以授课的方式系统地介绍目的语文化的内涵与特征，同时通过文化讨论的形式，组织学生探讨目的语国家文化的精髓；适当组织各种活动，让学生与外教、留学生有更多接触和交流的机会。

文化敏感性分为以下五个阶段（见图6-2）。

第一阶段是无意识无能力，指个体没有跨文化交际的意识，通常会无心地或无意识地得罪来自另一文化背景的人；

第二阶段是有意识无能力，指个体已经具有了跨文化交际的意识，知道这

样做是错的,但却不知道如何做才是正确的;

第三阶段是有意识有能力,指个体知道怎样做是错误的,也知道了在具有其他文化背景的人们面前怎样做才是正确的;

第四阶段是无意识有能力,指个体能应付自如地与来自其他文化背景的人交际,真正做到了"双文化"或"多文化";

第五阶段是无意识超能力,这是"多文化"的表现,但是并非所有的人在任何时候都能达到这个水平。

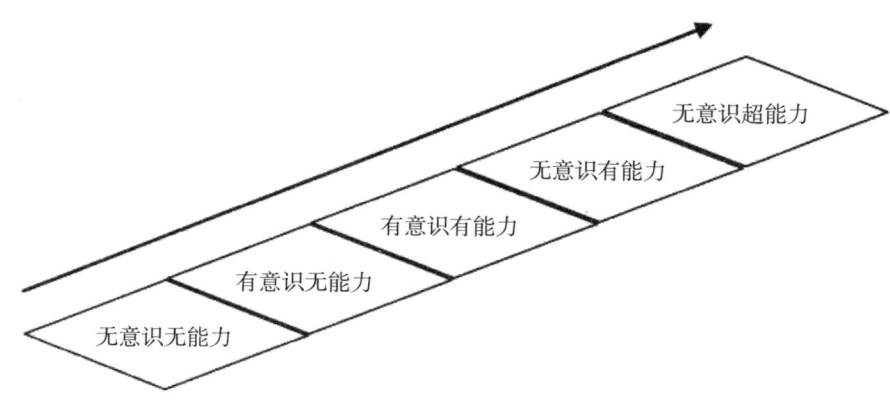

图 6-2 文化敏感性的五个阶段

由于大学英语教学的课时和内容有限,大学英语教学中培养学生对文化差异的敏感性,能达到第三阶段或以上即可。

跨文化敏感性培训,是一种消除文化障碍的方法。跨文化敏感性训练可以使学生学会如何倾听并了解自己和对方的情感,加强自我意识和对不同文化的适应能力,并促使学生与来自不同文化背景的人员进行有效的交际;同时使大学生能够发现和学习原来自己没有注意到的文化差异,打破心中的文化障碍,增强合作意识,减少文化偏见,增加相互间的信任感,提高大学生对不同文化的鉴别和适应能力。

二、加强跨文化培训,树立全球文化意识

想要培养大学生的跨文化交际能力,就要加强跨文化培训。跨文化培训是解决跨文化冲突的有效途径。跨文化培训本身也是一种学习。当前的大学英语教学偏重于纯语言技能的训练,忽视了对大学生的跨文化培训。跨文化培训一般包括:对目的语文化和母语文化的了解,文化敏感性训练,跨文化交际及冲

突解决能力的培训等。跨文化培训全面系统地讲授目的语文化的价值观念、伦理道德、风俗习惯、法律制度等，可以提升大学生对目的语文化的认识和文化敏感性，使学生理解和尊重异文化，减少文化冲突。跨文化培训还包括培养大学生的观察能力和面对面交际的能力，使学生在模拟真实的环境中学习目的语文化。

想要培养大学生的跨文化交际能力，还要帮助他们树立全球文化意识。尽管普遍存在着人类文化的差异，但是具有某些共同特点的全球文化正在出现，大众传媒和现代传播方式，如网络及其衍生的推特（Twitter）、脸书（Facebook）、YouTube视频及其他即时通信应用程序正在打破地域和文化之间的界限。作为文化素质教育的一部分的大学英语教育，应该致力于培养面向世界的全球化人才，使学生具备跨国性能力去适应全球市场的要求，能够共享全球资源。

为促进不同文化的人们进行交流，约瑟夫·勒夫特与哈林顿·英格拉姆提出"约哈里之窗"的理论，以促进人类的跨文化交际。"约哈里之窗"将交际双方对彼此的了解分为4种情形：自己知道、自己不知道、对方知道、对方不知道。4种情形组合成4个区域：开放区、盲目区、隐蔽区、未知区（见表6-1）。"约哈里之窗"分析了人类交际中可能出现的状况，人们据此可以采用相应的措施提高交际质量。如表所示，交际双方要提高交际质量，就必须扩大开放区，同时缩小盲目区、未知区和隐蔽区；交际双方还必须对自己的和对方的文化有系统的了解，要对彼此的异同有洞察；交际双方也应该对自己的文化做尽可能多的介绍和解释，使对方明晰；来自不同文化背景的交际者应该把握机会做尽可能多的直接交际，从而更深刻地理解和体验异文化。

表6-1　约哈里之窗

	自己知道	自己不知道
对方知道	开放区	盲目区
对方不知道	隐藏区	未知区

在大学英语教学中进行跨文化的培训，具体的做法可以有以下三种。

（一）文化讲解

文化讲解，也就是向学生提供关于目的语文化的概况知识。这是目前大学英语教学中采用比较多，也是相对最为简易的方法，其目的是提高大学生跨文化认知水平。文化讲解的内容是有关目的语文化的历史、人文、社会、制度、经济、习俗、态度等方面。学生可以从中体验文化差异，了解目的语国家的价值观，理解母语文化。例如，可以通过让有过出国经历的人展示各种国外的交通工具票据、钱币、发票、照片等，让学生与中国的同类事物进行对比；收集目的语国家的报纸和杂志，然后与中国的报纸头版、杂志的封面等进行对比，发现其中反映的价值观的差异；介绍给学生一些英语的成语，让他们讨论与汉语中的成语、谚语的异同等。

（二）深度分析

教师可以通过分析网络或影像等实时材料，与学生一起进行深度探讨，提高学生观察文化差异和包容异文化的能力；还可以让学生通过角色扮演，使用英语进行各种场景模拟来强化他们对异文化的理解，帮助学生正视文化差异，提高应变能力，使学生能了解母语文化及其与目的语文化的异同，分析不同的思维方式、价值观、行为方式和准则。进行深度分析，可以有很多不同的方法，例如，可以提供国外的庆祝仪式、体育节目、节日庆典等影视片段供学生观察；让学生自己在网上搜索找出国外最有影响力的报纸、电视、网络媒体；让学生在影像资料中观察国外的约会、婚姻习俗、家庭生活、购物、度假等情境，并体会其中所表现出的价值观；给学生一些失败的跨文化交际的案例让学生讨论，是谁错了，应该如何做；给学生看国外的广告、宣传片、宣传册等，让他们找出其中的文化特色等。

（三）实际体验

在实际体验的过程中，可以进行师生互动，也可以让大学生与外籍教师和留学生互动，模拟亲身体验，提高大学生对异文化的感知度，同时察觉自己母语文化中习以为常但不被异文化接受的行为，培养大学生的移情能力，使大学生能应对不同文化和及时解决文化冲突，提升自身的跨文化交际技巧。可以采用以下方式进行实际体验，例如，让大学生采访在华的外国人，写出他们的感受；分析真实对话中外籍人士的感叹语、如何开始交谈、如何插话、如何深入交谈、如何结束，等等。在与外籍人士交际中，让学生体会外籍人士的非言语交际，如眼神、手势、身体距离等。在角色扮演和实时交际中，让学生观察外籍人士的面部表情，看他们如何表现出幸福、恐惧、害怕、担忧、孤独等情感。

第七章 大学英语文化教学母语文化缺失问题

第一节 我国大学英语教学概述

回顾我国高校外语教学的历史，能清晰地看到我们的教学指导思想是如何从重视外语学习进而发展到重视文化能力培养的。

一、中国高校外语教学历史回顾

自新中国成立，特别是改革开放 40 年以来，我国外语教育发生了很大的变化。毫无疑问，外语教与学的变化折射了中国社会的历史变迁，也反映了外语教学的与时俱进。纵观中国外语教学的整个发展过程，大致可分为三个阶段：第一阶段为新中国成立初期到"文化大革命"前（1949—1965 年）；第二阶段为"文化大革命"至"十一届三中全会"召开（1966—1978 年）；第三阶段是"十一届三中全会"召开至今的改革开放时期（1979 年至今）。

（一）新中国成立至 20 世纪 60 年代中期（1949—1965 年）

新中国成立初期，中国与其他国家联系很少，唯与苏联等几个国家保持密切友好的关系。为了更好地向苏联学习，我国必须培养俄语人才。因此，这一时期的外语教学以俄语为主，全国掀起了一股"俄语风"，以前的英语教学点锐减。随着 50 年代中期我国与苏联外交关系恶化，英语教学才逐步恢复发展，俄语专业招生人数减少。1956 年全国有 23 所高校设立英语系。60 年代初我国与古巴及部分阿拉伯国家建立外交关系，西班牙语和阿拉伯语教学得以发展。而在周恩来总理出访亚非 14 国之后，相关语言也列入大学教学计划中。1964 年教育部制定了《外语教育七年规划纲要》，该纲要针对当时国家建设和外事工作的需要，确立了外语教育的方针，对外语教学提出了具体要求：高等外语院系的毕业生，应该熟练地掌握第一外语，在听、说、写、读方面受到严格训练，能够比较准确和通顺地口译和笔译一般的政治文件和浅近的文艺作品。鉴于我国当时的政策，外语教学主要以能读会译为目标，以语言知识为主要教授内容。

（二）20世纪60年代中期至20世纪70年代末（1966—1978年）

正当外语教育界齐心协力执行《外语教育七年规划纲要》，并取得初步成果时，"文化大革命"开始了。"文化大革命"给中国教育带来了巨大的灾难，学校停课，大学也关闭了很多，许多知识分子被迫到农场接受再教育，中国教育停滞不前，外语教学更是成为重灾区。林彪、"四人帮"散布的"不学ABC，照样干革命"的谬论，使"外语无用"的思想到处泛滥。外国文学作品、外报外刊、外台广播、外文原版电影等都被视为禁区，外语教育工作者被冠以"崇洋媚外""里通外国"的罪名，或被戴上"帝修特务"的帽子，送到农村去"接受贫下中农再教育"。外语教学一度陷入停顿状态。所幸的是，在这个非常时期，周总理为了尽量减少外语教育的损失，竭力保护外语人才。1966 年7 月，周总理五次亲临北京第二外国语学院，关心第二外国语学院的师生员工。十年浩劫，至 70 年代初，我国相继同许多欧洲、亚洲国家如意大利、加拿大、奥地利、比利时、土耳其、伊朗、日本、英国等建立了友好外交关系，恢复了在联合国的合法席位，外语教学才逐渐恢复正常。

1971—1972 年，根据中共中央的指示，一些外语院系（如北京外国语学院、上海外国语学院等）相继恢复了招生，有的还增设了新的语种。但当时的教学仍然受到"四人帮"的干扰，他们处处以"左"的面貌来破坏正在恢复起来的外语教育。他们肆意曲解"政治标准第一"的观点，只准学习毛主席著作和政治词汇较多的政论文，鼓吹原文教材有大量"封、资、修"的毒素，"名、洋、古"的原文容易使学生"上当受骗""中毒"。结果，学生学的主要是译文，教材内容连篇累牍都是政治口号，没有任何生活用语和生动活泼的语汇，更谈不上学习地道的外语。1976 年 10 月粉碎"四人帮"后，我国进入以经济建设为中心、进行改革开放的新时代,外语教学也迎来了灿烂的春天。1977年全国恢复高考。1978年8月28日至9月10日,教育部在北京召开了全国外语教育座谈会。会上廖承志副委员长做了《为实施四个现代化,加紧培养外语人才》的重要讲话,呼吁搞好外语教学,大力培养外语人才。此次会议强调要加强中小学外语教学,要大力办好高等学校公共外语教育和各种形式的业余外语教育,培养既懂专业又掌握外语的科技人才,要大力抓好外语师资队伍的培养和提高,要加强外语教学法和语言科学的研究,加强外语电化教学。此次会议对我国外语教育具有历史性的转折意义,极大地促进了我国外语教育的发展。

(三)20世纪70年代末至今(1979年至今)

1979年至今为第三阶段。在这一阶段,我国外语教育经历了恢复发展(20世纪70年代末至80年代初)、多元发展(20世纪80年代中期至90年代末)、可持续发展(20世纪90年代末至今)等时期。

1. 恢复发展时期

1979年,随着改革开放政策的实施,中国与外界开始有了联系,与西方开始了贸易往来,外资企业开始进驻中国,中国也急于走向外面的世界。由此,外语人才的需求开始紧迫,外语教学开始得到重视。1984年开始,英语以100分满分计入高考总分。但由于"文革"时期外语教学遭到了严重的破坏,当时的外语师资力量严重不足,教材匮乏。本着1978年全国外语教育座谈会的精神,外语教学界致力于加速培养适合中国经济发展的外语人才。继全国外语座谈会之后,教育部又着手制定高等学校外语专业教学大纲,并于1979年4月下发到各大专院校。教学大纲要求外语专业学生要"具有准确熟练的听、说、读、写、译英语的能力;具有较好的汉语写作能力,初步掌握第二外国语;掌握本专业所必需的基础知识和一定的专门知识"。时值改革开放初期,中国提倡"科教兴国",引进大量的先进技术,导致科技翻译和外事翻译人才缺口较大。因此,外语教学仍然以培养学生的语言能力为目的。

2. 多元发展时期

随着改革开放的推进,各行各业发展迅猛,之前的单向度外语人才培养理念明显滞后。为了适应人才市场的需要,各大专院校的外语院系尝试下分英语为英语语言文化、英语语言文学、专门用途外语等学科。专门用途英语又分为科技英语、旅游英语、外贸英语和外事管理英语。从20世纪80年代中期开始,上海外国语学院、北京外国语学院陆续开始在英语系开设经贸、新闻等方面的专业课程，在英语教学的框架下从事培养复合型人才的试验，其他院校也陆续做了这方面的探索。为了适应该学科在新时代的发展，教育部组织大纲工作组修订了高等学校英语专业教学大纲。大纲分专业基础阶段和高年级阶段。值得一提的是，此教学大纲的教学任务和目的与之前有了很大的差异。《高等学校英语专业基础阶段英语教学大纲》指出，英语专业基础阶段的教学任务和目的是：传授英语基础知识，对学生进行全面的、严格的基本技能训练，培养学生实际运用语言的能力，培养学生良好学习作风和正确学习方法，培养学生的逻辑思维能力和独立工作能力，丰富学生的社会文化知识，增强学生对文化差异的敏感性。"实际运用语言的能力、社会文化知识、对文化差异的敏感性"首次出现在教学大纲中，标志着外语教学的焦点正在发生转移，语言的交际性开始凸显。语言所反映的文化差异也开始得到关注。这是外语教学的一大进步。

3. 可持续发展时期

随着与西方，特别是美国关系的加强，我国对英语人才的需求也随之增强。特别是随着全球化的深入、经济发展对人才培养要求的提高，单向度的外语人才已经越来越难以适应经济和社会的要求。外语界人士开始意识到，在新的历史时期，优秀的外语专业学生不仅需要具备较强的外语语言能力，他们同时还应该具备缜密的外语思维能力，批判的、系统的推理能力和跨文化交际能力。因此，能否培养出既有深厚的理论功底，又有宽广的知识面和出色的跨文化交际能力的新一代国际化外语人才，是中国外语教育界，尤其是高校外语专业教育界所面临的巨大问题。针对这一问题，教育部于1998年颁布了《关于外语专业面向21世纪本科教育改革的若干意见》，制定了本科教育改革的基本思路，并相继修订了教学大纲。同时，伴随着国际语言教学对跨文化教育重视程度的提高，我国外语教育界已意识到跨文化交际教学对外语教学至关重要，并采取了一定的措施。2000年修订的《高等学校英语专业英语教学大纲》明确了我国高等学校英语相关专业人才的培养目标是："要培养具有扎实的语言基础和广博的文化知识并能熟练地运用英语在外事、教育、经贸、文化、科技、军事等部门从事翻译、教学、管理、研究等工作的复合型英语人才。"2004年教育部制定的《大学英语课程教学要求》也首次提及跨文化交际。《大学英语课程教学要求》指出：大学英语教学以英语语言知识与应用技能、学习策略和跨文化交际为主要内容，并首次明确大学英语的教学目标是提高学生综合文化素养，以适应我国经济发展和国际交流的需要。至此，我国外语教学完成了从单纯强调阅读能力转化为重点培养学生语言运用能力、跨文化交际能力和写作能力的转变，中国高校外语教学的跨文化交际教育也由此拉开了序幕。

二、我国外语教育取得的成绩

改革开放以来，我国的外语教育无论从办学规模上还是办学水平上都较以前有了长足的进步。我国目前在普通高校中开设的语种有 150 多个，设有英语专业点近 2 000 个，日语专业点 685 个，德语、法语专业点各 170 个，西班牙语专业点 24 个。2013 年教育部印发的学科目录上，全国已有 1 299 所高等院校具有英语学士学位授予权（20 世纪 90 年代仅有 200 多所），其中 408 所有英语语言文学或外国语言学及应用语言学硕士学位授予权，39 所有博士学位授予权。普通高校英语专业在校生大约有 140 万，高职高专英专在校生约 70 万。2012 年学习英语的初中生为 7 937 万，高中生为 3 514 万。小学 3—6 年级学生共 12 281 万，其中绝大部分都在学习英语。

总体来说，改革开放以来我国外语教育呈现出"持续升温，飞速发展，成就巨大，问题犹存"的态势。具体体现在以下几方面。

第一，师资水平的提高。近年来，我国外语教师的学历层次较以前有了显著的提高，绝大多数高校要求新进外语教师具有硕士学位，很多"211 工程"院校要求新进外语教师具有博士学位。这就意味着，我国外语教师的科研水平也上了一个层次，部分教师身兼两种角色——外语教师与外语教育研究者，他们能够做到"理论与实践相结合"，能从外语教学法的理论高度来解决课堂教学实践的问题。

第二，教学大纲日趋完整。教学大纲不仅仅是对课堂教学的规范，也是教学法的直接体现。现行的教学大纲对课程教学目的、培养目标、教学的具体内容和顺序、教学方法和评估方式等方面都做了充分的阐述。这就促使我们对语言本质与语言教学本质的认识日益加深，语言教学方法不断得到拓展，在课堂实现的方式上也不断推陈出新。

第三，"本土教材"与"原版引进教材"相结合。经过多年的发展，我国外语教材建设呈现出"一纲多本"的特点。也就是说，基于一个大纲的教材种类繁多，如翻译、文学、综合英语、泛读、听力等都有各种各样的教材，各院校能根据各自学生的特点选择合适的教材。此外，我国外语教材建设还体现出"本土教材"与"原版引进教材"相结合的特点。考虑到"本土教材"的教学适应性、"原版引进教材"的语言纯正性，我国的基础语言学习教材大多由中国人自行编写，采用自己的编写体系，但教材内容篇章则请本族语者撰写，旨在拓宽学生的思路，帮助学生了解西方国家的历史、地理、文化，提高其人文素养。

第四，教学方法的推陈出新。我国的外语教育，由于受语言学理论的影响，其教学方法也经历了很大的转变。由最初重"语言知识"的"语法－翻译法"到后来的重"语言运用"的"交际法"，而最近又出现了"语言形式准确性和语言交际目的性"并重的"结构－功能法"。

第五，教育手段日益丰富。众所周知，我国传统教学模式侧重于教师的"教"，强调通过教师的最佳教法获得最佳教学效果。但是随着"计算机辅助语言教学（Computer Assisted Language Learning，CALL）"的出现，学生开始借助计算机来学习语言，通过教学内容、教学过程和计算机辅助的有机结合，求得最佳学习效果。但是，该模式在"教学环境的真实性、自然性"和"教学材料的局限性"等方面存在着明显的缺陷。因此，业内学者普遍认为，"CALL"虽是外语教学今后发展的方向，但在任何时候、任何情况下，教师的作用仍然是不可替代的。

第六，测试手段的多样性。测试是外语教育过程中的一个重要环节，是语言教学的重要组成部分，其目的是提供一种科学的测试工具，公正、准确、客观地评价学习者的语言能力。大学英语从1987年开始四、六级考试，英语专业的四、八级考试分别是在1990年和1991年正式开考的。但是，这几类考试也有其明显的缺陷，如题型单一（以选择题为主）、对学生的"语言运用能力和创新能力"考查不足等。这需要我们对测试的题型加以改进。

总之，改革开放以来，中国外语教育事业的确取得了令人瞩目的成绩，为经济建设、对外交往和社会发展等领域培养了数百万的外语人才。但是，我们必须冷静而客观地正视中国外语教育的现状，即问题依然存在，如费时低效、思辨缺席、批判意识缺乏、大中小学英语教学缺乏一条龙体系等。下面笔者将对以上问题做具体的分析，挖掘其深层的原因，以便采取相应的改革措施。

三、我国英语教学存在的问题

（一）英语教学的"费时低效"现象

李岚清于1996年6月在一次外语教学座谈会上指出，我国目前外语教学水平、教学方法普遍存在"费时较多，收效较低"的问题。但是，这个长期困扰外语界的费时低效问题一直未能得到很好的解决，已经受到社会各界的共同关注。比如，我国学生累计学习外语的周期长达 12—14 年（这里还不包括研究生阶段学习外语的时间），但是调查结果显示：许多大学毕业生难以应付日常的对外交流，用人单位对大学毕业生的外语综合能力普遍感到不满意，外语教学中普遍存在着少、慢、差、费现象。至于造成费时低效的原因，可谓仁者见仁，智者见智。笔者认为导致我国英语教学"费时低效"现象既有外部原因，也有内部原因。

1. 外部原因：社会文化环境

我们首先用班杜拉的"社会学习理论"对我国英语学习环境（社会文化环境）进行分析，从而找出造成我国英语教学"费时低效"现象的外部原因。

美国著名心理学家、社会学习理论创始人班杜拉认为来源于直接经验的一切学习现象实际上都可以依赖观察学习而发生，其中替代性强化是影响学习的一个重要因素。班杜拉认为人类进行的大量学习是通过观察别人的熟练反应，然后再努力模仿示范者的反应才完成的。许多技能没有这种观察学习就根本无法掌握。班杜拉还认为观察学习的效果受到"示范者的刺激特点、演示的行为类型、行为后果以及学习者的动机定式"等变量的影响，且观察学习包括四个过程。①注意过程：学习者欲向示范者学习，必须注意示范刺激。②保持过程：学习者如欲在记忆中长期保持示范者的行为，将示范者的行为作为刺激事件，那么必须按符号的形式编码，用符号表示。③动作复现过程：熟练动作的有关部分对漫不经心的观察者甚至表演者本人也往往是不显著的。为了逐渐塑造这种动作技能，需要较多有结果反馈的动作练习。对有些运动技能进行"认知性复述"或"想象性练习"，常会使实际操作发生重大改进。④动机过程：涉及强化的作用。强化可改变观察者的学习水平。其包含外部强化、替代性或观察性强化和自我强化三种。

根据班杜拉的观点，笔者认为以上四个过程相互联系、缺一不可。观察学习需要以注意、注意的保持作为前提，以实际操作的内容和质量作为条件，同时也离不开动机和动机的强化。结合以上分析，笔者认为我国的外语学习环境呈现出以下特征，并严重影响外语学习效果。首先，在语言环境上，由于我们无法提供像第二语言学习者那样比较自然的语言环境，外语教师的语言水平总体上也不能与第二语言教师相比，因此在我国外语学习环境中缺乏观察性学习的样本和操作性学习的渠道。语言的本质功能是交际，"任何语言教学……必须把语言作为一种交际工具来教给学生，因为只有在实际交际过程中，学习者才能真正理解学习语言的目的，才能真正学会运用语言进行交际"。其次，在学习动机方面，我国的外语学习者缺乏可见的社会需求目标。埃利斯认为，"社会环境不仅决定学习者的动机导向，而且决定哪种动机对语言学习最为重要"。众所周知，在第二语言学习环境中，由于第二语言在本语言社团的特殊地位，学习者往往有强烈的学习动机，有的是为了择业和晋升的工具性动机，有的是为了减少种族歧视、争取同等社会待遇和机会的综合性或融入性动机。然而对于我国大部分外语学习者来说，英语学习的重要性还只停留在意念或理性上。虽然人的生活中出现过这种需求，但大多是偶尔的、不系统的，并且对生活质量不会产生根本的影响。此外，我们还应该注意一种现象：应试教育及片面追求证书的求职性动机使我国的外语教学成为通过考试的工具和求职的"敲门砖"。这种工具性外语学习动机使学习中优先考虑的因素是语言知识和考试结果，而语言交际能力的发展常被忽略，从而让大学生英语学习"高分低能"现象屡见不鲜，使学生在实际运用中捉襟见肘。再次，由于我们的母语与所学外语分属不同语系，文化传统、语言特征、包括语音、句法和篇章结构迥然相异，使得我们语言能力的负迁移远远超过正迁移，外语学习者对母语存在着习惯上的依赖性，缺乏使用外语的内在动力，从而影响外语学习的效果。

2. 内部原因：同课堂教学的各环节息息相关

首先，现行教学内容与社会发展和实际运用要求不相符。教材是知识的载体，也是教学过程的主要依据。外语教学的目的不仅仅是培养语言技能，其本质性目的在于培养学生的语言运用能力，即通过所学外语获取信息和交流信息的能力，使学生能利用所学语言从事跨文化交际，进而为经济建设和社会发展服务。因此，外语教材和教学内容更应体现时代气息，融知识性、实用性、交际性于一体。然而，现行的教学内容虽"选自名家"，有"可教性与可学性"，却忽视了最重要的实用性，教学内容不能反映时代的最新发展，缺乏时代信息，与生活实际脱节，实用性差，无助于学习者学习兴趣的提高和交际能力的培养。

其次，现行课堂教学模式单调、教学方法陈旧。外语教学的具体实施过程主要在课堂。教学大纲和教材中的指导思想和要求，只有在课堂上才能得到具体的体现。课堂也是教师和学生交流的主要场所，是教师控制学生情感因素、协调学生学习行为、保证语言输入质量的地方。因此，课堂教学模式和教学方法必然直接影响外语教学的效果。此外，外语教学是一门实践性极强的课程。它不仅需要一定的知识传授，更需要能为语言学习主体的学习者提供大量交际实践机会的活泼的、较为真实的课堂教学氛围。有学者把我国传统的教学模式称为"PPP模式"，即"讲授（Presentation）—练习（Practice）—输出（Production）"的外语教学模式。在此模式中，教师是课堂教学的"决策者"。为了能让学生在考试中取得好成绩，无论是课前备课还是课堂讲授都是以"语言知识"为中心的。在课堂上学生接触到的是大量的语言知识，而不是真正的语言交际样本，更不是现实中的语言交际活动。此外，由于"PPP模式"过分强调语言知识的习得，容易使学生误认为：只要掌握了语言规则就可以把这些规则直接应用到语言交际中，语言学习就是一个学习语言知识、记忆语言规则的过程。再加上由于我国现有的许多外语水平考试也主要考查语言知识，这又进一步加深了学生对语言学习本质的误解。因此，此模式就成了"高分低能"的"罪魁祸首"。

再次，学习者受不良学习策略的影响。2007年教育部颁布的《大学英语课程教学要求》在"教学模式"中明确指出，"教学模式改革的目的之一是促进学生个性化学习方法的形成和学生自主学习能力的发展。新教学模式应能使学生选择适合自己需要的材料和方法进行学习，获得学习策略的指导，逐步提高其自主学习的能力"。研究表明，在外语学习过程中，学习者是一个积极主动的参与者，是外语学习的主体。在接受语言输入时，对其进行分析处理并从中"悟"出规则，加以吸收。在语言输出时对自己的语言行为进行自我监控等一系列过程中，学习者始终处于一个异常活跃的状态中。然而，由于受到应试教育的影响，教师成为课堂教学中孤单的"演员"，教师在课堂上滔滔不绝地讲，同时学生在不停地记。学生所输入的大部分是零散的语言知识，这就使得我们的学生学习自主性差、缺乏学习计划，久而久之造成学习效果不佳。

（二）批判意识的缺失

在进行本小节的阐述之前，我们先描绘一下我国当前课堂教学的场景：肃穆的教室里，教师站在高高的讲台上，滔滔不绝地讲解着他们早已烂熟于心的教案。学生们在讲台下毕恭毕敬地坐着，认真地聆听着教师的讲解，有时，他们会不约而同地拿起笔，比赛似的记下教师点出的重点内容，而不去管他们自己是否理解了这些东西。偶尔，教师提出一两个其实并不算难的问题，同学们却都像犯了什么错误似的，齐刷刷地低下头，生怕老师叫到了自己的名字。往往，一堂课下来，学生们累得眼花、腰酸、脖子疼，很少能从课堂上体会到探索和发现的乐趣。在这个场景中，教师是绝对的"权威"，学生是无条件的"服从者"。那么是什么导致以上场景的发生呢？笔者认为，这与学生"批判意识的缺失"有很大的关系。因此，笔者将对批判意识的概念、导致"批判意识缺失"的原因进行阐释。

批判意识是一种建立在怀疑、观察基础之上的个性化思维。具有这种思维品质的人是一个能主动思考、有创造力的主体，他们能以立足现实又高于现实的眼光来看待社会，面对"思维定式"敢于"反向思维"，不会对别人的观点不加批判地"悉数照收"，而是经过"反思—质疑—驳斥"后提出有建设性的新观念。概括地说，批判意识的培养就是一个"挑战权威"的过程，对于培养学习者的创新能力有着重要意义，从而引起了国内外教育界的高度重视。

在美国，评判好学生的标准是：能独立思考，对学习有求知欲，经常问为什么。国际21世纪教育委员会向联合国教科文组织提交的著名报告《教育——财富蕴藏其中》也表达了这样的观念：教育应该使每个人，尤其借助于青年时代所受的教育，能够形成一种独立自主的、富有批判精神的思想意识及判断能力。

然而，研究表明，亚洲的英语学习者往往寻求和谐统一、崇尚等级、服从权威，不善于运用批判性思维。而西方学习者善于运用批判性思维，他们遵循具有个性的、不同于他人的行为方式。此外，还有一个不争的事实摆在我们面前：与欧美国家以及我们的邻国日本相比，我国学生在创新能力的竞争中总是不能像在奥赛中那样领先。即我国学生的批判意识、创新意识不如他们。那到底是什么原因导致这一结果呢？下面笔者将从文化与教育两方面来探究其原因。

首先，与中国传统文化有关。我国的传统文化属于高权力距离的文化。这种文化特别讲究秩序，强调等级，君君臣臣、父父子子的观念深入人心，中国深受这种儒家思想的影响，教育也不例外，从儿童启蒙教材《三字经》的"长幼序，友与朋，君则敬，臣则忠"到自孔孟起就有的"师道尊严"，再到《史记·仲尼弟子列传》中的"一日为师，终身为父"，都是这种思想的真实写照。在这种思想的影响下，教师在某种程度上扮演着父母的角色，承担着"传道、授业、解惑"的职责。教师代表着权威，他们是知识的化身、权力的化身，同时又是社会道德的训练者，肩负着培养人才的重任。凡出自教师之口和科学研究者之笔，凡白纸黑字印刷成书者，似乎都是金科玉律、是不容置疑的。学生依赖于教师给予学习指导，完成教师布置的学习内容，希望教师帮助他们克服学习中的困难，纠正他们在学习中犯的错误，教师也觉得这是自己义不容辞的责任。在课堂上，学生习惯于安安静静地聆听，接受教师所传授的知识，并且往往对其深信不疑。此外，我国的传统文化还属于集体主义的文化，这种文化的典型特征是集体意识较高，自我意识较低。在这种文化的影响下，中国学生的群体概念和归属意识较强，为避免被孤立于群体之外，他们常常会有从众心理和行为，不愿意做"出头鸟"。这就是在我们的外语课堂上自愿发言、发问者不多的原因所在。因为，一旦开口，在某种意义上来说也就脱离了群体，就会感到被孤立。长久以来就形成了一种唯上、唯书和唯现成答案的社会风气，使人不敢越雷池半步，使学生缺乏独立思考的能力和勇于批判、勇敢探索的创新精神。

其次，与传统教学模式有关。传统的中国外语教学建立在以行为主义为理论基础的操练和强化以及传统认知主义的语言知识的传授上。如上所述，有学者把我国传统外语课堂教学模式称为"PPP模式"。这一模式有简洁、易操作等优点，但它却以教师为中心、以应试为导向，导致学生缺乏足够的外语输入并且会误解语言学习的本质。这种教学模式忽视了人的主观能动性和创造性，因此不能适应信息时代对人才的需求。第一，传统教学模式以教师为中心。在"PPP模式"中，教师是绝对的权威，他是所有课堂教学步骤的决策者和主要执行者，授课内容、授课量、授课方式都由教师决定。学生在课堂上扮演的是"被动的听众、按部就班的操练者"的角色。在课堂操练过程中，学生是被动地按照教师的指令，以集体的形式对某些讲授过的语言项目进行操练，说出或写出与操练的语言项目有关的语言形式。由于学生真正参与语言交际的机会不多，学生的实际需求得不到真实的反映，也没有多少可供自由发挥的空间，这样就极度扼杀了他们的批判意识和创新意识。第二，传统教学模式以应试为导向。"PPP模式"既是应试教学的产物，又为应试教学起到了推波助澜的作用。众所周知，当前的外语考试是通过考查学生某些有关语言结构方面的知识以达到了解学生实际语言使用能力的目的。因此为了应付考试，在课堂教学中教师的任务就是讲授相关的语言结构知识，学生的任务就是通过机械地反复操练来记忆这些语言规则。久而久之，学生的思维就会僵化，不利于形成批判性思维、创造性思维。

（三）思辨缺席

1. 思辨能力的定义

有学者认为思辨能力（critical thinking）应该定义为："为了决定某东西的真实价值，运用恰当的评价标准，进行有意识的思考，最终做出有理据的判断"，其中包含三个维度——分析、评价、改进。也就是说，思辨能力以提高和改进自己的思维能力为目的，对自己的思维进行系统的分析与评价。

2. 思辨缺席的原因

《高等学校英语专业英语教学大纲》（2010）明确提出要"加强学生思维能力和创新能力的培养。专业课程中要有意识地训练学生分析和综合、抽象和概括、多角度分析问题等多种思维能力以及发现问题、解决问题等创新能力"。尽管大纲有着明确要求，但是外语专业学生的思辨能力还是不容乐观的。我国著名学者黄源深多次提出，外语专业学生患有"思辨缺席症"，其思维能力明显低于其他文科专业的学生，在遇到论争需要说理的时候，在写文章需要论述的时候，在听讲座需要发问的时候，常常会脑子里一片空白，觉得无话可说；或者朦朦胧胧似有想法，却一片混沌，不知从何说起。它会直接影响人的创造力、研究能力和解决问题的能力，进而影响人的素质，因此需要引起密切关注和认真研究。

外语专业的学生之所以易患"思辨缺席症"，笔者认为可以从中国传统思维方式、教学模式以及课程设置等方面探究其原因。

首先，与中国传统思维方式有关。连淑能认为"思维方式是沟通文化与语言的桥梁。一方面，思维方式与文化密切相关，是文化心理诸特征的集中体现，又对文化心理诸要素产生制约作用。另一方面，思维方式又与语言密切相关，是语言生成和发展的深层机制，语言又促使思维方式得以形成和发展"。由于中西属于两大不同的文化体系，因此其思维方式也迥然不同。中国传统思维具有内倾性特征，内倾性强调向内寻找，如"反求诸己""反身而诚""反求自识"等，这种内省的方式往往不能用明确的言语表达，人们也就只能靠感觉、体验、意会、领悟来把握它，而不需理性的、逻辑思维的成分。而逻辑性是西方思维方式的一大特征，他们通过逻辑在论证和推理中认识事物的本质和规律。

其次，与教学模式有关。在多元文化背景下，我们的外语教学目标应该是培养具有较强的跨文化交际能力的跨文化的人，即全面发展的人。很显然，跨文化的人不仅要具有同本族语使用者进行有效交际的能力，更重要的是，还要以开放、宽容、移情的态度来面对文化差异。素质是对所有受教育者，乃至全体公民的要求。众所周知，语言是文化的载体，任何作为教材的篇章为学生提供的并不只是语言的表达方式，更重要的是为学生提供思想内容，传递信息，起到启发学生思想、培养学生思考能力的作用，对学生的人格培养、素质提高起到潜移默化的作用。然而，我们很多英语教师没有充分认识到语言教学客观上提供了培养学生能力和素质的有利条件，没有真正领会"教书育人"的精髓。也就是说，在英语专业四、八级考试的压力之下，我们当前的英语专业教学呈现出典型的"工具性外语教学观"特征，即重语言知识和技能的掌握、轻人文素质的培养。在这种教学理念的驱动下，语言、文学方面的课程得不到应有的重视，学生对语言、文学类的课程不感兴趣，学习缺乏动力，因此，我们对"外语专业学生不知道乔姆斯基其人，没有读过一点莎士比亚"也就不足为奇了。

最后，与外语专业的课程设置有关。目前的课程体系是围绕培养掌握英语的人才而构建的，课程的核心是英语技能课和英语知识课。笔者对某高校英语专业和其他专业的培养计划进行了对比（见表7-1、表7-2）。

表7-1 英语（师范类本科）课程设置的学分比例表

课程设置	学分	百分比（%）
公共必修课	45	25.7
公共选修课	6	3.4
公共限定选修课	2	1.1
专业必修课	84	48
专业选修课	22	12.6
实践环节	16	9.2
合计	175	100

表7-2 数学与应用数学（师范类本科）课程设置的学分比例表

课程设置	学分	百分比（%）
公共必修课	50	30.3
公共选修课	6	3.64
公共限定选修课	2	1.21
专业必修课	58	35.15
专业选修课	35	21.22
实践环节	14	8.48
合计	165	100

通过对比，笔者发现英语专业的课程绝大部分属于英语技能课和英语知识课，如基础英语、高级英语、语音、听力、阅读、口语、翻译、写作、教学法

等,而文学、语言学、欧洲文化课等占很少的比例。此外,能提高思维能力的课程(辩证法、逻辑、辩论方法)则基本没有。然而,在数学专业的课程中我们可以发现有很多课程都可以提高学生的思维能力,如数学分析、概率论、数学思想方法、拓扑学等。此外,为了让学生学好语言,外语教师经常鼓励学生用外语思维,由于语言能力所限,学生常常只能说能说的话,而不能说想说的话。为了迁就学生语言水平低的现状,教师所设计的学习任务对思维水平也没有过高的要求。显然,这样的学习内容与学习方法使得外语专业的学生从一入学起,思维发展就处于不利的条件和环境之中,他们用外语思维的能力不可能达到原来进校时的母语思维水平。而数学专业的学生通过严格的数理训练,为学生的形象思维能力与辩证思维能力的进一步发展提供了极大的空间,学生的思维能力在毕业时有望达到高等教育的预期目标。

(四)大中小学英语教学缺乏"一条龙体系"

大中小学外语教学要实现"一条龙管理"是周恩来总理、陈毅副总理最先为解决20世纪五六十年代外语人才匮乏、远不能满足当时国家经济建设的需求的问题而提出来的。但是,由于历史政治的原因,"一条龙管理"计划被废止,取而代之的是大中小学各管一块,自成体系。这就导致各阶段教学自成体系,互不通气,每一阶段都力争系统和完整。于是各个阶段都从头教起,致使出现课程设置、教学内容等方面的重复,导致英语教学资源、学生学习时间和精力的浪费。其具体表现为以下几方面。

首先,在培养目标上没有体现外语教学的层次性和阶段性。《全日制义务教育、普通高级中学英语课程标准》(以下简称《标准》)把"培养学生的综合语言运用能力作为基础阶段英语课程的总体目标。综合语言运用能力的形成建立在学生语言技能、语言知识、情感态度、学习策略和文化意识等素养整体发展的基础上"。《高等学校英语专业英语教学大纲(2000)》则把"高等学校英语专业培养具有扎实的英语语言基础和广博的文化知识并能熟练地运用英语在外事、教育、经贸、文化、科技、军事等部门从事翻译、教学、管理、研究等工作的复合型英语人才"作为本阶段的培养目标。《大学英语课程教学要求(12版)》则提出"大学英语的教学目标是培养学生的英语综合应用能力,特别是听说能力,使他们在今后的学习、工作和社会交往中能用英语有效地进行交际,同时增强其自主学习能力,提高综合文化素养,以适应我国社会发展和国际交流的需要"。通过比较,笔者发现《标准》和《大学英语课程教学要求（12版）》同时把"培养学生的综合语言运用能力"作为各自阶段的目标。此外，无论是《标准》还是《大学英语课程教学要求（12版）》都强调了打基础，那么应用和提高是哪一个阶段的主要任务呢？换句话说，由于各阶段没有明确的教学重点，势必造成有的内容各阶段都教，而有的内容则谁都不管的局面。

综上所述，笔者认为以上做法没有体现外语教学的层次性和阶段性。

第一，外语学习的层次性。有学者把外语学习划分为三个层次：第一层次或基础阶段（外语学习的态度和感受层次、外语知识的获得与综合层次）、第二层次或中级阶段（外语知识的扩展和提炼层次）和第三层次或高级阶段（外语知识的有效应用层次、用外语思维和创新的层次）。笔者认为这种层次的划分完全符合心理语言习得的规律。也就是说，在外语学习的初级阶段，外语学习者从无到有直觉地积累语言材料，并由基本到完全、由简单到完善逐步形成言语机制。而在中级阶段，对语言形式方面做理性的认识从而达到自觉。在高级阶段，尤其是外语学习者在交际时对用来表达思想意念的语言手段和选择是在没有意识参加的情况下直觉地完成的。因此我们在进行外语教学时应充分考虑学习者不同的学习认知层次，在不同的学习阶段采用不同的教学法，科学严密地组织程序化教学。

第二，外语学习的阶段性。我国的英语教学一般分为小学、中学、大学三个阶段。在不同的阶段，我们要充分考虑各阶段学生的生理、心理和学习特点及不同的教学要求，做到灵活多样。现代实验心理学奠基人冯特在《语言》一书中指出："语言心理中起主要作用的不是思维而是感觉，因此引入意识中的概念和表象所伴随的刺激应当尽可能是有感觉的成分。"因此在语言学习的初级阶段，教学的重点应以听、说为主，适时引入读、写。通过听力训练引导学生对语音、语调、节奏等进行感知，同时以"刺激＋反应"的行为心理模式为依据进行大量的模仿、重复记忆等机械性的言语操练，然后以此为基础，按类比替换方式构造简单的句子，从而形成初步的机械性言语结构技巧，向第二认知阶段过渡。在中学阶段，学习者在语言方面已初步积累了一定的感性知识和一定的词汇量，同时在记忆力方面占绝对优势，正处于学习积极、求知欲强的阶段。因此在中学阶段，不能仅仅强调传授语法知识，还要把言语操练同语言练习辩证地统一起来。意义性言语操练是一个以规则为基础的创造性的言语活动过程，它需要听、说、读、写各种言语类别同时参与，只停留在初级阶段的以听说为主的言语操练，或以应试为目的将教学的重心完全转移到以语法练习、阅读和文字练习等方面，都是不科学的，应在侧重培养读、写技能的同时，继续巩固听说能力。只有这样才能使学习形成全方位的言语技巧，为最后获得全面的言语技能打下基础。除此之外,我们还应该加强文化知识的渗透,让学生具备最基本的文化意识。在大学阶段,教学对象在外语方面已具有了相当的语言知识,具备了一定的语言能力。此阶段,学习者一方面需要对外语知识加以扩展和提炼,另一方面又产生了交际的心理需求。因此,教学内容应以学生综合语言运用能力的进一步提高和向更高层次及更宽知识面进行拓展为主。教师可根据不同课程需要采用灵活多样的教学方法,培养学生的开拓创新能力,增加社会实践和研究性学习,提高其独立学习、收集和运用资料进行综合研究论证的能力。除此之外,我们还应该通过文化知识的渗透、文化体验等方式,让学生树立跨文化意识,提高学习者的人格素养。

其次,词汇和语法重叠现象严重。《标准》提出"一到九级应掌握 3 300 个单词和 360 个短语或词组"。《大学英语课程教学要求(12 版)》中指出:"大学阶段的英语教学要求分为三个层次,即一般要求、较高要求和更高要求。一般要求掌握的词汇量应达到 4 500 个单词和 700 个词组(含中学应掌握的词汇);较高要求掌握的词汇量应达到 5 500 个单词和 1 200 个词组(包括中学和一般要求应该掌握的词汇);更高要求掌握的词汇量应达到 6 500 个单词和 1 700 个词组(包括中学、一般要求和较高要求应该掌握的词汇,但不包括专业词汇)。"由于各阶段大纲词汇表制定时间、编写人员、编写体例以及要求学生掌握词汇程度的不统一,使各阶段分别存在着程度较大的词汇重叠问题。经过调查与分析,笔者发现《大学英语课程教学要求(12 版)》中"更高要求"应掌握的 6 500 个单词和 1 700 个词组中,有近 3 000 个为《标准》所收录的单词,重复率将近 40%。此外,在语法方面也存在着严重的重叠现象。笔者认为初中和高中的语法要求基本上很相似,只不过在掌握程度上略有不同。大学大纲在语法方面有 80% 是在中学出现过的,只不过换了一些术语。

四、我国外语教学的改革措施

21 世纪对人才素质提出了更高的要求,我国外语教学已逐渐不能满足社会发展和素质教育的需要。为了适应国际竞争和国内社会发展的需要,培养出高素质、全面发展的复合型人才,外语教学改革势在必行。下面笔者将从课程设置、评价形式与制度、教师角色转变和教学模式的创新等方面对外语教学改革问题进行探讨。

（一）完善课程设置，提升思辨能力

1. 语言与思维的关系

从个体成长史来看，一旦个体开始学习语言，语言与思维就密不可分。两者是既有区别又有联系的统一体。语言是思维的工具，思维是语言表达的内容。没有语言，人就不可能进行理性思考；没有思维，语言就没有存在的必要。人们运用词来建立概念，运用句子及其联系进行判断与推理。语言学习的过程其实就是将感知的表象上升为理性认识，并将这种理性认识储存在大脑中进行加工处理，形成新的知识体系的一个过程。因此语言水平的高低同思维发展存在着密切关系。语言水平是提高思维水平的前提条件，同时思维水平的发展又能促进语言水平的提高。然而，从不少普通高校英语专业本科课程的设置来看，真正有助于提高学生思辨能力与理论素养的课程并不多，很多所谓的理论课实际上仅是一些相关概念和定义的肤浅介绍、整合或诠释性课程而已，而真正能帮助学生提高这两方面能力与知识的哲学理论课或哲学讲座却往往遭受冷遇。因此要提高学生的思辨能力，就要通过开设哲学理论课或哲学讲座来提高他们的相关哲学素养及其他相关人文知识与素养。

2. 课程设置的框架

众所周知，国立西南联合大学在仅仅九年的时间里，培养出了诺贝尔物理学奖获得者杨振宁、李政道，国家最高科学技术奖获得者黄昆，"两弹一星"功勋奖章获得者屠守锷、郭永怀、陈芳允、王希季、朱光亚、邓稼先。而其外文系在钱钟书、王佐良、吕叔湘等著名学者的努力下也取得了巨大的成功。在这里我们可以借鉴外文系课程设置的先进经验。

第一学年：国文6学分，英文6学分，生物学8学分，经济学6学分，西洋通史6学分，逻辑6学分，共计38学分；第二学年：英文6学分，中国文学史6学分，欧洲文学史8学分，英散文6学分，英诗6学分，一外6学分，共计38学分；第三学年：英文6学分，小说6学分，莎士比亚6学分，社会学6学分，语音学6学分，一外6学分，共计36学分；第四学年：英文8学分，西洋戏剧6学分，文学名著（《荷马史诗》《圣经》）4学分，文学课选修3学分，哲学概论6学分，一外或二外6学分，共计33学分。从这个课程设置表可以看出，单纯的英文课（即英语知识与技能课，相当于我们现在的精读、泛读、听力、写作、翻译课等）只占学年总学分的15.8%—24.2%。英语语言水平的提高，主要是通过学习其他课程，如经济学、逻辑、社会学、哲学概论等来实现的。

如上文所述，早在1999年国家就提出要实施素质教育：以提高国民素质为根本宗旨，以培养学生的创新精神和实践能力为重点。那么，英语创新型人才需要具有哪些素质呢？笔者认为，他们既要有扎实的专业基本功（语言知识和语言技能），又要有优秀的人格素养，这其中包括开放的胸襟、广阔的视野、较强的思辨能力和创新精神。结合黄源深教授的观点，笔者认为应该压缩以语言技能为主的教学时间。目前英语专业以语言技能为主的教学时间一般为两年，称之为基础阶段。近年来随着中小学英语水平的提高，英语专业的基础阶段可以压缩为一年，用来集中强化英语技能的训练。从二年级开始就逐步增加学科内容含量大的英语课，如语言学、文学、社会科学等入门课程，到三、四年级除少数高级语言技能课以外，还应加上以英语为教学语言且符合相关学科发展的系列专业课程，以及一些旨在提高学生思维能力的课程和实践环节。具体来说，必须开设以下四方面课程：①英语技能课。开设这类课的目的是一方面与中学英语教学进行衔接；另一方面进一步夯实英语语言基本功。但是，课时必须适量，最多只能占四方面课程之和的25%。②语言与文化课。包括语言学、文学、欧美文化、哲学、社会学等，比例应占50%左右。这类课程除了哲学等个别课程，一般都用英语授课，目的是为学生提供重要的英语学习渠道。③素质课。包括辩证法、逻辑、辩论方法等课程，比例约占15%。这类课程一般用中文授课，防止信息流失。④实践课。包括文化体验、文学沙龙、英语辩论赛等，真正做到"学以致用"，比例约占10%。

下面笔者将以辩论课和阅读课为例具体阐释如何提高学生的思辨能力。

首先，辩论与思辨能力。辩论是一个批驳谬误，不断加深各方对于事物的认知而逐渐统一观点的过程。在这个过程中，学生首先必须分析论题；然后要查找资料、分析材料、形成论据；同时学生必须明白如何推理、识别谬论、评论不同的推理方法、理解决策的逻辑；最后学生必须懂得综合评价自己和对方的论点、论据和论证，包括观点是否明确，举例是否恰当，推理是否合理，逻辑是否严密，等等。我国每年一届的"外研社"杯英语辩论赛采取的是英国议会制辩论。不同于美式辩论的唇枪舌剑，步步紧逼，英式议会制辩论更看重辩手本身对辩题的理解程度和自身逻辑思维的清晰度，强调不论在何时双方都应在平等的平台上竞争，并且评价的标准在于双方的参与度以及对辩题的贡献度，远非是否一方将另一方置于死地。整场辩论，正反双方各四人有且仅有一次正式发言机会，时长7分钟，正反两方交替进行。在这短短7分钟之中，辩手要完成从反驳到立论，接受"POI"（point of information）及回答等一系列在其他形式辩论中可以用一整场时间完成的任务。这就要求选手有清晰的逻辑思维、较好的语言驾驭能力、快速随机应变的能力以及危机处理的能力。

为了提高学生的逻辑思维能力、语言驾驭能力和随机应变能力，在英语辩论课中除了讲述思辨的有关理论之外，大部分时间要以技能训练为主，主要的训练方式有三段式写作、即兴演讲、资料查询、英国议会制辩论等，前三种方式是为英国议会制辩论打基础。①三段式写作指的是提出观点、阐释观点和举例说明。这主要是锻炼学生的逻辑推理能力和写作能力，同时为学生提供一个可供参考的思维表达范式。②即兴演讲。教师主要就演讲结构、组织语言和准备论据方面进行指导。如可根据英语典型的"直线型"语篇模式，教学生在演讲时按照引入、提纲、正文、概述、结论的顺序进行阐述。③资料查询。主要是为辩论准备一些正反方的例子以作为论据。④英国议会制辩论。辩论的练习必须循序渐进，先是通过录像的方式展示辩论全过程，然后以小组方式在课后练习辩论，最后全班学生一起在课堂上进行辩论练习。总之，英语辩论课以英语演讲和辩论为手段，对于提高学生的口语能力、综合语言运用能力，以及学生的思维能力（尤其是逻辑、辩证、创造性思维及应变能力）有着重要的意义。

其次，思辨式阅读模式。文秋芳以"德尔菲研究"课题组的研究结果为理论基础，创立了高层次思维能力的层级理论模型，然后尝试以"文献阅读与评价"课程来培养英语专业研究生高层次思维能力。在文秋芳看来，文献阅读与评价是一门帮助研究生掌握快速阅读学术文献的技能和评价能力的课程。它可以拓宽研究生的知识面，提升他们的评价能力，增强他们的自信心和批判意识。

以文秋芳的研究为基础，我们认为可以在认知理论的基础上建构思辨式阅读模式，以提高学生的思辨能力。随着认知语言学和心理语言学的发展，人们逐渐意识到书面语篇解读不是一个被动的解码过程，而是一个语用推理的过程，是一种心理语言的揣摩过程，是一种读者与作者/文本之间"相互交流的过程"。在语篇解读的过程中，我们不能忽视认知语境和认知脚本所起的重要作用。认知语境的加入可以使学生从整体上把握语篇的连贯性，找到书面语篇中能激活认知脚本的信息，准确地理解文本，从而提高学生的思辨能力。而脚本是人的生活经验的浓缩，是一种系统化了的知识结构，由直接场合、语言上下文、知识和社会心理表征构成。它是认知语境的重要组成部分，在语篇的构建和解读过程中同样具有不可忽视的功能。它能促使读者进行联想和想象，引申和扩展语篇的主题思想，启迪思想，开发智力，唤起新的意识，形成读者和文本或作者之间的对话。具体地说，思辨式阅读模式就是利用文中的明示信息来激活学生的原有认知脚本，预测文章内容，形成文章的脚本和框架，挖掘出文本中的大量缺损信息，再通过明示信息和隐性信息进行语用推理，理解文本的文脉意脉，最终整合文本信息。在语篇阅读过程中，我们首先要对标题进行解码。一般情况下，文章的标题体现文章的中心思想，设定了篇章的框架。然而，一个标题可以同时激活几个不同的脚本，学生应根据文本的明示信息和隐性信息找到与文本框架相匹配的脚本。在对标题解码后，读者要进行文本阅读，此过程其实就是生成新的脚本、形成新的认知模型的过程。在这个过程中，学生不仅要掌握作者"说了什么"，更重要的是要知道作者"为什么要这样说"。教师在这个过程中更多地起着一个"引导者"的作用，要多的是启发学生边阅读边思考。如在词语讲解时不能采取"讲解＋举例＋练习"的传统教学模式，而是要在引导学生掌握词义的基础上进行反思：作者选这个词的理由是什么？这个词在文本中的含义是否同其字面意义一样？在段落分析时，教师也要让学生在阅读时去思考以下问题：这段文字说明了什么问题？它在全文中起着什么作用？语义是否连贯？作者为什么要采取这种写作方式？还可以怎样写？采取这种教学模式，学生不仅能准确把握词语、句子和语篇的表层意义，还能挖掘其内涵含义，从而了解作者的心态、写作意图、遣词造句和谋篇布局等方面的技巧。在课文讲解完之后，教师还应该引导学生围绕课文内容和写作技巧展开联想和想象，引申和扩展语篇的主题思想，启迪思想，开发智力，唤起新的意识，实现学生和文本或作者之间的"对话"。经过长期的实践，学生的思辨能力和创新能力必定会有很大的提高。

（二）提倡新的教学理念

"学习者自主"又称"自主学习"是近年来外语教育界研究的热点，也是今后外语教学的新趋势。这一概念由霍莱茨于20世纪80年代初正式提出。霍莱茨把"自主学习"定义为"学习者自我管理学习的能力"，即学习者能够自己决定学习目标、确定学习内容和进度、选择学习方法和技巧、监控习得过程及自我评估学习效果。笔者认为，在外语教学中提倡自主学习就是鼓励学习者最大限度地为自己的学习负起责任，对学什么和如何学做出决策，并且在学习过程中不断反思、调整，努力实现自己的目标，直至养成终身学习的习惯。研究表明，外语学习受到性别、年龄、个性特点、学习环境、语言学能、学习态度、动机、情感因素、认知风格和学习策略等诸多因素的影响。而自主学习在或多或少地受到以上诸因素制约的同时，其学习效果主要取决于学习者的学习动机、语言意识和学习策略。此外，自主学习还与教师的角色定位有很大的关系。正如束定芳所说"要改变原来的'PPP'教学模式，就要对课堂教学的基本功能进行彻底的反思"。而外语课堂教学的最基本目标应该是：①培养和保持学生强烈的学习兴趣和动机；②创造和提供学习和交际资源（课堂和课外）；③帮助学生获得学习策略；④帮助学生解决学习中的困难。

1. 学习动机与自主学习

学习动机是一个复杂的现象，它是语言学习成败的重要因素。鉴于学习动机的重要性，许多学者从不同角度对学习动机进行了阐释。长期以来，在外语学习动机研究领域，加德纳的"社会教育模式"（social-educational model）一直占主导地位，对动机研究产生了巨大的影响。加德纳认为动机包括三部分：个人努力、达成学习目标的愿望和对待语言学习的态度。他把动机分为融合性（或综合性）动机（integrative motivation）和工具性动机（instrumental motivation）。所谓融合性动机是指"学习者由于希望与他认为的那个有价值的语言社区更好地交流而产生的强烈学习愿望"，其源于对外语和外国文化的自然兴趣，并想融入目的语文化的愿望。所谓工具性动机是指学习者完全是为了达到某种实用目的（如升学、择业、晋升）而学习，没有与目标语社团进行交际的特殊目的需要。研究表明，两种动机都能促进外语学习，但前者更为持久、有效，并且被认为是最主要也是最重要的与语言学习成绩密切相关的语言学习动机。因此为了不断激发和保持学生学习外语的兴趣以及自主学习的热情，避免应试学习的倾向，外语课堂教学的一个重要目标是帮助学生将学习外语的工具性动机转化为融合性动机。有学者则将动机分为外部动机（extrinsic motivation）和内部动机（intrinsic motivation）。内部动机是学习者学习的动力，来自学习者本身，来自学习本身所带来的乐趣和快乐。外部动机指学生只是为了外部的奖惩而学习。学生的学习一般是内部动机和外部动机合力所致。但是在教学中应以激发学生的内部动机为主，因为其比较持久，不易受外部环境的影响。匈牙利学者多内则把语言学习者动机策略分为三个层次——语言层次、学习者层次、学习环境层次，这三个层次包含了语言学习过程中的不同因素。语言层次包括融入型和工具型动机；学习者层次由语言使用焦虑、语言能力、能力自信等因素构成；学习环境层次包含三方面的动机成分，分别是课程方面、教师方面、学习者群体方面。在国内有许多学者就"学习动机与自主学习"两者之间的关系进行过研究。如庞维国认为"自主学习的动机一般是内在的、自我激发的，对这种动机具有催化作用的因素很多，包括自我效能感、归因倾向、学习兴趣、结果预期、合适的目标定向等"。

综上所述，学习动机是培养自主学习能力的前提。然而，学习动机并非一成不变，而是动态的、变化的。在外语学习过程中会出现许多干扰因素，学习者的动机也就难免会出现波动，甚至出现动机缺乏或者动机降低的情况。因此，如何保持和增强学习者的学习兴趣与动机是摆在广大教育工作者面前的一大难题。

首先，培养学生学习兴趣和良好学习动机最重要的因素是教师本人。因为教师的素养，包括言谈举止、知识水平、语言艺术、教学能力、学术成就等都会在很大程度上影响学生的学习兴趣和动机。笔者认为，教师可通过以下方式来培养学生的学习兴趣和动机。

①教师应注重学生自主感的培养。在具体的教学中，教师要创造轻松愉快的课堂气氛，把学习的主动权交给学生，让他们按课程教学大纲的要求进行大量的语言实践活动，提高他们听、说、读、写、译、赏的能力和创新能力，同时也增强学生在学习过程中的自主感。但是，应该注意的是，语言实践活动要符合学习者不同阶段的心理、生理、认知等方面的特点，要具有竞争性、挑战性、互动性等特点。

②教师应促进学生外语学习"成就感"的实现。实践表明，帮助学生树立语言学习的自信是一项重要的动机策略，而让学生体验外语学习"成就感"又是实现这一策略的重要手段。比如：从"顺利完成某一学习任务、在某一次评估（包括考试）中获得高分或较高的评价、在公开场合展示自己的学习成果、教师和同学的肯定与表扬"中学习者都能够体验到外语学习"成就感"，从而激发他们进一步学习的信心和决心，形成外语学习的良性循环。值得注意的是，外语学习中"成就感"对英语"学困生"尤为重要。教师一句鼓励的话语、一个寄予厚望的眼神往往能让"学困生"重拾信心。教师通过分析产生学习困难的原因，与学生一起制订个性化的学习方案，确定有别于他人的阶段和长期目标，选择合适的学习策略和实施方案，让他们有机会表现自我，从而体会到"跳起来就能摘到苹果"的成就感。

其次，培养学生的学习兴趣和动机与学习者本身也有密切的关系，即鼓励学生把学习成败归因于自身努力，这对激发学习动机非常重要。如果取得成功的学生把成功归功于能力和努力，把失败归因于缺乏足够的努力，那么今后就会更加刻苦勤奋。但是，如果学生认为自己学得好是因为聪明，不努力也会取得好成绩，就不会再努力。同样，如果学生把成功归因于外部不可控制的因素

（如运气、遗传、父母素质等），把失败归因于自己智力低下，或"自己不是读书的料"，甚至归因于教师偏心、为难自己。那么，无论成功还是失败都不会激励其进一步努力学习。

2. 语言输入、语言环境与自主学习

前面我们已经讨论过我国外语学习者缺乏观察性学习的样本和操作性学习的环境，缺乏足够的语言输入和良好的外语实践环境。因此，本小节我们着重谈谈如何保证足够的语言输入和创设良好的外语实践环境。在克拉申的第二语言习得理论中，输入假设是一个核心内容，理想的语言输入应具备四个特点：可理解性、趣味与关联、非语法程序以及足够的输入量。在他看来，语言学习是一个输入与输出的过程，只有通过合理的形式并辅以足够的、难度适当的输入才能保证语言学习者的学习兴趣以及输出的准确性。

众所周知，我国外语学习者不可能和第二语言学习者一样具备自然的语言环境，他们只有在课堂中才能真正接触"活生生的外语"。教师在课堂上使用的语言就是学生模仿和学习的重要样本，同时也成为其学习外语的一个重要语言输入。因此，作为一名教师应该做的就是如何控制输入形式、输入量和输入难度。首先，教师在不同的学习阶段应采用不同的输入形式，并保证足够的语言输入量。在外语教学过程中，我们要遵循语言学习的规律，在不同的学习阶段进行不同侧重的输入。在小学阶段可以让学生收看一些英语动画片或英语儿童节目，注重口头语料的输入，帮助学生充分接触目的语，并打下坚实的听说基础。进入中学阶段后开始注重书面语料的输入，如通过阅读难度适中的文学作品、报刊等途径获取大量的英语输入，并在语言的运用中实现自我提高。在高级阶段要注重真实语料的输入，就如同"在澳大利亚学习土著文化"一样，强调在真实的情境中将语言研究与内容学习相结合。其次，语言输入的难度要适中。克拉申认为，可理解的语言输入是语言习得的必要条件，且输入语言材料的难度应稍高于学习者目前已掌握的语言知识，即为了保持学生的学习兴趣，语言输入的内容应当有适当的"信息差"以及趣味性和关联性。再次，要创设良好的语言环境。良好的语言环境有利于提高学生的语言意识。从中国英语教学的现状来看，语言输入的主要途径仍然是课堂英语教学。在课堂教学中，学生英语输入量十分有限，实践机会也不多。因此，我们应充分运用各种现有资源，努力创设课堂内外良好的英语语言环境，尤其值得大力推广的是在课堂教学中利用现代网络技术，开展多维立体英语教学。在课堂以外，充分发挥广告、电子邮件的作用，强调英语的自然输入。

3. 学习策略与自主学习

当代教育学界和心理学界已经认识到，教育的根本目标就是使学生成为独立、自主、有效的学习者。教会学生如何学习，培养学生有效的学习策略，不仅有利于他们提高学习效果，减轻学习负担，而且能够大面积提高教育教学质量。这里笔者将对学习策略的定义、分类以及如何进行学习策略的培训进行阐释。

不同的学者对学习策略所下的定义不尽相同。斯特恩认为学习策略是语言学习者所用方法的总趋势或总特征；奥马利和查莫特认为学习策略是学习者用于帮助理解、学习和记忆新信息的特殊思想和行为；牛津认为学习策略是为了提高二语技能而采取的行动、行为步骤和方法，可以促进新语言的内化、储存、修正和使用。此外，根据侧重点的不同，学者们对学习策略的分类也是不同的。有学者依据认知理论框架以及信息加工理论把学习策略划分为元认知策略（meta-cognitive strategies）、认知策略（cognitive strategies）和社会/情感策略（social/affective strategies）。有学者以运用策略的目的为标准把语言学习策略划分为学习策略和运用策略。还有学者依据学习策略和语言材料的关系把学习策略表述为间接策略和直接策略。

众所周知，外语学习是一个复杂的心理过程：掌握语言知识技能＋语言知识技能内化＋自动输出语言。研究表明，使用元认知策略，能加速这一内化过程，提高学习者的自主学习能力。元认知策略属于学习策略的一种，是学习者自身为语言学习而采取的自我管理策略，如制订学习计划、监控学习过程以及评估学习效果等。它由七部分构成：事先计划、指导注意力、功能准备、选择注意力、自我管理、自我监控和自我评估。许多研究表明，元认知能力其实就是对学习过程的宏观和微观调控能力，元认知中包含的自我效能和执行功能与自主学习培养的因素是一致的，是培养学习者自主性的关键因素。因此，对学习者进行系统的元认知训练将有助于转变学生的学习观念，培养独立思考和自主学习的能力。首先，在进行元认知培训时，我们必须帮助学生形成正确的元认知意识。元认知意识是指学习者既了解自己又了解自己所学，它是强化学习者自主学习的基本要素。元认知意识有助于学生积极参与学习活动而非被动地接受课堂灌输，进而能够自我调节学习进程，并为有效的学习规划、监控及评价提供知识基础。此外，它还可以进一步激发他们的学习动机，增强他们的学习恒心，使他们更好地向教师和同学寻求必要的帮助，最终提高自身自主学习能力。其次，我们还应对学习行动的执行加以控制（包括理解学习行动和选择策略），对学习进行评估与调节。在这个过程中主要是介绍常用的元认知策略在具体情况下如何运用。比如结合阅读、听力、写作等活动让学生练习，教师同时可采用有声思维和策略提示卡等方式辅导，及时给予学生反馈，从而使学生体验元认知，掌握其基本策略。通过反复的指导训练，帮助学生在自主学习的进程中形成全程监控的习惯（包括学习前合理计划；学习中设立目标，选择对象，采用恰当的策略；学习后检查、评价、总结等）。

综上所述，笔者认为对学生进行元认知意识的培训应注重激发学生内在的学习动机、培养合作精神和提倡自我反思。首先，英语学习本质上来说是学习者的行为，其内在学习动机决定了他们的学习态度及学习责任感。正如范·莱恩所说"学生的学习需求和目标决定了他们的内在学习动机，而其内在动机则与他们对学习过程的掌控及恰当取舍的能力密切相关"。其次，针对"人们以为学习者自主学习就一定是排他性的独立行为，完全排斥教师，排斥同学，排斥普遍认可的教学大纲"，哈特指出，学生不可能在孤立的状态下掌握自主学习能力，他们需要教师和同学的具体帮助，包括提供自主学习的环境和模板。因此，学习者自主学习需要相互学习和相互合作，也就是"与教师和同学一起实现共同的学习目标"。总之，在对学生进行元认知策略培训之前，先对他们进行元认知意识培训，可以使学生更加有效地了解语言学习的本质特征，强化学习动机，培养合作精神，从而更好地使用元认知策略来提高自主学习的能力。

戴炜栋认为改革开放以来我国外语教育呈现出"持续升温、飞速发展、成就巨大、问题犹存"的态势。具体表现为：①取得的成绩：师资水平迅速提高、教学大纲日趋完整、教材的多样化、教学方法的推陈出新、教育手段日益丰富、测试手段的多样性。②存在的问题：费时低效，思辨缺席，缺乏批判意识，大、中、小学英语教学脱节。③改革的措施：要对英语专业的课程设置进行改革，增加文学、欧美文化、社会学、哲学等语言文化素质课的课时数，调整现有测试的结构，形成学习者自主学习的新理念，为终身学习打下坚实的基础。

第二节　英语文化教学中母语文化缺失问题的解决方法

针对英语文化教学中母语文化缺失的问题，笔者结合自己的教学实践，进行了如下尝试。

（一）在每册精读课的文化导入中，适当增加介绍中国文化题材的讲解

学生通过这些文章，既可以学习英语知识，又可以了解民族灿烂的文化，提高自身素质。例如，《大学英语》修订版第一册讲述了弗朗西斯·奇切斯特的环球航行，相信每一位读过这篇文章的人都看到了外国人的那种勇于探险、挑战自我的精神。我国历史上也有郑和下西洋、张骞出使西域的故事，现代也有张健横渡多佛尔海峡的壮举，这些也无不体现了中华民族的一种精神。笔者曾利用这类题材的文章背景知识，让学生在较为容易掌握英语知识的同时，了解中国文化，同时增添了几分中国人的自豪感，增强了民族精神。再比如，《大学英语》修订版第4册中有一篇介绍美国西部景色的文章，文章中的父亲通过介绍西部景色给儿子上了一堂爱国主义教育课。我国正实施西部大开发这一伟大战略，广漠的西部不乏独特迷人的景色，笔者在教材中选用了一些介绍我国西部风情的文章，让学生徜徉在祖国的大好河山中，使语言知识的学习贴近身边的一草一木，这样学生在学习英语的同时，有一种亲切感。既领略到我国自然景色的壮美，又激发他们热爱祖国、建设祖国的热情。

（二）加强学生对中国文化的理解

考虑到大学英语教学有限的课时（大部分高校是每周4课时），笔者利用电影素材进行中西文化对比的专题介绍，从而作为大学英语课堂教学的一个延伸，供学生课外休闲时段或社团活动期间聆听感受。其内容广泛涉及中国历史、风景名胜、饮食文化、名人传记、民族风情、哲学思想、中华医药等方面。其出发点和落脚点就是弥补大学英语教材的中国文化空缺，提高学生对外交流中弘扬民族文化的意识和能力。笔者曾以专题介绍的方式，从有代表性的西方影片，如《功夫熊猫》中挖掘我们中国文化的精髓，让学生在英语学习认知的同时，

领悟中国文化的内涵；结合经典的西方影片，如《花木兰》，通过解析、对比，介绍比较西方文化与中国文化，从而让学生加深对中国文化的理解。

1.《功夫熊猫》与中国文化

由美国梦工厂制作的影片《功夫熊猫》，以夸张搞笑的言语、动画制作的生动表情、中国武侠的经典套路，赢得了中国观众的心，那么它究竟具有哪些经典的中国文化元素呢？

（1）中国物象

影片精心挑选了一些带有特殊寓意的动物形象，它们受到中国传统文化认可，符合中国人惯常接受的寓意。乌龟大师在影片里是一个长寿、未卜先知的智慧者的形象，而中华民族的龟崇拜源远流长。

在古代中国，龟象征祥瑞、长寿、神灵，它跟龙、凤、麟三者并称"四灵"或"四神"。夏商周时期，用龟占卜、预测吉凶祸福成为当时一个文化现象，甲骨文就是刻在乌龟的板甲上的文字。《周易》有"十朋之龟"之说，《礼记·礼运》提道："麟体信厚，凤知治礼，龟兆吉凶，龙能变化。"《尚书·大禹谟》里舜将禅位于禹时提到用龟占卜，《尚书·大诰》里周文王给后人传达天意，用"大宝龟"象征国家安危，《诗经》亦有多篇描写龟卜的情景，屈原《离骚》、楚辞《卜居》也有对占卜文化的生动描绘，汉代司马迁的《史记》里有《龟策列传》，《淮南子》上载女娲炼石补天时，将龟比喻为缩小了的天地等。同时关于龟象征着长寿的说法，史书上也有很多记载。《淮南子》说："龟之千岁。"在中国民间常以"龟龄鹤寿"来喻长寿。中国道家谈论得养生之道离不开龟的启发，不同于一般动物，龟不吃不喝，靠调养气息生存，道家养生讲求"气"，道家气功中有龟息之法，认为"气"是万物生成的根源、生命之源。

龙为中国观众所熟悉，离不开龙文化，影片围绕"神龙战士"的最佳候选者展开。龙是中国的象征，意味着刚强劲健、自强不息、创造与光明。龙的形成与演变有很长的历史过程，《周易》六十四卦的开篇第一卦《乾》卦，提到潜龙、见龙、飞龙、亢龙等"六龙"形象，不断出土的器物尤其是商代的青铜器皿上不乏正在演变的龙，它与中国千年来的宗教和政治脱不了干系。从最早的秦始皇被称为"祖龙"，刘邦作为"赤龙"斩蛇的神秘故事，龙与封建帝王的联系越来越紧密，到明清时期愈演愈烈，龙成为帝王威严的标志，在片中"神龙武士"意味着能担当大任、斩恶锄奸、救民于水火、江湖泰斗的正义化身。龙的形象逐渐影响到建筑、服饰、文学、绘画等领域，影片中神龙秘籍所在地是在宏阔庄严的大殿，殿内有数根金色盘龙柱，殿中央有环环相套的渐次高进型藻井，井内是一条口衔卷轴的向下俯视的龙，龙的下方是一方如明镜般的水池。这一经典造型大致脱胎于建于明朝的故宫太和殿，殿内"6根金柱分两排，每根柱上缠绕着一条昂首张口的巨龙……殿顶中央有藻井，井内雕有盘龙口衔宝珠俯首下视"。

熊猫是中国的国宝几乎全球皆知，它们憨态可掬讨人喜欢；狸猫师傅座下"盛怒五杰"——虎、猴、鹤、蛇、螳螂，它们的武术套路根据不同体型特征及优势而有所不同，分别是威猛、灵巧、轻盈、阴柔、果断，即它们各具特色的王牌功夫招式。

这些应该是对在国际享誉甚高的金庸武侠的借鉴，《倚天屠龙记》中的"昆仑三圣""武当七侠"，《天龙八部》里"燕云十八骑"、虚竹的"梅兰剑竹"四女徒，《射雕英雄传》里的"江南六怪""渔樵耕读"，《笑傲江湖》中的"梅庄四友"等，无一不是对江湖中某一武士集团赋予能彰显其人格特点或武术招式的名称。所以此片中我们看到了典型的、熟悉的中国功夫及称呼。

（2）儒道释文化

影片渗入最多的是道家文化。道家主张虚静、物我两忘，乌龟大师曾说："你的思想就如同水，我的朋友，当水波摇曳时，很难看清，不过当它平静下来，答案就清澈见底了。"这一席话表达了一种不以物喜、不以己悲的境界，内心无比平静，就如同庄子所说的形如枯木、心如明镜、静听天籁。纷繁复杂的世事中，唯有心如止水，才能看清真相；只有闭目塞听，"静观玄览"，才能有所领会。"绝巧弃利""决胜弃志""大巧若拙，其用不屈"，阿波体态臃肿、行动迟缓、憨厚愚笨，雪豹太郎武功更高、野心勃勃，但他成不了神龙武士。

道家思想以无欲、不争、虚静、自然等为特征，即使太郎得到《神龙秘籍》，也悟不透其中的奥妙。不禁令人想起金庸武侠的《射雕英雄传》，极具天赋的杨康始终敌不过愚钝憨厚的郭靖，缘由在于一个心术不正、一个正义慷慨，一个欲壑难填、一个无欲不争。也是一样的道理。

老子还说过，"大道无名、大音希声、大象无形""无剑胜有剑"。神龙秘籍是整部影片的核心，超出意料之外，卷轴一片空白，对于技术和武功至高境界的诠释完全是东方式的"无招胜有招"——中国功夫的最高境界。

同时，熊猫亲传给他汤的秘诀是什么都没有，没有秘方就是最好的秘方。庄子主张"安排去化，人于廖天"，乌龟大师升天的唯美情景暗契此意，花瓣围绕飞舞、盘旋上升，形神俱灭，与万物划一。道家"自然造化说"强调流动变化的自然而然，"大道周流说"强调流动变化的周而复始、无有止息，因为如此，庄子将人生梦境之间的周流变化视为物化，即不同生物之间的相互转化。

《齐物论》中"庄周化蝶"的故事便是如此，弄不清是庄周梦见自己变成了蝴蝶，还是蝴蝶梦见自己变成庄周。无论是蝴蝶还是花瓣轻盈自在地飞舞，都象征着道家逍遥游荡、悠闲自在、任意回旋、无拘无束的大道，乌龟大师安适于造物者的安排，坦然面对死亡，将自己融入那寂寥无声、自然而然的变化之中，这种善生善死、随和年月流逝、与大道融合为一的心态显示了道家的智慧。道家哲学的是非之辩这么说，"物无非彼，物无是非。自彼则不见，自知则知之"。庄子认为，站在大道的高度上看，无所谓"是"，也无所谓"非"，以自己角度看，自己一方为此而对方为彼，换个角度看情况就不同了。

　　影片中乌龟大师听到手下汇报"外面传来不好的消息"时，它平静的反应道："消息就是消息，无所谓好坏。"知道太郎越狱往回奔时，它似早已预感，表现得不慌不忙，说明了道家的观点：一切都是有规律的，要顺其自然，顺应天道，不妄为。儒家文化尚道德至善，追求仁义境界。在儒家教育里，仁、义、礼、智、信，智排位第四，且受限于仁、义、礼，孔子《论语》中有"人而不仁，如礼何！人而不仁，如乐何！""义以为质"，可见这位儒学大师对三者的重视程度。简言之，道德评判标准以仁为本，道德判断先于能力判断。

　　《功夫熊猫》里，比起高超的武艺和过人的胆识，神龙武士更需要的是有高尚的品德。太郎武功卓绝，人脉上又是狸猫的养子兼徒弟，占尽一切有利条件，可以说是权威乌龟大师的第三代弟子的最佳传承者。但太郎不符合"孝悌"和"礼"，为了得到《神龙秘籍》大逆不道、杀父弑师；还将整个山谷夷为平地，为一己私欲而屠戮众多无辜百姓，这违背了儒家"仁爱"的信条，所以神龙武士不是它。

　　乌龟大师选择的是笨拙、憨实、因意外摔落到现场的肥波，它拥有谦逊、忠诚、正直的美德。熊猫成为真正神龙武士不是一帆风顺的，它无任何武功根基，甚至不是狸猫座下"盛怒五杰"的对手，曾一度受到他们的嘲讽、奚落、驱逐，面对挫折它也退缩过、患过暴食症，正所谓"天将降大任于斯人也，必先苦其心志，劳其筋骨，饿其体肤……"，勤能补拙、专心致志、心无旁骛、执着这些都是它坚持的品质。

　　片头熊猫梦中大侠头戴斗笠、手持武器一副深不可测的样子，它行走江湖专打抱不平。事实上，它与太郎较量前，疏散和平谷的居民，后来打败和平的威胁者，成为正义、和平的守护者，深受百姓爱戴，他既成全了自己，也拯救了黎民苍生，颇有"穷则独善其身，达则兼济天下"的儒家信条味道。另外，与熊猫同门的"盛怒五杰"，同样也有敢于挑战邪恶、担当重任的品质，熊猫在接受训练时，它们已经去半路阻挡逃狱回翡翠宫的太郎。

影片除了汲取儒道文化的综合体，还涉及佛家思想。乌龟大师找狸猫谈话时，它的居所里亮着一排排蜡烛；乌龟大师身上还体现了佛学的智慧——未卜先知、深邃洞彻一切、指点迷津，这通常是佛家得道高僧才有的境界，它洞悉了太郎内心的阴暗——潜藏的贪欲，夺取了原该属于他的荣誉，后来太郎果然本性毕露，不思悔改反而变本加厉。佛家相信善有善报、恶有恶报的因果报应之说，仁厚的毫无竞争优势的熊猫梦想成真，杀气过重、贪婪过度导致太郎没有好下场，应验了不忠不义必遭唾弃、贪欲膨胀必自毙。

（3）其他文化

除了功夫外，影片中我们还能看到其他具有中国特色的文化，如建筑、饮食、民俗、文学、医学、音乐等。翡翠宫位于层峦叠嶂的高山上，避开尘嚣、层云掩映、绿意甚浓，比武场外的白墙黑瓦、墙上的圆形小窗、墙外的翠竹等，带有南方园林建筑素雅的风格；饮食上有汤面条、豆腐、包子、桃酥、筷子；节日场面非常契合中国的民俗，挑选神龙武士时热闹喜庆的场面，以红色为主色调，朱漆大门、鞭炮、喇叭、舞狮子、轿子；文学方面使用了一些谚语，如"养兵千日，用兵一时"，同时影片的情节设置采用了中国武侠文学的一些套路，养子成患，养父兼师父痛心失望，需要挑选一个大侠来战胜邪恶，愚钝的后起者经过一番挫折，克服困难，最终战胜邪恶，给社会带来安宁；医学上的针灸也有涉及，熊猫被踹下山后，回到山上浑身红肿，螳螂对它施行了针灸，结果扎错穴位造成暂时性面部神经瘫痪、不省人事；影片时而有氤氲悠扬的音乐，是中国乐器笛子、二胡、丝竹等所奏。

（4）小结

整个影片从形、神、意体现中国文化，并辅以西方特色，将维护和平、尊师重道、无为而治的精神用惟妙惟肖的动画、轻松幽默的动作情节表现出来，中西合璧，亦庄亦谐，既让学生在欢声笑语中受到感染，也让学生在欣赏中形象直观地认识了中国文化的博大精深与无穷魅力。

2. 从电影《花木兰》看中美文化差异

"唧唧复唧唧，木兰当户织。不闻机杼声，唯闻女叹息……"脍炙人口的南北朝乐府民歌《木兰辞》使巾帼英雄花木兰女扮男装替父从军的故事流芳百世、妇孺皆知。1998年，美国迪士尼公司将其搬上银幕，打造成了它的第36部动画巨片《花木兰》，并一举夺得了"全美电影票房榜"冠军。电影《花木兰》虽是以花木兰替父从军、保家卫国的事迹为原型的，但是它内含的中国的传统文化成分却被大大淡化了，取而代之的是美国式的思维方式和价值理念，是一个地道的外黄内白的"香蕉"作品。因此，这部影片在中国受到了不同程度的冷落。因为人们在这部作品中找不到他们熟悉的花木兰，没有激起文化的认同感。我们不妨通过对比《木兰辞》和电影《花木兰》，从三个角度，即传统与自由，群体主义取向与个人主义取向，"男尊女卑"等级思想与女权主义思想，来分析中美文化的不同。同时，希望通过对比，增强双方文化的敏感度，加深对西方文化和中国文化的认识与了解，从而保障跨文化交际有效地进行。

（1）传统与自由

中国是一个具有独特文化体系的文明古国，她深深植根于儒家、道家及佛家的传统思想。儒家的孔孟思想发扬了"仁者爱人""忠恕中庸"，道家的"天人合一"，佛家的"因果报应，与人为善"，整个社会孕育了自己所特有的一套文化传统和体系。而在这个传统中，男女有明确的社会分工，"男耕女织"是这种社会特色的鲜明写照。

在传统的封建社会中，女子要守本分，要遵从"三从四德"，乐府诗中有对这种传统的明晰描述。《木兰辞》的第一句话"唧唧复唧唧，木兰当户织"，就勾勒出了一个传统的女子形象；木兰参军回来后的第一件事是"当窗理云鬓，对镜贴花黄"，她从战场归来，首先要做的就是恢复自己的女子形象。

而美国是一个只有二百多年历史的国家，几乎没有什么封建思想束缚人们的观念。早期的美国移民从旧大陆来到新大陆，就是为了摆脱欧洲封建专制的统治和束缚来寻求自由，开创自己的幸福生活，因而其性格和观念里就有反对束缚、追求自由的特点。

因此，电影中的花木兰不明礼教，她无视这个社会对女子的要求和女子应该具备的美德，内心非常叛逆，完全是一个现代人的形象。她不注意打扮，相亲回来在花园里跳到桥上去，甚至爬到墙上去偷看使官的招募等，在中国人的眼中，这些绝对不会是那个古诗中的花木兰所为，而是一个跟花木兰长相颇像的美国人的做法。

（2）家族至上与个人至上

中西伦理思想的不同，主要体现在中国的伦理思想建立在家庭的基础上，而西方的伦理思想是建立在个人的基础上的。以儒家为主体的中国文化提倡家庭在社会中的本位地位。孟子讲五伦关系，即君臣、父子、夫妇、兄弟、朋友关系，其中有三伦在家中，一伦在国家，一伦在社会。因此，家族集团可以看作构成国家的社会基础。这种家族本位具体表现为以"忠孝"为核心的社会伦理规范，个人要对家族长辈尽孝，为国家尽忠。

在中国的伦理观念中，"孝"是核心，是中华民族的传统美德，而"忠"

可以看作"孝"的扩大和延伸。《木兰辞》的重点主要是放在了木兰决心替父从军和胜利归来两个部分，"阿爷无大儿，木兰无长兄，愿为市鞍马，从此替爷征"，其本质是为了表现木兰的孝顺、贤德，是对木兰的"孝"的褒扬。而美国是以个人为本位的社会，家族观念淡薄，他们的思想里根本没有"孝"这个概念。每个人不是作为一个家庭或其他社会群体的成员，而是被作为个体来看待的。这种文化以人为本，注重个人的人格和尊严，强调个体的力量，注重个人自我价值的实现。

影片《花木兰》突出的是木兰强烈的个人意识和实现其个人价值的渴望，而中国的"忠孝"观念和集体意识被大大淡化了。木兰被发现是女儿身后，被大军遗弃在冰天雪地中，这时的她异常沮丧，木须龙劝她毕竟她是为了救父亲才到这种地步的，而她的回答则是"或许我并不是为了我的父亲来的，或许我只是想证明我能行。所以当我拿起镜子的时候，我看到的是一个'有用的人，一个值得尊敬的人'"。通过木兰的这几句话，我们可以看出木兰替父出征的一个潜意识，就是在相亲失败之后想证明自己是一个有用的人，强烈希望可以实现自己的个人价值，而原作中"孝"的内核已经完全被取代了。另外，无论是第一次大战单于，还是将皇上从单于手中救出，花木兰都是整个战争的主角，她个人的作用被无限夸大了，而这样的安排恰恰是美国个人英雄主义淋漓尽致的表现。

（3）"男尊女卑"等级思想与女权主义思想

自古以来，等级观念在中国就是根深蒂固的。封建社会强调"三纲五常""男尊女卑"等观念，不仅使社会上有统治者与被统治者的等级，有年长者和年轻者的等级，甚至还有男女之间的等级。

中国整个封建社会都是把女子当作男权社会的附属品，她们几乎没有任何社会地位可言，而且绝对不被允许参与到男人社会中去。《木兰辞》中的花木兰在战争中是没有被发现女儿身的，"出门看伙伴，伙伴皆惊惶。同行十二年，不知木兰是女郎"，她事实上看作一个叫花木兰的男子在参军打仗，如果她在战场上就被发现是一个女人，可以想象一下当时的后果，轻则逐出军营，重则以欺君罪论处，甚至可能被处以极刑。

而在美国，基督教的"上帝面前人人平等"和《独立宣言》中的"一切人都生而平等"的观念，使平等思想在美国人的头脑之中根深蒂固。因此，在他们的日常交往中，等级观念非常淡薄，但是男女之间的地位差异依然存在。然而，20世纪60年代，美国的女权运动轰轰烈烈地开展起来，女性的地位得到了很大的提高，使这个平等的权利有了更深刻地体现。女权主义的思想在影片中也得到了清楚地展现。就如笔者刚才所说，乐府诗中的花木兰在参军过程中没有被发现是女儿身，但是在影片中为了突出女性的地位和作用，这一情节被修改了。第一次战争中木兰受伤就已经被发现是女儿身了，但她却未受到任何惩罚，反而还在后来的战争中发挥了领导的作用，这是美国人对女性能力的肯定，这跟中国传统的等级观念是不符的。

另外，在木兰杀死单于，拯救了皇上和国家后，皇上在全城百姓的面前，向木兰鞠躬致谢，紧接着朝中大小官员以及全城百姓都给木兰跪下了，这在传统的男尊女卑的中国社会是不可理喻的。作为九五之尊的皇帝，对立了奇功的大将，他只会采取各种各样的赏赐措施，而不可能向他鞠躬；在男权社会，那些朝中的官员也不会向一个女子屈膝。整个这一部分的演绎完全当代化了，融汇了美国当代的平等思想和女权主义，与中国的等级思想相去甚远。

（4）小结

从美国电影《花木兰》和中国的《木兰辞》的文化对比中我们可以看出，在娱乐的过程中只有提高相关文化的敏感度，增强对异域文化的认识与了解，才能保障跨文化交际顺利有效地进行。

通过以上两例文化对比，我们可以看出，电影蕴含了一个国家和民族的鲜明的文化特色，而教师正可以凭借这种寓教于乐的方式，更直观、更形象地将中国文化系统地介绍给学生，使他们在学习和接触西方文化的同时，增强对中国文化的认识，从而使学生不仅进行了系统的英语语言学习，也全面地经历了中西文化的洗礼，有助于完善学生的跨文化意识，做到不要厚此薄彼，进而顺利地进行跨文化交流。当然，这种方式也是在探索之中，以期对大学英语教学中的跨文化意识培养，以及弥补大学英语文化教学中本民族文化的缺失有一定的帮助和借鉴作用。

第三节　提升外语教师的文化素养

教师的文化素养是一种综合的心理特征，是教师职业素养的重要组成部分，是教师在拥有一定文化知识并加以内化的基础上形成的，反映了教师的人格、气质、情感、世界观、人生观、价值观等方面的个性品质。在课程改革不断深入的当下，新课标中英语课程的总体目标是培养学生的综合语言运用能力。新课改、新教材的使用，英语的跨文化传播教学都要求当代英语教师必须改革自身的教学理念，具备良好的文化素养，才能够培养学生的跨文化意识和跨文化交际能力。只有提高广大教师在中西语言和文化方面的素养，增强对中西方文化差异的认识，树立良好的跨文化交流思维，具备良好的英语文化素养，才可以达到良好的英语教学效果，促进学生的全面发展。

一、我国英语教师文化素养现状分析

（一）我国英语教师文化素养现状

要想切实落实新课改的要求，深入人文素质教育教学，必须提高英语教师的专业文化素养。英语教师只有提高自身文化素养才能够培养出具有较强英语语言能力和跨文化交流能力的高素质学生。然而我国英语教师文化素养的现状却不容乐观，主要体现在如下两个方面。

①在实际教学实践中，缺乏对英语语言所依存的语言文化信息的重视。在教学中只注重"纯语言能力"的培养，对英美的语言习惯、生活方式等文化背景知识的教授少之又少。

②采用以语法讲解和翻译为主要教学方式，缺乏对听、说、写等实际运用能力的培养。这就导致目前课堂上语法讲解多，实际交际少，文化输入缺乏的现状。教出来的学生对英、美等国的文化背景知识缺乏了解，不会灵活使用英语与英语国家的人交际。

（二）影响英语教师文化素养提升的主要因素

结合当前现状，笔者总结出影响英语教师文化素养提升的主要因素如下。

1. 教育理念亟待更新

在当前的英语实践教学中，教师仍然存在着普遍的"重语言，轻文化"的问题，教学理念亟待更新。部分英语教师文化素养不足，缺乏对使用英语的一些国家的文化背景的扎实了解，缺乏目的语文化意识的导入，致使其在英语教学中，仍然单纯地注重英语语言结构——语音、词汇、语法、句型等方面的分析教授，没有延伸到语言的外部环境、具体语境中去学习，存在忽视跨文化意识培养的显现，进而致使外语学习与文化教学的脱节。正是这种脱节致使学生在进行实际的跨文化交流时频繁出错，不利于学生良好交际能力的培养。

2. 文化素养提高缺乏主动性

随着我国课程改革的不断深入，英语教材也随之进行了改革。新课改要求新教材更加贴近生活，更有利于提高学生的思想素质和人文素质。种种这些都要求我们改革教学理念，注重教学之中的文化导入，培养学生的跨文化意识和跨文化交际能力，而首要的便是先注重教师文化意识的培养与提高。但多年来我国一直是应试教育体系，培养出来的英语教师缺乏对英语语言文化的观察能力和敏感程度。以至于在现代信息化的社会，虽然可以接触到更多的语言文化信息，但却不能主动灵敏地理解和把握并加以运用。加之教师多忙于职称的考评等其他事务，更不会将过多的精力和时间用在主动提高自身文化素养上，更很少主动研究和学习英语语言的变化和人文特征，因而缺乏提高自身文化素养的主动性。

3. 忽略素养提升的现实性和持久性

当前英语教师普遍存在的问题就是忽略素养提高的现实性和持久性。一部分教师常常将英语知识学科的学习当作一门纯知识去学，花大量时间和精力学结构、抠语法，而很少考虑语言文化意义和实际使用，完全忽视素养提高的现实性和持久性。这样在应试教育培养下的英语教师，对英、美等国的历史、地理、生活方式、风俗习惯等文化背景知识的掌握了解不全面、不扎实、不系统，他们自己的教育活动也必然受到影响。只有全体教师的文化素质整体上提高了，才能真正提升文化品位，才能使其对学生的素质教育特别是文化素质教育更加持久和有效。

二、提升英语教师文化素养的策略

（一）从"继续教育"的角度谈教师文化素养的提升

1. 重视英语教师继续教育

教师继续教育选用的教材要尽量多地包括文化点，可以选取将文化内容与语言材料结合起来的文章。文学作品是了解一个民族的最生动、最丰富的材料。相关课程应选择一些有助于学生在短时间内提高交际技能的文学作品。另外，可以安排一定量的报刊选读，这是了解当前社会各阶层、各集团的动态，各种社会问题、社会关系的最直接的途径。从这里所了解的信息是最新的，往往也正是教科书中所缺少的。

2. 为教师提供机会，扩大对外交流

对在校英语教师的继续教育工作要与时代的步伐紧密结合。在改革开放的今天，应加强英语教师与外部学者的交流与合作。应为英语教师提供机会，可与外国院校合作进行交换生的学习教育，或者聘请英美外籍教师和专家来对教师们进行培训。在条件允许的情况下组织在校英语教师与外籍专家座谈，增加教师学习和运用英语交流的机会。季羡林先生曾建议"今天在大学或中学教外语的老师，最好是每隔五年就出国进修半年。这样才不至于被时代抛在后面"。因此，要经常选派在校优秀的英语教师出国参加培训，使他们身临其境，增加阅历和锻炼，切身感受英语文化。

3. 将英语文化教育贯穿于继续教育的各门课程之中

应使英语文化教育与其他课程的教学浑然一体，使英语文化教育贯穿于继续教育的各门课程之中。用社会语言学的基本理论来指导教学，处理好语言与文化的关系，语文能力与文化能力的关系，让中学英语教师充分注意了解英汉交往中东西文化差异的广阔范围和诸多因素。英语教师继续教育所开设的各门课程既应从不同的视角展现英美等国的社会阶层、家庭结构、职业等社会文化大的方面，又要重视约会、打电话、吃饭、打招呼等社会生活细节，以及词源典故、成语、格言、委婉语、禁忌语、敬辞、谦辞、语体（正式、中性、非正式、俗语等）等反映文化差异的因素。在继续教育中强调英语语言的社会文化因素，会帮助英语教师逐渐形成对英语文化的敏感性。

（二）从"教师自身"的角度谈教师文化素养的提升

1. 运用现代多媒体技术，多方面获取文化背景知识

英语教师首先要提高自身的思想素质，树立牢固的敬业精神和奉献精神，不断加强自身的文化修养，扩展知识的深度和广度。在自身专业文化素养提高的过程中，在考虑自己已经具备一定的外国语言文学和历史知识的基础上，在听力教学方面选取多种听力材料，通过多种形式增进自己对于听力材料和文化背景知识的深刻理解。在利用英汉媒介扩大视野的同时，英语教师还要更好地加强自身的文化视野，在学习中可以选用现代化的教学设备，如影像、音乐等多种形式。这些教学形式能生动具体、真实直观地向教师们展现英语国家的社会文化背景，如生活方式、风土民情、历史传统、民族心理、道德标准等，让教师有身临其境之感，会产生更明显的教学效果。对该语言国家文化背景、生

活习惯、宗教信念、价值观念等多方面知识的了解的过程,能增强对其文化的认识,从而培养自身的文化素养。

2. 要转变英汉思维,提升自身英语专业素养

英语课程更多应注重和强调的是语言的人文性而不是工具性。因而在英语教学中,教师还要善于发现中西方解决问题的方法和思路的差异性,转变自身的英汉思维,不能用汉语的表达方式去翻译和剖析英文句子。例如,翻译一个简单句子"在我这里不要期待太多"。中国式翻译往往会说"Don't expect me too much.",但是对比才知,西方人常讲的是"Don't expect too much from me."。又如这个句子"2011 年,我国经历了很多自然灾难"。由于受中国式思维的影响,很多人可能会把它直接译成"In 2011, our nation has experienced natural disasters.",但按照西方人的表达习惯,在陈述一句话的时候不能带有个人意见,要客观地表述句子内容,因此这句应为"Natural disasters accompanied our nation in 2011."。当然,英语教师们除了要灵活转变思维之外,也要加强培养当地语言思维的表达方式,才能提高自身的语言表达能力。

3. 在提高专业知识基础上,要有教学理论水平和灵活的教学技巧

作为英语教师,除了具备扎实的专业知识外,要有教学理论水平和灵活的教学技巧。在提高自身文化素养的同时,教师还要认真探究专业理论知识,以便正确引导学生参与学习。教师要使用多种教学方法,如视听法、认知法、听说法、交际法等。在此基础上,教师还要深入研究教材,充分利用教材,改变以往的教学模式,不断探索新的教学方式,把新课程标准理念真正地贯彻在教学实践中。只有这样,才能成为一名高素质的英语教师,为培养优秀人才奠定基础。

4. 要紧跟时代主题,更新英语综合知识

教师只有具备深厚的中、西文化的素养,才能在英语的教学中更好地传播本国文化,帮助学生提高对目的语的敏感度,以进行成功而有效的跨文化交流,这是语言教学和语言学习的关键。在网络信息时代,各种新鲜的事物、词汇以及语言表达方式不断融合。在英语教学中,教师所掌握的语言能力的高低与其所具备的语言知识具有密切的关系。也就是说,教师掌握的英语语言知识越多,其英语语言能力就越高。作为一名合格的英语教师,应当坚持与时俱进,不断地提升自身的专业素质,特别是自身语言知识的丰富和语言能力的提升。毫无疑问,加强英文报刊阅读,并以此提升阅读量是提升英语水平最有效的方法

之一。在平时看报或读书时，做个有心人，尽力摄取英美国家社会文化生活各方面的最新信息，注意英语语言的新变化，并把这些信息融入自己的教学实践中，为更好地实现英语跨文化传播教学服务。我们知道，无论是国内还是国外，其各方面的时事动态都会刊登在报纸、杂志上，这不仅让教师能够迅速了解和掌握具有中国特色的英文词汇，还增强对地域风俗文化的理解和认识。例如，英文报纸杂志上出现的"cooperative learning"（合作学习）、"dragon boat racing"（赛龙舟）等，还有一些发生在我们身边的灾害，如"the earthquake"（地震）、"the typhoon"（台风）、"land slide"（滑坡）等，教师从中都可以加以学习和借鉴，以便更好地学习和掌握更多的词汇，不断更新自身的文化知识。

  总之，培养和提高英语教师的文化素养，对于其自身修养层次的提高以及教学文化意识的提高都具有十分重要的意义。因此，应当培养和提高英语教师的文化素养，提升英语教师自身跨文化教育素养，进而提高自己正确获取不同文化信息的能力，并对其做出正确的分析、判断，以感知跨国文化之魅力，达到提高跨文化教育素养之目的。

第八章　外语教学法演变历程综述

外语教学法经历了以翻译法、直接法、听说法、认知法、交际法为里程碑的五个重要发展阶段。前四种教学法都以传授语言知识和培训语言技能为目的，虽然外语教材和教学过程都充满了影响语言学习的文化因素，但却没有引起外语教师和研究者的注意。直到语言交际能力理论提出，交际教学法产生，外语教学界学者们的视域才豁然开朗，他们很快意识到了语言教学中文化因素的重要性。从此，文化研究、文化差异研究、跨文化外语教学研究很快开展起来。翻译法用于教授拉丁语有近千年的历史。直接法是完全针对语法翻译法的弊端提出的，它是19世纪下半叶始于西欧的外语教学改革运动的产物。第二次世界大战后，外语教学法已成为一门科学，其发展更是突飞猛进，各种流派不断涌现。听说法的崛起从理论上和实践上抨击了以通过翻译、背诵语法规则、孤立地记忆单词来培养阅读能力为目标的语法翻译法，同时也批判了完全不考虑学生母语在外语学习中所起作用的直接法，从而建立起以句型操练为核心、通过反复机械模仿形成自动化习惯的教学法体系。20世纪50年代末，乔姆斯基的转换生成语言学提出了关于语言能力和语言运用的理论，并对以结构主义语言学和行为主义心理学为理论基础的听说法进行了批判。他认为人类具有掌握语言的内在天赋，人脑先天具有一种习得语言的机制和天生的语言能力。语言是人的内心存在的一种潜在结构，它能创造出人们从未接触过的无穷无尽的句子来表达思想，而这么多的句子都是由一套语言规则生成的。

社会语言学家海姆斯在乔姆斯基语言能力和语言运用理论的基础上提出了语言交际能力的概念。从此社会语言学、心理语言学把语言看作一种交际手段；把言语行为和言语活动看作满足人们交际的需要；把使用语言的能力看作一种交际能力；把交际功能看作语言功能的主要标志；把外语教学的目标确定为在真实情景中使用语言，通过实践掌握外语，从而培养学生的外语交际能力。社会语言学认为语言是一种社会现象，是人们用以交流思想的交际工具；语言结构和语言使用与社会有关，所以研究掌握语义比掌握语言结构更为重要。皮亚杰等认知心理学家强调思维的创造力在学习中的作用。这一切又开始动摇了听说法的理论基础。

在外语教学实践中听说法的弱点就在于它只注重语言形式和句型结构，而忽略言语活动的交际情景或上下文，进行单调、枯燥的机械操练。随着听说法的失势，以转换生成语法、社会语言学、心理语言学、神经心理学等理论为依据的与听说法针锋相对的各种教学法流派，像雨后春笋，相继破土而出。诸如，以情景为中心、把语言作为整体结构进行听说活动、声音和形象相结合的视听法；通过认知语言规律创造句子、培养交际能力的认知法；以功能、意念为纲的功能法；利用实物、图片等直观手段，增强学生的言语实践，减少教师讲解活动的沉默法；以学生为中心、重视小组活动、教师当顾问的咨询法；以音乐陶冶的暗示法；听、说、读、写并重，在情景中进行教学的统整法；以身体动作协助听说的全身法以及吸取各家所长的所谓折中法，等等。总之，现代外语教学法流派不下二十种。本章主要阐述外语教学法史上，且在欧美和国内的外语教学界影响最大的五种主流教学法流派：翻译法（语法翻译法）、直接法、听说法、认知法和交际法（功能法）。

第一节　翻译法

在外语教学中运用翻译方法作为教学手段的历史不下千年，但学者们把这种方法提升到理论高度整理成一种系统、科学的教学法体系只是过去一个世纪的事情。翻译法最早是教授希腊语、拉丁语等死语言的教学法。希腊语和拉丁语这两种古老的语言对欧洲文明产生了深远的影响。直到中世纪，欧洲的教会和学校还在使用拉丁语，国际交流中使用拉丁语，文人著书立说也使用拉丁语。几百年以后西欧各国新的民族语言逐渐形成，拉丁语不再辉煌，人们学习希腊语和拉丁语只是为了阅读古代文学作品和科学书籍。后来，各学校教授希腊语和拉丁语的方法就是翻译法。到18、19世纪，英、法等国家成为欧洲列强，其语言在欧洲流行起来。其他国家的很多学校和教育机构也开设英语和法语课程。但在当时的历史条件下，语言学和应用语言学还不成熟，人们无法找到一套有效的方法教授这些外语，但人们凭直觉认为，活语言和死语言之间有一定的共同教学规律，特别是在培养阅读能力方面。所以作为权宜之计，各学校只好借用教授拉丁语和希腊语的教学方法——翻译法。

　　作为第一种外语教学方法,翻译法在其发展过程中由于命名的立脚点不同,有各种不同的名称。根据在外语教学中运用翻译定名为翻译法;根据以语法为语言教学的基础定名为语法法(grammar method)或语法翻译法(grammar-translation method);根据翻译法倡导者的姓氏定名为奥朗多弗氏法(Ollendorff's method)、雅科托氏法(Jacotot's method);由于语法翻译法继承了拉丁语教学的传统,定名为传统法(traditional method);为了与重视口、耳训练的新教学法相区别,翻译法还称为古典法(classical method)、旧式法(old method)。翻译法虽然别名很多,称谓各异,但其内涵一样。在外语教学过程中,翻译法同时使用母语和外语作为课堂语言来教授外语,其基本教学原则是逐词直译课文内容,讲解并巩固语法、词汇知识。翻译法是总的名称,根据其教学侧重点不同,它可具体分为下列四种方法:①语法翻译法;②词汇翻译法;③翻译比较法;④近代翻译法。

　　语法翻译法以语法知识作为外语教学的内容。这个学派认为学习外语首要的是语法。因为学习语法既有助于理解、翻译外语,又有助于磨炼智慧、培养学生逻辑思维能力。此派的代表人物是德国语言学家奥朗多弗。他主张学外语先要背熟语法规则和例句,然后通过翻译练习巩固语法规则。他认为只有在理解语法的基础上才能阅读、翻译外语原文。为了贯彻语法是外语教学的基础这项外语教学原则,在学完字母的发音和书写之后,开设系统的语法课。学完系统语法之后,进行阅读原文的训练。

　　语法课的教学安排如下:①先讲词法,后讲句法。②揭示语法规则的主要途径是演绎,即先讲授语法规则,后举例句并译成母语。③用把母语句子译成外语的方法巩固所授语法规则。

　　词汇翻译法主张利用内容连贯的课文进行语意分析和翻译的方法教授外语。这个方法同语法翻译法一样,都以培养阅读能力为教学目的。这个方法的主要代表人物是法国的英语教师雅科托,英国的教育家哈米尔顿。前者是词汇翻译法的理论家,后者是词汇翻译法的实践家。他们反对孤立地学习抽象语法,主张通过课文的阅读和翻译学习词汇和语法。词汇翻译法要求学生对课文的语言材料进行细致的分析,并进行母语与外语的对比,从而达到对课文的深入理解。词汇翻译法根据从已知到未知的教学原则把母语看成教授外语的基础,把翻译看成讲解和巩固外语的手段。词汇翻译法不仅主张逐词直译,还主张标准翻译。词汇翻译法虽然提出了一些较为先进的外语教学法思想,比语法翻译法前进了一大步,但由于课文语言材料过于庞杂,再加上语法规则的安排很随意,在课文中遇到什么语法规则就讲什么语法规则，学生很难理解所学语言材料，只好死记硬背。这种机械的学习，效率极低，很难提高学生的阅读能力。

翻译比较法是德国著名的外语教学法专家马盖尔最早倡导的。他在翻译法的基础上提出了一些新的外语教学法原则。他认为在外语教学中应该进行母语和目的语的系统对比，然后在此基础上进行翻译。此外，马盖尔还特别重视语法讲授的连贯性和词源知识的讲解。他也非常重视观察、分析、综合、归纳、演绎等思维活动在外语学习中的作用。他认为这些思维活动是学生掌握外语的第一步。马盖尔主张语言知识必须与语言熟练技巧密切结合。他认为教给学生的语言知识不能超过他们能在语言实践中运用的范围。他主张通过实践来理解语言材料，由实践到理论，实践要多于理论知识。由于马盖尔强调语言的熟练技巧和实践，所以他非常重视背诵。他认为背诵能使学生熟记大量语言材料，有助于提高学生运用语言的熟练技巧程度。马盖尔还提出了在外语教学中将词汇、语法、课文相结合的教学原则。他主张学习课文必须注重语法和词汇，而学习语法和词汇必须有助于理解和掌握课文。马盖尔只提出了一些先进的教学法思想和原则性的主张，但没有设计出实现这些思想和原则的具体办法，且脱离了当时的教学实际，因而他倡导的翻译比较法没有在外语教学界得到广泛的运用和传播。但他提出的那些教学原则对外语教学法的发展起了积极的作用。近代翻译法是发展成熟的翻译法。翻译法经历了漫长的发展和变化的过程。到20世纪中叶，翻译法教学实践者们已经积累了丰富的经验并提出了系统的理论。有的国家将近代翻译法称为"译读法"，也有的仍然沿用"语法翻译法"的称呼。

近代翻译法的教学原则有以下四项。
①语音、语法、词汇教学相结合；
②阅读领先，着重培养阅读与翻译能力，兼顾听说训练；
③以语法为主，在语法理论指导下读译课文；
④依靠母语，把翻译既当成教学手段，又当作教学目的。
近代翻译法的课堂教学一般分为以下四个步骤。
①译述大意；
②讲解语言材料，对课文进行语言分析并进行逐词、逐句翻译；
③切合原意的翻译；
④直接阅读和直接理解外语课文。

翻译法和后来其他教学法流派一样，也经历了形成和发展的过程。它从古典的语法翻译法和词汇翻译法发展到近代的翻译法。这个发展过程的实质是翻译法从幼稚时期到成熟时期，从不断克服缺点到逐渐完善的过程。语法翻译法和词汇翻译法是古典的翻译法，也是外语教学的原始方法。没有古典的翻译法就没有以后各种外语教学法的产生和发展。总体来说，翻译法是现代外语教学法的幼年时期，它的教学思想、教学原则和教学过程还不成熟，其培养的人才外语口头表达差，缺乏跨文化交际能力。

第二节　直接法

直接法是继翻译法之后产生的最有影响的外语教学法流派之一。《朗文语言教学及应用语言学辞典》对直接法是这样定义的："直接法是外语或第二语言教学的一种方法，具有以下特点：课堂上只使用目的语；词汇的意思应该通过将语言和动作、物体、模仿、手势及情景结合起来直接表达出来；读、写应该在说之后教；语法应该只用归纳的方法教，即不应该向学生教语法。"直接法在19世纪末提出，用于反对语法翻译法。第一次使用"直接法"这一术语的，是法国教育部1901年的一个文件。"直接法"的称谓繁多，如改革法、反语法翻译法、现代法、口授法、自然法、归纳法、心理法等。但比起众多的其他名称，"直接法"更能反映这个流派的特点，所以这一名称得到了广泛的采用。

直接法产生的背景正是19世纪下半叶欧美各国的资本主义蓬勃发展时期。各国之间的商务交流日益频繁，移民现象频繁，已发展成了一种国际现象。这种发展彻底打破了各国封建时代闭关自守的藩篱，使各国之间的关系变得极为紧密、互相依赖。

由于生产力的快速发展，导致了商品的丰富，促进了跨国商品的交换；各国为了在竞争中处于有利地位，必须优先发展科学技术，并以最快的速度直接吸取别国的一切科技成果。在这种情况下，外语不再是学校中一门"锤炼心智、提高素养"的课程，而变成了一种社会实际需要。在各种形式的交际方式中，口语是最常用、最直接、最快捷的交际方式，也是国际交流的第一需要。时代对外语教学提出了新的要求，语法翻译法不能满足国际交流的需要。这种尖锐矛盾是直接法产生的社会原因。语法翻译法原本是教授欧洲贵族子弟学习古典语言（即古希腊文、古拉丁文）的一种古老方法。后来，学校开设现代外语课，也沿用这套方法。由于过去的学校开设希腊文、拉丁文课程是把教育－教养目的放在第一位，而不讲究实用目的，所以语法翻译法基本上还能满足这种需要。

但是，活语言毕竟不同于死文字。现代外语有自己独特的教学规律，而语法翻译法却没有反映这些规律，在某些方面甚至还背道而驰。它暴露的缺点有两个：其一，它强调繁杂语言规则的死记硬背，使外语学习变得极其困难，学生负担过重；其二，它不能有效地培养口语能力。

语法翻译法既不把口语训练作为一项主要的教学手段，更没有把掌握口语作为教学的主要目的，所以它不能适应新的社会要求，必须进行彻底改革。社会需要大量的口头交际能力很强的外语人才。直接法作为"新式法"的产生，一是为满足社会需要，二是为从根本上克服语法翻译法的弱点。到了19世纪末期，新方法的产生既有客观的必要性，也有了现实的可能性，因为语言学、心理学、教育学的研究成果，为直接法的产生提供了理论基础。当时在语言学理论方面较有影响的代表人物是新语法流派的青年语法家保罗，他的著作《语言历史诸原则》对直接法产生了重大影响。他在书中提出的"类比"（analogy）概念，强调了母语习得与外语学习之间的类比性和相似性，为直接法的核心原则——模仿、替换、重复等原则提供了语言学理论依据。

1874年德国著名心理学家冯特发表了著作《民族心理学》。他在书中提出的一些语言心理中关于思维和感觉的理论直接或间接地导致了直接法的"以口语为基础""以模仿为主"的外语教学法主张。在教育学领域，夸美纽斯、卢梭、裴斯泰洛齐、第斯多惠等著名教育家提出了"教育适应自然"的教育思想。夸美纽斯独立提出了一系列的经典教学基本原则，如"直观性"原则、"由易到难"原则、"由近及远"原则、"由简到繁"原则、"由已知到未知"原则、"由具体到抽象"原则、"由事实到结论"原则等。这些教育学家的思想和原则为直接法的基本原理的形成提供了依据。19世纪80年代，在德国、法国等主要资本主义国家兴起的声势浩大的外语教学改革运动席卷了欧美各国外语教学界，且持续了半个世纪之久。在此期间，外语教学界学术思想活跃，研究直接法的学术团体和刊物纷纷出现，犹如雨后春笋。直接法学派先后举行了六次国际性学术讨论会，受到许多国家教育当局的重视。

德国、法国、俄国、日本等一些国家曾把直接法作为法定的教学法。直接法教材的代表作包括：贝力子编写的《贝力子法英语课本》；恩迪考特编写的《直接法英语读本》；韦斯特编写的《新法英语读本》；理查兹和吉布森编写的《看图学英语》和艾克斯利编写的《基础英语》。直接法的主要教学原则是由"幼儿学语"类比成人学外语而派生出来的。所谓"幼儿学语"是指幼儿自然习得母语的基本过程，即幼儿学习母语的时间短、效率高、发音纯正、说话自然，学起来轻松愉快。直接法专家观察到，用语法翻译法教学生外语，虽费九牛二虎之力，但收效甚微，特别是在口语方面。他们认为这是因为语法翻译法违反了幼儿学语的自然规律，所以教学失败。因此他们确信按幼儿学语的规律教成人外语，效果一定很好。直接法的主要教学原则如下。

1. 直接联系原则

作为教学的输入，课堂上教授的每个外语词语都应当与它所代表的事物或表示的意义直接联系起来。在所教词语与事物或意义之间不应有母语介入，以避免母语干扰，甚至利用翻译作为教学手段也不允许，因为采用翻译这个教学手段来做中介会助长学生依赖"心译"的不良习惯，影响实际言语交际的速度。直接联系原则是排除母语对掌握外语的干扰的有效手段，同时还有利于培养学生目的语的思维能力。

2. 句本位原则

当时的语言学家从幼儿习得母语的过程中了解到，语言是整句地来学的，而不是先孤立地学会单音、字母、单词、语法才去拼凑话语。因此，教外语也应当以句子为单位，整句学、整句用。学生学会了一定数量的句子后，就会按"类比""替换"方式构造新的句子，以满足交际的需要。

3. 以模仿为主原则

幼儿学语，是模仿周围的人说话，慢慢习得母语。语法规则不是教的，而是自己总结归纳出来的。因此，外语教学也应以模仿多练为主，语言知识在教学中应放在次要的地位。

4. 语法归纳教学原则

幼儿学语的顺序是上学前学会说话，上学后学会识字和文法规则。由此得出的教学法结论：首先应让学生广泛接触语言材料，然后再教他们语法规则。幼儿学语，同时也学到了母语的语法结构（而不是书本上的文法规则）。这种结构是语言的基础或骨架，因此，直接法专家认为学习外语，就要把相当大的力气用在外语语法结构的实际掌握上（而不是死记文法规则）。在编得好的直接法初级教材中，编者对语法结构的各个项目都做了精心安排。不少课本只突出一两个要求学生实际掌握的语法结构重点。

5. 以口语为基础原则

幼儿学语，都是从学说话开始。学习识字和书写，那是入学以后的事。学习口语是学习书面语的基础。由此而得出的教学法结论是：学习外语应从口语开始，而不是从书写和文法入手。直接法专家一致认为入门阶段的教学应以口语为主。

6. 以当代通用语言为教材基本内容的原则

幼儿所学语言，都是他那个时代通用的语言，是鲜活的口语而不是晦涩的书面语言，也不是过时的死语言。因此，直接法主张教授外语也应当以当代的通用语言，即"活语言"为教材基本内容，而反对语法翻译法的以古典文学作品为教材基本内容。幼儿所学语言只是有限的语言材料，例如，有限的音素和语调，常用的单词、成语和语法结构。他只需学会这些有限的东西，就能进行交际。从这一认识出发，直接法学者主张外语教材的内容应该是精选的、最常用的单词、句式和篇章结构，而学生的任务就是掌握这些精选的语言材料。在外语教学法史上直接法功不可没。直接法的产生使外语教学法进入了百家争鸣且学术思想空前活跃的新时期。直接法的出现，给古典语法翻译树立了一个对立面。直接法对古典语法翻译法弊端的抨击，促使后者不断采取措施来改进自身的弱点，从而推动了语法翻译法的进步和现代化。直接法学者在教授活语言，特别是在培养口语能力方面，取得了显著的成绩。他们重语音教学，这也是推进理论语音学发展的动力之一。直接法作为改革法，为以后的听说法、视听法、功能法、自觉实践法等改革法流派开了先河。当然直接法也有其不足之处，一般公认的有以下六点。

①在外语教学中偏重经验，忽略人的自觉性；
②消极看待母语在外语教学中的作用；
③夸大了幼儿习得母语和成人学习外语之间的相似性，忽略了二者间的差异；
④偏重学生的语言掌握，而忽略学生的智力发展；
⑤偏重学生口语提高，忽略了学生的文学修养；
⑥外语教学忽略文化因素，学生欠缺跨文化交际能力。

第三节 听说法

听说法是 20 世纪 50 年代产生于美国，随后流行于欧美的外语或第二语言教学的一种方法。这种教学法强调先教听说，后教读写；运用对话和操练；反对课堂上使用母语；常利用对比分析。听说法和口语法的区别在于前者指教授本国人学习外语的教学方法；而后者则指教授外国人学习本族语的方法。教学法专家们和语言教师还给听说法起了一些别名。例如，由于听说法以结构主义语言学为理论基础，它被称为结构法；由于军队采用听说法培训大批派往国外的军人，它又被称为军队教学法。虽然教学法专家和语言教师给听说法起了不同的名称，但该教学法的实质内容是相同的。学者们对外语教学原理和原则的看法基本上是一致的。无论听说法怎么称呼，它都是一种培训口语的教学法体系。采用听说法进行教学，要求从大纲、教材的编写到教学的方法、技巧的运用都必须遵循教学法专家们为其制定的原理和原则，即根据这种教学法理论来指导外语教学的全过程。

一、听说法产生的背景

听说法是美国在第二次世界大战时期的产物。美国在战前奉行的"语言孤立主义"政策导致其外语教学极为落后。教育当局不重视外语，对学校没有提出明确的外语教学要求；即使有少数学校开设外语课，其开设的语种也很少，且学习的时间短；外语教学的目标是培养阅读能力，课堂教学重阅读轻口语；教学方法古板，所有外语课堂一律采用语法翻译法，教师把大部分时间花在讲解语法和把外语译成母语的练习上。美国的"语言孤立主义"导致了外语人才的严重缺乏。20 世纪 50 年代初，美国政府已经意识到美国外语教学落后和外语人才缺乏的状况与它作为大国的国际地位极不相称，外语教学改革势在必行。于是教育主管部门组织了一批结构主义语言学家研究并制定了《集中语言教学方案》（简称 ASTP）。

著名的结构主义语言学家布隆菲尔德和特雷格都参加了该方案的制定和实施工作。珍珠港事件后，美国对日德宣战，世界大战的形势发生逆转。此时美国需要把大批军人派往德国、日本、意大利执行占领任务，但外语人才奇缺，因此美军制定了《军队专门训练方案》，并设立了专门的外语培训机构，以快速培训大批军事外语人才。1943 年，约有一万五千名士兵到 55 所高等学校按

《军队专门训练方案》接受 27 种外语训练。同时还有许多军官在专门的外语培训机构接受训练。在很短的时间内，美国的高等学校和专门的外语培训机构为军队执行占领任务培养了大批掌握外语口语的人才，满足了战争的需要。当时的外语教学有以下两大特点。

（1）集中时间教学

集中教学具有速成的性质，学习的时间短，小班上课，口语训练强度大，由目的语的"当地人"担任外语教师。

（2）课堂采用听说教学法

高等学校和外语培训机构按教学法专家们为听说法制定的原理和原则进行外语教学实践，积累了丰富的教学经验和数据，使"听说法"日趋成熟。由于听说法在二战时期为美军的外语培训做出了卓越贡献，而且展示了翻译法和直接法不具备的许多优点，战后不少语言培训机构和学校尝试着把听说法这一战时的外语教学法运用到学校日常的外语教学中，均取得了好成绩。在这些实践经验的基础上，许多学术团体和语言教学研究机构纷纷举行学术研讨会，研讨听说法的理论与实践问题。通过一系列的研讨会，大家对外语教学达成了共识，即逐渐放弃老旧的语法翻译法，广泛采用听说法。从此听说法在理论和实践方面均有很大发展，并很快传到欧洲和世界其他地区。

二、听说法的理论基础

听说法是继翻译法和直接法以后，第一个具备系统理论基础的外语教学法。其语言学理论基础是美国结构主义语言学；其心理学基础是行为主义心理学。美国结构主义语言学家最初是研究没有文字的印第安人的口头语言的。他们的研究方法与传统语言学是根本不同的。他们如实地记录了印第安人口头讲的话，然后进行客观的描写和分析，因此也称结构主义语言学为描写语言学。在他们看来，口语是语言最重要的形式之一，语言学习应以口语为主。学习口语应该是学习目的国"当地人"所说的话，而不是课本里规定的该说的标准语句。口语教材的语料应该是操该种语言的"当地人"所说的话，而担任外语教师的也应当是操该种语言的"当地人"。以布隆菲尔德和弗里斯为代表的美国结构主义语言学家为听说法的创立和推广做出了重要贡献。

布隆菲尔德的《语言论》，作为结构主义语言学的代表之作，为听说法提供了语言理论依据。《语言论》一书中阐述的一些理论在以后美国的外语教学中得到了进一步的发展。而弗里斯则是对外语教学理论与实践进行了直接而又实际的研究。其他结构主义语言学家多半是在研究结构主义语言理论涉及的外语教学问题，而弗里斯则不然。他的主要活动是在研究如何把结构主义语言学运用到外语教学实际中去的问题。他写的著作包括《作为外语的英语教学》《英语结构》《口语法》等。

听说法是以"新行为主义"作为其心理学的理论基础。行为主义心理学的创始人是华生。他通过对人和动物的行为进行研究发现了一个共同规律——刺激和反应，并提出了著名的行为主义心理学的公式：刺激—反应，S-R（stimulus-response）。斯金纳在华生的行为主义基础上发展了"新行为主义"。他在对动物和人类的学习行为进行了研究之后，把学习过程归结为：刺激—反应—强化。他得出的结论是：在教学过程中，对学习者的某种行为进行积极强化可让学生形成一定的习惯。结构主义语言学家们相信语言是高度结构化的体系，人们将母语掌握到了高度自动化的程度，他们与人交际时，并没意识到自己话语中的语言结构（语音、词汇、语法），任何结构都是脱口而出的。所以听说法的倡导者们认为："学习外语也应当让学生学会不自觉地运用所学外语的语言结构，能把所学外语的语音、词汇、语法变成新的语言习惯。而新习惯的形成，也像学习母语那样，需要持久模仿、反复操练、大量实践。"

三、听说法的教学理论

到 20 世纪 60 年代，听说法的教学理论已经基本系统化。美国结构主义语言学家们从各种不同角度对听说法进行了总结。其基本教学原则可归纳为以下几点。

（一）听说训练优先

语言是由声音和文字组成的系统。听说与声音有关，读写与文字有关。文字是记录声音的符号。由此可见，口语是第一性的，文字是第二性的。听说训练好了，有利于读写能力的培养。因此，外语教学的顺序应当是先听说，后读写。课堂教学的大部分时间应该放在听说练习上。

（二）反复实践直到形成习惯

结构主义语言学家和行为主义心理学家认为，语言的习得过程就是强化人的行为的和培养人的语言习惯的过程。

学习一门外语，同习得母语一样，要靠大量的模仿练习，要靠反复实践，养成一套新的语言习惯。

（三）以句型为中心

结构主义语言学家认为语言结构层次虽然复杂，但人们交流时，语言基本的结构还是句型，所以外语教学的内容应该以句型为基础。无论是语言材料的选择，还是语言技能的训练都要以句型为中心。

（四）排斥或限制母语

结构主义语言学家反对外语教学中使用母语表述，特别是借助翻译手段讲解词义。在他们看来，翻译是涉及两种语言的特殊心理活动，在翻译过程中，在学生的头脑里总是和两种语言打交道，母语容易对外语造成干扰。因此他们主张借助上下文用所学外语直接释义，排斥或限制母语。

（五）对比语言结构，确定教学难点

结构主义语言学的特点在于对语言进行系统的描写分析。结构主义语言学家主张外语教学中应该进行两个方面的语言结构的对比分析。外语教师一方面应将母语结构与目的语结构进行对比分析，另一方面应将目的语内部结构进行对比分析。外语学习者容易用母语结构代替目的语的语言结构，造成语言负迁移。因此，对比语言结构，确定教学难点是非常必要的。

（六）及时纠正语言错误，培养正确的语言习惯

结构主义语言学家认为外语学习是一种刺激－反应过程，也就是养成一种新的语言习惯的过程。教师只有对学生进行正确的刺激，才能保证他们做出正确的反应。因此，在指导学生模仿、操练的过程中，对他们出现的任何错误应及时纠正，以使他们养成正确的外语习惯。

（七）广泛利用现代化教育技术手段

在外语教学中广泛利用电影、录音、幻灯片等现代技术手段，并根据刺激－反应－强化公式制定完整的电化教学体系。

四、听说法的教学过程

听说法是一个较为严谨的外语教学法体系，其教学理念和原则总是能够体现在教学过程中。听说法学者们从不同角度论述了教学过程。他们对教学过程的看法各不相同。美国布朗大学教授特瓦德尔对教学过程进行了科学的解析和整理，认定教学过程分五个步骤。他的学说已被听说法学者和教师所接受。听说法教学过程的五个步骤如下：①认知（recognition）。教师借助实物、模型、图片等辅助手段，向学生发出语言信号，使学生把接收到的语言信号和实物联系起来，即把言语和它所表示的意思联系起来。②模仿（imitation）。在外语教学的初期，教师的主要作用是反复示范，学生的主要任务是准确模仿。由于在初学阶段学生鉴别能力差，教师对学生出错应保持高度敏感性，发现错误，即时纠正。③重复（repetition）。为了使学生准确地记住所学的语言材料，教师要让学生不断地重复操练，反复模仿，直到能背诵为止。④变换（variation）。做过模仿记忆练习之后，学生可能已记住了所学的语言材料，但不会活用。为了培养学生活用的能力，首先要作变换句子结构的练习。⑤选择（selection）。让学生从已学过的语言材料中挑选出一些单词、短语和句型，用来描述特定的场面、情景或叙述一个事件。这类练习能培养学生的语言综合运用能力。以上只是听说法的五个基本教学步骤，教师可根据学生和教材的实际情况灵活运用，不应绝对化。

听说法是历史的产物，其历史功绩是培养了大批掌握外语口语的人才，满足了当时社会的需要。听说法在教学实践中取得的良好效果给世界外语教学带来了深刻的变化。20世纪60年代是听说法发展的全盛时期，在世界上享有盛誉，一时间成了外语教学界占支配地位的一种外语教学法。当然听说法并非十全十美，它存在四大缺陷。①过分重视机械性操练和死记硬背，忽视语言能力和交际能力的培养；②过分重视语言的结构形式，忽视语言的内容与意义；③过分重视口语，轻视笔头语言；④忽略文化因素，导致学生缺乏社会文化能力和跨文化交际能力。到了20世纪60年代的后期，乔姆斯基的转换生成语言学和皮亚杰、卡鲁尔的认知心理学已成为语言学和心理学界颇有影响的学派。社会语言学的出现也使外语教学别开生面。这些理论是对结构主义语言学和行为主义心理学的挑战。此时听说法开始受到抨击和挑战。不久，应用语言学家们探索出来一系列新的外语教学法，如认知法、交际法等。

第四节 认知法

认知法是把认知心理学的理论运用于外语教学的一种方法体系。语言教学法专家也将认知法称作认知-符号法（cognitive-code approach）或认知-符号学习理论（cognitive-code learning theory）。认知教学法提倡在外语教学中教师应设法让学生的智力发挥作用，重视学生对语言规则的理解，培养学生语言综合运用能力。外语教学界称其为"经过改革的现代版语法翻译法"。"认知"这个术语来自学习心理学。要想了解认知法的确切含义，有必要对认知心理学做些必要的解释。学习理论最初分为两大派：一派是联结说，一派是领悟说或称为格式塔。到了20世纪60年代，前者发展成行为主义，后者发展成认知学习理论。认知学习理论是作为刺激—反应学习理论的对立面而出现的。"认知"一词最早是承认父子关系的法律用语，后来又用于哲学，表示"认识"的意思。它用于心理学意义却完全不同，具有独特的含义。心理学的认知概念就是"知道"的意思，而"知道"则有感觉、知觉、记忆、想象，构成概念、判断、推理等意义。认知心理学研究与"知道"有关的系列问题。其中涉及学习的问题主要有三个：其一，什么是知识的性质；其二，知识是如何获得的；其三，知识是如何运用于创造性活动的。对这些问题进行研究的结果和结论就是认知学习理论。认知心理学家重视智力活动在获得知识过程中的积极作用。这些智力活动包括感知、理解、逻辑思维等。当语言教学法专家把认知心理学的理论用于外语教学时，这种外语教学法被称为认知法。

一、认知法产生的背景

20世纪60年代，西方经济和科学技术发展迅速，国际文化交流日益频繁，各国对外语人才的数量和质量提出了更高要求。在欧美流行一时以培养口语能力为主的听说法开始暴露出各种缺陷，其培养的外语人才弱点尽显。听说法在理论和实践方面受到抨击和挑战。教学实践证明，听说法确实存在着不少缺陷。到了20世纪60年代中叶，学者们一致认为听说法已不适应这种新的国际形势，要求用新方法代替听说法的呼声震响世界外语教学界。因此，研究新的教学法成为外语教学界迫在眉睫的任务。一时间，许多教育学家、心理学家、语言学家纷纷投入到外语教学法的探索与研究中。其中最有影响的学者是美国著名的心理学家卡鲁尔。他在1964年发表的《语法翻译法的现代形式》一文中首先提出了外语教学的"认知法"。从此认知法作为一个新的语言教学法流派开始受到教育界的广泛重视,并流行起来。卡鲁尔反对听说法,极力主张采用"认知－符号"学习理论取代行为主义的"刺激－反应"学习理论,以纠正听说法教学体系的缺点。

二、认知法的理论基础

20世纪60年代,欧美教育学、心理学、语言学等学科都有很大的发展,各种学派相继出现。这些基础理论学科的发展必然推动应用学科的发展。作为应用学科和外语教学法的一个新流派,认知法自然从上述学科中吸取对自己有益的理论。可以说,认知法的出现不是偶然的,而是有其坚实的理论基础的。20世纪60年代初,在美国政府的支持下,著名教育学家和心理学家布鲁纳发起并领导了美国的教育改革运动。他在《课程论》《教学论》等著作中提出的"基本结构"理论和"发现法"对外语教学产生了深刻的影响。布鲁纳指出,不论什么学科,在教学过程中教师务必使学生掌握学科的基本结构(概念、基本原理、规则)。他认为掌握基本结构对教学大有好处,可以使学生更容易理解本学科的全部内容,有助于将所学知识长期保持在记忆中,有利于跨学科的学习。布鲁纳的"发现学习"的理论体现了教学以"学习者为中心"的理念。课堂上,教师的角色发生了很大变化,从主角变为配角。

布鲁纳认为,教学不再是由教师给学生灌输知识,而应由教师引导学生通过观察、分析、归纳等逻辑思维活动获取知识,以激发学生的知识兴趣和学习动机,并培养他们独立思考和解决问题的能力。瑞士认知心理学家皮亚杰提出的"发生认识论"动摇了行为主义的刺激－反应(S-R)学习理论。皮亚杰的学说主要涉及知识的形成和发展原理。皮亚杰认为学习知识的活动是一种智慧活动,而智慧活动都具有认知结构。他修正了行为主义心理学的刺激－反应公式,提出了著名的(AT)-R公式,即刺激(S)被个体同化(A)于认知结构(T)之中,然后做出反应(R)。发生认识论肯定了人的智慧,并断定人的行为是受认知结构支配的。

另一位著名心理学家奥斯贝尔提出了"有意义的学习"理论。奥斯贝尔认为有两种学习方式:一种是机械性的学习;另一种是有意义的学习。机械性的学习是一种缺乏语境、缺乏理解的学习。其特点是学生不理解所学内容,单靠死记硬背记忆知识。而有意义的学习则是在理解基础上的学习,即认知学习。其特点是学生理解特定学科的基本概念和规则并了解它们内在的联系。机械的死记硬背与有意义学习的区别不在于记忆的开始阶段，而在于记忆保持时间的长短上。举一个电话号码的例子。人们一般能够很快地记住一个电话号码，但由于孤立地死记硬背，再加上干扰因素的影响打完电话后很快就会忘记。然而如把电话号码放在结构中和城市、地区、街道的编号联系起来，不但记得快，还能长时间保持在记忆中。这一举例对外语教学的启示是，教师应指导学生进行有意义的操练和交际活动。奥斯贝尔的"有意义的学习"理论对外语语言学习具有指导意义。

20世纪60年代中期语言学研究的突破将外语教学分成了两大截然不同的学派。前期的听说法认为语言是一种习惯体系，语言学习是刺激－反应的过程；后期的认知法认为语言是一种受规则支配的体系，语言学习是以规则为基础的创造过程。听说法属于经验主义，认知法属于唯理主义。美国著名语言学家乔姆斯基的"转换－生成语法"在美国和世界各地引起了轰动，被称为"乔姆斯基革命"。他提出的"语言习得机制"（language acquisition device）、"语言能力"（linguistic competence）、"语言行为"（linguistic performance）、"语言普遍现象"（linguistic universal）等理论被认为是语言学研究的突破，为当时的外语教学改革提供了理论依据，为外语教学的认知法提供了科学的语言理论基础。乔姆斯基认为任何语言都是受规则支配的体系；语言规则是有限的，但具有强大的生成能力；这些规则能推导、转换、生成句子；人类学习语言是创造性活用的过程，而绝非机械模仿、记忆的过程。因此，外语教学的成功在于帮助学生掌握语言规则，并按有限的规则产生和理解无限的句子。

掌握语言规则的途径一是发现（discovery），二是创造性活用（creativity）。发现规则虽然是基础，但是重要的是培养学生具有创造性地应用规则的能力。从直接法到听说法都主张像幼儿学习本族语那样无意识地学习外语。而认知法与之针锋相对，主张有意识地学习。作为思想交流工具的语言，除形式方面之外，还有语意方面，因而认知法不仅注意语意的学习，也注意语意操练。

三、认知法的基本原则

认知法依据的是教育学、心理学、语言学的最新研究成果；关注的是语言青春期（linguistic puberty）以后的成年人在本国的环境中学习外语的过程及其规律；追求的外语教学目的是培养学生综合运用外语的能力，即具有目的语国家人民一样的语言能力。通过总结外语教学的历史经验，认知法认为达到外语培养目的应遵循下列几项教学原则。

（一）外语教学要以学生为中心

以往的教学法，只管教不管学，充其量只能算得上是教的方法。无论是翻译法、直接法，还是听说法，通病是忽视对教学对象——学生的研究。认知法则一反过去，彻底改变了教学理念，将注意力放在学生因素的研究上。认知法主张先研究好"学"的问题再研究"教"的问题，教师在外语教学中应考虑学生的心理因素，最大限度地调动学生的学习积极性。认知法认为教学要以学生为中心，课堂教学活动要以学生的实际操练为主，以培养学生实际运用外语的能力。认知法还认为，外语学习不能局限于课堂，还应该延伸到课外，即学生在教师的指导下，进行自主学习。因此教师另一项任务是培养学生自主学习的能力。

（二）在掌握语言知识和规则的基础上进行有意义的外语学习和操练

认知法认为学习外语是一种创造性的语言活动。学生只有在掌握规则的基础上才能进行言语活动。人类具有高度发达的大脑，学习外语不是刺激－反应动物型的学习（animal type learning），而是在理解规则的基础上通过大脑的逻辑推理创造性地活用语言的人类型学习（human type learning）。根据这个原理，外语教学首先应使学生理解所学语言的规则；教师提供的语言材料应该易于让学生自己从中发现规则；教师要让学生在一定的交际情景和实际生活中操练语法规则。

（三）听、说、读、写齐头并进，全面发展

在处理听、说、读、写四项语言技能的关系方面，认知法与听说法有很大的差异。认知法反对听、说领先，主张听、说、读、写全面训练。

（四）利用母语

所有的语言，无论是母语还是外语，在某些方面都具有共同性，乔姆斯基称之为语言的普遍现象。成年人学习外语一般借助母语实现。母语为他们提供了语言经验，帮助他们掌握了各种知识，形成了各种概念。如果引导得当，这些经验、知识和概念都可转移到外语学习上，使外语学习变得容易。这就是母

语的正迁移现象（positive transfer）。因此，外语教学中适当地利用母语是有益的，而排斥母语将是莫大的损失。

（五）对错误进行分析和疏导

按照认知法的观点，语言的习得过程是：假设—验证—纠正。学生在这个过程中犯些语言错误是不可避免的。如果教师采取有错必纠的态度，势必打击学生的积极性，在他们心里造成紧张感，抑制外语学习。所以教师要区别对待学生所犯的语言错误，严重影响交际的错误要及时纠正，但因疏忽、不熟练而产生的错误则以疏导为宜。只有这样教师才能制造外语学习的轻松感，调动学生学习外语的积极性。

（六）广泛运用直观教具和电化教学手段，使外语教学情景化、交际化

在外语教学过程中采用直观教具和电化教学手段有助于创造外语环境，提升教学效果。

四、对认知法的评价

认知法是作为听说法的对立面而产生的，因而它一出现就受到外语教学法专家和广大教师的重视。20世纪60年代中叶在美国广泛开展了认知法的试验工作。不少大学和中学进行了认知法与听说法的对比试验，结果表明：认知法取得了全面的优异成绩。然而，认知法的推广并非一帆风顺，赞成者有之，反对者也有之。反对者认为认知法是传统翻译法的翻版，是老调重弹。

虽然认知法与翻译法基本相同，但认知法吸取了当代教育学、心理学和语言学的最新研究成果，克服了翻译法的极端化、片面性，使外语教学更加符合科学规律，被称为"改革过的现代语法翻译法"。认知法的倡导者们主要是心理学家，他们把外语教学法建立在心理学理论——认知学习理论的基础之上，从而使外语教学法走向健康的发展道路。有的教学法专家认为认知法与听说法各有优缺点，不应互相排斥，应当互相取长补短。这两种方法，不是势不两立的，而是共存的。其中一种方法可取对方之长，来补自己之短，从而发扬自己的优势。认知法出现后，并没有使听说法退出舞台，相比之下，两种方法都有可取之处，如听说法强调句型操练、培养语言习惯，认知法强调理解，主张有

意义的学习和操练。认知法的实施过程中常出现语法翻译法的老毛病，另外文化教学的缺失，毫无例外地会妨碍学生交际能力的培养，特别是跨文化交际能力的培养。认知法虽然产生于美国，但多半用于教美国人外语，由此可见，认知法适用于教中国人学英语。

第五节　交际法

一、交际法的概念

交际法是以语言功能和意念项目为纲，以培养交际能力为目标的一种教学方法体系。语言教学法专家常将交际法称为功能法或者功能-意念法。围绕交际能力作为外语教学培养目标这一观点，产生了相应的语言观、学习原则及语言教学。交际能力这一核心概念是由社会语言学家戴尔·海姆斯于1967年首先提出的。交际法的代表人物有英国剑桥大学语言学系系主任特里姆，荷兰乌得勒支大学应用语言学院院长范埃克、英国语言学家威尔金斯、亚历山大、威多森和韩礼德等。威尔金斯的《意念大纲》和威多森的《交际法语言教学》标志着交际教学法的诞生。

交际法为什么称为功能-意念法？所谓语言的功能是指社会交际中的语言行为，即用语言叙述事情和表达思想的功能。这就是说，从表达的思想内容出发，这个思想内容是怎样表达出来的。如，表示询问、请求、邀请、介绍、同意或拒绝、感谢或道歉、希望和害怕等。由于交际法也以意念项目为线索组织教学，所以它又叫意念法。意念是功能作用的对象，是指从特定的交际需要和目标出发，规定所要表达的思想内容。它可以通过提问"谁"或"什么"来确定。例如，同意什么？希望什么？邀请谁？向谁道歉等。功能和意念两个要素在运用语言叙述事情、表达思想的交际过程中是互相联系的。

例如，询问邮局的方位，"Is there a post office near here？"中询问是功能，邮局和附近是意念。大多数教学法专家认为，使用交际法的名称比使用功能-意念法的名称更能体现掌握交际能力的精髓。交际法克服了听说法的一些致命弱点，其特点是：交际能力是教学所追求的最大目标；注重意义，围绕交际功能操练语言；语境交际化是教学的基本前提；句型操练属辅助训练手段；根据学生需要可以解释语法，可用母语进行适当的翻译；读写可以与听说同时进行；

课堂教学以学生为中心，让学生通过交际活动，掌握语言系统；按交际的需要和学生的兴趣来决定学习顺序。

二、交际法产生的背景

交际法产生于20世纪70年代初期的西欧共同体国家，中心是英国。自20世纪70年代以来，各国的政治、经济、科学和文化飞速发展，交流日益频繁。西欧各国为了加强相互之间的政治、军事、经济、科学和文化等方面的联系和合作，成立了西欧共同体。随着西欧共同体成员国的扩大，使用的语言增多，出现了语言不通的重大问题。各国委员之间因语言不通而无法交谈。语言问题妨碍了布鲁塞尔机构的运转和西欧各国间的交流。1978年共同体雇用的专职翻译就有四百多人，用来翻译九种语言。这个数字大约就是联合国、北约组织、经济合作与发展组织、联合国教科文组织及关税和贸易总协定译员总和的一倍多。

在这种形势下，西欧各国对专业外语人才的需要越来越迫切。20世纪60年代，流行欧美各国的听说法只注重语言规则的讲解和训练，忽视了外语学习者交际能力的培养。当时的外语教学既无统一的大纲，又无统一的教材，教育质量低下，难以达到掌握交际能力的目的，无法满足国际交流的需要。西欧共同体意识到，要从根本上解决这个问题的方法就是改革共同体成员国的语言教育——改变教学方法，制定一个西欧共同体成员国统一的外语教学大纲，设计统一的教材和测验标准。于是，1971年5月，欧共体文化合作委员会在瑞士召开了对成年人进行第二语言教学的专题座谈会。会议探讨了以单元-学分体系（unit-credit system）组织现代语言教学的可能性，并就制定欧洲现代语言的第二语言教学大纲达成了共识。专家们经过三年努力完成了欧洲一些主要语言的教学大纲——《入门阶段》，其中特别吸收了英国语言学家威尔金斯提交的以交际为标准而设计的功能意念大纲的基本要点。

专家们根据学员所要从事的言语活动，把统一的教学任务划分为不同的教学单元。《入门阶段》就是使用语言能力的最低级水平的大纲，是单元-学分体系中的大多数学生，不管他们最后达到什么目标，都必须达到的基础水平。它适应西欧共同体国家的最广大学习者的需要。功能意念大纲强调把功能作为英语语言课程设置的基本组成部分，而和结构主义大纲不同，结构主义把语法结构当作教材的基本组成部分。与那些过分强调语法形式的方法不同的是，功能意念大纲十分重视在具体语境中语言的语用目的或实用目的。功能意念大纲并不一定能培养学生的交际能力。首先，它不是一种教学法，它仅仅是大纲。然而，它重视语言的功能目的，并提供语言环境以实现这些目的，这样，它就宣告了旧教学法时代的结束，开创了语言教学的新时代——交际教学法。交际法的理论基础来自海姆斯、拉波夫等人的社会语言学和弗斯、韩礼德等人的功能语言学。自20世纪70年代以来，欧共体各国从理论上和实践上对交际法都做了积极的探索和研究，产生了深远的影响。直到今天，交际法仍然是世界上最主流的外语教学法流派。

交际能力的培养已逐渐成为世界各国外语教学的最重要的目标。自20世纪70年代初期以来，虽然培养交际能力逐渐成了美国外语教学界和应用语言学界日常谈论的话题，但他们对交际法却长期保持沉默。20世纪70年代末80年代初，美国也开始编写和试验交际教学法教材。交际法于20世纪70年代末期介绍到中国。这一时期由于"文革"结束，国门打开，国外大量的语言学理论、外语教学理论被介绍到我国。交际法就是其中最主要的外语教学理论之一。

20世纪80年代初期，我国外语教学界主要是对交际法的概念、语言学基础、理论形成、教学原则、教学过程、交际法大纲（功能－意念大纲）、交际法教材、交际法与其他外语教学理论的关系和区别以及国外交际法研究现状、实践情况等进行了全面的介绍和评述。交际法逐渐被我国的外语教学界接受并用于实践。和其他所有教学思想一样，交际法也受着特定的语言观和语言学习观的支配。交际法受益于广义功能主义语言学。该理论重视语言应用，认为语言交际，而非语言结构，才是语言的功能。

根据该理论的观点，语言学习过程也是跨文化体验的过程，提高学习者的交际能力是外语教学的目标。根据交际法理论，可理解的输入和输出同样重要，语言学习者通过输出活动可以提高语言流利程度，通过生成可理解输出加速第二语言学习。交际法十分重视教学上的交际活动，强调学习者之间的意念协商，课堂活动形式包括解决问题、做决策、观点交流、图画听写等。交际法理论认为，在教学中不仅要帮助学生掌握正确的语言形式，同时也要考虑语言形式的功能，使学生可以在不同的场合、按照不同的需要、根据不同的对象，用得体的语言进行跨文化交际活动。在此基础上，许多大专院校开展交际法教学实验，并尝试编写适合中国国情的教材，如广州外国语学院编写的三册《ECP交际英语》（*English for Communicative Purpose*），黑龙江大学出版的两册《功能英语》（*Functional English*）等教材。20世纪80年代中后期，交际法理论开始影响我国外语教学指导思想，交际法已成为我国外语教学的主要方法之一。我国教育部门组织专家以交际法理论为基础给大专院校和中小学制定了新的外语教学大纲并编写了各种外语教材，而且我国外语教学界就交际法与传统教学理论结合的可能性和如何在外语教学中具体运用的问题以及交际法的一些理论问题展开了研究。20世纪90年代至今，我国外语教学界在对交际法进行实践的同时反思了一些教学过程中出现的问题，如学生学习动机、教师综合素质、师生课堂角色、语言交际环境、社会文化因素等。

三、交际法的语言学和心理学理论基础

交际教学法是语言学理论和心理学理论发展到较为成熟阶段的产物。在"乔姆斯基革命"以前，哲学家和语言学家们重点研究语言结构和语言能力，却忽视了研究言语或语言运用。虽然德国语言学家洪堡特和瑞士语言学家索绪尔都区分了语言和言语的概念，但都没有做进一步研究。而美国语言学家乔姆斯基提出的"语言能力""语言行为""语言习得机制""语言普遍现象"等理论改变了语言研究的方向。"语言能力"和"语言行为"两个全新概念影响了当时的外语教学改革方向。当然乔姆斯基并没有亲自将自己的理论用于外语教学，而是有些教学法研究者对乔姆斯基的理论进行了实践，虽然教学效果不太理想，但至少让人们认识到了语言的交际性，让外语教学朝着交际的方向前进了一步。

社会语言学的出现冲破了乔姆斯基理论的局限性。它着重研究人类社会中使用语言进行交际的规律和语言的社会功能。社会语言学家们一致认为，语言最本质的功能就是其社会交际功能。社会语言学家海姆斯在乔姆斯基的语言能力和语言行为的基础上提出了交际能力的概念。交际法就是以社会语言学为其理论基础，以语言交际功能为纲，以语言交际能力为目标的一种外语教学方法体系。海姆斯指出，人们对语言的掌握不仅包括他们能否造出合乎语法句子的能力，而且还应该包括他们是否能在不同的社会情景中恰当地使用语言的能力。在海姆斯看来，乔姆斯基提出的语言能力并没有考虑社会文化因素。

因此，如果在语言教学中只教学生"语言能力"的话，那么就意味着把大部分的交际能力抛开了，那么就无法在日常生活中很好地使用语言。但是如果把交际能力作为重点的话，那就意味着只是把很小一部分的语言能力排除在外。海姆斯认为，交际能力表现在四个方面：语法能力——能组织合乎句法的句子；语言能力——能判断语言形式的可接受性；社会语言能力——能在适当的环境中使用适当的语言；语言策略能力——知道语言形式出现的或然率。卡内尔和斯魏恩在此基础上进一步提出交际能力涵盖以下几种能力：语法能力、社会语

言能力、语篇能力和策略能力。海姆斯和其他语言学家所阐明的交际能力的含义，构成了交际法的教学目的。英国著名语言学家韩礼德创立了系统功能语言学。他主张用系统语言学方法分析句子以上的语言单位，即语段分析（discourse analysis），为语言研究开辟了新的领域。他重视对语言运用和语言功能的研究，并指出了语言的三种功能：第一认知功能，第二建立和维持人际关系功能，第三连贯脉络功能。过去的语言学局限于研究语言规则系统和认知功能，忽视了研究后的两种功能，导致了外语教学只重语言形式训练。其结果是，学生只掌握了语言规则，却掌握不了交际能力。英国语言学家威多森也提出了关于培养交际能力的著名论断，即在外语教学过程中，教师要让学生在语段层面（discourse level）上使用语言才能培养出交际能力。语言学家们的上述一系列理论就是交际教学法的重要语言理论基础。交际法除了依据语言学的理论之外，有着一定的心理学理论基础。交际法涉及一个重要的心理学概念，那就是意念。意念属于心理学的思维范畴。交际教学法的出发点就是要让学生在交际活动过程中学会用语言表达意念，掌握表达意念的各种方式。由于人类的思维具有共同性和普遍性，所以不同的语言群体或不同种族有着共同的意念范畴。

20世纪70年代，常用的意念项目及其常用语言表达方式被教学法专家们当成了欧洲现代主要语言教学的共核和欧洲现代主要语言教学大纲的基础。这就为制定欧洲各国现代具体语言教学大纲提供了依据。欧共体国家的语言教学大纲《入门阶段》对意念做了分析说明，将意念分为一般意念和特殊意念两类。一般意念范畴共有八类：表示存在的意念范畴；表示空间的意念范畴；表示时间的意念范畴；表示数量的意念范畴；表示质量的意念范畴；表示精神或心理的意念范畴；表示关系的意念范畴；表示指代的意念范畴。特殊意念范畴与谈论的题目相联系，其类别数量就是话题的数量。

心理语言学的功能派理论对交际法也做出了贡献。功能派坚决反对行为主义观点——外语教学就是进行不断的刺激—反应训练和不断的纠错。章兼中曾经对功能派观点做过如下介绍："该学派认为，学生在使用语言进行交际的过程中犯语言错误是正常现象，错误是学习语言过程中一个由不完善达到完善的'路碑'。"这好像是小孩学习母语过程中存在中继语言一样，标志着语言学习中各个阶段的发展水平。学生学习外语的过程是一个从常常出现错误的不完善的阶段逐渐向不出现错误、达到完善的阶段的过程。不完善的中继语言中的错误不必纠正。不断地纠正学生说话中的错误只会打断学生说话时的思路，分散学生的注意力。教师不用担心学生在交际过程中会出语言错误。因为学生会在今后的言语交际活动中逐步改正这些错误。

四、交际法的教学基本原则和教学过程

交际教学法的语言学习观强调四点内容：语言教学应遵循自然的语言习得过程，即在交际中学；语言学习的最佳途径是在社会环境中的运用；如果强调交际，外语学习将会更加有效；语言学习是一个有意义的协商过程。

早期的交际教学法专家们将交际法教学原则归纳为以下四条。

（一）建立单元－学分体系

建立单元－学分体系的前提是进行需求分析，即分析了解学生学习外语的需要，提出单元－学分体系中的教学目标。凡学习外语的学生，不论其动机如何，都要达到确定的教学目标。教师应该为学生提供条件，以便他们能有效地学习，尽可能快地达到教学目标。

（二）综合运用八种交际要素

这八种要素分别为：①情景要素；②功能要素；③意念要素；④社会、性别、心理要素；⑤语体要素；⑥语音、语调要素；⑦语法、词汇要素；⑧语言辅助要素。

（三）使教学过程交际化

外语教学要从学生使用语言进行交际的角度出发，力求使教学过程交际化。要实现教学过程交际化，教师应做到如下几点：①把言语交际作为全部教学的出发点；②力求教学内容、活动、情景交际化；③课堂气氛自由，以学生为中心；④在语段层面使用语言培养交际能力；⑤听、说、读、写是综合的言语活动。

（四）发展特殊用途英语

特殊用途英语，与通用英语相对，是指与特定学习者群体的特殊职业或特殊需要相关的英语。它对语言课程或教学计划有特别的要求，具有很强的实用性。特殊用途英语包括的范围很广，它可以分成各种类型的专用英语，如学术英语、科技英语、护理英语。英国教育家大卫·纽南对交际法进行实践和研究后概括出五点原则：①强调运用目标语学习交际；②在学习情境中使用真实语篇；③提供机会使学习者不仅重视语言而且重视学习过程自身；④扩充学习者的个人经验，因为它对课堂学习有重要意义；⑤将课堂学习与课外语言活动紧

密结合起来。交际法与以前所有教学法的不同之处在于它改变了传统的以教师为中心的教学观，而将更多的注意力放在学生上，形成以学生为中心的教学模式。教师的角色也由原来的课堂主导者、控制者转变成学习的促进者、管理者和参与者，同时还是需求分析师或咨询师，随时准备为学生解答疑问。交际教学法的课堂环境强调学生之间的合作和移情，即能理解他人的想法和感情，允许在口语练习中发生错误，并且多采取小组合作的学习方式。自20世纪70年代到现在，人们实施交际教学法时所采取的课堂教学步骤由简单变得周全，由随意变得严谨。

英国语言学家布伦菲特将交际法的教学步骤归纳为十一条：①用学习者的母语介绍简短的目的语的对话；②口头练习这些对话；③根据对话内容问答；④围绕对话主体结合个人经验回答问题；⑤从对话中提取一个基本的表达方式或者具有某个功能的结构集中学习；⑥让学习者发现句式规律；⑦口头翻译活动；⑧口头生成活动；⑨抄写课本中尚未出现但已经练习的对话；⑩从作业中采集样本；⑪口头提问以评估学习效果。

按照以学生为中心的教学模式，在交际法主导的课堂里教师试验过各种各样的教学活动，以实现使学生在交际中学会交际的目标。主要的交际法课堂教学活动归纳起来有如下几种：①信息差活动（information-gap activities）；②拼图游戏（jigsaw activities）；③信息收集（information gathering activities）；④观点分享（opinion-sharing activities）；⑤角色扮演（role play）。

五、对交际法的评价

交际法吸取了各教学法流派的长处，但也存在不足。它的优点体现在以下四个方面。

（一）从学生实际需要出发，确定学习目标

交际法首先分析学生使用语言的实际需要，然后再确定他们的学习目标。其他教学法流派大多数以教师为中心，而交际法则以学生为中心进行教学。教师按照已经确定的目标选定教学内容和具体方法。

（二）重视交际能力的培养，体现语言的社会功能

以往各教学法流派都以语言形式为主要线索编写教材，而交际法则以功能

和意念项目为主要线索安排教材内容。它首先把语言看作人们在社会中进行交际的工具，外语教学的目的是要培养学生的交际能力。按照社会语言学的观点，语言交际受社会文化因素的制约，培养学生的交际能力，不仅仅是培养语言使用能力，也是培养社会文化能力。交际法给应用语言学家和语言教师很大启发：外语教学必须包括文化教学；交际能力应该包括语言综合运用能力和跨文化能力。应该说交际法间接地将社会文化因素引进了外语教学。

（三）教学过程交际化，课堂以学生为中心

由于课堂以学生为中心，他们可以自主地进行各种言语交际，而不受教师的控制。教师的角色是课堂的协调者、问题的解决者。通过课堂的交际活动，学生很容易提高交际能力。

（四）促进特殊用途外语教学的发展

特殊用途外语实用性很强，对交际能力的要求很高。交际法是用于特殊用途外语教学最合适的教学法。

目前交际法还存在几个问题需要进一步研究。

①如何确定和统计功能-意念项目，有待进一步探讨。

②以功能-意念项目为线索组织教学大纲，很难保证功能-意念项目的教学顺序是科学的。

③如何科学地协调语言功能-意念项目与语法、句型结构之间的关系问题仍有待解决。

④允许学生出现语言错误，而采用放任自流的态度未必明智。如何避免有错必纠和放任自流这两种极端的态度方法，正确对待语言错误，还需进一步的探讨。

在外语教学中进行文化教学已经有很长的历史了，文化一直都是其教学内容的一部分，只是在不同地区、不同时代、不同教学方法下，文化教学的理念和方式各不相同而已。外语教学最初是为了满足少数精英人士阅读和翻译外国文学作品，包括一些宗教书籍的需要，因此文学作品在当时，甚至随后很长一段时间里，都是外语教学的主要材料。由于文学作品蕴涵丰富的文化内容，是反映文化现实的最佳途径，所以最初文化进入外语教学是通过文学作品，学习者在阅读文学作品的过程中，了解到一些关于目的文化的信息。

随着外语教学的逐渐普及和听说法的推广，人们学习外国语言的动机和目

的不再局限于文学作品的阅读和翻译,人们认识到学习和了解目的语国家的相关文化背景十分重要,因此外语教学过程中开始设置英美概况等课程,这些单独开设的文化课程成为文化教学的主要渠道。到20世纪七八十年代以后,交际法外语教学的兴起使文化教学的内容扩大到目的文化的日常生活、学习和工作的各种情景所包含的文化习俗和规范中。由此可见,文化教学始终伴随着外语教学。

第九章 跨文化视角下大学英语教学策略

第一节 完善培养目标

大学英语教学并非只是一种对语言工具的学习，更重要的是对所学语言的文化的认知，是对跨文化交际能力的培养。耶鲁大学课程学习蓝皮书指出，"语言学习一直是人文自由教育最为显著的且是决定性的特征，在21世纪，学习外语越来越重要，语言学习的好处包括：提高对语言的理解力，从而帮助更严密和精细地使用自己的语言；理解阅读外语文本，以及理解跨文化交际的障碍。外语技能和数学及定量的分析技能是通向未来学习和生活的钥匙，如果在早期不发展这些技能，他们的未来学习和生活必将受到限制。这些技能需要在大学进一步深化，如果外语技能和数学在大学不能够使用，学生将会逐渐失去这些技能。"大学英语教学可视为扩展国民之间交流和在全球范围内扩展中华文化软实力的重要手段之一。具有良好的外语能力、了解外国文化和习俗、积极参与国际交流的国民，无疑对国家形象有良好的促进作用。《大学英语课程教学要求》提出："设计大学英语课程时也应当充分考虑对学生的文化素质培养和国际文化知识的传授。"

借用梁启超先生划分中国史的方法来明确大学英语教学中母语文化的定位。梁启超先生的《中国史叙论》作为中国通史的纲领，将中国史划分为中国的中国、亚洲的中国和世界的中国三段。中国的文化之所以成为中华文化，是在中国的主要人口发展了成群的共同意识之后。秦汉帝国四百年的熔铸，将"中国之中国"定型。在东汉之后，外族入侵加上佛教传入，中国始终有外围的挑战，实际已是亚洲之中国。"世界之中国"始于清乾隆末期或者还可以更加提前。如果中国在"亚洲之中国"阶段就能发展出与其他文化共存平等的心态，以及对其他文化的尊重与认识，则中国在进入"世界之中国"时，不至于心理上毫无准备而一败涂地。今天的中国人已经认识到中国只是世界的一部分，中华文化只是在人类文明中占了一席而已。

大学英语教学的内容要以母语文化为基础，这是学生在跨文化交际中的立身根本。但在大学英语的课堂中进行母语文化教学，超出了大学英语教学的要求，也不是大学英语教学单独可以完成的。因此，在大学英语教学中的母语文化内容，以母语文化内容的英译即如何表述母语文化内容为主，同时进行母语文化与目的语文化的对比。

大学英语教学要涉及其他文化的内容。英语已经是一门公认的世界通用语，除了以英语为母语的国家之外，亚洲、大洋洲、太平洋、加勒比海地区的很多国家，将英语指定为官方、准官方或工作语言。在这种状况下，数百万学生学习英语，把它作为全球性的国际交流语言。就拿中国的亚洲邻居来说，印度、新加坡都通用英语，日本、韩国、马来西亚的英语普及率也很高。全球化的今天，英语已不仅仅被用来与以英语为母语的人士交往，大学生还可能使用英语与来自其他国家的人士交往。因此，大学英语教学的内容在新形势下还必须扩展，但限于大学英语的课时和课本的容量，所以这一部分内容可以作为选修、泛读，或课外阅读的内容。

大学英语教学中目的语的文化学习是重点。学习目的语文化是掌握目的语言所必需的，同时学习目的语文化能让大学生意识到自己的文化身份，这也是学生建立文化身份的途径。只有在学生深入了解目的语文化的基础上，学生才能更深刻地理解母语文化。同时，学生才能理解中国历史和文化是整个世界历史和文化的一部分，学生才能理解自己不仅仅是中华文化的传承者，也是世界的一分子，是世界文明的延续者。学生们不仅要知道孔子、孟子的智慧，也要了解柏拉图、孟德斯鸠的思想精髓；他们不光要知道中国几千年的历史，也要了解世界几千年的发展。这也正体现了外语教学的桥梁作用。不是让中华文化与西方文化对立起来，或者简单地以民族自豪感取代文化交流中自由和实事求是的态度，而是让学生明白母语文化和目的语文化不是分隔和对立的。要能从不同的历史和文化中吸收养分，让学生成为跨文化人。理解另一种文化会给予人们一个站立的位置，在那儿人们能更好地观察他们出生的文化。

大学英语教学大纲的培养目标和教学要让大学生达到和具备如下三个层次的程度和能力。

第一层次，让学生能自如地表述自我和母语文化，具备用英语表述母语文化的能力。对西方人来说，中国人和中国的文化都是"文化上的他者"。那么，如何避免西方将中国的民族文化和民族自我淹没在西方式的话语中，就必然依靠中国人对自我文化的阐释和表述。就如著名的导演张艺谋，他对母语文化的大胆表述为他赢得了国际声誉，大学生就要像他那样，用西方人能够理解的方式表述自我以及自己的母语文化。

第二层次，让学生能够深刻理解目的语文化的深层内核，具备对目的语文化的理解能力。对学生来说，目的语文化也是"文化上的他者"，如何避免将目的语文化"他者化"，如何避免文化障碍，是大学生学习的主要目的之一。就如著名的中国香港电影导演吴宇森，他在好莱坞拍片时所表现出的对美国社会规则、话语体系、意识形态的理解，不亚于美国本土的导演，吴宇森的电影从形式和内容都受到美国文化的认可，因此他在好莱坞为自己赢得了很高的声誉。大学生应该像他那样，做到能够理解目的语文化的深层内核。

第三层次，也是终极目标，使学生成为跨文化的人。因为学生所具有的他者身份，可以有意识地与目的语文化价值观保持距离，可以从他者的视角来审视目的语文化，指出西方人习而不察地对他者的冷漠，不但可以令西方人反省自己的文化，也能为自己争取到话语权。同时，学生的他者身份，也为自己提供了一个认识自我的参照，从他者的角度看母语文化会让学生进入反思自我的旅程，使学生能重新认识习以为常的社会。跨文化人可以使学生能够以他者的眼光观察母语文化和目的语文化的社会、历史、价值观等。他者的优势就是"旁观者清""只有旁观者能综观全局"。通过这样对文化的观察，学生学会反思两种文化模式，重新审视两种文化中的社会价值观，能够更深刻和批判性地认识自我。同时，在这一过程中，学生能建立文化身份，弥合西方与东方、他者与自我。就如著名的台湾地区电影导演李安，他在《卧虎藏龙》中用西方人的视角来表现中国的武侠和功夫，在《断背山》中又用"他者"的视角审视美国社会对"异类"或"异质文化"的漠视和排斥，促使美国人反思美国社会的问题，使美国人批判性地重新认识自我。前者为他赢得奥斯卡最佳外语片奖，后者为他赢得奥斯卡最佳导演奖，在好莱坞真正获得了话语权。大学生就应该能够从边缘的视角审视两种文化，弥合起两种文化，从两种文化中吸收养分。

哈佛大学前校长德雷克·博克说："教会学生如何在这个多元社会中生活，是大学义不容辞的责任。"在人的身上，没有哪一样东西比语言更能包容起整个族类。语言具有把各个民族分隔开来的特性，但也正是这种特性，使语言得以通过不同话语的相互理解，把个人差异统一起来，同时并不损害他们的个性。人类所付出的许多努力，都不能充实心灵。如今，通向成功的钥匙掌握在人所固有的语言之中。学习母语或母语文化并不仅仅是让大学生通过考试或者应付日常生活，而是要让大学生能够拿起汉语或古汉语的书籍与自己的祖先对话，汲取先哲的智慧。学习英语不能仅为通过托福（TOEFL）、雅思（IELTS）、美国研究生入学考试（CRE）等，而是要让英语成为一座桥梁。当学生拿起一本英文著作时，就可以与西方文明中的智者对话，进行思想的碰撞。通过他者的角度，看到母语文化的优势与弱势；从他者的角度，审视目的语文化。大学生能够成为跨文化人，在两种文化中搭起一座桥梁，使母语文化在面临西方文化的挑战时，不至于成为一个曾经辉煌但逐渐逝去的堡垒，而是在继承中，在两种文化的交流发展中，重新焕发光彩。

第二节 精选大学英语教材

一、选择基于通识教育的大学英语教材

早在1828年，耶鲁报告就指出，以心智的训练、人文价值，作为外语学习的存在和理性基础。大学的功能是训练学生的心智，拉丁语和数学是达成该目的的最好工具。如果学生能够掌握这样系统的、有序的、完整的知识体，就掌握了一个可以应用于其他不完整科目的思想体系。学习这样传统的、有序的科目，可以给学生一个完整的知识体系，用以在其他科目中追寻知识。外语教育是人文教育的一个重要组成部分，源于古典教育的外语教育并非单纯的语言学习，还包括语言所承载的知识与文化。通过语言及其承载的文化，外语教育成为人文教育的核心。

通识教育是在大学的人文传统面临专业教育、实用性教育的挑战时，被用以实践的高校的人文传统。通识教育与人文教育密切关联。外国语言和文化一直是通识教育的重要组成部分。例如，美国高校的通识教育是其课程体系中最重要的组成部分，而外语教育又是通识教育的一个重要部分。哈佛大学的核心课程规定了11个领域。第一领域就是外国文化，而外语学习是外国文化领域规定的重要课程之一。耶鲁大学的通识教育，要求学生学习人文艺术、科学、社会科学三个领域的课程。在人文艺术领域，外国语言和文化课程是完成该领域学习的重要部分。外语学习通过理解、借鉴、包容他国的历史与文化价值，从而与大学教育的重要性紧密相连。而这些文化价值又是人文教育的核心价值，

因而外语学习和人文学科联系在一起。语言学习不但具有交际的实际应用价值，更重要的是，语言学习与文化鉴赏，与促进和提高分析思考能力、价值甄选能力紧密相连。正是在人文主义思想下，外国语言与文化成为通识教育的一部分。

目前，国内对于国外外语教育的研究以美国为主，兼有对欧洲国家语言政策与语言选择的研究。但是，美国和欧洲，尤其是美国，有大量移民，其中很多移民的后代在学校选择其家庭传承语言。例如，"二战"前，美国移民以西欧国家为主，所以有大量学生学习法语、德语；而随着世界各地移民的增多和对语言与身份、语言与人权的关注，其他国家的移民更关注自己的权利，墨西哥裔的学生以学习西班牙语为主，华裔学生以学习汉语为主等。另外，美国设有各种基金会，例如，犹太民族对学习希伯来语的资助，波兰基金会对学习波兰语的资助等，都影响其语言政策和语言选择。美国人因为英语作为世界通用语的地位，对学习其他语言并无太强的兴趣，故此美国人自嘲说讲三种语言的人是 trilingual，双语的人是 bilingual，而只说一种语言的人是 American。

笔者在访谈加拿大外教时，她举例说明加拿大因为法语区的独立倾向，所以要求英语区学生必修法语，但是英语的世界影响更大，用处更广，因此学生学习法语没有动力，学生的法语程度并不高，只是完成学分而已。香港地区的英语教育与大陆地区也没有可比性，因为香港地区受英国影响较深，香港人的英语程度较高，英语使用很普遍，有些英语单词甚至进入日常生活。台湾地区高校对中华传统文化的保护和传承好于大陆地区，而且其师生的英语程度也很高。访谈台湾元智大学的学生中，即使是大学一年级的学生也表现出良好的人文修养和英语水平，在国际会议中，为来自世界各地的学者做义工时，其流利的英语和良好的沟通能力，以及在汉语和英语间的自然转换，让人赞叹。因此，以华语教育为主的台湾地区大学的通识外语教学（即大学英语教学），对大陆高校更有借鉴意义。

将大学英语系整合进入通识教学部，因为大学英语本身就是通识教育的重要组成部分，而且能够弥补现有大学英语教材的不足，让学生接触到经典作品，同时开阔师生的眼界，促进大学英语教材的改进。对比前文引用的美国大学经典阅读的书单，可以很明显地看出元智大学的经典书目更有包容性，尽量囊括东西方经典，文理兼顾，让学生既能以自我主体为主，又能了解他者，尽可能做到融会贯通。

二、选择体现母语文化的大学英语教材

在大学英语教学中，应注意中华文化的表述，帮助学生建立平等的跨文化交际意识。在制定教学大纲时，宏观上的政策要将中华文化提升到与西方文化同等的地位，作为英语教学的一个部分，纳入教学计划。在教材的编写中，应该将中华文化内容分层次、系统地纳入大学英语教材。通过对母语文化的学习，让学生树立民族自信心，提升民族自豪感，在跨文化交际中树立平等的交际意识，培养学生输出中华文化的意识，保证文化的双向传输。英语教材直接影响教学内容和教学目的，目前大学英语教材只注重对西方文化的介绍，忽视了中华文化。而跨文化交际中表达的是双向的交际行为，绝不仅局限于对目的语文化的理解，还包括与对方的文化共享和对对方的文化影响。因此，增加教材中的中华文化的内容，是我国大学英语教学需要解决的问题。鉴于中华文化博大精深，不可能面面俱到，因此应选择一些经典的、具代表性的文章编入英语教材。同时，方式应该多样化，可以把中华文化内容作为课文讲授，也可以作为课外阅读材料，或是作为口语、听力的练习内容，让英语教材发挥培养学生人文素质、弘扬民族文化、提高学生语言能力的作用。

在英语教学中，也要融入中华文化。英语教学过分强调学生听、说、读、写能力的提高，使英语课变成了单纯的语言技能训练课。这已经不能满足提高学生跨文化交际能力的要求。所以，在教学中应改变单一的语言技能训练教学模式，实现真正的文化教学。教师还应该在不同的学习阶段，根据学生的学习程度，帮助学生掌握中华文化的英语表达方法，调动学生的积极性，让英语学习者学会用英语向其他国家的人讲述中华文化，让世界了解中国。目前，大学英语教师对跨文化交际的认识存在一定的误区，跨文化交际策略、经验及应变能力都有待提高。

大学英语教师应有较深的文化功底，还要有较丰富的西方文化知识，兼具母语文化修养。但是，教师自身的中华文化的英语表达能力还有所欠缺，而这些都会影响到教师的课堂教学。要想在英语教学中融入中华文化，就需要提高教师素质，除了具备语言能力之外，还必须具备良好的文化修养，这样才能胜任教学，实现教学目标。因此，要真正实现在大学英语课堂中对中华文化的传承，英语教师就要加强自身的学习，提高自己的综合素质，担负起在英语教学中融入中华文化的任务。在当前中华文化失语的情境下，大学英语教育应该在教学中渗透中华文化，让学生在跨文化交际中保持自身的文化身份，实现有效的跨文化交际。

第三节 转变教学方式，培养批判性思维

一、大学英语教学法

首先，目前在我国大学英语教学中最常见的方法还是语法－翻译法。其逻辑基础在于，认为世界上所有的语言都起源于一种语言，各种语言的语法是共通的，词汇的意义也相似，语言之间的区别仅仅在于单词的发音和拼写不同。所以，教授外语就是进行两种语言的互译，即词汇和语法的互相替换。语法－翻译法在学完字母、拼写之后，就会教学生系统学习语法、记忆词汇、阅读。其中，语法教学始终占有重要地位，因为语法是翻译和阅读的基础。课文中须出现需要学习的语法项目，配合语法编写的例句和练习，课文讲解围绕语法。但是，这种方法忽视了听和说，而且过于强调对语法的教学。

其次，使用比较多的是听说法，其逻辑基础是美国结构主义语言学。该理论认为语言是说的话而不是写出来的文字，语言是一套形成的习惯，需要大量的刺激和操练，所以听说法以听说为主，反复操练，以形成习惯。听说法十分重视外语思维，完全拒绝母语。但是，听说法忽视了语言的内容和意义。以句型为操练的对象，学生也许能说出流利的句子，但却不能活用语言进行适当的交际。

最后，在国内影响较大的教学法是交际法。交际法强调培养学生的交际能力，将语法项目按照功能和意念进行整理，语法服从语言功能。以学生为主，让学生接触地道的语言而不是紧紧围绕语法知识。但是，语言的功能项目很难理清，语法、功能、意念很难融为一体。再者，中国教师自己的交际能力尚存在问题，所以影响了这种方法的功效。

目前我国大学英语教学不太重视欧洲大陆的"直接法"，即强调学习第二外语时应参考习得母语的经验。也就是用所谓的自然法，即模仿幼儿习得母语的过程和方式进行教学。也不太重视"认知法"，即以学生为中心，培养学生的自学能力，让学生在实际交流中观察语法，不排斥母语。同时忽视了"沉默法""咨询法""暗示法"等教学方法。

人类自有外语教学开始，就一直在不断追寻最好的教学方法，但没有一种方法是放之四海而皆准的。学习者本身的因素，如年龄、性别、动机、态度、智力、认知方式、家庭影响、天赋、兴趣、性格、学习方法等，都影响学习者的学习成效。我国在大学英语教学中更多地关注教师如何教，却忽视了学生在母

语和第二语言习得中的差异。大学生已经是成年人，学习的环境和方式也与学母语时完全不同，学习的目的和过程也不同。大学英语教学要顺应学生的成长和心理过程的变化，重视学生的个体因素。

大学英语教学在面对各种教学法流派，以及针对不同研究对象和视角的研究理论时，需要保持清醒的头脑，博采众长。因为，不存在一种万能的或最好的教学方法。在教学中要根据实际情况，灵活适当地加以实践。正如托克维尔所说："我们把视线转向美国，并不是为了亦步亦趋地效仿它所建立的制度，而是为了更好地学习适用于我们的东西；更不是为了照搬它的教育之类的制度，我们要引以为鉴的是其法则，而非其法治的细节。"我们可以借鉴和学习欧美的理论与流派，但由于文化背景和社会历史的差异原因，它们对我国大学英语教学的指导作用和影响力还需要本土化的实践和研究，不能将其直接运用于我国的大学英语教学中。

当前，语言研究者和教育者已经意识到语言环境和学习者的个体的复杂性，已经超越了遵循某一种或几种教学法的时代，而进入一个后方法教学时代，也称为方法后教学时代。语言教育者的任务不是去追求最好的教学法，而是去探索能够满足学生需求并且适应学生学习体验和个体差异的教学策略。

二、使用新的教学方式

目前，我国的大学英语教学主要在课堂进行，以教师讲授、学生上课听讲为主。但随着现代科技的发展和教学理论的推进，出现了新的教学方式。

（1）计算机辅助外语教学

计算机辅助语言教学简称 CALL（Computer Assisted Language Learning），即计算机按人们事先安排的语言教学计划和内容，进行课堂教学和辅助课外练习。随着数字技术的发展和计算机应用的普遍化，以及外语教学中更强调交际能力和文化基础，计算机被广泛用于语言教学，成为合适的培训工具。学习软件的开发，网络互动平台，都给学生提供方便、快捷的学习方式。学生可以在任何适宜的时间、地点进行学习，自己确定课程进度。学生面对计算机没有心理压力或"丢面子"的问题。计算机辅助教学有助于学生形成个性化学习，也有助于大学英语教师保存学生的学习记录和教学资料。

（2）个性化学习

这一方式源于人本主义的教育观，可以满足学生对课程自我掌控的要求。学生选择个性化的学习方案，使用规定的或自学的材料，自己设定学习进度。

个性化学习尊重学生的个性,教师根据学生的兴趣、特长、需求进行调整,学生是一种自主性的学习。教师从教授者和权威者转变成学生的合作者,甚至是学习者,学生不再是被动的听讲人,而是主动的合作者,能促进学生形成终身学习。

(3)以目标为指导的外语教学

教师和学生建立平等的伙伴关系,共同努力以达到一定外语能力和程度的要求。目标具有激励作用,可以将人的需要转换为动机,并将学习结果与目标进行对照,及时调整,直至达成目标。

(4)自主学习

较为新兴的语言学习方式,是与传统的被动接受性学习相对应的学习方式。利用已经开发好的语言学习材料,由学生自己进行自主学习,给学生配备语言导师进行语言的实际操练,在学习完成后,进行测试和评估。以学生作为学习的主体,通过学生独立的观察、分析、实践来达到学习目标,培养学生自己收集和处理信息的能力,分析和解决问题的能力,以及交际和合作能力。自主学习能有效利用教师资源,降低高校开设语言课程的成本。

(5)海外学习

有条件和获得经济资助的学生可以到目的语国家进行语言和文化的学习或考察。

三、培养批判性思维

批判性思维是一种评估、比较、分析、批判和综合信息的能力。批判性思维者愿意探索艰难的问题,包括向流行的看法挑战。批判性思维的核心是主动评估观念的愿望。在某种意义上,它是跳出自我、反思自己思维的能力。批判性思维者能够分析支持他们观点的证据的质量,考察他们推理的缺陷。

美国的教育委员会做了一个调查,其结果显示大学本科教育最重要的目的是培养学生的批判性思维能力。不断加强培养学生的更高层次的能力,特别是批判性思维的能力,是适应社会对受到良好教育的人的需要。这对个人的成功和国家的需要都有重要作用。

语言学习对批判性思维能力、理解情境、进行合作和反思行动的能力都有着重要作用。2007年美国现代语言协会的报告指出,不能仅仅强调外语学习的工具性目标,更需要通过外语培养学生的批判性思维能力。学习一门外语,用外语进行思维,是最适当不过的精神操练。由此,人们将能获得一种不局限于某一具体语言的"更一般、更正确的语感"。把语言看作一种世界观，也可以把语言看作一种联系起思想的方式，实际上，语言在自身中把这两种作用统一了起来。"语言当作思维的器官来描述，……没有语言就不可能有任何概念，心灵就不可能有任何对象。因为对心灵来说，每一个外在的对象唯有借助概念才会获得实质的存在。"外语教学能够使思维更加敏锐，可以培养严密和具有逻辑的思维能力。外语教学所具有的内在价值，就是在促进学生语言发展的同时，提高学生的批判性思维能力。

大学英语教学的听、说、读、写技能训练，就是培养学生批判性思维的过程。

听和读就是对吸取的信息不仅了解其事实、信息和观点，还要辨别和了解信息的论证，对其论证做出自己的判断和认识，即做出整体判断，是否可以接受，哪些可以接受，哪些不能接受，哪些需要修改，哪些可以辩驳，从而形成自己的观点和理论。

说和写实际上就是使别人相信并接受自己的观点，需要把思想过程和结论清晰、完整、有效地传达给受众。说出和写出好的论证就是批判性思维的体现。不论是反驳已有的论证，或是阐明自己的论证，都能体现出学生的分析、论证和表达的能力。

英国哲学家图尔明提出了一个好的论证模型。他认为一个好的论证，应该由以下6个部分组成。

①数据（data）或者根据（ground），就是用来论证的事实证据、理由（相当于三段论中的小前提）。

②断言（claim），即结论，是要被证明的陈述、主题、观点。

③保证（warrant），用来连接证据和结论之间的普遍性原则、规律等，是连接证据和结论之间的桥梁。在上面讨论的论证结构中，保证被归在理由（前提）一类，常常是其中的大前提，或者是隐含假设（如果没有明确列出的话）。

④支撑（backing），用来支持上面的保证（大前提）的陈述、理由，它不是直接来支持结论，而是支持保证，表明这些普遍原则或关系是真的。

⑤辩驳（rebuttal），是对已经知道的反例或例外的考虑、反驳和说明。

⑥限定（qualifier），对保证、结论的范围和强度进行限定的修饰词，常常是因为有了对反例的考虑，从而对结论进行限定。

图尔明模型见图9-1。

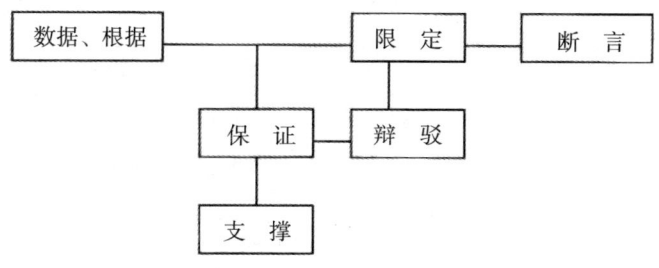

图 9-1　图尔明模型

在实际大学英语教学中，写作要求在学生完成议论文时，根据给出的题目提供相应的信息资料，就某一方面的问题提出解决办法，阐述论证该观点，或者挑战和评价、反驳所给的观点。同时要求提供充分有力的证据，包括推论、事实、数据、可靠权威人士的观点，论点明确，论据充足，语言流畅；文章不论长短都必须分析和论证，给出理由支持，所有的事实和论证都应符合逻辑，与各部分紧密结合；要把问题的正反两方面都考虑进去，采取对论证的公正和诚恳的态度，连贯一致，条理清晰，结构合理。

例如，在对一道大学英语作文题 "Should we adopt free trade or protectionism"（选择自由贸易还是贸易保护主义）进行教学时，可以采用如下步骤。

①学生开始讨论写成什么文体比较合适。

②决定写成议论文之后，探讨议论文的写作目的。

③陈述理由；说服他人接受你的观点；使人相信某种道理或者某种假设。

④教师和学生探讨正、反观点（见表9-1、表9-2）。

表 9-1　自由贸易

Pro 正	Con 反
1. leads to increasing prosperity 导致持续的繁荣	1. does harm to the immature national industry 对不成熟的民族工业的伤害
2. fair environment for competition 公平的竞争环境	2. national industries may be ruined 可能毁掉民族工业
3. makes the tax system reasonable 使税收体系更合理	3. leads to economic colonization 导致经济殖民化
4. reduces the tariff 减低关税	4. decrease in revenue 国家的税收收入减少
5. lower prices for imported goods 进口商品价格降低	etc.

表9-2 保护主义

Pro 正	Con 反
1. protects the immature national industry 保护脆弱的民族工业	1. protects less competitive national industry 保护落后和没有竞争力的民族工业
2. provides more job opportunities for domestic workers 为本国提供更多的就业机会	2. unfair environment for trade and competition 贸易和竞争的不公平
3. against economic colonization 反经济殖民化的体现	3. unfavorable to the exchange of science and technology 不利于科学和技术的发展与传播
etc.	etc.

⑤学生可以根据以上讨论的结果写出初稿。

⑥学生两人一组互相评改作文。

⑦学生讨论并回答问题:"你能表达和支撑你的观点吗?你能选择一个观点并进行辩护吗?"

⑧教师可以引导学生得出以下结论:好的议论文要提出值得商榷的观点;提供充分有力的证据(推论、事实、数据等);把问题的两方面都考虑进去;结构清晰合理等。

⑨教师演示通过图尔明模型来完善论证,见图9-2。

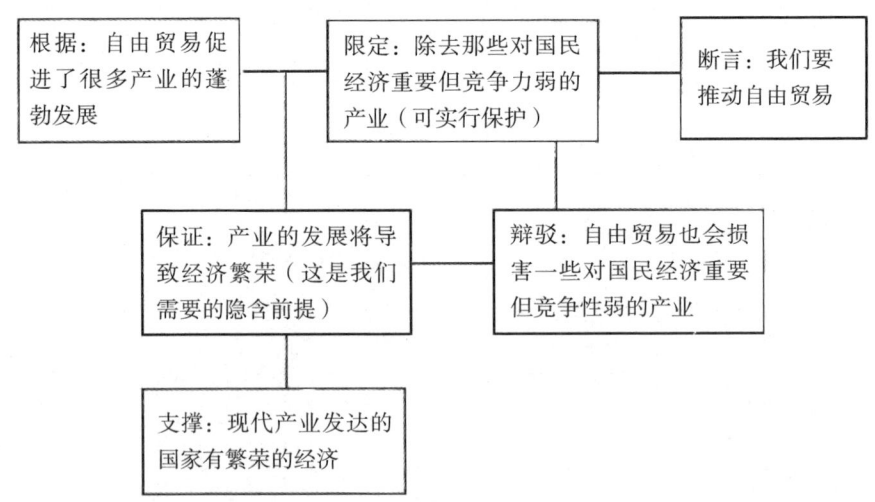

图9-2 图尔明模型演示

⑩学生修改作文；教师对学生的作文进行打分、评价。

从以上过程看出，大学英语的教学，并不单单是学习一种语言的语法、词汇、语音，更重要的是可以培养一种新的思维方式，拓宽学生的眼界，获得一种看待世界的新的方式，使学生更擅长思考。

第四节　整合大学英语的师资

2010年耶鲁大学的课程学习蓝皮书指出，语言学习是人文教育最为显著和决定性的特征。随着全球化的深入，我们越来越多地与世界各地的人士接触。作为不同程度交际的复合体，对文化维度知识的学习实际上十分必要。用外语沟通的能力成为现代人必备的素质之一。在这样一个多元化的时代，跨文化交际能力是跨文化人必备的素质，这必然对外语教育提出更高的要求。外语教师作为教学活动的实施者、组织者和管理者，必然面临更大的挑战和压力。为适应外语教育的发展，外语教师必须接受更严格和更广博的培训。

一、大学英语教师的培训

国外教师培训主要指的是业务方面。国内的教师培训，包括政治思想和业务两方面。政治思想包括爱国主义、集体主义、敬业精神、忠诚于教育事业、认真负责的工作态度等方面；业务方面则常常将大学英语教师培训简化为外语培训，即提升教师的语言技能，例如，对教师的阅读、听说、写作、翻译等能力进行培训。很多学生、家长甚至教师自己都认为，一个人只要学会了英语就能够教英语，一个人只要英语水平高就能教好英语。这种看法并不正确。教师培训应该包括"教什么"和"如何教"两方面。

"教什么"并不简单地指"教外语"，教语法、词汇、课文等。因为语言本身包括语音、词汇、语义、语法、篇章、语用，语言技能包括听、说、读、写、译。但语言不仅是符号系统，是人与人相互接触时所使用的交际工具，是人与人之间传达信息或表达思想的媒介，也是使用这种语言的民族历史文化的载体。语言就像一面镜子，反映了民族历史、文化、心理素质的深层结构，隐形地规范着一个民族看待世界的价值标准和思维方式。许多学生、家长和教师认为外语学习的目的主要是能够与目的语国家的人员进行商务、教育等方面的交流。

这显然是受到语言工具论的影响，只看到了语言在具体的人际交往中的功能，而忽视了语言所负载的文化。语言是文化的载体，涉及文化的方方面面，蕴含着哲理和智慧，在教授语言的同时也在传授文化。

大学英语教学实践中所强调的词汇、语法、篇章，都与文化密切相关。单词的意义通常是文化所决定或限制的。不同文化的特征，经过历史的积淀，都在词语中留下了痕迹。英语是具有严格语法规则的语言，汉语的语法则相对灵活。两种语言的差异与文化传统和思维方式有关。语言的推理方式可以从语言的行文中看出来。对不同文化背景的英语学习者所写的文章进行分析，发现学习者在逻辑层面和篇章结构上受到不同文化因素的影响。英语篇章呈直线型，常用演绎式的写作模式。汉语篇章呈螺旋形，句子之间没有太多的连词，是靠思维的连贯与语义的上下呼应来表达完整的意思。

可见，只强调语言的工具性，单纯进行语言技能的训练，是无法真正学好和教好一门语言的。因此，学生和教师为达到学好英语的目的，必须在语言教学中涉及文化教学。没有文化教学的语言教学是枯燥的和无意义的。一个人不可能学习使用一门语言，而不学习有关说这种语言的人的文化。

针对大学英语教师在师资培训中必须突出语言的文化内涵这一点，外语教师在学习语言的同时，必须学习文化知识，在教授语言的过程中，必须涉及文化。在大学英语教师培训中应包含世界政治、经济、文化内容。

目前，在大学英语教师培训中，"如何教"主要指教学法。李岚清就曾说过："由于教学方法的不够得法，我国知识分子的总体外语水平不但不如发达国家，也不如许多发展中国家，什么时候我们能找到一种适合中国人有效的学习外语的方法就好了。"外语教学涉及语言学、心理学、社会学、人类学、教育学等相关学科，教学法只是"如何教"的一个方面。"如何教"还包括二语习得、语言学习的过程、学习者个体差异等方面。

当前教学法的理论研究与实践都源于西方国家，缺乏本土化的经验。国际上英语教学领域主流教师的教育方法，往往缺乏非常重要的社会政治维度，正是这一维度才能使英语教学在其所处的社会、文化、经济、政治等复杂环境中得以本土化。所以，在"如何教"的培训方面，教学法只是一个方面，还需兼顾其他很多因素。在后方法教学时代，教师的任务不是去寻找或应用最好的教学法，而是去实践既能够满足学生需求，又能适应学生个体差异的教学策略。

二、大学英语师资的整合

外语的重要性,以及学生、社会对大学英语教学的更高要求,促使大学英语教师接受更高难度和更深层次的培训,同时,教师还需要具备广博的知识和文化素养。但是,大学英语教师在繁重的教学工作之外,很难抽出大量的时间进行长期系统的培训。对主要毕业于外语专业的大学英语教师进行跨学科的培训,不是短期培训可以见效的。那么如何保证大学英语的教学质量呢?这就要进行大学英语师资的整合。

美国的大学基于其自身的文化传统和社会现实,选择在外语院系之外成立语言中心。例如,哈佛大学、耶鲁大学,都设立了专门的语言学习中心,为学生的外语学习和教师的发展提供支持,确保大学生在校期间的外语学习质量,帮助学生达到通识教育的外语技能要求。我国大学借鉴其经验尚需本土化的实验,华语教育在中国台湾大学的实践,可以为大陆地区大学英语师资整合提供有价值的参考。

以元智大学为例,其教育部门见表9-3、表9-4、表9-5。为了适应高等教育全球化的趋势、实现迈向国际化和双语化的目标,学校在人文社会学院下设应用外语系,整合传统的英语系、日语系。

表9-3 人文社会学院

应用外语学系（硕、学）		中国语文学系（硕、学）	社会及政策科学学系（硕、学）	艺术与设计学系（硕、学）	幼儿保育技术系	艺术中心
英文组	日文组					

在通识教学部下设国际语言文化中心,承担拓展外语与文化的学习环境,国际师生的接待与国际文化交流的任务。在教学上执行通识外语课程和国际师生华语学习。

表9-4 通识教学部

国际语言文化中心	师资培训中心	全球在地文化中心	自然生命科学教研中心

国际语言文化中心下设通识外语组、华语教育组、国际文化及服务组。

表9-5 国际语言文化中心

通识外语组	华语教育组	国际文化及服务组
凡元智大学的毕业生需修满12学分的英语课程始得毕业，同时为增加与国际接轨的语言能力，开设通识语言类课程，含日语、俄语、德语、法语、韩语、西班牙语等	在国际化的同时，华语成为重要的国际语言。为服务外籍师生及宣导中华文化，特开办华语课程，同时为服务社区的外籍人士，提供旁听的机会	以文化交流为目的，以外籍师生服务为主轴，举办元智与世界的文化对话，通过演讲、留游学等宣导，文化交流周等活动，向本校师生提供更多的国际文化交流的机会

其中通识外语组相当于大陆地区高校的大学英语系，凡元智大学的毕业生需修满12学分的英语课程始得毕业，同时为增加与国际接轨的语言能力，开设通识类课程，含日语、俄语、德语、法语、韩语、西班牙语等。为提升学生的英文能力，依能力进行分级授课，统一教材，统一命题。

国际文化及服务组为拓展师生国际视野，以文化交流为目的，以外籍师生服务为主轴，经常举办元智与世界的文化对话，通过讲演、留游学宣传，文化交流周等活动，提供给师生更多的国际文化交流的机会。

国际语言文化中心执行全校大学英语教学课程，并建构提升自我学习外语与国际化之数字化设备与国际化生活环境。强化学生外语能力，提升国际竞争力，并配合国际化政策，以进行各单位与国际学术文化交流业务。中心负责规划及执行全校性各项英语、第二外语及华语课程，协办各种语言测试及艺术活动，以提振校园外语学习环境，提升师生国际视野与文化涵养。

将大学英语教师整合进入国际语言文化中心，与对外汉语教学的师资和外事交流与联系的师资整合，形成跨语言、跨文化的团队。同时，将国际语言文化中心设为通识教学部的下属分支。元智大学通识教学部的师资涉及佛学、易学、流体艺术、中国文学、东南亚华文文学、公共组织与管理、非营利组织与管理、哲学、美学、教育学、物理、环境工程、化学、心理学、梵语、巴利语、俄罗斯政治思想史、诗学、人类学、家庭研究、儿童发展等多个学科，使大学英语师资能够形成跨学科的团队。大学英语教师在交流、各种活动、教学中都能够很快获得帮助和所需的资讯，师资整合给大学英语教师提供了一个自然地提升自我、丰富自我的过程。

大学英语教师是大学英语教学能否走出困境的关键之一。进行大学英语教师培训，以及大学英语教师和其他相关学科教师的整合，是比较好的解决问题的方式。

第五节 完善大学英语的测试评价

语言测试主要用于语言教学（即用来衡量学生的学习效果，检查教师的教学质量，教与学两方面都需要语言测试这一手段进行评估）；语言研究和教学研究（例如，语言测试理论已经是比较成熟的学科）；选拔人才（如出国、留学、升学、晋级、职称等）三个方面。其中，应用于语言教学是最为普遍的。虽然测试不能代替教学，但测试能帮助教师或者教学管理者了解教与学的实际情况。测试不仅可以给学生一定的学习动力，也能激发教师的潜力。

语言测试可以分为：

①成绩测试。以教学大纲为参照和基础，即教什么考什么，主要作用是用以检查教学效果，了解学生学习中的问题和难点，激发学生的学习动力。例如，毕业考试、期中考试等。

②水平测试。即不以教学大纲为参照或基础，不以任何教材为蓝本，而是从整体上了解应试者的水平和程度。水平测试主要用于选拔性考试，例如，托福（TOEFL）、雅思（IELTS）考试等。

③语言天赋测试（主要针对语言专业的学生）。按照阅卷方式，语言测试也可以分为主观测试（试题的答案较为灵活，是评阅人根据自己的水平和观点进行阅卷、判断、评分，例如翻译、作文、口语考试，但是阅卷和评分的工作量极大，不同的评阅人其评分标准也很难统一，很难应用于大型考试）和客观测试（答案比较固定，评分不受阅卷人的喜好、兴趣、观点等个人因素影响，能最大限度地排除主观因素，适用于大规模标准化测试）。

语言测试还可以区分为常模参考性测试（norm referenced test）和标准参考性测试（criterion referenced test），区分的标准是如何解释考试成绩。前者将考生的成绩放在一起比较，分出上中下等排出名次，把应试者的水平区分出来，后者只是看应试者是否达到标准，而不考虑在所有应试者中的位置如何；前者一般不规定教材，是比较全面的考试，后者是规定了考试的内容或能力，看应试者是否达到标准；前者应用于分级考试、水平测试，后者应用于成绩测试、诊断性测试等。

语言测试具有一定的科学性和可靠性，但是仍然存在局限性。例如，语言水平（language proficiency）本身就是一个比较抽象的概念，如何定义水平，如何测量语言水平，都是需要思考的难题。即使对学生进行全面测量，从听、说、读、写、译各个角度全部测评，还是会出现偏差。语言是文化的载体，语言测试可能涉及一些学生非常熟悉的领域，也可能涉及非常生僻的领域，这些都有可能影响学生的测试成绩。语言测试最常见的是考核听与读两方面。因为听力与阅读这两项是最容易评分和使用机器阅卷的，写作和翻译就很难评分，而且也无法用机器阅卷。至于口语测试，则需要大量的口语考官和时间。目前我国的大学英语四、六级考试中，只有超过规定分数线之上的学生，才有资格参加四、六级口语测试。语言测试的并不是在交际场合的实际交际行为，也不是为了交际目的而使用的语言，只是为了考试而读、听、写。即使是口语测试，师生之间也不是真正地交际。考官像念书一样根据考题提问，学生不自然地回答问题，对有准备的题目有时就像背书一样。

全国性的大型、标准化测试对教学工作有利有弊。它既可以让全国高校有一定的、比较明确的目标和指导，有统一的衡量标准，也可以促进各个高校认真对待教学管理工作。但这种大型考试的设计与实施存在很多问题。例如，考试内容很难兼顾全国各地、各高校的不同情况，考试设计起来客观题多，主观题少，因为大规模测试主要依靠机器阅卷。而主观题少，难以反映学生真正存在的问题和水平。

客观题测试把语言分成许多碎片，通过对这些碎片化的语言知识的测试，测到的只是对某一项语言知识的了解。但是，对语言知识的了解与语言的实际运用不一样。语言的实际运用并不是将这些知识的碎片加在一起就行的。澳大利亚语言中心（ACL）的外教就指出，中国大陆地区留学生即使雅思（IELTS）或托福（TOEFL）的分数很高，但在澳大利亚大学课堂还是存在听不懂、说不出、写不好等问题，澳大利亚语言中心还特别指出，很多留澳的中国大陆地区的学生都是参加过新东方学校的培训通过考试的，但新东方学校的语言技能和应试技巧培训并不能满足留学澳洲的要求。因此，针对中国大陆地区留学生专门开设学术英语等培训项目，例如，教学生填写申请表、写申请信、研究计划等，以适应在澳洲的留学生活。由此看出，测试只是在一定程度上反映了学生的实际水平。

考试是检测外语教育质量的重要方式。目前，对非英语专业大学生影响最大的就是大学英语四、六级考试。随着学生外语水平的提高，社会和学生本身都对外语教育提出更高要求，社会上大多数单位还将四、六级成绩作为判定学生英语水平的标准，但是已经有外资企业和一些对外语要求更高的单位质疑考试是否真实地反映了学生的语言水平。四、六级考试的客观性和对教学的一些积极促进作用应该受到肯定。但是，四、六级考试也要随之做出相应改进，因为学生的实际英语水平无法满足工作需要。通过访谈两名先后进入德国西门子公司和法国阿尔卡特公司工作的电子、电信专业的大学生，笔者得知两家公司的人力资源部对他们所进行的英语测试，都是由其外籍员工直接对求职学生进行长达近两小时的英语交谈，并由此断定学生的英语水平是否达到公司的要求，是否进入下一轮的专业测试。

我国2003年启动高等教育质量工程并对大学英语四、六级考试进行改革，但迄今尚未实现评估方式的多样化。期中、期末考试仍是成绩测试，主要考查学生完成课程的情况。大学四、六级考试仍是水平测试。目前我国的大学英语教学中，师生还是要面对各种测试。在考试的压力下，师生一定还是以通过考试为主的。因此，前文所提到的大纲、教材、教师、教学的改革，如果要顺利进行，必须进行测试的改革。通过测试的改进，推动大学英语教学的改革和教学质量的提升。

国外的语言教学测评，并不单单是由一次期末考试决定学生的分数，而是由几个方面构成的。

①测验（quiz）；
②家庭作业（homework）；
③口头展示（oral presentation）；
④自我评估（self-assessment）；
⑤访谈（interview）；
⑥问卷（questionnaire）。

例如，哈佛大学的一项语言课程的测评就包括以下几部分。

①日记报告（25%）；
②讨论和课堂参与（20%）；
③展示及现场评估（30%）；
④期末考试（25%）。

其中教师的权限比较大。例如，严格按照学生的课堂参与进行打分，学生即使在课堂但是不积极参与讨论、不积极回答问题，也拿不到分数。相比之下可以发现，国外教师的权限较大，而且对学生出勤的考察更为细致、具体，也更严格。

通过对元智大学的调查，学生通识外语课程的学期总成绩中的比例分配见表9-6。

表 9-6　学生通识外语课程的学期总成绩中的比例分配

	作业成绩（%）	平时成绩（%）	期中考试（%）	期末考试（%）
英语写作／生活英语／文学阅读／职场英语入门／基础英语／专题英语／会话	20	20	30	30
语法直通车／看影片学英文	20	40	0	40
畅销书阅读	0	50	25	25
媒体和新闻英语	15	15	30	40
上网学英文	25	25	0	50
新闻英语／美式英语发音一点通／口语英文沟通	25	25	25	25
密集英语／先修英语	30	30	20	20
实用科技英文	30	0	30	40
环球英语	45	15	20	20
英语检定	自订项目（测验、写作、任务）40		30	30

从表格中可以看出，学生的作业成绩和平时成绩至少占学期总成绩的30%以上，而且这些比例还可以根据教学实际情况加以调整，可见教师有较大权限。能充分发挥教师的潜能和长处，有助于形成教师的权威感，同时提升学生的出勤率、课堂参与程度，使他们更认真地对待课程作业和小测验。除去期中、期末考试外，平时成绩和作业成绩都强调学生的积极参与以及教师的主观测评。与国外的外语测试类似，家庭作业、口头展示、自我评估、访谈、问卷等，都有助于师生之间的沟通，强调学生的积极参与和配合。教师的观察与判断，以学生的表现和进步为基础。在这些项目中，教师可以进行主观测试，例如突出语言的文化功能，可以综合考查学生的语言能力、交际能力和跨文化交际能力。

目前我国的大学英语教学最主要的测量工具是各学期的期末考试，以及大学英语四、六级考试，以通过率、考分等衡量学生水平。期末考试对学生的要求、不及格率都有严格的控制，学生只需按照重点内容复习就能过关。大学英语四、六级考试是比较严格和正式的测试，但是面对来自社会的质疑，以及用人单位对大学生不同层次的要求，四、六级考试本身也面临着改革。当大学生面临出国、求职、深造等多种选择时，会参加不同类型的国外英语水平测试。为避免学生在参加四、六级考试之外又重复参加其他考试，造成人力和财力上的浪费，应该使考试多元化，让学生有更多的选择，避免一种考试的局限性。

第十章　跨文化视角下大学英语教学手段的革新

随着多媒体技术与互联网的迅速发展，当代英语教学手段与过去相比，已经发生了很大变化。而当代英语课堂教学要想真正提高英语教学的质量和效率，除了要在教师的"教"和学生的"学"上面下功夫以外，必要的英语教学手段是非常重要的。本章我们就来具体探讨多媒体与网络在英语教学中的应用。

第一节　多媒体在英语课堂教学中的应用

一、多媒体教学概述

（一）多媒体的组成与特点

1. 多媒体的组成

（1）文本（Text）

文本是指各种文字，它是多媒体中最基本也是应用最为普遍的一种媒体元素。

（2）图形（Drawing）

图形是指由线段或形状构成的矢量图。比如计算机绘制的直线、曲线、圆、矩形、图表等。对它进行任意缩放不会影响其清晰度，即图形改变大小后不会失真。

（3）动画（Animation）

动画就是一系列图像的运动模拟景象，它是由一些独立的静态图像组合在一起，通过连续播放而形成的，让人们在视觉上能感受到一种连贯的运动。如米老鼠跳跃的动作，人走路或跑步等。在多媒体中穿插一些动画，可以使课件的整体风格更活泼，更吸引人，并能调节人的情绪。

（4）图像（Image）

即数字图像，是由像素点阵构成的位图，如人物画、景物照或者其他形式的图案。对它进行缩放会改变其清晰度，如一些细节会损失或产生锯齿。用图像来表述一个问题往往要比文字更直观，也更具吸引力。例如，用一张图片来介绍一处自然景点，就比文字描述更具说服力，也更能引发人们的想象。

（5）视频（Video）

视频也是一种图像数据，一些有联系的图像数据连续播放便形成了视频。这里的视频指计算机视频，它不同于电视视频。电视视频是模拟信号，而计算机视频是数字信号。视频信息一般通过摄像机、录像机等设备获得，再输入到计算机内部。视频类似于电影和电视，画面有声有色，在多媒体中充当着重要的角色。

（6）音频（Audio）

音频即声音，它包括各种音响效果。在多媒体中，声音都是经过数字化处理的。采样时声音由模拟量转化成数字量，即 A/D 转换；播放时由数字量转化成模拟量，即 D/A 转换。在课件中音频用来做解说词和背景音乐等。

2. 多媒体的特点

（1）集成性

多媒体利用了数字信号综合处理的方式，有机结合文字、音频、图形、动画、图像、视频等多种信息，并强调了媒体之间的相互作用和关系，以获得这种相互作用所产生的多媒体信息。

（2）多样性

人一般是以视觉、听觉、触觉、嗅觉和味觉等五种感觉来表达和接收信息的，而其中视觉和听觉运用得最多。计算机多媒体技术正是利用了人的这种感知特性，综合运用文本、图形、动画、图像、音频和视频等多种信息媒体，丰富了多媒体的表现力，激发了信息接收者的兴趣和注意力。

（3）交互性

以前的计算机技术很被动，由程序员编写程序，输入数据，然后接受计算机输出的结果。现代计算机技术为用户提供了使用和控制信息的手段。人们可以按照自己的思维习惯人为地改变信息的组织过程，按照自己的意愿主动地选择和接收信息，拟定观看内容的路径，在使用中重点研究感兴趣的部分，实行人机互动，把人的活动融合到计算机的程序中，增强了人们对多媒体信息的兴趣和注意力。

（二）多媒体英语教学的优势

与传统的英语教学相比，多媒体英语教学具有以下几个方面的优势。

1. 体现出了学生的主体地位

多媒体英语教学符合以学生为中心的教学原则。多媒体课件的使用使教学环境更趋于真实，提高了教学的交互性，调动和发挥了学生的主观能动性。学生真正成为学习的主体，化被动学习为主动学习，有利于学生语言素质的全面提高。

2. 激发了学生的学习兴趣

在外语教学中，多媒体教学将声音、图形、图像、视频及动画综合运用，正好满足了语言交际的需要，创造了一个相对真实的交际环境，更能调动学生的学习积极性，激发他们的学习兴趣，非常有利于学生语感的形成和听、说、读、写等语言运用能力的提高。

3. 为学生提供了多种学习路径

传统的课堂教学是让几十个水平各异、基础不同的学生，在规定的时间内，被动地接受同一个教师教授的同样的学习内容，而多媒体英语教学真正打破了明显的校园界限，解决了由于时间和空间的限制所造成的教学难点，改变了传统"课堂"的概念，使学习内容变得容易被理解和掌握。学生能真正共享世界各地的学习资料，并提高获得信息、分析信息和处理信息的能力。

（三）多媒体英语教学的原则

多媒体英语教学除了遵循传统教学的一般原则外，还应当遵循以下几个主要原则。

1. 情景性原则

根据学习内容，多媒体提供有关情节、景色、现象的真实、模拟或相近的画面，使教师与学生之间建立共同经验，学习者通过对媒体提供的资料的观察和感知，形成表象，以便作为归纳、概括知识和形成概念的依据。例如，人教版高中实验教材 Book 1 Unit 4 中 Earthquake 一课的教学，教师可利用多媒体展示包括汶川地震或唐山地震在内的不同时期的地震灾害，要求学生观察并记住有关地震的基本知识，懂得如何自救和拯救别人，真实的画面给阅读教学提供了震撼的视觉效果和想象空间。

2. 示范性原则

多媒体提供一系列标准的行为模式（如书写、动作或操作行为），而学习者将通过模仿和练习来进行技能的学习。比如通过因特网指导学生进行电子书信写作，包括建立免费的电子邮件、了解电子邮件的书写格式，通过 Google 查询笔友网页并建立联系等。

3. 原理性原则

借助语言的描述、媒体的呈现帮助学习者对典型事物的特性、发生和发展的原因、规律和基本知识有所了解，并以此作为演绎推理或类比学习的前提，使学习者突破学习的难点，掌握科学原理。比如处理"Look Carefully and Learn"时，教师选用录音机为媒体，要求学生听完课文录音后，说明"观察"与"结果"之间的发展规律，并通过类比将其规律迁移到学生的日常生活当中去。

4. 真实性和探究性原则

真实性是指多媒体能提供有关史料、文献等客观、真实的事实，使学生获得真实的事实性材料，便于识记。探究性原则是指多媒体提供某一事物典型的现象或过程，利用文字或语言设置疑点和问题，供学生作为分析、思考、探究、发现的对象，以帮助学生理解原理并掌握分析和解决问题的步骤。

5. 系统化与最优化原则

外语学习是一个循序渐进，从初级到高级阶段发展的连续体。外语教学应遵循学习内容系统化、教学目标渐进化的规律，实现识记、感知、理解、运用、创新的递进。目前的教学光盘、多媒体教室及网络系统可为师生提供丰富的具有渐进性和系统性的教与学的资源。教师应根据学生现有的水平来选择，并能自动跟踪学生的学习进度，发现学生的学习困难，并给予及时的帮助与指导。系统性的目的是使教学最优化。在某一方面知识内容的教学中，几种教学媒体都可用的情况下，选用教学效果最好的媒体。

（四）多媒体英语教学的模式

在多媒体课堂教学环境下，有多种教学模式可供选择，教师应当灵活运用。

1. 支架式教学模式

支架式教学思想来源于维果斯基的最近发展区理论，即教学决不应消极地适应学生智力发展的已有水平，而应当走在发展的前面，不停顿地把学生的智力从一个水平引导到另一个新的更高水平。英语多媒体支架式教学模式利用这一概念框架作为学习过程中的知识框架。该框架按照学生智力的"最近发展区"来建立。在教学中把一个复杂的学习任务分解成若干步，每一步都上一个台阶。同时考虑满足 i+1 条件，增加适当难度的教材内容。这样就可通过这种脚手架的支撑作用（支架作用）帮助学生逐步接近并最终达成学习目标，真正做到使教学走在发展的前面。

支架式教学模式包括以下几个主要步骤。

（1）搭建支架

搭建支架，即围绕当前学习的主题内容与知识点，按维果斯基的"最近发展区"的原则及克拉申的 i+1 输入假设理论建立知识框架。这一环节设计中教师要注意制订合理可行的教学目标，处理好教学要素之间的关系。

（2）进入情境

进入情境，即基于所建立的基本概念框架，启发和引导学生进入概念框架中的某个层次或节点，将学生引入一定的问题情境中。也就是说，利用多媒体为学生创设一个真实的英语语言环境。在这一环节中，要特别注意坚持视听与思考结合和媒体选择与组合的最优化策略。

（3）独立探索

独立探索，即培养学习者独立探索的能力，探索内容包括确定与给定内容有关的各种属性，并将各种属性按其重要性大小顺序排列。探索开始时要先由教师启发引导，然后让学生自己去分析。探索过程中教师要适时提示，帮助学生沿概念框架逐步攀升。事实上，教师的引导和提示是非常必要的，起初的引导、帮助可以多一些；以后可以逐渐减少，放手让学生自己探索；最后要争取做到无须教师引导，学生自己能在概念框架中继续攀升。这一环节中教师要注意充分调动教与学两方面的积极性。

（4）协作学习

协作学习，即进行小组协商、对话、讨论等活动。结果有可能使原来确定的、与当前所学内容有关的属性增加或减少，各种属性的排列次序也可能有所调整，并使原来多种意见互相矛盾的复杂局面逐渐变得明朗一致起来。在共享集体思维成果的基础上达到对当前所学概念比较全面正确的理解，即最终完成对所学知识的意义建构。

（5）效果评价

效果评价是反馈原则的重要体现。对学习效果的评价包括学生个人的自我评价、师生共同评价和学生相互评价。评价的内容主要包括学生的自主学习能力；学生对小组协作学习所做出的贡献；学生是否完成了支架式教学目标，即知识的意义建构等。

2. 小组互助教学模式

小组互助的教学模式给教师和学生提供了面对面相互了解的机会。要使学生受益，小组人数不能太多，小组人数多少的确定取决于许多因素，其中包括小组练习的目的和性质。一般来说，如果小组活动的目的是促进小组成员间的相互影响和发展技能，一个小组应当不超过10人，最理想的是4到6人。现代教学论越来越重视教学中的这种人际交互作用，它是实现各类教学目标、培养健全人格、促进个体社会化的有效途径。

在这种教学模式中，可以让学生对自己所学到的知识展开讨论、回顾、检查、修正、强化和应用，并互相报告自己的学习经验，达到相互促进的目的。相互作用的教学模式对高级智力技能和认知策略的培养以及对情感领域中态度的形成、意识的发展和人际关系处理等方面有着特殊的作用。可以用角色扮演、模拟、游戏和情景学习等具体有效的方式进行。教师是这种模式的策划者、指导者和参与者，所以教师事先应做周密的设计，注意把握讨论话题的发展方向和深度，力争获得预期的效果。

3. 自主分层教学模式

学生来自不同的环境，英语水平也参差不齐，并且呈现两极分化的趋势。针对这种情况，教师应利用自主分层教学模式（A、B、C三层学生的学习能力和基础分别为较差、中等与较好）提高教学效率。这种教学模式依据学生的实际情况设定三个教学目标和教学途径，即新课分层教学模式、听说课分层教学模式和复习课分层教学模式，并落实因材施教、区别对待的原则，努力适应学生个性化发展的需要，使每个学生都能达到课程目标的要求。

在自主分层教学模式中，教师展示不同层次的教学要求，设计不同的教学途径，使学生在教师的指导下根据自己的实际英语水平与学习情况，选择相应的层次，这是分层自主性的体现。同时，学生还可以根据自身的发展情况不断调整要求，这便是层次的变动性。网络的应用为自主分层教学提供了强有力的支持。此外，这种教学模式变"显性分层"为"隐性分层"，较好地避免了分层可能对学生自尊心造成的伤害。

4. 个别化教学模式

个别化教学模式是指以学习者为中心，适合于个别学生需要的教学。理论与实践证明，学习必须由学生自己来完成，当学生按自己的进度学习时便能积极主动地完成任务并获得成功的经验，反之则不利于学生的学习。这就要求教师根据每个学生的特点和需要，针对每一个目标为每一个学生设计学习经验，以便学习能顺利进行。多媒体辅助教学正是朝着这一方向发展的。当然，不是所有的学习内容都适合个别化教学模式的，比较合适的有掌握一般的具体概念和原理、学生学习与事实有关的信息、培养解决问题的基本技能、发展某些动作技能等。进行个别化教学时，教师的工作主要是帮助学生制定自学步调和程序、提供资料或寻找资料的途径、解决学生学习中遇到的问题和检查学生学习的成果。

5. 集体教学模式

集体教学模式是在传统的学校班级教学的基础上由于视听媒体技术的引入而形成的一种教学模式。这种教学系统的结构是以学校和教师为中心的结构，其基本要素之间的关系是以教师为主的集体教学方式。教师通常以讲解、演示、表演等形式向一定规模的学生群体传授教学内容，一般在教室、实验室、现场等地方进行。教师以讲授为主，辅以其他传媒手段。此外，教师还可以利用单个或组合媒体材料，比如幻灯片、电视、录像、影碟等的演示效果来启发和诱导学生。这种授课演示也可以没有教师的参与，而完全通过电影、电视、录音带或影碟来实现。因此，这种教学模式又被称为视听传播教学。集体教学模式的最大优点是教学效率高，它使学校能比较有效地利用其设备资源和教师资源，同时还便于学校进行行政管理。

二、多媒体课堂教学

（一）多媒体课堂教学的变化

教师在多媒体环境的教室里，利用多媒体课件引导学生进行学习活动，这就是多媒体课堂教学。在这种教学模式里，教师和学生在教学活动中的角色发生了很大的变化，"课堂"和"课本"的概念得到了极大的延伸。相对于传统的课堂教学，多媒体课堂教学的变化主要体现在以下几个方面。

1. 课堂环境的变化

与传统的课堂教学相比，多媒体课堂教学首先是课堂环境的不同。课堂环境中的多媒体教室提供声频、视频系统，在教室的任何一个角落，学生都能够清楚地听见、看见教学内容，都有均等的机会参加到课堂活动中去，大班教学的一些传统弊端可以得到解决。多媒体教室环境甚至可以在一定程度上解决师资短缺的问题。

2. 教师的变化

多媒体课堂教学环境下教师的角色也发生了很大的变化，主要体现在以下几个方面。

（1）教师的引导作用

有了精心制作的多媒体课件，教师将从繁重机械的讲课工作中解放出来，交互式的多媒体课件能够代替教师的讲授工作。在学生和多媒体课件交互的过程中，教师的任务则是引导学生正确地参与交互活动，教会学生如何正确地实现交互，从而让学生在与知识的交互作用中理解语言知识的意义和运用方法，真正地让学生去建构语言意义。

（2）教师的监督作用

"一言堂"的课堂格局改变后，教师有时间和精力去观察学生的学习过程，去发现学生在主动学习过程中的心理和认知特征，为学生提供针对性的建议，并给予及时的纠正。

（3）教师的评估作用

在传统课堂教学中，教师只能根据学生的几次作业对学生进行简短的评价，这种评价往往只针对学生的作业表现。多媒体课件课堂上，学生参与的活动增加了，师生间的课堂交流也增加了，教师对学习对象有了更为清晰的了解，能够进行适当、深入和中肯的评价。这种评价能够涉及学生在语言学习过程中的学习习惯、认知特征等方面。这样，更能够激发学生的学习兴趣，端正学生的学习态度。

3. 学生的变化

学生的变化主要体现在以下几个方面。

（1）语言知识的学习方面

在多媒体课堂教学环境中，学生开始主动作用于语言知识。多媒体课件设计的各种交互式练习能增加学生语言知识操练的机会，使学生在课堂上也增加了与教师交流的机会。在操练和交流过程中，学生会增强思考，主动地去思考问题，考虑语言的使用，而不再是简单地记笔记。

（2）语言知识的意义建构方面

在多媒体课件设计的与主题相关的情景中，学生通过"协作"式的练习，反复的交互式语言操练，能够真正地理解语言在语境中的使用，实现语言知识的意义建构。

（3）语言知识的实践方面

教师在使用多媒体课件时，引导学生对语言知识进行反应，学生可以在教师的指导下练习和实践语言知识。

4. 教材的变化

在以多媒体课件为基础的课堂教学条件下，教材得以"激活"，并发挥出最佳的作用。例如，在由东南大学主编，上海外语教育出版社出版的《大学英语》多媒体课件软件包中，每一单元中的"Before Reading"部分能够以图、文、声、像创造与课本紧密相关的语言文化和学习环境，为学生接触学习主题作铺垫，以一种多维感官和立体的角度"激活"课本，同时也激发了学生的学习兴趣。在多媒体课件的教学辅助下，"激活"的课本能得到更深层次的发掘。

（二）多媒体课堂教学的策略

在多媒体的教学环境下，课堂教学发生了巨大的变化，因此，多媒体课堂教学只有遵循一定的策略，才能保证教学活动的顺利进行。

1. 制定合理的教学目标

目标要切合实际，不能太高，不然会达不到目标，学生容易失望，影响情绪；也不能太低，这样学生很容易达到，也起不到激励作用。所以，确定目标时，要遵循最近发展区理论和i+1输入假设理论，力求合理可行。

2. 处理好各教学要素之间的关系

多媒体辅助英语教学系统是一个由教师、学生、多媒体信息、多媒体技术所组成的有机整体。要使多媒体辅助英语教学的功能得到充分发挥并取得最佳效果，必须树立整体观念，适时处理好各个要素之间的关系，使各要素在完成具体目标的过程中，实现有机配合。

3. 力求媒体选择与组合的最优化

各种媒体有不同的功能和特点。某一种媒体对某一种教学活动来说，可能会比别的媒体更有效。因此在选择媒体时，要注意选择那些能够获得更好效果的媒体。使用多种媒体比只用一种媒体的学习效果大，因为教学包括许多环节和步骤，需要多种媒体配合。

4. 充分调动教与学两方面的积极性

在多媒体辅助英语课堂教学中，教师和学生都是主体。因此，只有充分发挥教师的主导作用和学生的主动性，即两个方面的积极性，才能取得良好的教育教学效果。

第一，教师的主导作用主要表现在以下几个方面。
①确定符合学生接受能力的教学信息量。
②认真进行教学设计。
③选择适当的多媒体材料。
④编制高质量的多媒体辅助英语教学课件。
⑤引导学生生动活泼主动地进行学习。

第二，学生的主动性主要表现在以下几个方面。
①通过自己动脑、动手、动口去获取知识，发展智能。
②学习时认真观察，积极思考，能发现、提出问题，并运用所学知识分析、解决问题。
③能选择合适的多媒体教材进行有效的自学。

此外，多媒体辅助英语课堂教学还要体现出新型的师生关系。这种新型的师生关系即一种民主、平等、友好、合作的关系。有了这种关系才能充分调动教与学两方面的积极性，使教学过程始终处于教师与学生协同活动、互相促进的状态之中。

5. 确保多媒体的有效性

多媒体辅助英语课堂教学要讲效益，不能是无效的劳动。讲效益包括要讲教学效益，也要讲社会效益和经济效益。要以学生的发展、社会需要和国情为出发点，精心设计课堂教学，确保多媒体辅助教学的有效性。

6. 视听与思考密切结合

在多媒体辅助英语课堂教学中，视听与思考紧密相连，不可分割。多媒体辅助英语课堂教学不能没有视听，但只有视听没有思考也达不到多媒体辅助英语课堂教学的目的。

运用视听与思考相结合的方法，使学生的认识不仅仅停留在感性阶段，而必须从感性上升到理性，由形象思维向抽象思维转化。在多媒体辅助英语课堂教学中要注意词语与图像的统一，既要为学生提供丰富的事物的具体图像，又要善于运用词语做恰当的讲解，使多媒体演播和教师的讲解密切配合，做到演播适时、讲解恰当。

7. 及时反馈

多媒体辅助英语课堂教学必须有反馈通道，利用反馈来实现调控。学生对教师的教学做出的反应是反馈；教师对学生的反馈做出评价，也是一种反馈。不论是学生的反馈还是教师的反馈，都要及时、准确，才能起到调控教学过程的作用。

三、多媒体在英语课堂教学中的具体应用

这里笔者主要针对各具体课程来探讨多媒体在英语课堂教学中的具体应用。

（一）语音课

语音是一门实践性很强的课程，语音课程的目的在于教会学生正确的语音语调。只有掌握正确的语音语调才能进行正常的语言交际，而学习语音语调离不开模仿。在语音课中，一般采用发音训练、辨音训练、语音技巧训练、正音训练、语调训练、朗读训练等形式来帮助学生正确地掌握语音和语调。这些训练都可以在语音实验室中进行。

语音实验室能产生一种纯正的、近乎没有人为修正的语言环境。这种语言环境能帮助学生增强语感、纠正发音、积累英语语境体验、增强在口语环境中的自我调整能力。通过语音实验室，学生得到的是经过语音设备复制的纯正声音元素。

在语音实验室上语音课，学生通过耳麦收听语音教师或外籍教师的标准发音。同时，还可以用幻灯片、投影仪、电脑课件把每个音素的发音部位及发音时的气流图形象地展现在银幕上，让学生能直观地了解发音的要领。必要时也可以把学生的发音情况摄制下来，放给学生看，让学生观摩、分析，在教师的指导下，改正自己的错误发音，并跟着电脑光盘、课件中外籍教师的示范发音反复跟读、模仿，直至能正确发音。

（二）视听说课

英语视听说课也是一门注重培养学生英语实用能力的实践性很强的课程。其目的是使学生能够在外语场合中与外国人进行正确和流利的交流。例如，在迎送、宴请、导游、介绍产品、业务洽谈等语言环境中，可以用外语自如地与外国人沟通。

多媒体实验室运用电影、录像、录音等手段，即音、像、文字组合的立体教学进行英语视听训练，而英语视听训练又被分为精视听说课和泛视听说课。这样有精有泛，以精带泛，精泛结合，相辅相成，巧妙地吸引和刺激着学生们的学习兴趣，使其在整个学习过程中处于兴奋状态，以此充分调动学生的积极性，让形象和言语结合起来，视、听、说三者统一符合人的认识规律和外语学习规律。

泛视听说课采用多而杂、大量的视听，突出一个"泛"字，使学生更多、更广泛地接触地道的英语文化，开阔学生们的视野和知识范围。教师可以为学生播放一些英文版电影、录像，这种图声并茂、语速自然、不同口音、多种文体、题材广泛的客观性节目，既能听到人物对话，又能看到人物对话的自然表情姿态，易模仿，便记忆，使学生身临其境，可以达到事半功倍的效果。

精视听说课的教学目的是利用语言实验室的教学设备，用电影、录像、录音教学片提供的精选材料，反复视、听、说，透彻理解，通过一系列的练习，训练和发展学生的听说能力和语言交际能力。

（三）阅读课

传统的阅读课，尤其是精读课中，教师通常采用的方法是让学生听录音，教师讲解单词、课文，然后做一些练习，巩固所学知识。教学重点是向学生传授语言知识，而没有考虑培养学生的英语应用能力。而在多媒体教室里上精读课，就可以通过幻灯片、投影、录像、课件等将课文中的语言环境、较难的英语句式、语法内容等充分展现给学生，并让学生愉快地参与教学活动，从而提高教学质量。

在多媒体教室内上精读课，还可以对学生进行多方面外语应用能力的训练。比如，教室可以播放幻灯片，让学生进行口头作文、复述课文或者问答训练等；还可以利用录音机、电脑把语音画面在银幕或屏幕上体现出来，让学生同步翻译，还可以让学生看英语无声电影、电视剧，让学生练习配音，培养他们的翻译能力。这样，既充分地调动了学生的学习积极性，又有利于培养学生的语言运用能力。

（四）写作课

写作技能的高低是衡量语言综合能力的重要标志，是学生在英语学科中创造力的直接体现。但英语写作课常常是一门比较枯燥的课，特别是写作课，总是与实践脱节，无法引起学生的兴趣。而在多媒体教室上写作课，可以调动学生的注意力、学习兴趣等非智力因素，提高教学质量。例如，在练习写应用文时，教师可把诸如书信、感谢信、个人简历、广告、合同等应用文的写作要求及注意事项教给学生，然后用多媒体教室中的设备把有关应用文显示在银幕或屏幕上，给出写作素材，学生就可以比较容易地学会有关应用文的写作。

（五）翻译课

传统的翻译课主要是从书面到书面的学习，这使得学生对应用环境、人物情感、体态语言了解甚少，所以在课堂上学生往往由于怕出错而不敢开口翻译。但是，当翻译课搬到多媒体教室之后，这一问题便可得到解决。例如，在练习英译汉时，学生可以通过屏幕或显示器呈现的故事、声音等进行翻译。这样学生既能了解语言的使用场景，也能了解语言使用者的表情、手势等，从而学到灵活地道的语言。此外，教师还可以有选择地放一些外语电影、电视剧等，让学生练习翻译。总之，多媒体教室可以创造情景，帮助学生学习与练习。

（六）课外活动

课外活动是课堂教学的延伸和有效补充，对英语教学的高效、顺利进行起着重要的辅助作用。而多媒体教室恰好为学生提供了开展课外活动的便利条件。例如，可以组织学生在课外观看电影、电视剧等，了解外国的人文、地理、风俗习惯和语言环境，增长外语知识；可以看外语资料片、电影、电视等，然后写观后感；可以看电视台外语教育节目，提高视听说能力；可以在教师的指导下利用电脑、多媒体光盘等阅读外语名著，提高外语阅读能力和文学欣赏能力；还可以在教师指导下学习制作外语教学课件。可见，多媒体技术在开展英语课外活动中起着重要的作用，教师应当充分利用电脑、投影机、幻灯机、录音机等现代教学媒体，提高现代教育技术水平。

第二节　网络在英语课堂教学中的应用

一、网络教学概述

（一）网络资源的分类与特点

1. 网络资源的分类

网络资源包罗万象，可以从不同的角度进行分类。从多媒体的表现形式上来看，可以将网络资源分为文本资源、声音视频资源、图片图像资源等。网络资源还可分为免费网络资源和有偿网络资源。网络上大部分的WWW、BBS、FTP等资源都是24小时免费开放的，可供学习者免费进行查询、浏览、下载、讨论和打印等。有偿网络资源则是由一些商业化网站或部分商业化的网站所运营的网络教学资源。免费网络学习资源是网络化学习的主要对象和资源主体，也是计算机网络迅速普及的重要推动力。例如，"中国考试网——王长喜英语网站"就是一个关于大学英语四、六级教育的免费教育网站，具有很强的影响力。有偿网络资源与免费网络资源能为教师与学习者提供大量所需资源，它们长期共存、互相补充、共同发展。

（1）教育网站资源

从不同组织结构和呈现方式来看，网络教育资源有新闻组和电子公告牌、在线数据库、教育网站、电子期刊、电子书等。其中，新闻组和电子公告牌是为教师和语言学习者提供讨论服务的平台。其中讨论的主题涉及面很广，讨论的内容具体而深入。在线数据库通常有图书馆目录和各种专门用途的数据库，如科技论文数据库、学位论文数据库、会议文献数据库等。许多数据库检索服务中心可以通过互联网完成在线数据库的目录检索，如 ERIC 教育资源信息中心。该数据库是由美国教育部资助的世界上最权威、最全面的教育文献数据库。

（2）网站信息资源

根据信息发布者的身份，可将网络资源分为政府教育机构信息、科研院校教育信息、企业集团教育项目及教育产品信息、信息服务机构教育信息、个人信息等。其中，政府服务机构教育信息一级或二级域名一般是". gov"或行政区代码。科研院校信息站点的一级或二级域名一般是".edu"或". ac"。企业集团的教育信息，其站点则通常以". com"为一级或二级域名。

（3）网络电子期刊

电子期刊又称为电子出版物或网上出版物。从广义上来说，任何以电子形式存在的期刊都可称为电子期刊，它涵盖通过联机网络可检索到的期刊和以 CD-ROM 形式发行的期刊。网络电子期刊包括电子报纸、电子杂志、电子新闻和信息服务三类。大量期刊在网上发行，而其基本内容与印刷期刊基本相同。如《理论语言学研究》是一本在日本东京都八王子市发行的有关理论语言学方法的期刊，其网络电子版同时在语言学讲坛上发行，读者可以免费阅读。还有许多专业团体和学术组织都有自己的网上发行物。电子书的基本特点就是超媒体、反应性、学习者控制和界面复合型。因此，电子期刊是一种非常好的媒体表现形式，它兼具平面与互联网两者的特点，且融入了文字、图像、声音、视频、游戏等，将信息呈现给读者。

2. 网络资源的特点

与实体资源相比，网络资源具有以下特点或优点。

（1）信息资源多，范围广

万维网（World Wide Web）可以说是互联网上资源最多、信息最丰富的地方。在网络信息资源的海洋里，人们几乎可以查找到所有题材的资料。而据统计，互联网上的信息资源有 90% 以上是各种外文信息，其中英语信息就占 82.3%。此外，互联网上还有数不清的文学和文化素材、新闻报纸和杂志、教学论文、英语教学杂志、教案、教参、自学辅导材料、教师进修站，甚至学位课程选修点等。可见，互联网络为英语教学提供了取之不尽、用之不竭的语言素材。不仅如此，由于互联网是一个无纸化的媒体，它没有纸张教材的容量限制。在进入互联网时，人们仿佛进入了一个巨大无比的图书馆，将网络资源说成"海量"一点也不为过，而语言教师和语言学习者则可以根据自身的需要，对信息进行筛选，探索和整合知识，从而形成自己对意义的建构。

（2）信息传播快而及时

互联网上信息资源的传输速度非常快，而且更新非常及时。从广义上来说，互联网上的资源包括电子邮件、电子论坛、网页讨论以及各种实时交流手段。通过电子邮件，人们可以及时收发信息；通过电子论坛，人们可以随时随地进行各种话题的讨论和交流，获取最新的研究成果和信息。与传统的书报相比，网络的发行可以做到真正意义上的"及时"。无论是一则新闻还是一项新的科研成果，都可以在第一时间向全球发布。相比之下，传统书报却要经过印刷、发行等渠道，最快也要半天（如报纸）才能呈现在读者面前。

（3）呈现形式的多媒体化

网络的快速发展与多媒体的迅猛发展是紧密相连的。网络资源所提供的信息都是利用计算机技术存储、传输、处理的多媒体信息资源，如文本、声音、图像、影视等。教师在多媒体环境下教学，不仅可以快速、有效地帮助学生认知，也可满足各种类型学生的学习需求，提高教学效果。

（4）引用方便，省钱省时

网络中的大部分资源都可供全球共享，而且绝大部分可以免费索取，虽然也有一些网络资源需要付费，但与传统的报刊相比仍然非常便宜。人们可以用很少的钱，利用网络资源建立一个中型甚至大型的个人虚拟图书馆，但几乎很少人有能力办一个真正意义上的小型的多学科图书馆。因此，教师一旦建立了个人虚拟网络图书馆，就能非常方便而省时地检索资料，所需资料往往只在弹指间就能轻松搞定。由于这些工作都是利用计算机完成的，所以对选中的资料可以轻松复制、粘贴和重新排版，最终制成电子教案或打印出具有个性化的教材。

（5）资源使用的个性化

如前所述，由于网络资源信息量大，涉及面广且查找方便，因此它非常适合教师个性化教学的需要。教师在准备教材时，可将关键词输入搜索引擎，或访问相应的网站，就可以轻松地查找到所需的资料。再将查找到的资料复制、重新编排成教学材料，在教学中就可以使用富有个性化的教材了。而传统的教材在编写时间上没有网络资源那么及时，在内容的难易程度上往往受制于使用对象的知识和能力，而内容受篇幅的限制常常满足不了教学的需要，因此，教师一般要花大量的时间查阅参考书，对大量的教学内容进行选择和调整。可见，网络对教师教学资源的选择和使用的个性化具有非常重要的作用。

（二）网络英语教学资源的优势

网络英语教学资源与实体英语教学资源相比，具有以下几个方面的优势。

1. 提供强大的交互功能和空间

在传统的远距离外语教学中，教师与学生以及学生与学生相互之间是相对孤立的，学生无法适时地直接与授课教师或其他学生进行必需的交流。这就使学生无法及时解决学习中所遇到的问题，当然也就无法得到教师的指导。而以互联网为基础的远程外语教学打破了这种相对孤立的状态，通过多种渠道和灵活的教学模式来实现外语教学活动，比如网上虚拟教室、在线交流、BBS、电子邮件以及在线学习等。这样，当学生在学习的过程中遇到困难时，教师就可以及时地给予指导和帮助。

2. 提供丰富的信息资源与灵活多样的学习环境

由于以互联网为基础的外语教学集网络多媒体技术与虚拟现实技术于一体，因此，在互联网络上可轻松建立起虚拟实验室、虚拟图书馆、虚拟教室、虚拟课堂等。这类虚拟的网上学习场所，可为学生提供多层面及全方位的学习资源与立体化及动态化的学习环境。学生不再被有限的教学资源和固定的学习场所所限制，从而真正让学生从被动学习转向主动学习。

3. 提供便捷的教师评价与自我评价

在传统的外语教学中，教师对学生学习效果进行评价是一件非常费时、费力与费财的苦差事，当然，学生进行自我评价显得更加困难了。而通过网上的电子授课系统、电子题库、电子考试系统、电子管理系统以及电子评估系统，就可以解决这些问题。一方面，教师可轻松地对学生的学习活动和学习过程进行监督，对学生的学习效果进行及时快捷的评价。另一方面，学生也可以及时得到与自己学习相关的反馈信息，及时对自己的学习过程、学习内容、学习方法以及所取得的学习效果进行评价。这样，学生就可以适时调整自己的学习方式、学习内容与学习进度，并及时地与其他学习者进行必要的交流。

4. 同步或异步开展教学活动

通过互联网进行外语教学，可以使教学活动开展的步伐更加协调。一方面，教师可通过网络媒体的转播直接给学生授课，学生也随时接受教师的讲课与辅导。另一方面，教师也可事先将授课内容制作成电子教案，把授课过程录制成录像节目并存放于教学网站上。这样，学生就可以在任何地方及任何时间，以自己的学习方式，根据自己的实际情况进行学习。学生可以自己掌握学习进度，遇到无法解决的问题还可通过网络向教师、同学或其他专家请教。

（三）网络辅助英语教学的特点

网络辅助英语教学就是运用超媒体网络技术来进行英语语言教学的过程。作为一种全新的教学方式，网络英语教学的特点包括以下几个方面。

1. 教学目标的多元性

学生个体之间并不是完全相同的，而是存在差异的，比如学生的学习风格、学习方法和学习兴趣等决定了教学目标需要多元性。传统的教学方式很难实现多层次的教学，而通过网络对英语教学进行辅助就可以克服这一困难。网络辅助的英语教学可以根据学生的实际，确定教学的起点和目标，可以做到使学生的学习环境个别化。学生可以根据个人兴趣、理解能力和学习进度选择学习内容。从认知的角度来说，教学信息的多媒体表现及其超文本结构，很方便实现教育心理学界提出的知识、理解、分析、运用、综合、评价等各种学习目标。

2. 教学方式的先进性

网络辅助教学以建构主义理论为基础，强调以学生为中心，认为学生是认知的主体，是知识意义的主动建构者，教师只对学生的知识意义建构起组织、调控、作业评价等作用，彻底改变了传统的以教师为中心的课堂教学模式。超媒体教学环境包含了动作、图示和符号等信息表达方式，不仅提供了真实的情景画面，还提供了语音语调等言语符号信息。网络教学的方式多种多样，如集体教学方式运用了网络中一点对多点的广播功能、学生自主控制的个别化学习方式、多层次学习方式等。教学环境的情景性，既有利于培养学生的形象思维，又有利于培养学生的抽象思维。教学方式多样化，教学材料丰富多彩，图文音像相辅相成，能激起学生的学习兴趣。

个性化教学引导教改新趋势。网上英语课堂以其丰富的网络资源和网络技术的特征，在教学实施上充分显示其针对性、灵活性、适时性和自主性的个性化教学特征，这是传统教学所不具备的。

随着学生人数的不断增多，外语教学日益显现出学生人数增加、教师缺乏的矛盾。而"无师化"教学则缓解了这一矛盾。所谓"无师化"教学是通过利用网上声像设备的电子多媒体课件资源，在教师的督促辅导下实现无教师自学的一种网络环境。这种多媒体课件是针对所学教材，具备所有教师授课的文字、声像，而且讲解细致周全，练习附有详细解答，便于自学的文档。

3. 教学管理的便利性

网上英语课堂的投入使用，使任何一台与校园网连接的PC机都可以实现语音室的大多数功能，并且不受时间、地点的限制，学生可以随时随地进行语音、听力练习与影视欣赏。在实际教学管理方面，网络外语教学还能充分发挥优秀教师的潜力和作用。优秀教师受到学生的欢迎，可是因为接触的学生人数有限，即使他们满工作量地进行传统的课堂教学，也无法充分发挥他们的潜力和作用。而网上英语课堂可以把优秀教师的教案搬上网，供所有教师和学生使用，并且可以通过在线的课程点播，把优秀教师的授课直接传输到各个站点，让更多的师生受益。这样既缓解了师资短缺的矛盾，又充分发挥了优秀教师的潜力和作用。

4. 教学过程的交互性

网络辅助英语教学的最大特点就是具有交互性。交互的方式既包括师生之间、生生之间的交互，也包括人机交互。利用计算机网络进行英语教学，可以使学生进入一个实际的语言环境中，网上交谈、电子邮件等都是真实的和自然的交际环境。这样，学生不但可以及时得到反馈信息，提高学习效率，而且可以在与机器交流、与网友交流的过程中，提高学习兴趣，增强学习的紧迫感。

二、网络在英语教学中的具体应用

（一）网络资源的设计与应用

1. 建立课程网站，丰富课程与学习资源

目前，建立网络教育资源是我国政府和教育部门高度重视的问题。教育部早在1998年就颁布了《面向21世纪教育振兴行动计划》，提出要实施现代远程教育工程，形成开放式的教育网络；在2000年又提出在中小学实施"校校通"工程，并提出了具体的建设目标、任务和实施办法。这些举措都有力地推动了网络教育资源的开发与应用。

网络课程建设是现今教育信息化进程中的一个重要内容。网络课程是指在互联网上表现的关于某一门学科的教学内容、目标体系以及网络教学的各种活动的总体规划和进程。下面通过我们建设的双语教学网站来展示怎样建设课程网络资源。

高校的双语教学是指在非语言类课程中使用外文教材，用英语或英汉结合的方法讲授专业知识的教学方式。其目的是增强学生用英语来理解和表达专业理论的能力，引导学生去接触更多的英文文献与资料，加深学生对国外先进的知识体系、思考方法以及前沿学术理论的进一步了解，促使其积极主动地全面掌握专业知识和技能，着力培养学生的国际意识、国际交往能力和国际竞争能力，并为今后进入的专业研究打下良好的基础。从学科教学来看，双语教学使学科教学的媒介发生了变化，把专业学科教学与外语学习高度融合，既注重专业知识的教学，又关注学生第二语言的习得，培养学生利用外语学习专业知识、进行技术交流的能力。针对双语教学的特点，教师在设计授课、学习、作业、答疑、测试等诸多教学环节时，可以采用专用的网络教学模块，以便高效地处理教学模式、授课方式、学习策略、教学评价等方面的问题。平台采用开放的技术，力图架构一个自主、可控、丰富、灵活、开放、交互的教学支撑环境。整个系统的总体结构如图10-1所示。在所有的模块中，教师和学生模块的功能是相同的，只不过在教师模块中增加了后台管理功能。教师可以随时查看、收集、发布信息，调控教与学的动态。

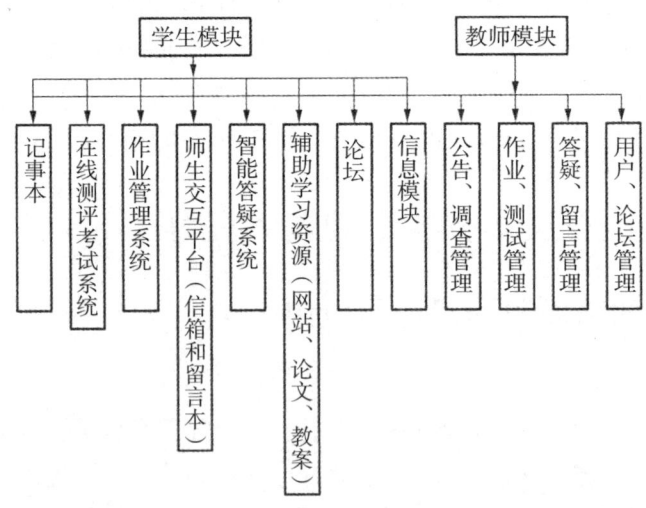

图10-1 网络化双语教学系统的总体结构示意图

课程网站的建设既可以丰富教学资源，又可以为学生提供自主探究与合作学习的机会和平台，通过网络互动学习、交流，增加学生对知识的感性认识，加强对课堂教学内容的理解，促进探究和解决具体学习问题的能力。但是网络资源的建设和开发有其自身的局限性，需要一定的外部条件和技术支持，应当整合学校的人力、物力资源实现资源的共建共享。

2. 进行电子交流，增强师生互动和课程学习

电子交流主要利用电子布告栏、电子邮件等形式进行教师与学生的交流、学生与学生的交流或人机互动，在双向或多向的师生交流中全方位地感知语言信息。师生和学生之间可以通过布告栏、电子邮件进行专项讨论、答疑解惑和思想交流。这种交流方式有助于学生在占有大量资料的基础上最大限度地使用目的语。同样，在人机互动中，学生通过因特网访问网站、进行在线阅读、获取语言信息。此外，教师还可以通过博客和维客的形式与学生进行交流。下面笔者具体介绍一下这两种交流形式。

（1）博客

博客是一种通常由个人管理、不定期张贴新的文章的网站。博客一般以日志的形式呈现个人的感受与灵感。作为大众化媒体工具，它简单易用，可以作为教学交往园地的延伸，成为教师和学生探讨课程学习问题与困惑的平台。这种形式可以将学生置于较为真实的学习环境和学习共同体中，围绕共同关注的主题，自由发表意见，充分展现自我，形成相互支持的良性互动的学习氛围。教师可以通过博客及时了解学生的心声和需求，以对话的形式走近学生，赢得学生的信赖，从而建立平等的伙伴关系。

（2）维客

维客是一种超文本系统，是动态的个人或群体协同写作工具。维客往往以一个社区为中心、以知识点为主线进行写作交流。在维客页面上，每个人都可以自由地浏览、创建和修改文本，系统可以对不同版本的内容进行有效的控制管理。它体现开放、合作、平等、共享的网络文化特征。因此，教师可以借助这种较为强大的汇聚与沟通手段，运用集思广益的教学策略进行语言运用训练，使学生在分享知识与信息的过程中，形成语言学习社区，提高语言运用能力。

（二）电子邮件辅助英语教学

电子邮件（E-mail）产生于20世纪60年代的美国军队。当时，美国政府为了能在战时快速准确且大范围地收发信息，研制了通过计算机使用E-mail的方法。E-mail的使用一般要通过因特网，而因特网则可用光缆、电话线或卫星连接。E-mail自产生之后便被广泛应用于人类社会生活的各个领域。到20世

纪 90 年代后期，E-mail 的英语课堂教学在国外逐渐盛行起来，而且在英语教学中越来越显示出其特有的优势。目前，我国国内一些大专院校已经开始尝试通过因特网进行远程教学。下面笔者就具体介绍一下 E-mail 辅助英语教学的相关内容。

1. E-mail 课内共时讨论

所谓共时，是指所发出的信息会立刻在同一时间发送到每台计算机上。因此，这种教学形式一般仅限于配有联网计算机的教室。共时交流必须有特殊的软件，如 Moos 在美国英语课堂教学中就十分盛行。与传统的课堂模式相比，E-mail 辅助下的课堂教学有许多优势。目前，已有许多实验证明了这一点。其中普拉特与沙利文于 1994 年比较了"传统课堂与 E-mail 课堂参与模式"，如图 10-2 所示。

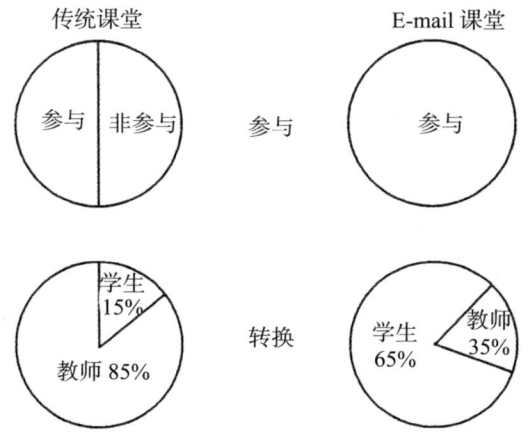

图 10-2　传统课堂与 E-mail 课堂参与模式比较示意图

从上图可以看出，E-mail 共时课堂教学充分体现了以学生为中心，教师为中介者的现代外语教学原则。

此外，还有一些实验表明，共时课堂具有以下特点或优势：学生交流更加注意句法与文法；快速交流、反馈及时，会产生大量而且丰富的语言；学生之间增进了交流与互相帮助，从而减少了对教师的依赖；外语学习的动机（积极性）得到了提高等。值得注意的是，E-mail 共时教学在英语写作课中使用得最多。现代写作理论所强调的主要是写作过程，而不是创作成品，它注重在培养学生学习和认识的过程中，逐渐提高自觉写作的能力。对教师而言，他只是学生写作兴趣的培养者和热心读者，而不再是学生写作成果的评判者。国外相关研究也发现，运用 E-mail 训练学生的写作能力，许多学生都愿意先交草稿，再做多次修改，使作业更趋完善。这比起传统的写作方法，作品质量要高得多。目前，E-mail 共时交谈在国外很流行。我们可以进行有益的借鉴，教师还可以组织自己班级与国外或国内某个班级定时在网上同时进行交流。

2. E-mail 课堂教学中的师生关系

与传统的英语课堂教学相比，E-mail 课堂教学中的师生关系发生了很大变化。它表现为一种教师与学生对等交流的教学形式，因为 E-mail 教学形式的实施首先要求学生能够独立使用它。我们可以通过以下两种交流形式看出教师与学生关系的新变化。

（1）平等式交流

许多教师在从事英语教学的过程中都有一个共同的感受，那就是很多学生由于害羞或学习较差，怕与教师进行面对面的交流，教师也常常为此而苦恼。但是如果借助 E-mail 进行辅助教学，教师可以主动给学生提供 E-mail 地址，并告诉学生，他们的问题和建议可以随时得到答复。这样，那些胆怯或学习较差的学生就可以与教师平等对话了。不仅如此，那些学习较差的学生还可根据自己的实际情况自主学习。这样，一方面来自外界的学习压力不断减少，学生的主动性与自信心得到提高；另一方面，也不影响成绩较好的学生。这种交流形式还有助于避免因种族、性别、社会背景及口音引起的交流中的歧视与不便。因此，我们可以把这种交流方式称为"平等式交流"。

（2）对话日志

学生每周或在更短周期内发送学习日志给教师，然后教师给予评价、提问及答疑。这是一种非常普遍的激发学生及时反馈学习状况，并进行写作练习的好方法。与传统教学中的交作业、批作业相比较，这种方法的优势显而易见。例如，学生可以在一个星期的任何一天的任何时间发送日志给教师，同时可以得到教师的及时批复。而对于教师来讲，他们可以随时收发或回复日志，不必在特定的时间里集中收作业、批作业，这就有助于平衡教师的工作量。这种交流方式除了直接、快速等优点之外，还能使学生有更多尝试修改日志的机会，不必担心交上去的作业即使错了也无法挽回。

3. 课外辅助教学

建立网上课外辅助教学系统，一般采用通讯录（List）或 USENET 新闻组。班级通讯目录是一种较简单的教学方式。例如，教师可通过 Pine 或 ELM，或请计算机管理人员帮助把所教的学生编进通讯目录。它的作用是，当教师或目录中的任何一个学生发信息给通讯目录，这条信息便会自动发送给目录中的所有成员。此外，教师还可为某个班建立 USENET 新闻组，它的优势在于所有的讨论或信息可按论题编辑，而且所有的内容都可存在主机里，以供学生随时查阅。教师采用通讯目录和 USENET 新闻组的教育技术可以进行以下教学活动。

（1）课前或课后讨论

通过班级目录，教师可针对某一课题，例如在听说课上要讨论的有关大学生就业的问题，提前发送题目和资料给学生准备。还可组织学生课后就这一问题在网上展开进一步的讨论。

（2）发送作业或学习资料

教师可以通过班级目录及时发送学习信息、学习资料及学习要求给学生。这可以节省教师大量的时间，减少他们的笔头工作。学生则可打印出所需要的东西，也可储存在盘上。

（3）共享日志

通过 USENET 新闻组，教师可以把学生的日志整理或编辑成班级的共享日志，再发送给所有学生讨论。例如，就人类面临的生存环境一题，学生会有各种不同的观点反映在日志上，教师可选一些有代表性的观点发送给全班同学并注明出处。这样可以为全班同学创造广泛交流与互相学习的机会。

（4）语法练习

通过班级目录和 USENET，教师还可以组织多种形式的语法练习活动。例如，在开学初，教师可每周发送不同的语法题目让学生练习。在学期中，教师可把学生分成小组，各小组从教师发送的题目中选出几个语法题进行练习。学期末，每个小组轮流在网上发送各小组讨论的结果，并附上自己编写的例句。这种语法练习的教学方式完全不同于传统语法教学中单调的死记硬背的方式，它更能激发学生学习的主动性和学习兴趣。

（5）形成学习互助圈

当学生和教师在学习和工作中遇到困难和问题时，可发送求助信息给目录中的所有成员。这样，学生的学习困难不仅有教师帮助解决，其他同学也可以参与解决。另外，教师在管理和教学过程中遇到困难时，也可以请全体同学出主意、想办法。

第十一章 现代信息技术与大学英语教学创新

第一节 现代信息技术及其应用

一、信息技术的内涵

根据教育部的精神:"培养学生对信息技术的兴趣和意识,让学生了解和掌握信息技术的基本知识和技能,了解信息技术的发展及其应用对人类日常生活和科学技术的深刻影响。通过信息技术课程使学生具有获取信息、传输信息、处理信息和应用信息的能力,教育学生正确认识和理解与信息技术相关的文化、伦理和社会等问题,负责任地使用信息技术;培养学生良好的信息素养,把信息技术作为支持终身学习和合作学习的手段,为适应学习社会的学习、工作和生活打下必要的基础。"

信息技术是以计算机技术、通信技术、微电子技术为基础的一门新兴的高新技术。广义地说,信息技术是人类对数据、语言、文字、声音、图画、影像等各种信息进行采集、处理、存储、传输和检索的经验、知识及其手段、工具的总和,它具有超速度、网络化、信息流、数字化、智能化和多媒体化等特点。具体地说,信息技术是指人类获取信息和处理信息的方法和手段以及人类获取信息及处理信息所采用的工具和技术设备。它分为两个部分:一是硬件技术设备,如印刷出版技术、音像视频技术、基于计算机技术的资源开发以及其他综合技术等,它们是发展信息技术的物质基础。二是软件,指通过计算机等设备实施的对象、理论构想、知识体系和研究成果。例如,为教育教学设计的计算机辅助教学软件、计算机教学管理软件、教学设计、资源管理、资源开发利用及一系列的相关技术。

二、信息技术的特点

21世纪是信息传播日益国际化的时代。在学科教育中信息技术的特点主要体现为以下几方面。

（一）技术手段的数字化

信息技术是以计算机和网络通信为基础的，将文本、图形、动态的图像、动画、声音等各类信息数字化地再现、存储、传递和处理。在学科教育中，数字化就是将教学信息存入网站或刻录光盘，便于师生大量、反复应用。

（二）信息表现的多样化

多媒体技术可以使信息表现形式多样化，如通过文本、图表、影像、声音、音乐等集成来传递各种信息，使信息丰富多彩，这样可以有效地刺激学习者的视觉、听觉等感官。教学信息的多媒体化还可以使学习内容多元化、综合化和娱乐化，有利于获得最佳的学习效果。

（三）信息交互的智能化

交互技术是智能化的重要表现。人机交互功能就是人与计算机等媒体中的各种信息进行交互操作，特别是实时交互操作。计算机随时提供所需要的各种信息，比如学习者在学习过程中随时可以借助计算机自我评估学习效果。

（四）信息资源的网络化

随着网络的发展和信息高速公路的普及，网络所提供的人际间的信息交互服务，使得学习者在相同或不同时间、在相同或不同地点的个体之间进行动态信息交流。知识信息将按照不同学科、不同分类，在不同的地方由不同的制作者分布。在这个网络中，接收者和传播者不仅可以共享信息资源，而且可以共同补充、更新和完善信息资源。

（五）远距离传播与实时传播

相对于电话、广播、电视等通信手段，计算机技术借助卫星通信和光纤通信技术进行数字化信息传播，具有传输距离更长、速度更快、范围更广、可靠性更高的优点。如网络教学中，教师授课通过网络传播，学生可以在异地实时接收进行学习。学习者还可以通过人机交互有选择地接收信息，由被动接收信息转变为主动接收信息。

（六）信息技术多元化

信息技术在教育中的发展是以多媒体技术为核心，以超文本和超媒体现代化技术手段为重要标志的。多媒体技术与信息技术的结合形成多媒体信息技术。多媒体信息技术是对文本、声音、图像、动画等信息进行综合处理的技术，它包括多媒体信息的传输、压缩、转换以及综合处理等。多媒体计算机技术、光纤通信以及多媒体计算机网络等都是多媒体技术研制成果的应用。

三、信息技术的应用

20世纪80年代中期以来，互联网得到迅猛发展并获得了巨大的成功，世界上许多国家和地区纷纷加入互联网行列。1989年，欧洲粒子物理实验室研发的万维网（World Wide Web，WWW）的出现，为全世界的互联网用户提供了一种获得信息、共享资源的革命性的全新途径，它是访问互联网的一种最容易、最流行的方式。1993年发明的WWW浏览器Mosaic以及后来Netscape公司发布的Netscape Navigator，使互联网上信息传播如虎添翼，进而推动网络教学的发展。今天，互联网已成为世界上覆盖面最广、规模最大、信息资源最丰富的计算机网络。用户只要有一台计算机、一个调制解调器和一条电话线，然后向互联网服务提供商ISP（Internet Services Provider）申请一个账号，便可进入互联网，共享网上其他计算机系统中的资源，相互通讯和交换信息。

互联网源于英语国家。目前，网上绝大部分信息资源以英语作为载体，信息平台也多为英语界面。据统计，万维网上82.3%的信息是用英语表达的。熟练地掌握英语是快速获取和利用信息的前提。在信息技术与学科教育的整合中，英语教师运用网络技术有着得天独厚的条件。但是，尽管有可以驾驭的语言工具，但如何得心应手地利用网络技术是英语教师所面临的一大问题。以下将简要介绍一些常见的信息应用技术。

（一）收发电子邮件

E-mail 是互联网中最快捷、最方便的一种人际交流方式，它突破了空间距离和物体媒介的限制，极大地拓展了人与人之间的联系。E-mail 是与他人联络的一个基本途径。收发者必须先将电话线与电脑连接，在电脑上安装一个 E-mail 软件，然后向邮局申请一个账号（即 E-mail 地址），也可以在某一个网站上申请一个免费 E-mail 地址，同时设置一个用户口令或密码。

E-mail 地址主要由 3 部分组成：用户名称、@ 和机器地址。用户名称是用户在申请注册时自己设定的，中国人一般都用自己姓名的汉语拼音的声母或全称作为自己的用户名，也可以在姓名后加上自己的工作单位或出生年月；符号 @（即 at）是个位置标志，必须出现在每个用户名后面；机器地址是接收函件的机器地址，结尾一般是".com"（communication）或".cn"（China）。用户地址中每一个字母或标点符号都必须拼写准确无误，否则发出的信件就会被退回。

E-mail 软件具有发信、收信、回复、转发、存储、打印和地址簿等功能。收信时点击"收取"窗口，就会自动收取信件。写信时点击"撰写"窗口，弹出写信的对话框，就可以在有关栏目上填写相关的内容，比如收信人的 E-mail 地址、写信人的地址、信件的主题和信身。撰写信身时通常使用口语和书面语，或用特殊的电子通信文体。信尾一般附有固定的发信人 E-mail 地址，但为了方便收信人，发信人也可以写上自己的姓名和邮寄地址。在电子函件中传送附件（attach file）对初学者来说有些困难，但这项技能非学不可，因为它在教师、学生的日常网上交流中几乎是必不可少的。具体操作方法是：在 E-mail 对话窗口上点击"附件"按钮，然后在"我的文档"或软盘中查找相关文件，双击该文件名，附件就可以挂在信身后。

电子函件使用最频繁、最广泛，是外语教师最方便、最实用的网上交际工具，是互联网最常用的功能。电子函件操作简单、容易学，对硬件要求不高，花费也不大。

（二）访问互联网或万维网

互联网是世界上最大的计算机网络，蕴藏着浩如烟海的信息资源。它们分布在全球成千上万台计算机服务器上，以其超文本链接方式、开放性、交互性和多媒体的特点吸引着数以亿计的用户。互联网是万维网的载体，要进入万维网的各个站点，只需在计算机上安装一个应用程序软件，即万维网浏览器（如

Internet Explorer），以及浏览辅助软件。万维网上的每一个文档、文件或图像都有它自己独一无二的地址，即网址（web address），作为互联网的"邮政"地址。

1. 搜索工具和方式

搜索引擎是获取万维网资源的主要工具。目前国外最著名的搜索引擎有 Google、Alta Vista、Excite、Infoseek 和 Yahoo 等，国内著名的有搜狐、中文 Yahoo、天网等。

（1）Google

Google 是斯坦福大学拉里·佩奇和谢尔盖·布林两位博士于 1998 年开发成功的第二代搜寻引擎，该产品一推出就引起轰动。Google 公司于 2000 年 9 月宣布推出繁体及简体两种中文版本，以支持全球中文查询的用户，为中文搜索引擎市场开辟新局面。目前 Google 有十五种不同的语言可供选择。中国使用者可以在网站主页设定汉语，或指定自己喜好的语言版本。Google 网站目前索引了十亿六千万的网页，其数据库容量之大十分惊人。Google 搜寻引擎采用联结分析，有些网页即使 Google 自己没建库，通过联结也可以搜寻到。

Google 的查询方法很简单，不熟悉者可以用进阶查询，勾勾选选。查询后会显示结果的笔数、总数、词汇和花费时间。用户可以自行设定查词结果显示的笔数，如 10、30 或 100 笔；如果没有设定，Google 的预设是 10 笔。每笔查询结果显示标题、摘要、网址、档案大小、页库存档和类似网页查询等项目。

（2）Alta Vista

Alta Vista 是目前最优秀的搜索引擎，它有 3 000 个网页，支持 13 000 个新闻组的全文检索，同时带有一个含时间变量的数据库，能保证所查询的信息是最新和最全面的。

（3）Excite

Excite 引擎有 150 万个全文页面，每星期更新，并发表 55 000 个站点的概述，它提供新闻、广告、网业述评、专栏等信息。

（4）Infoseek

Infoseek 便于学习资料的查询。其特点是搜索精确度高，查到的节点一般都能符合查询要求。搜索结果也是按照相关程度依次显示的，而且还提供"网上精品"服务。

（5）Yahoo

Yahoo 具有一般查询和复杂、高级查询的搜索功能。它提供主题分类目录，帮助查询者限定搜索范围，它会根据所给的关键词在选定的主题资料中进行搜索,找到相关的网页标题或网页。Yahoo 亦具有搜寻到模糊词尾的关键词的功能。

使用搜索引擎只需通过浏览器,然后输入查询要求(关键词或主题词),相关信息就会一一列在你面前。而列出的每条信息本身又都是超文本或超媒体链接点,它可以将你带到下一个相关网页或网址,依此类推,层层深入,直到找到所需要的内容。

(6)搜狐

搜狐具有内容丰富、信息量大、分类清晰、中文界面友好、搜索功能强等特点。

(7)天网

天网的搜索范围局限于国内四大网(CERNET,Chinanet,CASnet,Gbnet),其优点是搜索网页较多、查询速度快、查询准确率高。

2. 查询工具和技巧

在网上查询资料必须借助软件查询工具。互联网上有许多优秀的计算机辅助语言学习软件,有些是免费软件,有些是需要付费的共享软件。但是索取这些软件并非易事,查询者应借助网上提供的软件搜索服务的站点。

目前常用的信息查询方法有两种:一种是利用搜索引擎进行关键词、主题词或自然语言的查询;另一种是按照检索目录中主题分类指南进行查询。这两种方式可以随时切换使用。但是,要想提高查询精确度和效率,需要有一定的检索技巧。

3. 下载技巧

下载资料时应先选定所选的文本,点击"复制"指令钮,然后把相关资料"粘贴"在文件中。软件下载是把一个文档从互联网移至你自己的机器上。最简单的操作方式是直接通过浏览器,通过鼠标在想要的软件链接点上点击,就可以等待完成下载过程。需要注意的是,从网上下载软件时要防止计算机病毒感染。在互联网下载照片或图片,配合课文内容,增添相应图片加以说明,使学生开阔眼界。下载后可以保存在软盘或其他磁盘里,可以反复阅读或作为学习的参考资料。

（三）订阅电子刊物

万维网上有不少电子刊物可以免费订阅。免费发送的电子刊物只在线发表，不以纸张形式出版，并能及时到达大量和分散的读者手中。电子刊物基于万维网超媒体的特征，可以使文章包括有更多的背景和链接，定位到其他的网络信息中。网络上有很多针对英语学习者的免费赠送的电子刊物，例如，*EnjoyEnglish* 是全球第一份中英双语、双码（汉语简体、繁体）免费电子杂志，每周发送。它的主要栏目有新闻英语、词汇辨析、谚语大全、英汉对照、词汇仓库、特别英语、英文教室等。该刊是"中国电子杂志联盟"的会员刊物之一，十分适合初中级水平的读者。还有不少值得英语教师收集语料素材、支持免费订阅的电子刊物，如《语言学习和技巧》（*Language Learning and Technology*）、《英语作为第二语言的电子刊物》（*Teaching English as a Second Language:An Electronic Journal*）。

此外，网上 E-mail 函件专递服务可以每天为学习者送来订阅的各种资料，既有真实材料，也有经过加工、为不同程度的学习英语的学生服务的学习材料。

（四）电子投稿

互联网不仅可以提供丰富的资源，还可以为师生提供一个很好的表现自己的舞台。当今，英语专业印刷版刊物相对较少，作者发表的难度很大。电子投稿和发表不失为一条极好的途径，它帮助师生通过互助共享发展自我、完善自我的无限潜力。投稿前，作者首先要研究刊物的需求和潜在的读者群，了解刊物读者的兴趣和需求，定位写作的内容；其次是根据自己的写作兴趣和目的，选择相关的电子刊物，特别是要从网页或站点上了解约稿通知。约稿通知中一般包括刊物名称、读者对象、稿件类型、内容要求、稿件长度、体例格式、投稿方式、投稿地址等一些内容。了解刊物的出版形式（印刷或电子版）、出版频率（月刊、双月刊或季刊）、发行量、栏目、稿件要求和稿件录用率等信息。写的作品要经过认真修改、加工、提炼和校对。写完后一般通过 E-mail 寄出，投给国内外电子刊物。

学会电脑写作是在 21 世纪信息时代生存和发展的一项必备基本技能。写作过程是个很好的学习和提高过程。学生可以通过学习电脑写作，提高写作技能，并尝试在网上刊物上投稿，展示自己的学习作品。教师抓紧学习电脑写作、通过电子投稿发表自己的教学和研究成果是更新知识和提高业务水平的一条有效途径。将自己成功的教学经验和体会写下来，一方面加深自己对有关理论的理解，增强进一步研究和实践的信心；另一方面通过发表文章把自己的见解和意见与他人共享，使同行得到启发和借鉴，促进学科的发展。现代信息媒体为英语师生上网学习和练习写作提供了广阔的实践空间。

（五）网上交流

英语学习者可以通过上网聊天来提高自己的英语水平。网上交流的硬件要求不高。与朋友互通邮件只需安装 E-mail 即可；要访问某个网站或在网上发布自己的看法，则必须安装浏览器；在网上打电话，要求配声卡和话筒；想与对方进行声像视频实时交流，还要配上电子摄像头等多媒体设备；两人间实时讨论还需要 TALK 或 TELL 应用软件；群体讨论则需要使用 IRC（Internet Relay Chat）特别软件。

根据互动方式，网上交流可分为个人交流和群体交流。E-mail 是开展键友（key pal）交流活动的有效途径之一。与传统笔友（pen pal）不同，键友活动借助现代媒体工具，使人与人之间的交流更加经济、快捷、有效。E-mail 是理想的语言学习环境，学生之间、师生之间或教师之间的网上交流与对话不仅会加深相互间的了解和友谊，还有利于促进思想交流和对所学语言的自然习得。

开展键友活动时，教师应当帮助学生建立 E-mail 地址，决定键友交流的对象（国外或国内，同学或不熟悉的人），了解对方的地址；帮助学生理解键友活动的意义和作用，规定活动中使用英语进行交流，决定键友交流活动的组织要求（如时间、双方交流信件的频率等），帮助学生结成互帮互学的对子；讲解 E-mail 基本用法，包括从上机到收发信件等一系列步骤和诀窍；鼓励学生养成对来信立即回复的好习惯，培养学生的合作意识和对礼貌语言的运用。

根据互动的时间可分为非实时互动和实时互动。键友活动或网上聊天属于非实时交流，这种讨论交流过程更接近于阅读和写作。互联网上电子论坛属于群体之间的实时交流。在论坛上，参加者可以通过键盘与来自世界各地的人们自由交流，谈论经济、文化、历史、人文、地理、语言、教育等方方面面，是英语学习者交流与学习的场所。这种群体（或个人）之间的实时交流允许参与者同时在不同的电脑上进行在线键盘交谈。每个人在自己的屏幕上所写的内容会同时出现在参与讨论的所有人的屏幕上，故又称实时讨论。电子论坛一般都有两个地址，一个是向所有讨论组成员送函件的地址，另一个是论坛对外读者服务、帮助参与者加入或退出论坛的地址。欲加入某个电子论坛组织，应先和该论坛的管理者取得联系，然后申请加入。申请者一般通过服务站点来搜索寻找符合自己口味的电子论坛。常见的服务站点有以下几个。

Liszt：查询者只需输入一个词或词组，这个搜索器就会帮助检索世界上最大的电子论坛讨论组目录。

Publicly Accessible Mailing Lists：该网站以论坛名称或讨论专题为线索，帮助搜索网上数千个讨论组目录。

Reference.com：该网站帮助用户对几千个电子讨论组进行详细的搜索。

根据参与的对象，网上交流可分为学生论坛和教师论坛。学生论坛（Student List）与键友活动不同，它常年运行，且不受各个国家或地区不同学期的约束。加入学生论坛可以与来自世界各地的学英语的学生交朋友，共同学习英语、共同发展。专家认为，最大、最有名的网站当推 SL-LISTS。该论坛由澳大利亚拉托贝大学主办，面向全球学英语的学生。这个学生论坛根据学生的不同要求和兴趣组织 10 个小组，其中 CHAT-SL（一般讨论组）和 ENGL-SL（英语学习讨论组）比较适合我国中学生。教师可以根据学生的语言程度为全班学生注册加入学生论坛，鼓励学生报名加入一个学生论坛（如这个大论坛中的任何一个分组论坛），每周参与讨论，交流学习或提出问题，总结自己参与论坛的收获和体会，对整个活动做出评价。

教师论坛（Teacher List）是世界各国英语专业人士进行学术讨论和交流的场所，它能帮助教师获得信息和各种教学资源、研究材料，了解本领域最新动态和信息。网上可供中小学英语教师加入的电子论坛很多，最好的去处是 TESL-L 网站。该论坛有很多分会，加入的方法很简便，申请者只需给论坛服务地址发一封 E-mail 即可。信中不要在主题一栏中写任何东西，但要在信身中输入"SUN TESL-K12+申请者的姓名"。

发送加入申请后，论坛系统会寄来一封"欢迎信"，说明论坛的特点和服务项目、收发常识、讨论方法和索取材料的办法。论坛成员就可以上网参与讨论，每天收取一定数量的函件。如果想退出某个分会论坛，只需给论坛管理地址发个指令——SET TESLCA-L NOMAIL；要彻底退出所有分会和整个 TESL-L 论坛，只需给同样的地址发以下的指令——UNSUB TESL-L。

值得推荐的是"中国英语教学联系网"（English Language Teaching Contacts Scheme for China List）。该网站是英国文化委员会中国办公室为希望自我发展和交流英语教学观点的中国英语教学专业人士设立的网上论坛，由英国文化委员会主席海伦娜·肯尼迪（皇家律师）1998 年 10 月 9 日在北京发起，这个网站已拥有近千个用户，其中有不少来自英国、比利时、日本和其他国家。

任何拥有电子信箱的中小学英语教师随时都可以加入这个网站，与其他人交流想法、专业知识和经验。

（六）制作多媒体课件

作为一种有效的教学辅助手段，多媒体课件是以多媒体技术为基础的计算机辅助教学方式，能高密度大容量传输教学信息。它通过直观、生动、新颖的图像、动画、声音、文本等方式刺激学生的感官，激发学生兴趣，引导学生思维，提高课堂教学效果。制作多媒体课件是英语教师的一项重要技能。目前，用于英语课件制作的软件很多，诸如 PowerPoint、Authorware、Flash 和 Director 等。

第二节 基于信息技术的英语教学

一、基于信息技术的课堂教学变革

实践表明，运用互联网进行英语教学可使教学内容化远为近、化虚为实、化静为动、化抽象为具体、化宏观为微观，使英语教学从单一的模式向直观性、趣味性、艺术性和立体化模式发展。信息技术带来的教育新技术的广泛应用，随之带来教学方法、教学过程、教学资料等许多变化，自然也会改进教学效果。但是，如何将信息技术与英语教学整合是值得深入探讨与研究的课题。

首先，信息技术对英语教学整合将使课堂教学模式产生很大的变革。具体表现在以下几个方面。

（一）教学信息源的变化

学校和教师不再是唯一的，甚至也不是最主要的信息源。随着现代传播技术、多媒体技术和网络通信技术的发展，大容量光盘百科全书、各类图文声像并茂的软件、原版 VCD 电影、电视教育节目、外语新闻节目、网上外语课程、国际互联网等开始在教育中大量应用，学生可以从更广泛的途径获得比传统课堂更丰富、比一般外语教师更地道的外语信息。

（二）信息类型的变化

信息类型变化主要包括信息载体形式的变化和信息内容组织方式的变化。信息载体形式的变化是指从文字印刷方式的课本，到电子方式的音像制品和幻灯片、电影，再到数字、网络方式的教学软件和数据库等。这种变化改变了教学信息的表现形式和存取方式。信息内容组织方式的变化是指从相互独立、线形序列、标准统一的课本教材转变为具有高度集成性、交互性、个别化和智能化的教学软件。丰富多样的组织方式改变了知识获取和建构的方式。

（三）信息流向的变化

以多媒体技术和网络技术为标志的现代教育媒体技术，将教学媒体与教师（活媒体）共同构成一个学习环境，教学信息被它有机、超链接地组织成一种网状结构，信息的流向和控制是双向多边的，教师和学生同处在信息接收与发送地位。英语课堂中，教师的主要作用不再是直接提供语言信息，而是组织语言信息、创设语言情境、激发交际需求和学习兴趣，引导探究学习活动。信息流向的改变和控制的多边交互对教师提出更高的要求。作为整个教学方案的设计者和学生活动的指导者，教师是课堂教学成功的关键。教师的教学思想、教学目的、教学方法和风格，以及教师对学生需求的了解、对电脑设备的熟悉和操作熟练程度等都会影响教学效果。

二、基于信息技术的教学模式

现代电脑多媒体技术的应用将打破传统课堂模式，取而代之的是一种开放的、大信息量和充满活力的新概念，这些新技术对传统的英语教学提出了新的挑战。在信息技术和英语教学的整合中应把信息技术作为认知工具，为学生营造发挥创造潜力的课堂教学环境。教学活动设计的基本出发点在于促进学生与教师之间、学生与学生之间的交流，促进学生积极投入到英语学习中来，充分发挥自己的积极主动性，提高课程学习的参与度和交互性。基于信息技术的英语教学模式有以下几种。

（一）演示型教学模式

英语教学中的演示型教学是指采用多媒体的表现形式，利用 Word、PowerPoint 编写演示文稿，把教学的主要内容、材料、数据、范例等显示在屏幕上，以辅助教师的讲解，是一种较为基本的教学方式。演示型教学在课堂上需要一台电脑，配合投影仪和话筒，教师根据教学目的选用一些现成的多媒体教学软件，或自己动手制作多媒体课件，通过超级链接功能把声音、图表、剪贴画或其他相关文件插入或链接到演示文稿中。课件演示手段集视、听、说为一体，教学过程显得生动活泼，有利于突破教材的重点和难点，优化教学过程，创设情境，激发学生的情趣，充分调动学生的学习热情，提高教学效率。例如，在教 SEFC 第一册第 26 单元（An Interesting Life）时，可从网站搜索一些关于流行歌手鲍勃·吉尔道夫的资料，例如鲍勃的代表作、鲍勃本人的照片和一些饥饿不堪的非洲人的图片，以及一些反映鲍勃为非洲贫民义演的画面，编成一组"幻灯片"，同时配上录音。在课堂上展示这些资料，增强感性认识，并让学生就这些材料在课堂上讨论，突出课文主题教学，有利于学生感知、想象和理解。

决定是否采用某课件的依据是：课件的教学目标是否与课堂教学目标相一致；学生知识水平是否达到课件所需要的程度；课件能否有助于提高教学效率；课件能否引起学生的兴趣，使他们积极参与；课件是否具有较好的交互性能和超文本链接功能。

教师应把媒体由讲解演示的工具转变为学生认知的工具，避免把信息技术仅仅作为一种播放工具或用来展示知识内容的观念。但是，我们经常发现不少课件中会存在一些缺陷。例如，有的课件过分追求多媒体的音响效果，在课件中插入鼓掌声、怪声音或过多的音乐，这不仅不能增强教学效果，反而会妨碍学生的思考，干扰课堂教学。有的课件追求华丽的界面，采用比较亮丽、鲜艳的色彩或与教学内容无关的画面，这不仅会冲淡主题，而且会分散学生的注意力。也有的课件重演示现象、说明问题、传授知识，轻揭示过程、培养能力。还有的课件以教为主的教学设计多，以学为主的教学设计少。演示的课件应当体现有效性、适当性和效率性。教学中要注意不过度使用投影仪，屏幕投影的时间最好控制在一半课时，压缩教师的讲述，把时间留给学生，增加学生与教师、学生与学生的互动交流。千万不能把课堂教学从传统的"一言谈"转变为现代教学技术伪装下的"屏幕谈"。

（二）网络辅助教学模式

以计算机为基础的现代信息技术不仅是教师演示的工具，还将逐渐成为学生获取信息、研究问题、培养能力、增长知识的辅助手段。网络辅助教学模式是指学生在教师的组织和指导下，借助网络计算机进行集中学习的一种教学方式。它利用多媒体技术的交互性特征，使人机之间进行直接双向交流，促进学生积极、主动进行探讨式或发现式学习，使他们通过自己的思考及在网上寻找信息、寻求答案的过程，提高他们的思维能力和创造能力。

网络辅助教学模式是伴随着多媒体计算机语言实验室而出现的，它可以分为局域网教学模式和广域网（互联网）两种形式。目前很多学校都建成了校园宽带网，为师生在互联网上学习或下载、开展交互性教学提供了很大的便利，并应用于多种语言技能的训练。在听力教学中，教师先从网上下载一个播放器（RealPlayer），利用播放器进行网上实时与即时电视广播的收听与收视。RealPlayer 8.0 的界面上标有多个新闻媒体和娱乐公司的链接频道，只要用鼠标双击这些频道图表，计算机就会自动链接这些频道并在播放器的右边显示屏幕中播放的声音和画面。引导学生上网进行听力训练有助于接触大量地道的语言材料，选择加工 RealPlayer 中的听力材料是辅助听力教学的有效手段。

网络交互式教学在阅读教学中有广阔的用武之地。互联网的资源非常丰富，教师可以为学生提供学习网站的网址，让他们在互联网上浏览阅读。这种方法比较适合于课外的阅读练习，以扩大阅读量、提高阅读能力。但是，中学生英语词汇量毕竟有限，识辨能力不强，如果把他们扔到浩瀚的网络海洋中让他们自己汲取知识，学生进入阅读网页后可能面对屏幕不知所措，不知道该读哪些文章，难免浪费时间，达不到阅读的目的。因此，网络辅助阅读教学时，教师应根据教学目的以及学生的实际情况，选择阅读文本，制作网页，将互联网缩小化，让学生在教师设计的局域网上阅读。

通过 E-mail 进行网络交互答疑也是网络辅助教学的手段之一。E-mail 可以将教师与学生、学生与学生紧密联系起来，实现师生和生生地互动。在网络教学系统中安装电子信箱，让学生利用 E-mail 形式提交作业或向教师提出问题。如果学生在课堂学习中或在课后复习时有什么问题，可以随时点亮网上"答疑按钮"，屏幕开出一个 E-mail 窗口，学生可通过该窗口将问题用 E-mail 方式寄给教师，教师随时解答出现的问题，也可布置作业和发布信息等。如果学生提出的问题有普遍性，可以将问题放到网上的教学系统中，供所有学生参考。如果问题只针对某个学生，则可以直接将答案 E-mail 寄给学生。学生也可以用 E-mail 的形式在网上进行探究和讨论。网络辅助教学有助于开展协同学习与合作学习。

（三）虚拟现实教学模式

虚拟现实（Virtual Reality）是指利用多媒体技术仿真模拟或再现一些现实中不存在的情景或难以在课堂上实际体验的事物，使学习者身临其境，易于集中学习者的注意力，增强教学的效果。

将现实情景借助计算机技术处理后在课堂上播出，通过虚拟现实情景组织课堂教学，这种方式可以使学生在网络空间的语言环境中、在与计算机交互过程中完成某一项特定的学习任务。虚拟现实技术超越了时间和空间、静止和运动、语言和形象的障碍，能模拟现实情况下难以实现和完成的任务，变静态为动态、变抽象为形象。这种直观新颖的知识表达技术是常规教学手段无法比拟的。例如，在视听媒体的辅助下，设计虚拟学习者在国外生活或学习的情景（如在商场购物、在飞机场迎接客人、在医院看病、在街上乘坐公共汽车等），要求学生与不同的外国人进行对话，进行虚拟情景训练。这种训练方式利用了计算机的优势，临场感强，对提高学生对环境、学习内容的适应能力具有很重要的作用，尤其适合于口语教学。

虚拟现实是多媒体模拟技术发展的方向。制作虚拟现实并不复杂，只要拥有一部数码相机，下载制作软件，就可以模拟虚拟现实的情景。多媒体语言实验室一般都具备这种创设学习和训练环境的能力。

第三节 基于电子学习理念的英语教学

一、电子学习

（一）电子学习的优势

1997年10月，美国CISCO（思科）公司运用电子学习（E-Learning）理念，启动了以CISCO网络技术学院为载体的互联网人才培训计划，旨在提高企业员工素质，以适应经济快速增长的需求。不到四年，CISCO网络技术学院从最初的64家被迅速克隆增长到7 000家。目前已经有60%的美国企业以E-Learning的形式培训员工。据美国培训与发展企业预测，到2010年，雇员人数超过500人的公司，90%都将采用E-Learning进行培训。

E-Learning 是在互联网基础上进行学习的过程，所以又称为在线学习或网络学习，它由三个要素组成：多媒体格式表现的内容、学习过程的管理环境以及学习者、内容开发者和专家组成的网络化社区。基于在线方式的 E-Learning 必须借助互联网技术、设计学习内容和管理服务三方面的全方位支持。这种学习方式依托互联网多媒体技术平台，借助网络学习资源、网上学习社区及网络学习环境，汇集大量的数据、档案资料、程序、教学软件、兴趣讨论组等学习资源，形成了高度集成的资源库，通过网络把学习资源传送到学习者面前，使他们可以随时随地进行学习。

E-Learning 之所以在短时间内快速发展，是因为它有许多得天独厚的优势。

① E-Learning 是一种最具开放性的学习方式。它消除了时间和空间的障碍，拓展了学习的时空，可以在任何时间、任何地点为任何人提供学习机会。E-Learning 打破了教与学在时间和空间上的不可分割性，它可以走出课堂，不受铃声和作息的规定。因此，E-Learning 不仅适合在校学生的课内课外学习，同时也适合在职学习者的终身学习。

② E-Learning 降低了学习成本，大大节省了学习者在各方面的开支。研究显示，相对于面对面讲授或培训来说，E-Learning 会节省 70% 的费用。

③ E-Learning 引领学习时尚，有利于学习者及时获取最新的信息。有过这方面学习经验的人都一致认为，E-Learning 总能在第一时间把最新的知识，以及内容活泼、富有趣味性的信息传递给学习者。而且，由于有名师或专家参与设计的学习目标和学习内容、专业人员的导航，学习者可以获取更多的知识和技能，大大提高了学习效率。

④ E-Learning 是个性化学习。它有利于培养学习者自主学习的意识，提高学习者之间的协作和交互能力。以在线方式为主要特征的 E-Learning 不仅仅是经济模式变化和信息传递方式变化的结果，同时也是信息获取方式变化、学习方式转变的结果。

基于上述认识，有人把 E-Learning 的优势简要地归纳为四个 R。

① Reach——E-Learning 能够吸引广泛的学习者；
② Reduce——E-Learning 能够降低学习费用；
③ Retain——E-Learning 能够使学习者的大脑保持大量的知识和信息；
④ Result——E-Learning 能够直接推动学习者自主发展，转变学生的学习方式。

（二）电子学习的实施

1. 自主学习

E-Learning 为学生提供了一个广阔的学习空间和崭新的学习手段，每个人都处在同一个信息网络之中，知识的传播、扩散、交流、共享和增值在信息网络中可以得到实现，学生不仅从中获得知识，而且还增加了学习的乐趣和效率。学生也可以利用 E-Learning 手段，根据自己的需要来选择学校、教师、课程和学习方式；根据自己的知识基础和特点自由地选择合适的学习资源。按照适合自己的方式进行学习，学生可以得到比课本更丰富、更新鲜的知识和信息。信息技术应用于学习中，把学生单一接受知识的途径改变为多元化方式，为培养学生创造性思维和进行创新教育提供了良好的技术保障。多样性和灵活性的学习形式有利于激发学习者学习的主动性，使他们的学习方式发生变化。从学习者的自主学习方式来看，可以分成两个方面：一是学习者把 E-Learning 作为自己课堂学习的补充或辅助；二是学习者以在线方式注册报名学习某种网络课程。

E-Learning 为学习风格的个性化提供了更大的空间，为学习者自主学习创造了前所未有的条件，赋予他们选择学习内容和形式的主动权，因而备受教师和学生的欢迎。目前，越来越多的学生运用电子手段、电子教材或通过网络上的 E-Learning 系统来学习词汇、语法，或训练听、说、读、写等语言技能。

在线方式的网络学习是在校学生系统学习英语课程或在职教师提高学历和业务水平的有效途径。学习者也可以通过正式注册进入网络课程教学系统的"教学"区，经过登录、身份确认，获得完全个性化的学习环境，即拥有个人的信箱、笔记本、课程表、指导教师、讨论组、公告栏等，在网上查阅信息、听讲课程、完成作业练习或进行考试，整个学习过程都在网上进行，既方便又实用。学习者可以知道自己的学习效果和进度，还可以与教师、同学交流，课下还可以在网上温习课程内容，或者做一些互动式练习。

学习者只要进入 E-Learning 系统，就很容易找到合适的网站、相关网页和所学课程，网页上不仅有学期设置、课程安排、学习重点，还有相关搜索链接，用来选择学习的内容。在 E-Learning 系统中，学习者可以按照自己的日程表有效地安排学习时间，根据自己的实际水平安排学习进度，选择学习内容的难易程度，制定复习计划，也可以从局域网内容跳到广域网内容。即使是初学者，也可以根据自己的情况安排学习进度，而不会感到丝毫压力。有的网页除了提供在线的文本内容外，还辅以音频、视频和动画等形式，以生动地表现文本内容。在有的网页所提供的课程章节中，除了有学习目标、术语表和小测验外，还在每节下面设置了相关内容的超链接,学习者很容易找到更多的内容,有利于进一步学习。

2. 合作学习

合作学习是指师生、生生之间的合作与互动,体现了学生的主体性和教师的主导性。在 E-Learning 模式中,学生的主体性表现为学习的积极性和主动性;教师的主导性表现为正确引导和启发学生进行学习。在 E-Learning 环境下,教师要培养学生获取知识的能力,向学生推荐方便快捷地获取信息的 E-Learning 途径,教他们"怎样学"。具体地说,就是教学生如何查询和获取所需的信息和知识,如何处理、分配和使用信息,因此师生之间的合作与互动显得特别重要。师生关系是民主型合作者,他们互相进行思想交流、信息沟通和情感联络,成为共同进行学习探究、共同提高的伙伴。

教师可以利用局域网和广域网,设计和指导学生开展 E-Learning 活动,传授在网上 E-Learning 的操作技能,如收发邮件、选择学习内容、求教各种学习问题等,帮助他们熟悉 E-Learning 的各个环节。教师还可以在线辅导答疑,批阅作业或试卷,监控学生的学习并及时给予反馈。师生之间、同学之间可以在网上交互讨论,发表意见和观点。学生应迅速、如实地把学习的情况反馈给教师,有不明白的地方,还可以在网上与教师和其他同学进行即时讨论。每学完一个章节,教师应安排学生做个小测验,然后根据学生的答题情况及时给予评估,或调整课程进度和学习内容,并针对知识难点或要点做进一步详细的讲解和强化练习。

研究表明,基于在线方式的 E-Learning 能够利用信息技术实现多种互动和协作环境,学习效果比传统课堂的互动效果要好得多。

3. 资源共享

E-Learning 系统体现了开放、平等、交流与共享的原则。学习者在 E-Learning 中不仅是简单地从网上获得知识或单向地享用 E-Learning 系统中的知识和信息,还可以对各种信息进行加工、处理、修改和重新组合,或发表自己的看法,或把最好、最新的知识资源添加到网络资源库中,促进信息的共享和增值,加快知识更新和知识转化的速度。由此可见,E-Learning 系统是在网络上建立交流的学习平台,学习者可以在这个平台上交流与共享知识,从中获取更多的信息。

据统计,互联网信息资源 90% 以上都是各种外文信息,其中英语占

82.3%，而且网上分布着不计其数的国内外英语教学网站，能用作英语学习和教学的资源可谓取之不尽、用之不竭。特别值得一提的是，近年来国内涌现出了一大批专门以英语教学为主要目标的中文网站，这些网站内容丰富、功能繁多，丝毫不逊色于国外同类站点。访问网站、登录网页就可以阅读电子新闻报刊、专业参考辞书，查阅教案和教参，下载语法、听说、阅读、写作等方面的教学资料。

二、英语学习网站与资源

（一）洪恩在线之轻松学英语

洪恩在线是学习视听说的网站，该网站所有听力材料均采用先进的 Flash 技术，点击按钮后即可听到原汁原味的英语，录音采用正常语速，声音清晰。每日推出的英语新闻采用中英对照的方式，并附有解释，颇具特色。洪恩已推出免费网校，分为高考冲刺班、中考冲刺班、高中同步课堂、初中同步课堂、商务英语班等多个班级，网友可自由注册入学。新近改版的轻松学英语则提供更人性、更精美的界面，更全面、更仔细的学习课程。

（二）世博英语

该网站是国内一家专业英语学习网站。它开设各类英语教程，传授英语知识，开办英语社区，解决各种疑难问题，并提供各层次的英语听力材料，适合初学者和中、高级英语学习者。该网站还为英语教师平时进修提供各种类型的资料。下载网上的资源都是免费的。该网站的主要栏目有以下几种。

①听力宝库：慢速英语、标准英语、TOEFL 听力、听力万花筒；
②学习资料：商务英语、万花筒、教程典藏、英语演讲、科技英语；
③在线课程：世博英语课程、新概念英语、*Easytime* 英语广播；
④英语考试：考研英语，四、六级英语，TOEFL 考试等；
⑤中西文化：影视美语、欧美音乐。

（三）傲文英语

傲文英语是一家议价收费的英语听力网站。只要成为"听力通"的正式用户就可以完全享受网站提供的丰富资源。该网站的听力材料大多数是美国或英国英语，适合各个层次的英语学习者，特别适合中学生训练英语听力。网站提供的"听力通"软件设计巧妙，可以进入听写，查看原文、中文和注释等状态；可以对播放点设置进行反复听写；软件还能录音，与原文对照，校正自己的发音；软件还有视频窗口，对有视频的语料进行播放；软件把听力材料分为多种类型，查找方便。

（四）旺旺英语

该网站是面向英语初学者和中、高级学习者的综合性英语学习网站，设有"每日发音""每日一句""每日一词""每日听力大挑战""每日大声开讲""中英双语杂志""天天模拟考""英语语法学习""英语超级模仿秀"和"天天背诵小段落"等栏目，还为网友提供了很多学习教程，网上的语言知识和语言技能方面的资源特别适合用作中学英语课堂教学的材料，并且这些资源都可以免费下载。

（五）英语在线

英语在线亦称英语 ABC，它是我国大中学校英语教师，英语专业博士生、硕士生发起的英语学习网站。它是一个免费网站，为广大英语学习者提供英语学习空间。

三、英语教学网站与资源

（一）英语城

英语城是英语教师培训网站，它创建于1997年，是世界上最大的英语培训组织英孚教育的一个独立分支机构，也是全美唯一得到授权认证的外语教学类专业网站。该网站提供最有效的完整的网上英语教学，为包括初级、高级各层次学习者提供免费的自修课程和收费的教师指导课程，所有的课程都是全美大学认可的。英语城的中文分站与清华大学合作进行远程网络教学。网站注重灵活性与娱乐性，学员可以根据自己的需要自主地安排学习时间，实行全天候外教实时授课，专家随时与学员保持联系咨询，耐心细致地为学员解答疑问、批改作文。该网站允许免费试用。

（二）写作网站

这是一个写作教学的网站，主要是指导学习者各个层次的写作要领与方法，包括如何打腹稿、列提纲、设计篇章结构；如何提纲挈领，突出中心思想和注意段落衔接、行文流畅；如何立论和论证；如何修改初稿，更正病句、错别字和标点符号；如何理清思路并形成自己的写作风格；如何引用参考文献和有效使用现有的资料等。这些指导与点拨有助于辅导写作教学和提高教师英语写作水平。

（三）有声新闻网

有声新闻网是听力教学的主要资料来源，为英语教师提供大量真实的教学材料，十分有用。

1. 世界新闻评论

世界新闻评论网每天提供有声新闻，每两个月提供一次大量的可供下载的有声新闻资料。平时，学生听一篇新闻，可以先回答一些多项选择问题，再看新闻的文字材料。该网站视听结合，是听力训练的好场所。

2. 英国新闻网

该网站中每条新闻既有声音，又有文字，它不只提供 RealAudio 版本，还提供 MP3 版本，在版权许可的范围内可以下载，以备后用。

3. "听世界"网站

"听世界"于 2002 年 3 月开通，是一家以英语新闻为主的听力网站。可以在线收听 VOA 和 BBC 的英语实况广播节目。在网站首页中列出美国 VOA、英国 BBC、澳大利亚 ABC、加拿大 CBC、新西兰 RNZI 等 14 家电台。网页还列有"慢速英语"和"常速英语"。

（四）网易教育频道

这是英语考试辅导网站，其中提供高考信息和大量的试题。有趣的是，每套试题都是定时进行，到时结束，让答题者有亲临考场的感觉。每套还备有答案和讲解，在考后给以评分和指导，是高中生备战考试最好的武器，也是教师重要的试题资料库。

（五）中国外语教学网

中国外语教学网提供各种丰富的教学与学习资料，包括教学实践活动和学生课外自修练习等。该网站的舒适友好的环境，吸引了成千上万的英语教师和学生做客。

（六）网络英语

该站点有英语教学、名著选读、英语学校、英文报刊、下载中心、GRE 考试、TOEFL 考试、在线广播、资料精编等网页，是英语教师的好去处。

（七）英语教学与研究网

该网站的主要栏目有在线课程、学生项目、专家顾问、在线英语角、学生电子墙报、听力资料和在线技术支持等，是英语教师教学与研究的得力助手。

（八）全球英语

全球英语是收费的英语教学网站，提供高质量、有效的网上英语课程，同时还提供免费聊天、交互式学习工具、网上杂志、游戏及其他免费活动，适合英语教师和学生。

四、英语电子工具书与百科全书

（一）英语电子词典

1.《东方词圣》

《东方词圣》总词条近 700 万，包含几乎各类专业词汇，共二十二万条例句，使用方便，功能齐全。主要有以下几种功能。

①英汉双解。鼠标取词就能弹出英文解释，在取词弹出的窗口中显示中、英文解释对照。

②生词摘录。鼠标取词后只要再点击一下，就能将该生词存入笔记本，以后可以用多种手段进行复习。

③词频显示。常用的 3 万单词按统计使用频率值（常用程度）分成 20 级，鼠标取词时即能显示频率值，使常用词或生僻词一目了然。

④万能查询。在指定范围内（比如，小学范围、中学范围、大学范围等）查找拼写相近的词、相同词根的词、易混淆的词。例如，只要输入"b??t"，那么就能查出"boot""boat""beat"等词；"t*ab?e"能查出所有 t 打头，中间有 ab，以 e 结尾，ab 和 e 之间还有一个字母的单词。

⑤模糊查询。能帮助学习者查找想要的却拼写不来的单词。比如，如果听到 accelerate 这个单词，却不知道它的意思和正确拼写，即便输入 akcelerate，该词典也能找到 accelerate。

⑥批量存词。该词典能同时保存拼写相近的易混词、相同词根的词，与某个中文词相对应的多个英文词，以及某单词的反义词、同义词。

2. 金山词霸

金山词霸是国内首部集英英、英汉、汉英、汉汉四向解释于一体的全能词典软件，具有复制、朗读、打印、保存等功能。它收录了《美国传统辞典》（英汉双解版）、《美国传统辞典》（英文版）、《现代英汉综合大辞典》等大型词典。用户可以自己设定取词词典，快捷翻译中英单词。

金山词霸提供全文检索方式，用户在输入所要查寻的单词后，通过全文检索的方式，就可以查到不同词典中对此词的解释。全文检索功能就像 Google 一样，同时还可以实现联合检索查例句。如果知道一句话中的几个关键单词，但却不懂得如何将它们写成通顺地道的句子，用户只需将所有关键单词输入，使用全文检索功能，词霸将自动在所有词典中搜索，找到例句，或者是最接近的句子。词霸还支持英文单词的模糊查询，并提供拼音、偏旁部首两种查询方式。仅"take"一个单词的解释就有 72 条，还有 51 个短语和习惯用语，双语解释内容更多。通过这种全文检索功能，用户能够在学习单词的同时掌握其用法，省时、高效地完成英语学习。

金山词霸的独到之处是模糊查找，即单词记不准也能查。如果输入 ba*（*代表所有字符），你就可以看到所有以 ba 开头的单词，从中选出所需要的单词；输入 ba???（?代表一个字符），词霸会在左边的索引条中列出所有以 ba 开头的后面是 3 个字母的单词。

金山词霸还是有声词典，它采用国际顶尖的有声双解查词 TTS 全程语音技术，可以轻松流畅地朗读整句、整段乃至整篇文章，对纠正发音很有帮助。

如果配合金山快译的翻译引擎，用户就可以实现更多的翻译功能。在词霸中鼠标指到哪，整句就会翻到哪。此外，词霸还设计"搜索因特网""获取今日新闻""界面风格（设置）"以及"选择界面语言"等按钮。

（二）《大英百科全书 CD98》——世界最权威的综合性百科全书

《大英百科全书 CD98》是大英百科全书公司推出的，全套 3 张光盘，包含 32 卷印刷版的全部内容，并提供多媒体信息和快速搜索服务。它分为"快速阅览""知识深义""知识大纲""索引"等组成部分。"快速阅览"占 10 卷，由十多万个短条目组成。"知识深义"占 19 卷，有几千个长条目，有些条目就是一本书；"知识大纲"占 1 卷，它将人类的知识分门别类，以便有心学习某个课题的人按照这个分类按部就班地系统阅读"快速阅览"和"知识深义"中的有关内容。"索引"占 2 卷，罗列了大量西方学术著作。该书的搜索引擎别具匠心，用户可以键入一个问题，让系统搜索答案。《大英百科全书 CD98》目前已建立了自己的网站。

（三）微软 Encarta 98——全球最畅销的电子百科全书

Encarta 98 是全球最为畅销的电子百科全书，其内容涵盖生物科学、生命科学、地理、历史、社会科学、哲学、艺术、语言、运动、比赛、嗜好及宠物等范畴，是英语教学随手必备的百科全书。Encarta 已经成为站点，它将百科全书的丰富的科学和文化知识和现实生活相联系，不断修改和更新。它是教师、学生、家长及大众的知识宝库，其影响力已经走向世界。现在市面上可以买到 Encarta 2000 的产品。

随着外语教育越来越普及，英语作为一门特殊的课程，正经历着由线性教育向网状教育的发展。研究显示，信息技术在英语教学中的应用能够使教学形式更加生动活泼、直观有趣；节省课堂教学时间，增加了有限时间内的授课量，提高了教学效率；使学生的听觉、视觉等感官同时接收信息，多元化的信息通道带来全方位的信息刺激，强化了记忆效果；提供逼真的言语交际环境，有利于教与学的双向交互；大量的信息储备资源，可以满足个性化学习的需求。

信息化教学必须有设备的支持。学校应该购置一定数量、能适应多媒体网络教学的计算机和相关的软件设备。在此基础上，英语教师是最主要的因素。信息化教学的设计与实施需要高素质的教师。因此，英语教师必须具备以下一些条件。

1. 能够使用计算机和教学软件

以互联网为媒介的英语教学与电化教学手段不同，它要求教师不仅具备一定的信息应用技术（如文字处理和操作技能），而且还要会使用现成的软件、制作多媒体课件，以及能排除一些在操作中偶发的故障。如果遇到一些很简单的计算机问题就束手无策，势必会影响课堂教学。

2. 有比较强的处理信息的能力

面对网上排山倒海、浩瀚无边的信息浪潮，教师应保持冷静的头脑、具备独立分析与判断的能力，根据教学的需要，去伪存真、去粗取精，有选择地采集、处理和利用信息，而不盲目地照搬。

3. 明确课堂教学目的

明确教学目的是成功地将信息技术应用于英语教学的第一步。教师应根据课程要求明确每节课的教学目的，制定切实可行的教学目标和详尽的实施计划，同时考虑学生的个人特点和学生的实际需要，弄清为什么要上网，通过网上哪些教学活动预期达到什么样的教学目的。无目的地把信息技术应用于教学是不会取得理想的效果的。

4. 善于把信息技术与英语教学整合

如何将网上进行的教学活动和其他形式的教学活动有机地整合是能否成功地将互联网应用于英语教学的关键之一。这里的"整合"是指网上活动和其他各种形式的教学活动因搭配巧妙、安排得当而相辅相成、和谐一致，实现优质的教和大容量、高效率的学。要解决信息技术与课程教学整合中的实际问题，教师应熟悉互联网的基本功能，其中哪些活动能够为现阶段的英语课堂教学所用，利用这些功能可以设计哪些网上的教学活动，这些活动分别具有哪些长处和局限性，哪些网上活动宜与哪些课堂活动搭配方可取得最佳的教学效果。

5. 转变角色

信息技术将促进新型教师角色的形成，促使教师由信息的传播者或知识的呈现者转变为学习的指导者、活动的组织者和学生的帮助者。教师应该指导学生形成良好的学习习惯、掌握网络技术获取所需的信息；运用网络资源设计和组织交互性学习活动；帮助学生建立学习目标，监控学生的学习情况，及时发现学生的困难并尽可能及时地向他们提供必要的帮助。信息教育技术会大大节省人力资源，有的教师将从教学前线转向后方，去建构更具特色的教育平台，成为信息技术的管理者和服务者。

6. 正确认识媒体的功能

媒体的传播功能并不等于其在教学中的作用,二者之间不能画等号。教学与媒体是主次的关系,媒体只是诸多教学要素中的一个要素,它必须服务于教学。如果本末倒置,过分迷信或夸大媒体的功能与作用,不考虑教学的实际情况,为了使用媒体而使用媒体,不仅浪费人力和物力,而且难以取得应有的教学效果。

数字化教育的诸多优点对传统教育会造成一定冲击,给传统教育机构带来变革。但是,提倡信息化教学并非意味着否定传统教学的方式。把现代教育技术与传统教育教学方式对立起来的认识是不可取的,信息技术不可能完全取代传统的教育模式,它应该与传统教育共同发展。运用信息技术辅助教学是未来教学的趋势,英语教师还需要掌握基本的教学技能,如口头表达能力、板书、简笔画等。况且,对发展中国家以本族语人为主体的英语教师来说,传统的教学技能在课堂教学中占据主导地位。实际上,有的教学活动不需要现代化教学条件(如电化设备或多媒体计算机),只需要黑板、粉笔、纸笔、图片和其他简单的条件;大部分教学活动甚至既不需要黑板、也不需要纸笔或其他辅助条件。这种无辅助教学方式仍然是我国广大偏远地区英语教师最需要的。

第四节　大数据时代教师的自身发展

互联网技术的发展带来了数据、信息的爆炸式传播,同时带来了存储技术的革新,当今世界已然迎来了大数据时代,这对整个社会都产生了巨大的影响。这种影响在教育领域有着更为明显的表现。大数据技术不仅革新了人们的教育思维,影响着学校的教育模式,还突破了传统教育的局限,使学习不再局限于课堂、受制于教师,而且能够通过线上学习获得世界上一流大学的一流课程。在不久的将来,网络、合作、交互、实验等将成为人们学习活动的关键词。

作为涉及面最广的一门课程,大学英语在大数据时代的影响下,从以往的单一明晰变得更加复杂和多元化,这无疑为大学英语教师带来了巨大的挑战。教师如何能更好地承担起大数据时代下的大学英语教学工作是一个迫切需要解决的问题。

一、大数据时代与英语教育

（一）大数据的概念

要了解什么是大数据，首先必须弄清什么是"数据"。数据并非是简单的数字，而是对数字及其相关信息进行选取、加工处理、分析等过程的综合描述。例如，一个学生考试得了 80 分，这个分数和学生的英语基础、学习动机、课堂表现、所使用的教材以及教师的教学水平等所有因素加在一起，构成了一个大数据。

全球知名咨询公司麦肯锡指出：今天，数据已经渗透到每一个行业领域中，成为重要的生产因素，对社会生活、经济等各个方面都产生着巨大的影响。美国互联网数据中心将"大数据"这一概念定义为"通过高速捕捉、发现、分析，从大容量数据中获取价值的一种新的技术架构"。其特点包括以下四个方面：更大的容量（volume）；更高的多样性（variety）；更快的生成速度（velocity）；更大的价值（value）。

可以说，"大数据"是互联网、云计算之后，IT 领域又一次技术性变革，它使海量数据的交换、整合、分析成为可能，这为人们学习新知识、创造更大的价值提供了巨大的帮助。

（二）大数据时代的英语教育

大数据时代的到来对传统教育的冲击是悄无声息却又深刻透彻的。标准化的课堂、班级，固定的教学时间，统一的教材等，都会随着大数据技术的应用而发生改变。和传统数据相比，大数据具有信息量大、数据分析者转变为普通用户、可视化的展现方式等特点，使教育环境、学习环境、实践环境等都发生着改变，促进了个性化学习、弹性学制等新的学习、教育方式的产生与发展。

在大数据时代，教育资源更加丰富，学习机会更多。学生不仅可以在课堂上学习有关知识，还可以根据自己的兴趣爱好，利用电脑、手机以及一些搜索、学习、社交软件及时获得各方面的信息，开展更广泛的学习。这对我国的英语教育提出了巨大的挑战：传统英语教学如果不紧跟时代变化，而是墨守成规，就会丧失吸引力，教学效果就无法得到保证。英语教师如果依然简单地解释词汇、语法，将眼光局限在课本、课堂上，就无法跟得上时代的脚步，教学效果更无从谈起。因此，大数据时代的英语教师必须转变教育观念，坚持以学生为中心，尊重学生的学习习惯，激发学生的学习兴趣，引导他们挖掘更多的语言资料，开展个性化学习，这样英语教学才能更好地发挥作用。

二、大数据时代对大学英语教师发展的挑战

"大数据"是最近几年新兴的一个概念，它进入人们的认知领域不久，很多教师并不知道什么是大数据，也不清楚大数据时代会对大学英语教育、教师产生怎样的影响。因此，我国大学英语教师在大数据时代正面临着众多挑战。

（一）大数据技术方面的挑战

进入大数据时代以后，教育不再是以往仅靠经验、理念运作的科学，而转变成一门实证学科。传统教育中，教育决策者、执行者仅靠个人喜好或经验来设计教育环境、布置实验场景、采集管理数据等，但在大数据时代下，这些都必须有一定的数据支撑方能走得更远。如果教师连基本的计算机、互联网和常用软件都不会用，就很难获得足够的教学资源，很难打开视野，提高教学质量。

（二）教师职能转变的挑战

传统的大学英语教学中，教师是课堂的主宰者，教师讲什么，学生就学什么。但在大数据时代，教师必须转变自己的角色和职能，这样才能顺应时代，提高教学质量。

1. 学习资源方面

大数据时代为人们提供了海量的信息，学生要想获取学习资源是一件十分容易的事情，因此教师不再是拥有资源的权威者或专家。在这种情况下，要想保证教学活动的顺利展开，教师必须从资源提供者转变为资源整合者，要根据学生的个性特点、实际需求，收集、分析、处理适合学生的学习资源，然后将这些资源提供给学生，指导学生学习。

2. 教学方式方面

在不缺乏学习资源的情况下，学生对英语学习的兴趣和方法是决定学习效果最重要的因素。因此，大数据时代下的英语教师应该从传统的"填鸭式"教学转变为启发式教学，从学生学习的决定者转变为组织者、引导者、评价者、监督者，要激发学生的学习兴趣和动机，传授学生科学的学习方法和策略，加

强学生合作学习、自主学习的意识和能力。要做到这一点，教师自己首先必须树立终身学习的意识，不断更新自身知识。

（三）学生主体变化带来的挑战

今天，我国的大学英语教育面临两个重要的问题：①大学生的英语水平和高中优秀学生的英语水平差别不大；②学生的个性化需求越发明显。大数据时代的到来为这些问题的解决提供了条件。利用大数据技术，教师首先要了解学生的个性特征、学习习惯，然后才能够更准确地判断出什么样的学习方式最适合学生，从而有针对性地指导学生的学习。

（四）教学设计带来的挑战

传统大学英语教学的教学设计是建立在课堂、课本基础之上的统一教学。进入大数据时代以后，由于学习资源的普及，课堂教学必须从单一的知识讲解向特定情景下的语言运用转变，教师必须引导学生结合网络资源、社会现实，通过独立思考、小组讨论等对所学内容有一个更加深入的理解，最终能够利用英语解决实际问题。这就意味着，教师在做教学设计时，必须考虑学生的个体差异，设计出不同的辅导方案，这样才能使每位学生都能学有所得。

（五）教学评价带来的挑战

以往，英语教学评价的方式主要是作业和考试，评价结果的准确性往往受教师经验和学生发挥效果的影响。大数据时代下，教学评价不能以一次考试"定胜负"，而应该走向多元化。教师通过对大量数据的归纳发现教学活动和学生学习的实际状况，分析教与学的得失，从而调整自己的教学，最终提高教与学的质量。

三、大数据时代大学英语教师发展的路径

调查发现，我国大学英语教师存在学历偏低、研究能力较弱、基础课程教学任务过重等问题，与此同时，教师们还面临着职业发展困境和选择发展路径等问题。而大数据时代导致的学生主体和教学内部变化进一步加重了大学英语教师的负担，只有选择正确的发展路径，教师才能更好地承担大学英语教育这一工作。

（一）整合英语资源，开展个性化教学

《国家中长期教育改革和发展规划纲要（2010—2020年）》指出，"关注学生不同特点和个性差异，发展每一个学生的优势潜能"。因此，个性化教学是我国大学英语教育未来发展的一个主要方向。具体来说，教师必须深入了解学生的英语基础、学习特点和个性特点，为学生整合资源，有针对性地指导学生学习。这就要求教师必须掌握大数据技术，采用合理的分析方法为学生提供个性化教学，从而使学生对英语学习产生更加浓厚的兴趣，最终提高自身的英语水平。

（二）改进课堂教学，提高应用能力

在大数据时代，不仅学习资源更加丰富，学习途径也更加多元化，学生、家长、社会对大学英语课堂的期望越来越高。对此，大学英语教师应该做到以下几点。

①充分掌握学生的相关数据，在数据分析的基础上改进课堂教学模式。

②广泛采用交际教学法和任务教学法，加强听、说、读、写、译方面的训练，提高学生的英语应用能力。

③坚持以学生为中心，增强学生的主人翁意识，使他们化被动接受为主动学习，全身心地投入课堂学习中来。

④注意学生学习兴趣的培养，充分调动他们的学习积极性。

⑤注意培养学生的英语思维能力和英语文化意识，提高他们的跨文化交际能力。

（三）顺应教改趋势，做好分化转型

不同的学生有着不同的个性、年龄、智力水平、学习潜力等内在特质，这些因素决定了他们的教学内容、教学方法、教学手段等的择取。因此，个性化教学的实施必然要打破以往统一、通用的授课模式，转而走上分化教学的道路，即"基础英语（必修课）+英语技能强化课程（选修课）+专门用途英语（选修课）"。

①基础英语的授课内容与现在通用英语教学相同，不同的是，授课时间大大缩短，只有两个学期左右。当然，这个时间并不固定，每个学校可根据实际的生源状况进行调整。

②英语技能强化课程，顾名思义，就是专门针对听、说、读、写、译五项技能的提高而开设的课程，目的是重点提高单项技能。学生可根据自己的需求进行选择，建议开设1—2个学期。

③专门用途英语是专业领域的英语课程，同时教授专业知识和英语知识，致力于提高学生用英语学习专业知识、解决专业问题的能力。学生可根据自身需要进行选择，建议开设1—2个学期。

以上三种课程的设置也给大学英语教师以明确的提示，作为大学英语教师，他们必须不断提高自身素质，不仅要能上基础英语课，还要能上专门用途英语课，这样才能适应学生多元发展的需要。

（四）参加培训研修，提高教学科研水平

面对大数据时代的挑战，教师必须正视目前存在的种种问题，不断提高自身修养，要多参加专业培训提高专业素养，参加学术会议开阔视野，参加专题研究提高科研能力。另外还要锻炼自己运用大数据分析和解决问题的能力、开展新型课堂教学的能力，以实现自身综合素质的全面提升，以适应未来大学英语教学改革发展的方向。

参考文献

[1] 李婷. 跨文化交际研究与高校英语教学创新探索[M]. 北京：九州出版社，2019.

[2] 张铭. 当代大学英语教学理论与研究[M]. 北京：九州出版社，2019.

[3] 赵红新. 转型发展背景下英语专业教学的理念与实践[M]. 长春：东北师范大学出版社，2017.

[4] 赵海燕. 中国国情下高校英语教育改革研究[M]. 北京：首都经济贸易大学出版社，2016.

[5] 康莉. 跨文化视角下的大学英语教学：困境与突破[M]. 北京：中国社会科学出版社，2014.

[6] 张彩霞. 跨文化交际视角下大学英语教学的改革[M]. 北京：中国水利水电出版社，2018.

[7] 郑侠，李京函，李恩. 多元文化视角下的大学英语教学研究[M]. 北京：知识产权出版社，2018.

[8] 汪玥月. 英语教学与跨文化交际[M]. 长春：吉林大学出版社，2014.

[9] 夏颖. 跨文化视角下的大学英语教育探索[M]. 哈尔滨：哈尔滨工程大学出版社，2014.

[10] 赵艳. 跨文化交际与英语思维教学研究[M]. 长春：吉林大学出版社，2018.